Entscheidungen
des Reichsgerichts
in Zivilsachen

Sammlung der noch wichtigen Entscheidungen nach Fachgebieten geordnet

Herausgegeben

von

Professor Dr. **Leonhard Auerbach,** Berlin; Präsident des Reichspatentamtes a. D. Dr. **Johannes Eylau,** München; Rechtsanwältin **Charlotte Graf,** Berlin; Ministerialdirektor z. Wv. Senatspräsident Dr. **Ernst Knoll,** Berlin; Rechtsanwalt **Erich Kummerow,** Berlin; Rechtsanwalt **Hermann Reuß,** Berlin; Rechtsanwalt Dr. **Walter Schmidt,** Düsseldorf; Landgerichtsdirektor **Alexander Swarzenski,** Berlin; Rechtsanwalt Dr. **Werner Vahldiek,** Berlin.

Gruppe V Öffentliches Recht

Staatsrecht

Öffentliches Recht. Allgemeines

Berlin 1953

Walter de Gruyter & Co.

vormals G. J. Göschen'sche Verlagshandlung / J. Guttentag, Verlagsbuchhandlung / Georg Reimer / Karl J. Trübner / Veit & Comp.

Staatsrecht

Öffentliches Recht. Allgemeines

Bearbeitet

von

Hermann Reuß

Rechtsanwalt in Berlin

Berlin 1953

Walter de Gruyter & Co.

vormals G. J. Göschen'sche Verlagshandlung / J. Guttentag, Verlagsbuchhandlung / Georg Reimer / Karl J. Trübner / Veit & Comp.

Archiv Nr. 28 17 53
Satz und Druck: Deutsche Zentraldruckerei AG., Berlin SW 11.

Vorwort

Die Gruppe V der Auswahlsammlung dient der Erschließung der öffentlich-rechtlichen Schätze der Rechtsprechung des ehemaligen Reichsgerichts. Auch hier zwang jedoch die notwendige Konzentration des Stoffes nicht nur zur Ausschaltung von Entscheidungen, die im ganzen überholt oder rechtlich minder bedeutsam sind, sondern darüber hinaus auch innerhalb der Entscheidungen zur Ausmerzung alles nach dem Stande der Gegenwart rechtlich Belanglosen und Zufälligen, d. h. zur Beschränkung auf das Wesentliche, ohne daß hierdurch der Autorschaft des Reichsgerichts für den Wortlaut der abgedruckten Entscheidungen Abbruch getan werden durfte. Eine solche Konzentration ließ sich zum Vorteil für den öffentlich-rechtlich interessierten Benutzer oft schon dadurch erreichen, daß weitgehend nicht öffentlich-rechtlich einschlägige Bestandteile der Entscheidungen eliminiert wurden, z. B. miterörterte separate zivilrechtliche Teil-Themen, soweit sie nicht in notwendigem inneren Zusammenhange mit den abgedruckten öffentlich-rechtlichen Ausführungen stehen. Dadurch konnte der öffentlich-rechtlich interessierte Benutzer weithin von der Nötigung befreit werden, sich erst mühsam durch umfangreiche zivilrechtliche Passagen hindurchzuarbeiten, ehe er auf den öffentlich-rechtlichen Kern der Entscheidung vorstößt. So ist das Gebrachte ein Konzentrat dessen, was das Reichsgericht zum öffentlichen Recht judiziert hat. Der Bearbeiter hat das oft auch durch von ihm selbst geprägte neue Leitsätze oder Merkworte am Kopf der Entscheidungen zum Ausdruck zu bringen versucht.

Ein Hinweis — etwa in Fußnoten—, daß bestimmte in den Entscheidungen angeführte Rechtsvorschriften inzwischen durch andere ersetzt worden sind (z. B. § 10 II 17 Pr.ALR. durch § 14 Pr.PolVerwG.), ist in der Regel nicht erfolgt; das hätte die Sammlung mit einem umfangreichen Fußnotenapparat belastet. Die Aktualität einer Entscheidung besteht also nicht notwendig in der gegenwärtigen Geltung der darin angewandten positiven Rechtsvorschriften, vielmehr in dem bleibenden rechtlichen Ertrag, der ihr unabhängig vom angewandten positiven Recht zuzusprechen ist. Ohnehin ist nicht eine „Aktualität" im praktischen Alltagssinne oberstes Leitziel der Bearbeitung gewesen, vielmehr haben auch solche Entscheidungen Berücksichtigung gefunden, die auf den ersten Blick ganz „inaktuell" erscheinen mögen, wie z. B. die am Anfang abgedruckten Entscheidungen zum Stichwort „Staatsrecht in Umbruchszeiten (Revolutionsrecht)", deren Bedeutung aber darin besteht, daß sie eine in höherem Sinne stets „aktuelle" vertiefte Einsicht in das Wesen des Staatsrechts und der Staatsgewalt vermitteln.

Reuß

Inhaltsverzeichnis

Verzeichnis

der aufgenommenen Entscheidungen aus der alten Sammlung

Wegen der Art der Bearbeitung der Entscheidungen, insbesondere ihrer Kürzung, vgl. Vorwort.

Staatsrecht

RGZ. 100, 25

Staatsrecht in Umbruchszeiten (Revolutionsrecht). — Die Rechtmäßigkeit ihrer Begründung ist kein wesentliches Merkmal der Staatsgewalt.

Alter Leitsatz:

1. Haftet das Reich gemäß dem Gesetze vom 22. Mai 1910 für Handlungen der Mannschaften der Arbeiter- und Soldatenräte?

2. Zur Anwendung des preußischen Gesetzes über den Waffengebrauch des Militärs vom 20. März 1837.

III. Zivilsenat. Urt. v. 8. Juli 1920 i. S. J. (Kl.) w. Deutsches Reich (Bekl.). III 53/20.

I. Landgericht Frankfurt a. M. — II. Oberlandesgericht daselbst.

Der Kläger beansprucht auf Grund des Reichsgesetzes vom 22. Mai 1910 vom Beklagten Schadensersatz mit der Behauptung, daß am 12. November 1918 in Frankfurt a. M. Wachmannschaften des Soldatenrats, die am Hauptbahnhof zu Sicherheitszwecken aufgestellt gewesen seien, durch scharfe Schüsse ihm gehörige Häuser beschädigt hätten.

Das Landgericht hat die Klage abgewiesen, weil die Wachmannschaften nicht in Ausübung einer ihnen anvertrauten öffentlichen Gewalt gehandelt hätten. Das Berufungsgericht hat zwar die Ausübung anvertrauter öffentlicher Gewalt bejaht, die Zurückweisung der Berufung jedoch damit begründet, daß den Wachmannschaften eine vorsätzliche oder fahrlässige Dienstpflichtverletzung nicht nachgewiesen sei.

Die Revision war erfolglos aus folgenden

Gründen:

1. Der Annahme des Berufungsgerichts, daß auf die Handlungen der Wachmannschaften des Frankfurter Soldatenrats das Gesetz vom 22. Mai 1910 zur Anwendung komme, ist beizutreten. Die in Deutschland seit dem 7. November 1918 einsetzende Revolution hatte die Begründung einer deutschen Republik zum Ziele. In den einzelnen Gemeinden bildeten sich Arbeiter- und Soldatenräte, die die lokale politische und militärische Gewalt an sich rissen. Bereits am 10. November erstand in Berlin als Zentralorgan eine sechsköpfige, aus den Mitgliedern der Mehrheitssozialisten und der Unabhängigen zusammen-

gesetzte neue Reichsregierung, der Rat der Volksbeauftragten, die am gleichen Tage von den Berliner Arbeiter- und Soldatenräten bestätigt wurde. Sie erließ am 12. November einen Aufruf, in dem sie ihre Richtlinien kundgab. Am gleichen Tage erfolgte auch der Aufruf des Vollzugsrats der Arbeiter- und Soldatenräte Groß-Berlins, wonach alle bisherigen Behörden ihre Tätigkeit im Auftrag des Vollzugsrats fortsetzen sollten und jedermann ihnen Folge zu leisten habe. Am 23. November fand eine Verständigung zwischen dem Rat der Volksbeauftragten und diesem Vollzugsrate dahin statt, daß die politische Gewalt in den Händen der Arbeiter- und Soldatenräte der deutschen sozialistischen Republik liege, daß der Berliner Vollzugsrat bis zur Wahl eines deutschen Vollzugsrats die Funktionen eines solchen ausübe und daß der Rat der Volksbeauftragten die Exekutive habe. Am 29. November wurde der Reichsausschuß des Vollzugsrats gebildet; am 16. Dezember fand ein Reichskongreß der Arbeiter- und Soldatenräte statt, der die Schaffung eines Zentralrats dieser Räte beschloß und die gesetzgebende und vollziehende Gewalt an den Rat der Volksbeauftragten übertrug. Auf Grund einer Wahlordnung vom 30. November wurde am 19. Januar 1919 die Nationalversammlung gewählt, deren erste Sitzung am 6. Februar stattfand und die dem Reiche die Verfassung gab (vgl. J e l l i n e k im Jahrb. des öffentl. Rechts 1920 S. 4).

Hiernach ist nicht zu verkennen, daß schon am 10. November 1918 eine neue Reichsregierung gegründet wurde, die auf dem lokalen Unterbau der Arbeiter- und Soldatenräte in dem Rat der Volksbeauftragten ihre Spitze hatte. Die Gründung erfolgte auf gewaltsamem Wege, aber sie fand keinen Widerstand in der bisherigen Reichsgewalt. Kaiser, Bundesrat und Reichstag haben sich, wenn auch innerlich widerstrebend, der Macht der Tatsachen gefügt, ebenso die Behörden, die im Auftrage der neuen Regierung ihre Tätigkeit fortsetzten, und der der Umwälzung nicht zugeneigte Teil der Bevölkerung. Auch im bisherigen Reichsheer fand die neue Regierung keinen ernsthaften Widerstand; die oberste Heeresleitung erklärte in ihrem Erlasse vom 11. November 1918, daß sie im Verein mit der neuen Regierung für Ruhe und Ordnung sorgen wolle. So hat sich die neue Regierung ohne irgend erheblichen Kampf durchgesetzt und sich in dieser Machtstellung unangefochten erhalten, bis sie freiwillig ihre Befugnisse auf die Nationalversammlung übertrug.

Der durch die Umwälzung geschaffenen neuen Staatsgewalt kann die staatsrechtliche Anerkennung nicht versagt werden. Die Rechtswidrigkeit ihrer Begründung steht dem nicht entgegen, weil die Rechtmäßigkeit der Begründung kein wesentliches Merkmal der Staatsgewalt ist. Der Staat kann ohne Staatsgewalt nicht bestehen.

Mit der Beseitigung der alten Gewalt tritt die sich durchsetzende neue Gewalt an deren Stelle. Der geschilderte Verlauf der Revolution zeigt aber, daß die neue Gewalt sich nach Zerstörung der früheren Gewalt in herrschender Weise begründet und in stetiger organischer Fortentwicklung aufrechterhalten hat. Auf demselben Standpunkte stehen mehrfache Entscheidungen der Strafsenate (RGSt. Bd. 53 S. 39, 52, 65, Bd. 54 S. 4, 87, 149, 152).

Die neue Gewalt ist eine Reichsgewalt, da sie sich auf die Gesamtheit von Deutschland erstreckte. Das Ziel der Umwälzung war die Errichtung einer einheitlichen deutschen Republik, nicht die Gründung einzelner Städterepubliken; sie gipfelte nicht in der neuen lokalen Gewalt der Arbeiter- und Soldatenräte der einzelnen Gemeinden.

Die neue Staatsgewalt bestand auch schon am 12. November, dem Tage, an dem der Kläger den Schaden erlitten hat, dessen Ersatz er beansprucht. Der bereits zwei Tage vorher errichtete Rat der Volksbeauftragten hat sofort die Reichsgewalt ergriffen und sich bis zum Zusammentritt der Nationalversammlung im Besitze der Macht erhalten. Die in der Zukunft fortdauernde und unangefochtene Aufrechterhaltung der Machtstellung bildet den Beweis dafür, daß die Macht von Anfang an eine festbegründete war. Der von dem Beklagten gezogene Vergleich mit der Münchener Räterepublik versagt, weil diese nur lokaler und vorübergehender Natur war.

Zu den Organen der neuen Reichsregierung gehörten die Wachmannschaften, denen die Beschädigung der klägerischen Häuser zur Last gelegt wird. Sie waren Angehörige der früheren Frankfurter Garnison und von dem Frankfurter Soldatenrat als dem lokalen Unterorgan der Reichsgewalt zum Zwecke der Aufrechterhaltung der Ordnung und Sicherheit auf dem Bahnhofsplatz aufgestellt. Der Soldatenrat hatte aber seit dem 9. November in Frankfurt a. M. die vollziehende Gewalt vollständig in seinen Händen, nachdem das stellvertretende Generalkommando, der Magistrat und die bisherigen staatlichen und städtischen Behörden dessen Autorität anerkannt hatten. Für Dienstpflichtverletzungen, die sich diese Organe zuschulden kommen lassen, tritt daher gemäß dem in Fortgeltung gebliebenen Reichshaftungsgesetz die Verantwortlichkeit des Reiches ein.

2. Zuzustimmen ist aber auch der weiteren Annahme des Berufungsgerichts, daß gemäß den Bestimmungen des Preuß. Gesetzes über den Waffengebrauch des Militärs vom 20. März 1837 eine Dienstverletzung der Wachmannschaften nicht nachgewiesen sei.

. . . Nach § 7 das. hat das Militär von seinen Waffen nur insoweit Gebrauch zu machen, als es zur Erreichung der im Gesetze angegebenen Zwecke erforderlich ist. Der Gebrauch der Schußwaffe ist nur dann gestattet, wenn ein besonderer Befehl hierzu erteilt worden ist oder wenn die anderen Waffen unzureichend erscheinen. Der Zeitpunkt, wann der Waffengebrauch eintreten soll, sowie die Art und Weise seiner Anwendung muß von dem handelnden Militär jedesmal selbst erwogen werden. § 10 besagt: „daß beim Gebrauch der Waffen das Militär innerhalb der Schranken seiner Befugnisse gehandelt habe, wird vermutet, bis das Gegenteil erwiesen ist". Hiernach spricht also eine gesetzliche Vermutung für die Pflichtmäßigkeit des militärischen Vorgehens; die Vermutung gilt als Beweisregel des materiellen Rechts so lange, bis sie durch den Nachweis des Gegenteils entkräftet ist. Die Darlegungen des Berufungsgerichts, daß dieser Beweis nicht gelungen sei, sind frei von Rechtsirrtum. Die Wachmannschaften waren, wie der Kläger selbst behauptet hatte, des Glaubens, daß sie einem Angriff aus den beschossenen Häusern gegenüberständen. Ein dienstpflichtwidriges Verhalten wäre also nur gegeben, wenn ihr Irrtum kein entschuldbarer gewesen wäre und auf Fahrlässigkeit beruht hätte. Der vom Kläger nach Maßgabe des Gesetzes von 1837 zu erbringende Beweis mußte sich also darauf erstrecken, daß die Wachmannschaften fahrlässig eine Beschießung aus den Häusern des Klägers angenommen hätten. Das Berufungsgericht hat aber tatsächlich dargelegt, daß dieser Beweis nicht erbracht und mit den benannten Beweismitteln nicht zu erbringen sei. Abwegig ist der Hinweis der Revision darauf, daß nach den für die sog. Putativnotwehr maßgebenden Grundsätzen dem Täter der Beweis obliege, daß er in entschuldbarer Weise einen Angriff angenommen habe. Diese Grundsätze können im vorliegenden Falle keine Anwendung finden, weil sie durch die im Gesetze von 1837 aufgestellte Beweisvermutung ausgeschlossen sind.

RGZ. 103, 187

Staatsrecht in Umbruchszeiten (Revolutionsrecht). — Die „steckengebliebene" Revolution ist rechtlich nur eine verfassungswidrige Amtsanmaßung, aus der die persönliche Haftung des Handelnden folgt.

Alter Leitsatz:

Persönliche Haftung eines Polizeioffiziers, der auf Anweisung der sog. Kapp-Regierung widerrechtlich einen Kraftwagen beschlagnahmt hat.

VI. Zivilsenat. Urt. v. 14. November 1921 i. S. Fr. (Kl.) w. J. (Bekl.). VI 198/21

I. Landgericht III Berlin. — II. Kammergericht daselbst.

Während des Kapp-Putsches fuhr der Kläger am 15. März 1920 mit seinem Kraftwagen, der von seinem Fahrer gelenkt wurde, in

Berlin die Linden entlang. Der Wagen wurde durch zwei blaue Schutzleute angehalten und nach dem Reichskanzlerpalais geleitet, wo eine Wache untergebracht war. Dort stellte der Beklagte „als Polizeioffizier der Reichskanzlei" eine Bescheinigung aus, daß der Wagen für die Zwecke der Reichskanzlei vom 15. März 1920 bis . . . beschlagnahmt worden sei. Er bestimmte dabei, daß und welche Strecken der Wagen sofort noch am 15. März zu fahren habe, daß er aber für die Nacht immer nach Hause zurückkehren könne, morgens jedoch bei der Reichskanzlei wieder vorzufahren habe, um Näheres über seine Verwendung zu erfahren. Der Wagen machte die für den 15. März vorgeschriebenen Fahrten, kehrte für die Nacht heim und fuhr am nächsten Morgen wieder bei der Reichskanzlei vor. Der Kläger behauptet, daß der Wagen auch am 16. und 17. März Fahrten für die Reichskanzlei im Auftrage des Beklagten gemacht habe. Er verlangt für die Abnutzung und Beschädigung des Wagens Ersatz in Höhe von 27 220 M.

Das Landgericht hat die Klage abgewiesen. Auf die Berufung des Klägers hat das Kammergericht den Klaganspruch dem Grunde nach für berechtigt erklärt, soweit der Kraftwagen am 15. März 1920 für Zwecke der Reichskanzlei benutzt worden ist.

Gegen dieses Urteil haben beide Teile Revision eingelegt. Der Beklagte beantragt, das klagabweisende Urteil des Landgerichts wiederherzustellen, der Kläger beantragt dagegen, im vollen Umfange seinem Klagantrage stattzugeben.

Das Reichsgericht wies die Revision des Beklagten zurück und gab der Revision des Klägers statt, aus folgenden

Gründen:

1. Das Berufungsgericht geht davon aus, daß die Rechte der Reichsregierung sich am 15. März 1920 verfassungswidrig in den Händen der sogenannten Kapp-Regierung befunden haben; aber die Kapp-Regierung könne als rechtmäßige Regierung nicht angesehen werden, ihre Gewalt sei bei der Dauer von nur wenigen Tagen zeitlich viel zu beschränkt, auch örtlich längst nicht genug ausgedehnt gewesen.

Diese rechtliche Beurteilung ist bedenkenfrei. Die Kapp-Regierung hat sich nicht bis zur verfassungsmäßigen Macht und Anerkennung durchsetzen können. Die Revision sagt selbst, sie habe die Leitung der Staatsgeschäfte erst „in die Hand nehmen wollen". Dies ist ihr nicht gelungen. Die örtlich beschränkt gebliebene Umsturzbewegung ist, ehe diese Absicht erreicht wurde, schon nach einigen Tagen zusammengebrochen. Die tatsächliche Gewalt, die die Leiter der Bewegung unter dem Titel einer Regierung ausübten, reichte über den

Versuch, sich der Amtsgeschäfte der maßgeblichen Ministerien zu bemächtigen, nicht hinaus, auch wenn sie nach außen hin und unter sich die Stellen der Reichskanzlei und der Ministerien zu besetzen unternommen haben. Der Revision ist entgegenzuhalten, daß die Beamtenschaft, auch wenn die bisherigen Regierungsmitglieder geflohen waren, den Leitern des Umsturzes keine Gefolgschaft geleistet hat. Wenn auch die Leiter des Kapp-Unternehmens in dem Bezirke von Berlin die bestehende Reichsregierung an der Ausübung der Staatsgeschäfte für einige Zeit verhindert haben, so können doch die dazu getroffenen Gewaltmaßnahmen in keiner Weise als eine „Reichsregierung" bezeichnet werden, die in der Beamtenschaft und in weiteren Volkskreisen Anerkennung und Stütze gefunden hat. Daher konnte das Berufungsgericht mit Recht in der auf den Umsturz der wirklichen Reichsregierung gerichteten Gewalt nur eine verfassungswidrige Anmaßung der Rechte dieser Reichsregierung erblicken und dem ganzen Umsturzunternehmen durchweg die Bedeutung einer rechtmäßigen Regierung absprechen. Gegenüber diesen Ausführungen versagen sämtliche Revisionsrügen des Beklagten, die dahin gehen, daß er befugt und verpflichtet gewesen sei, den Weisungen der von den Anhängern Kapps in Form tatsächlicher Gewalt im Bereiche von Berlin ausgeübten „Regierung" nachzukommen, und daß der Kraftwagen des Klägers auf Weisung des „Polizeipräsidiums" zu militärischen Zwecken angefordert worden und dies durch die „staatliche Polizei" auszuführen gewesen sei. Denn auch alle von der sogenannten Kapp-Regierung zum gewaltsamen Umsturze der verfassungsmäßigen Regierung veranlaßten Maßnahmen können in keiner Weise als Akte und Ausfluß einer auf Grund und im Rahmen gesetzmäßig ausgeübten Polizeigewalt anerkannt werden.

Aber der Beklagte kann sich auch nicht auf seinen guten Glauben und seine Gehorsamspflicht berufen. Denn das Berufungsgericht hält ihm in rechtlich unanfechtbarer Weise vor, daß er seinen militärischen Vorgesetzten keinen Gehorsam habe leisten dürfen. Ihm sei bei der ganzen Art des Kapp-Unternehmens bekannt gewesen, daß sie sich außerhalb der Verfassung gestellt hatten; er habe gewußt, daß er zum Gehorsam nicht verpflichtet war, und sei sich auch bewußt gewesen, daß er durch seine Anweisung vom 15. März 1920 dazu beitrug, das Eigentum des Klägers zu verletzen. Demgegenüber ist es ein vergeblicher Versuch des Beklagten, wenn er gleichwohl auf seine Gehorsamspflicht hinweist, um sich seiner Schadensersatzpflicht aus § 823 BGB. zu entziehen und jeglichen Vorwurf eines Verschuldens abzulehnen. Er kann sich insbesondere auch nicht auf das preußische Gesetz vom 11. Mai 1842 (GS. S. 192) berufen, da die Beschlagnahme lediglich ein ungesetzlicher Gewaltakt war, dessen

Durchführung in keiner Weise auf eine „polizeiliche Verfügung" im Sinne jenes Gesetzes zurückgeführt werden kann.

Die Revision des Beklagten war daher als unbegründet zurückzuweisen.

2. Dagegen kann der Revision des Klägers der Erfolg nicht versagt werden. Das Berufungsgericht spricht dem Kläger für den 16. und 17. März 1920 jedweden Schadensersatzanspruch ab, weil er selber die Schuld trage, wenn der Wagen auch in diesen Tagen für die Zwecke der Reichskanzlei benutzt worden sei. Der Wagen sei ihm in der Nacht zum 16. März wieder zur Verfügung gestellt worden; er hätte ihn nicht wieder zur Reichskanzlei fahren lassen sollen. Die Reichskanzlei habe sich in Händen einer „Regierung" befunden, der niemand Gehorsam schuldete. Der Kläger habe gar keinen Gehorsam leisten dürfen und sei auch bei Weigerung des Gehorsams keine Gefahr gelaufen.

Welche gesetzliche Vorschrift diesen Ausführungen zugrunde gelegt worden ist, läßt das Berufungsgericht ungesagt. In Frage kann aber nur der § 254 BGB. kommen. Bei Anwendung dieser Vorschrift muß davon ausgegangen werden, daß der Beklagte dadurch, daß er den Wagen am 15. März widerrechtlich zeitlich unbegrenzt beschlagnahmt und dem Kraftwagenführer befohlen hat, sich an den folgenden Tagen morgens wieder in der Reichskanzlei zu melden, zunächst durch sein Verschulden es verursacht hat, wenn der Wagen am 16. und 17. März benutzt worden ist. Unter diesem Gesichtspunkte war sodann zu prüfen, ob der Kläger dadurch, daß er den Wagen am 16. und 17. März, wie ihm und dem Führer des Wagens aufgegeben war, wieder zur Verfügung gestellt hat, den ursächlichen Zusammenhang zwischen der widerrechtlichen Beschlagnahme und der Benutzung des Wagens an diesen beiden Tagen völlig aufgehoben hat. Es war weiter zu untersuchen, ob dem Kläger dieses der Beschlagnahme entsprechende Verhalten als ein Verschulden zur Last fällt, das nach § 254 BGB. bei der Bemessung der Schadensersatzpflicht des Beklagten mildernd zu berücksichtigen ist. Es genügt daher nicht, wenn das Berufungsgericht bloß sagt, der Kläger trage selber die Schuld, wenn sein Wagen auch am 16. und 17. März benutzt worden ist. Es nimmt also an, der Kläger hätte unterlassen sollen, den Wagen auch am 16. und 17. März zur Verfügung zu stellen, er hätte durch diese Unterlassung den Schaden abwenden können. Die Revision bemerkt dazu, ein etwaiges in dieser Unterlassung zu findendes schuldhaftes Verhalten des Klägers könne gegenüber der bewußt widerrechtlichen Beschlagnahme in keiner Weise als die vorwiegende Verursachung angesehen werden. Die Revision bestreitet aber auch, daß der Kläger überhaupt schuldhaft gehandelt habe, wenn er auf die Bedrohungen des Beklagten gegen den Kraftwagenführer den Anordnungen nachkam, um nicht den Wagenführer oder auch sich selbst in Gefahr zu bringen. Möge auch die sogenannte Kapp-Regierung auf schwachen Füßen gestanden haben, so hätten doch die mit Waffen ausgerüsteten Kappleute gleichwohl noch Berlin in Schrecken gehalten.

Somit erscheint die Frage, ob der Kläger die Beschädigung seines Wagens am 16. und 17. März wirklich allein verursacht oder doch wegen eines überwiegenden mitwirkenden Verschuldens selber im vollen Umfange zu tragen hat, nicht frei von Rechtsirrtum beurteilt. Daher war das Berufungsurteil insoweit, als dem Kläger jeder Schadensersatzanspruch für den 16. und 17. März abgesprochen ist, aufzuheben und die Sache in diesem Umfang an das Berufungsgericht zurückzuverweisen.

RGZ. 104, 257

Staatsrecht in Umbruchszeiten (Revolutionsrecht). — Keine Exemtion von rechtlicher Verantwortung für revolutionäre Träger der Staatsgewalt. Staatshaftung für Revolutionsorgane, jedoch nicht für Revolutionäre auf eigene Faust. Versagen der Staatsorgane in Zeiten des Zusammenbruchs aller Ordnung nicht notwendig schuldhafte Amtspflichtverletzung.

Alter Leitsatz:

1. Haftet nach dem Reichsgesetze vom 22. Mai 1910 und dem preuß. Gesetze vom 1. August 1909 das Reich, der Staat oder ein Gemeindeverband für den durch einen Arbeiter- und Soldatenrat einem Dritten zugefügten Schaden?

2. Inwieweit begründet die Unterlassung ausreichender Maßregeln zur Aufrechterhaltung der öffentlichen Ordnung in der Revolutionszeit ein Verschulden der Arbeiter- und Soldatenräte und ihrer Organe?

III. Zivilsenat. Urt. v. 4. April 1922 i. S. Deutsches Reich u. Preuß. Staat (Bekl.) w. D. (Kl.). III 576/21.

I. Landgericht Frankfurt a. M. — II. Oberlandesgericht daselbst.

Am 9. Dezember 1918 stürmte eine Menschenmenge das in der Mainzer Landstraße zu Frankfurt a. M. befindliche Bekleidungslager des 15. und 18. Armeekorps, aus dem den entlassenen Soldaten Anzüge verabfolgt werden sollten, und plünderte dieses Lager. Bei dem Zusammenstoß zwischen der Menge und den zur Bewachung des Geländes herangezogenen Mannschaften der Hilfspolizei wurden auch Schüsse abgefeuert. Den Ehemann der Klägerin traf ein Schuß und verletzte ihn derart, daß er nach einigen Tagen verstarb. Die

Klägerin verlangt Ersatz wegen des ihr hierdurch entstandenen Schadens vom Deutschen Reich und vom Staate Preußen und gründet diesen Anspruch auf ein Verschulden der Mannschaften der Hilfspolizei, des Arbeiter- und Soldatenrats, des Polizeipräsidenten und des stellvertretenden Generalkommandos des 18. Armeekorps. Das Landgericht wies die Klage ab, das Berufungsgericht erklärte dagegen den Klaganspruch dem Grunde nach für gerechtfertigt. Auf die Revision der Beklagten wurde die Berufung der Klägerin gegen das Urteil des Landgerichts zurückgewiesen.

Gründe:

Das Berufungsgericht erachtet ein Verschulden der Mannschaften der Hilfspolizei hinsichtlich der Tötung des Ehemanns der Klägerin nicht für vorliegend, da sie von der anstürmenden Menschenmenge derart bedrängt und tätlich angegriffen worden seien, daß sie zum Gebrauch der Schußwaffen berechtigt gewesen seien. Ebenso verneint es einwandfrei ein Verschulden des stellvertretenden Generalkommandos. Dagegen nimmt es an, daß sowohl der Arbeiter- und Soldatenrat (A. u. S. R.) in Frankfurt a. M. als auch der von diesem eingesetzte Polizeipräsident durch schuldhaftes Verhalten den Tod des Ehemanns der Klägerin verursacht hätten. Das Verschulden des A. u. S.Rats erblickt es darin, daß dieser, der sich in den Besitz der gesamten Reichs- und Staatsmacht gesetzt und damit auch die Verantwortlichkeit der Behörden übernommen habe, denen er die Macht abgenommen habe, es unterlassen habe, die geeigneten Vorkehrungen für eine geordnete Ausgabe der Entlassungsanzüge zu treffen, und während der Unruhen, bei denen der Ehemann der Klägerin getötet worden ist, widersprechende Befehle erteilt und sich völlig kopflos gezeigt habe. Dem stellvertretenden Polizeipräsidenten legt das Berufungsgericht zur Last, daß die von ihm zum Schutze der gefährdeten Bekleidungsvorräte getroffenen Maßregeln völlig ungenügend gewesen seien. Für das Verschulden des A. u. S.Rats erachtet das Berufungsgericht im Anschluß an das Urteil des erkennenden Senats vom 8. Juli 1920 (RGZ. Bd. 100 S. 25)* das Deutsche Reich, für das des Polizeipräsidenten den preußischen Staat verantwortlich.

Die Revisionen beider Beklagten wenden sich gegen die Annahme eines Verschuldens des A. u. S.Rats bzw. des Polizeipräsidenten. Die Revision des preußischen Staats bestreitet auch die Haftung des Staats für ein etwaiges Verschulden des von dem A. u. S. R. eingesetzten Polizeipräsidenten.

*) Abgedruckt in diesem Band S. 1.

Der erkennende Senat vermag der Auffassung des Berufungsgerichts in der Frage des Verschuldens nicht beizutreten, verneint vielmehr ein für die Tötung des Ehemanns der Klägerin ursächliches Verschulden sowohl bei dem A. u. S. R. als auch bei dem Polizeipräsidenten. Mit Rücksicht jedoch auf die vom Berufungsgericht gegenüber dem oben erwähnten Urteil des Senats vom 8. Juli 1920 ausgesprochenen Bedenken und mit Rücksicht auf die widersprechenden Anschauungen, welche über die Frage der Haftung für die von A. u. S. Räten Dritten zugefügten Schäden in andern, dem Senate zur Entscheidung vorliegenden Sachen von den Instanzgerichten vertreten worden sind, sieht der Senat sich veranlaßt, zu dieser Frage grundsätzlich Stellung zu nehmen.

Abzulehnen ist die Meinung, daß die A. u. S. Räte Träger der Staatsgewalt in dem Sinne gewesen wären, daß sie für ihre Handlungen unverantwortlich wären und, weil sie Träger der Staatsgewalt gewesen seien, nicht als Beamte angesehen werden könnten. Es bedarf nicht der Entscheidung, ob Deutschland in den ersten Monaten nach der Revolution eine „Räterepublik" bildete — wie dies u. a. W. Jellinek, Jahrb. d. öffentl. Rechts Bd. 9 S. 37, und Meißner, Das neue Staatsrecht des Reichs und seiner Länder S. 12, annehmen — und ob insbesondere die auf die Errichtung einer solchen Räterepublik und die Diktatur des Proletariats gerichteten Bestrebungen einer Anzahl von A. u. S. Räten durch die von ihnen tatsächlich ausgeübte Gewalt den Anspruch auf rechtliche Anerkennung für eine gewisse Zeit — etwa bis zur Erlassung des Reichsgesetzes über die vorläufige Reichsgewalt vom 10. Februar 1919 (RGBl. S. 169) — erlangt haben (vgl. dazu RGSt. Bd. 53 S. 65, Bd. 54 S. 149 und S. 152). Wollte man dies auch annehmen, so kann doch daraus weder die persönliche Unverantwortlichkeit der Mitglieder der A. u. S. Räte, noch die Unvereinbarkeit der örtlichen A. u. S. Räte mit einer behördenartigen Stellung oder ihrer Mitglieder mit der Stellung und Verantwortung eines Beamten gefolgert werden. Mit dem Wesen einer Republik, in der das Volk der (rechtliche) Träger der Staatsgewalt ist, ist die völlige Unverantwortlichkeit der mit der tatsächlichen Ausübung der Staatsgewalt beauftragten Personen, wie sie im monarchischen Staat dem Monarchen zukam, nicht wohl vereinbar, wie denn auch weder die Reichsverfassung vom 11. August 1919 (vgl. Art. 59) noch die preußische Verfassung vom 30. November 1920 (vgl. Art. 58) eine solche Unverantwortlichkeit kennen. Am wenigsten kam den zahlreichen örtlichen A. u. S. Räten, politischen Organisationen, die zum Schutze der revolutionären Errungenschaften die Macht an sich rissen, eine solche Unverantwortlichkeit zu.

Zweifelhafter ist die Frage, ob die Mitglieder der A. u. S. Räte die Eigenschaft von Beamten im Sinn des § 839 BGB. und der Reichs-

und Staatshaftungsgesetze tatsächlich erlangt hatten, und welche öffentlichrechtlichen Körperschaften — Reich, Staat oder Gemeindeverband — für ihr Verschulden zu haften haben.

. . .

Eine Verantwortung des Reichs, der Staaten oder der Gemeindeverbände für die Handlungen der A. u. S. Räte kann nicht um deswillen verneint werden, weil eine förmliche Bestellung ihrer Mitglieder zu Beamten nicht erfolgt war, insbesondere die Voraussetzungen des in § 1 des Ges. vom 22. Mai 1910 angeführten § 1 RBG. *seinem Wortlaut nach nicht gegeben waren.* Entscheidend für die Annahme einer Beamteneigenschaft im Sinne der Staatshaftungsgesetze und insoweit auch des § 839 BGB. ist vielmehr, daß der Betreffende von den Leitern des Gemeinwesens mit der Ausübung öffentlicher Gewalt als der Organtätigkeit eines Beamten betraut worden ist. In welcher Form dies geschah, ist gleichgülig. . . . Es ist, um die Beamteneigenschaft der Mitglieder der A. u. S. Räte zu begründen, als genügend anzusehen, daß die Zentralgewalt die A. u. S. Räte in der Befugnis zur Ausübung öffentlicher Gewalt, welche diese sich mit dem Ausbruch der Revolution beigelegt hatten — wenn auch unter stetig steigender Einschränkung —, vorerst beließ, sich auf sie, und zwar nicht bloß mit Worten und Aufrufen, sondern tatsächlich stützte und sich ihrer bediente, um sich selbst im Besitze der Macht zu erhalten und sowohl die Wiederherstellung der früheren Staatsgewalt als die völlige Auflösung aller Ordnung zu verhindern. So aber hat sich sowohl der Rat der Volksbeauftragten wie die preußische Regierung in den ersten Monaten nach dem Umsturze den A. u. S. Räten gegenübergestellt und diese damit als ihre Organe anerkannt... (Es folgt eine Zusammenstellung amtlicher Maßnahmen sowohl der revolutionären Träger der Reichsgewalt wie auch der preußischen Regierung, in denen das zum Ausdruck kommt. Dann fährt das RG. fort:)

. . .

Auch hier ist festzuhalten, daß eine Überschreitung der Zuständigkeit eine Pflichtwidrigkeit des Beamten im Sinne des § 839 BGB. enthält und daß deshalb auch die Haftung des Reichs usw. für die Handlungen der A. u. S. Räte nicht ohne weiteres dadurch ausgeschlossen wird, daß diese die ihnen von den Zentralregierungen gezogenen Zuständigkeitsgrenzen bewußt oder unbewußt überschritten haben. Dagegen entfällt die Verantwortung des Reichs usw., sofern ein A. u. S. R. allgemein und grundsätzlich der Reichs- oder Landesregierung den Gehorsam versagt und eine ihr feindliche, z. B. auf die Diktatur des Proletariats gerichtete, Tätigkeit entfaltet hat. Dann handelte der betreffende A. u. S. R. eben nicht mehr als Organ und Beamter der Reichs- oder Landesregierung.

Aus dem Vorstehenden ergibt sich, daß die A. u. S. Räte sowohl als Organe der Reichsregierung als auch der Landesregierungen, insbesondere auch der preußischen, sowie weiter unter Umständen auch als solche eines Gemeindeverbands in Betracht kommen können. Denn die beim Ausbruch der Revolution vorhanden gewesenen, auf die Schaffung eines deutschen Einheitsstaats gerichteten Bestrebungen sind nicht, auch nicht auf kurze Zeit, verwirklicht worden. . . . *Je nachdem, in welcher Eigenschaft, als wessen Organ der A. u. S. R.* im Einzelfalle tätig geworden ist, oder — wie in der Begründung zu § 1 des Ges. vom 22. Mai 1910 gesagt ist — zu welchem Geschäftsbereiche die Amtspflicht gehört, die der Beamte verletzt hat, bestimmt sich daher, welche öffentlichrechtliche Körperschaft, das Reich, der Staat oder ein Gemeindeverband, für das Verschulden des A. u. S.Rats haftet. . . .

Von vorstehenden Erwägungen aus würde eine Haftung des Reichs für ein Verschulden des A. u. S. Rats im vorliegenden Falle jedenfalls insoweit begründet sein, als es die Maßregeln zur Sicherung und ordnungsmäßigen Verteilung der militärischen Bekleidungsvorräte betraf. Denn insoweit handelte es sich um eine militärische Angelegenheit, bei der die dem A. u. S. R. angehörenden Militärpersonen als solche dienstlich tätig waren. Soweit es sich dagegen um die Aufrechterhaltung der öffentlichen Ruhe und Ordnung im allgemeinen handelte, würde eine Haftung des Reichs nur dann in Frage kommen, wenn hierzu Personen des Soldatenstands, also Truppenteile des eigentlichen Heeres oder vom Reiche geschaffene heeresähnliche Formationen, wie z. B. die gemäß dem Gesetze vom 12. Dezember 1918 (RGBl. S. 1424) gebildete freiwillige Volkswehr, verwendet worden wären. Andernfalls würde in dieser Hinsicht nur die Haftung des preußischen Staats, dessen Behörden die Handhabung der Sicherheitspolizei im allgemeinen oblag, gegeben sein.

Die Haftung des preußischen Staats läßt das Berufungsgericht lediglich für den von dem A. u. S. R. eingesetzten stellvertretenden Polizeipräsidenten eintreten. Ob diese Einsetzung angesichts der VO. der preuß. Regierung vom 14. November 1918 (GS. S. 189), welche die nach dem früheren Rechte von der Krone und dem Staatsministerium ausgeübten Befugnisse der preußischen Regierung übertrug, genügte, um dem stellvertretenden Polizeipräsidenten die Eigenschaft eines preußischen Beamten zu verleihen, und nicht vielmehr die ausdrückliche oder stillschweigende Genehmigung dieser Einsetzung durch die preußische Regierung hinzutreten mußte, kann aus den nachfolgenden Gründen dahingestellt bleiben.

Was die Frage des Verschuldens betrifft, so kann dem Berufungsgericht darin beigetreten werden, daß die Anordnungen des A. u. S.-Rats für die Verteilung der militärischen Bekleidungsstücke und zum Schutze des Bekleidungslagers nicht genügten. Berücksichtigt man jedoch die Lage der damaligen Verhältnisse, die Entblößung Frankfurts von Truppen, die noch ihre Ordnung aufrechterhielten, das Herbeiströmen zahlloser Entlassener, die Besorgnis des Einrückens feindlicher Truppen, so kann man den Vorwurf eines Verschuldens gegen den A. u. S. R. und den stellvertretenden Polizeipräsidenten darauf, daß sie nicht die schlechthin ausreichenden oder doch — nach späterer Betrachtung — zweckmäßigsten Anordnungen trafen, ebensowenig begründen, wie gegen die ordentlichen Behörden, die anderswo in ähnlicher Weise in jenen Tagen versagten. Auch daß die erlassenen Anordnungen zurückgenommen und andere Maßregeln getroffen wurden, genügt nicht, die Annahme eines Verschuldens des A. u. S. Rats zu begründen. Wohl mag die Aufeinanderfolge widersprechender Befehle in solchen Zeiten gefährlich sein, aber sie kann anderseits geboten oder doch objektiv oder auch nur subjektiv zweckmäßig erscheinen. Und ist auch nur letzteres der Fall, so liegt kein Verschulden in dem Einschlagen eines neuen Weges. Wie die Verhältnisse nach dem Inhalt der Prozeßverhandlungen lagen, hätte vielleicht durch ein noch stärkeres polizeiliches Aufgebot das Bekleidungslager gegen eine Plünderung geschützt werden können. Ob es nicht aber auch dann zu einem Plünderungsversuch gekommen und zu dessen Abwehr von der Schußwaffe Gebrauch gemacht worden wäre, steht dahin. Jedenfalls ist nicht anzunehmen, daß der A. u. S. R. und der Polizeipräsident die Notwendigkeit eines stärkeren polizeilichen Aufgebots, als es tatsächlich erfolgt ist, . . . hätten erkennen müssen. Wie überhaupt der A. u. S. R. und der stellvertretende Polizeipräsident hätten handeln sollen, um das Entstehen solcher Zwischenfälle und die Tötung von Menschen dabei wirksam zu verhindern, ist schwer nachträglich festzustellen und war noch schwerer in jenen Zeiten des Zusammenbruchs aller Ordnung und der gesteigerten Erregung rechtzeitig vorher zu erkennen. Es ist deshalb ein Verschulden sowohl des A. u. S. Rats als des stellvertretenden Polizeipräsidenten zu verneinen und die Klage gegenüber beiden Beklagten abzuweisen.

RGZ. 112, 95

Staatsrecht in Umbruchszeiten (Revolutionsrecht). — Der revolutionäre Träger der höchsten politischen Gewalt kann seine Machtbefugnisse frei bestimmen. Er hat auch das Recht, ohne Rücksicht auf den bisherigen Rechtszustand und in bewußter Abweichung von ihm Entscheidungen zu treffen. Öffentlich-rechtliche Entschädigungspflicht

des Staates für die Anforderung vermögenswerter Leistungen durch die Träger der Revolutionsorgane.

Alter Leitsatz:

War der Vollzugsrat des Arbeiter- und Soldatenrats Groß-Berlin im November und Dezember 1918 nach den damaligen staatsrechtlichen Verhältnissen berechtigt, durch den Polizeipräsidenten von Berlin zur Bewaffnung des Sicherheitsdienstes von Fabriken Waffen und Munition anzufordern, und haftet für diesen Eingriff in das Privateigentum der preußische Staat?

Einl. zum preuß. ALR. § 75.

VI. Zivilsenat. Urt. v. 13. November 1925 i. S. Preuß. Staat (Bekl.) w. B.-K. Industrie-Werke (Kl.) VI 262/25.

I. Landgericht I Berlin. II. Kammergericht daselbst.

Die Klägerin hat nach ihrer Behauptung im November und Dezember 1918 auf Grund dreier Beschlagnahmeverfügungen des damaligen Polizeipräsidenten Eichhorn Waffen und Munition an das Polizeipräsidium in Berlin abgeliefert. Die Verfügungen datieren vom 22. November, 4. und 13. Dezember 1918. Die erste Verfügung spricht ausdrücklich eine Beschlagnahme der in ihr angegebenen Waffen- und Munitionsmengen aus und ist von Eichhorn als Polizeipräsidenten unterzeichnet; unter seiner Unterschrift haben sich Molkenbuhr und Richard Müller als vertretungsberechtigte Mitglieder des Vollzugsrats des Arbeiter- und Soldatenrats in Berlin mit der Beschlagnahme einverstanden erklärt. Die zweite Verfügung ist in die Form einer Vollmacht des Vollzugsrats des Arbeiter- und Soldatenrats Groß-Berlin auf den Arbeiterrat der Waffenfabrik W. zur Empfangnahme von Waffen behufs Ablieferung an das Polizeipräsidium gekleidet und trägt namens des Vollzugsrats die Unterschriften von Richard Müller und Molkenbuhr, darunter aber auch die Unterschrift Eichhorns als Polizeipräsidenten von Berlin. Die dritte Verfügung enthält lediglich die Erklärung, daß die darin bezeichneten Waffen zum Sicherheitsdienst benötigt werden, und ist von dem Polizeipräsidenten Eichhorn sowie Molkenbuhr und Richard Müller unterzeichnet, auch mit dem Stempel des Polizeipräsidenten versehen. Als Zweck ist in der ersten Verfügung vom 22. November 1918 die Bewaffnung der Mannschaften des Sicherheitsdienstes und der wiedereingestellten Kriminalbeamten bezeichnet und der Gebrauch zum Sicherheitsdienst, wie schon erwähnt, auch in der dritten Verfügung vom 13. Dezember 1918 hervorgehoben.

Die Klägerin verlangt von dem Beklagten die Bezahlung der gelieferten Waffen und Munition und stützt ihren Anspruch in erster Linie auf § 75 der Einleitung zum preußischen ALR.; hilfsweise leitet sie ihn auch als Schadensersatzanspruch aus dem preußischen Staatshaftungsgesetz vom 1. August 1909 in Verbindung mit § 839 BGB. und den §§ 823, 826, 31, 89 BGB. her und endlich gründet sie ihn auf einen Kaufvertrag und ungerechtfertigte Bereicherung, wobei sie den Kaufvertrag durch die Anforderung der Waffen und das Versprechen, sie zu bezahlen, für zustande gekommen hält und die Bereicherung darin sieht, daß der Beklagte auf ihre Kosten ohne rechtlichen Grund die betreffenden Gegenstände erlangt habe. . . .

. . . Das Landgericht hat der Klage in Höhe von 150 000 Goldmark nebst Zinsen stattgegeben, im übrigen aber die Klage abgewiesen. Gegen dieses Urteil haben beide Parteien Berufung eingelegt; die Klägerin hat die Verurteilung zur Zahlung der vollen Klagesumme nebst Zinsen, der Beklagte die gänzliche Abweisung der Klage beantragt. Das Berufungsgericht hat darauf den Anspruch der Klägerin durch Urteil dem Grunde nach für gerechtfertigt erklärt.

Die Revision des Beklagten ist zurückgewiesen worden.

Gründe:

. . . (Das RG. macht zunächst verfahrensrechtliche Ausführungen. Zur Sache selbst fährt es wie folgt fort:)

Ob in den der Klage zugrunde liegenden Schriftstücken des Polizeipräsidenten Eichhorn und des Vollzugsrats des Arbeiter- und Soldatenrats Groß-Berlin eine Beschlagnahme oder bloß eine amtliche Anforderung von Waffen und Munition zu sehen ist, kann dahingestellt bleiben. In jedem Falle ist durch sie die Klägerin genötigt worden, ihr Eigentum dem allgemeinen Wohle zu opfern. Dafür aber muß sie der Staat oder die öffentlichrechtliche Gemeinschaft, der der Eingriff in das Privateigentum zugute gekommen ist, auf Grund des § 75 Einl. des preuß. ALR. entschädigen.

Die Entschädigungspflicht setzt jedoch voraus, daß die Behörde oder der Beamte, auf dessen Anordnung der Eingriff geschehen ist, zu diesem auch die Machtbefugnis gehabt hat, da sonst eine Amtsüberschreitung vorläge, für die der Staat oder die sonstige öffentliche Gemeinschaft nur nach Maßgabe des preußischen Staatshaftungsgesetzes vom 1. August 1909 einzustehen hätte. Aber der Eingriff war nach den staatsrechtlichen Verhältnissen von damals rechtmäßig.

Daß Eichhorn zur Zeit der in Frage stehenden Verfügungen Polizeipräsident von Berlin gewesen ist, hat das Berufungsgericht ohne Rechtsirrtum angenommen. Denn mag er sich sein Amt zunächst auch angemaßt haben, so steht doch nach den Feststellungen des Berufungsgerichts fest, daß sowohl die Preußische Regierung wie der Vollzugsrat mit ihm als rechtmäßig amtierendem Polizeipräsidenten amtlich verkehrt und durch die Duldung seiner Amtsführung auch die Rechtmäßigkeit seiner Amtsbekleidung stillschweigend anerkannt haben. Indes würde Eichhorn auch als Polizeipräsident zu der Anforderung der Waffen und Munition allein noch nicht befugt gewesen sein, weil diese in den bestehenden, auch nach dem Ausbruch der Revolution ausdrücklich aufrechterhaltenen Gesetzen (vgl. Bekanntmachung der Preußischen Regierung vom 14. November 1918, GS. S. 190) keine Stütze fand und auch schon insofern nicht eigenmächtig von ihm vorgenommen werden konnte, als mit ihr im Haushaltungsplane nicht vorgesehene Ausgaben verbunden waren, die ohne Genehmigung des Ressortministers nicht gemacht werden durften. Aber da die Anforderungen Eichhorns die Zustimmung des Vollzugsrats des Arbeiter- und Soldatenrats Groß-Berlin gehabt haben, so sicherte dies nach damaligem Staatsrecht ihre Rechtmäßigkeit und Wirkung. Freilich war auch die Macht der Arbeiter- und Soldatenräte angemaßt. Aber die rechtswidrige Erlangung der Staatsgewalt steht ihrer Anerkennung nicht entgegen, weil die Rechtmäßigkeit der Begründung kein wesentliches Merkmal für den Besitz der Staatsgewalt ist (RGZ. Bd. 100 S. 27*). Fraglich war darum nur, ob dem Vollzugsrat des Arbeiter- und Soldatenrats Groß-Berlin eine solche staatsrechtliche Stellung zustand, daß seine Zustimmung zu der streitigen Waffen- und Munitionsanforderung diese rechtmäßig machte. Um hierfür einen Anhalt zu gewinnen, darf die Zeit, in der er Staatsgeschäfte besorgt hat, nicht außer acht gelassen werden. Die Arbeiter- und Soldatenräte mögen schließlich nur Organe des Rats der Volksbeauftragten und der Preußischen Regierung mit gewöhnlicher Beamtenverantwortlichkeit gewesen sein und in der Befugnis zur Ausübung öffentlicher Gewalt eine stetig zunehmende Einschränkung erfahren haben (RGZ. Bd. 104 S. 261**); in der hier in Betracht kommenden Zeit haben sie jedenfalls die höchste Gewalt sowohl im Reich wie in Preußen verkörpert. Ob sie damit Träger der Staatsgewalt waren und der Vollzugsrat des Berliner Arbeiter- und Soldatenrats das höchste Organ war, kann auf sich beruhen. Entscheidend ist allein, daß der Vollzugsrat die höchste Machtbefugnis hatte und in seinen Entscheidungen von dem Rat der Volksbeauftragten und der preußischen Regierung nicht abhängig war. Denn beide leiteten ihre Macht selbst erst von den Arbeiter- und Soldatenräten her, wie für Preußen daraus hervorgeht, daß die Regierung in der Bekanntmachung vom 12. November 1918 (GS. S. 187) selber erklärt hat, daß sie die Staatsleitung im Auftrage des Vollzugsrats der Arbeiter- und Soldatenräte übernommen habe. Der Revision kann nicht zugegeben werden, daß damit nur hat zum Ausdruck gebracht sein sollen, daß auch die Macht des Vollzugsrats

*) In diesem Band S. 2 unten.
**) In diesem Band S. 11 mitten.

hinter der Regierung stehe. Der Wortlaut der Bekanntmachung spricht dagegen. Das Gegenteil wird auch dadurch bestätigt, daß in der Bekanntmachung vom 23. November 1918 (Reichsanzeiger Nr. 277) im Einverständnis mit den Volksbeauftragten ebenfalls ausgesprochen ist, daß die politische Gewalt in den Händen der Arbeiter- und Soldatenräte der deutschen sozialistischen Republik liege.

Daß der Vollzugsrat des Arbeiter- und Soldatenrats Groß-Berlin unter diesen Umständen auch befugt gewesen ist, auf Staatskosten Waffen anzufordern oder durch den Polizeipräsidenten anfordern zu lassen, kann nicht zweifelhaft sein. Denn wenn er seine Machtbefugnisse frei bestimmen konnte, so hatte er auch das Recht, ohne Rücksicht auf den bisherigen Rechtszustand und in bewußter Abweichung von ihm Entscheidungen zu treffen. Die Bekanntmachung der Preußischen Regierung betr. das Inkraftbleiben der bestehenden Gesetze und Verordnungen vom 14. November 1918 widerspricht dieser Annahme nicht, denn die Bekanntmachung wendet sich nur an das Volk und ließ dem höchsten Machtgeber die Freiheit, den Boden des bisherigen Rechts zu verlassen.

Dem Berufungsgericht ist auch darin beizutreten, daß die unter Mitwirkung des Vollzugsrats geschehene Anforderung im Interesse des gemeinen Wohls gelegen hat und daß die Klägerin diesem Interesse ihr Eigentum geopfert hat. Denn nach der Feststellung des Berufungsgerichts sollten die Waffen und die Munition für die Bewaffnung der Beamten des Sicherheitsdienstes und der wiedereinzustellenden Kriminalbeamten dienen, welche durch die damaligen Verhältnisse an sich auch gerechtfertigt wurde. Wenn sie nachträglich andere Verwendung fanden und vielleicht auch schon mit anderen inneren Absichten von Eichhorn und den beiden Vertretern des Vollzugsrats Molkenbuhr und Richard Müller angefordert worden sind, so hält dies das Berufungsgericht mit Recht für unerheblich. Denn was der Klägerin nicht erkennbar war, kann ihr nicht entgegengehalten werden, und nur in der Gestalt, in der eine Amtshandlung vorgenommen ist, sind ihre Wirkungen zu beurteilen.

Rechtlich ist aber auch nicht zu beanstanden, daß der preußische Staat als diejenige Stelle angesehen worden ist, die die Klägerin zu entschädigen hat. Es mag zwar sein und wird auch von dem Berufungsgericht nicht verkannt, daß zur damaligen Zeit sowohl die Sicherheit des Reichs wie Preußens schutzbedürftig war. Aber der Sicherheit des Reichs konnte auch dadurch gedient werden, daß Preußens Sicherheit erstrebt und gestärkt wurde, und anderseits standen beide auch so selbständig nebeneinander, daß die Sicherung der staatlichen Ordnung in beiden gesondert betrieben werden konnte. Daß sie im gegebenen Falle nur Preußen galt oder doch in erster Linie galt, hat das Berufungsgericht mit Recht daraus entnommen, daß der preußische Polizeipräsident die Anforderungen veranlaßt oder mitbetrieben hat. Da er lediglich preußischer Beamter war, so konnte er für das Reich nicht handeln. Die Besorgung einer preußischen Angelegenheit geht auch schon daraus hervor, daß als Zweck der Anforderung in der ersten Verfügung die Bewaffnung der Sicherheitspolizei und der Kriminalbeamten, also preußischer Organe, angegeben war. Auch der Vollzugsrat, der an sich ebenso Machthaber im Reich wie in Preußen war (RGZ. Bd. 104 S. 263*), hat bewußt und gewollt nur im Interesse des preußischen Staates gehandelt, wie er schon durch das Zusammenwirken mit dem preußischen *Polizeipräsidenten zu erkennen gegeben hat*, daß er Preußens Angelegenheit besorge. Denn daß ihm bekannt war, daß Eichhorn nicht für Reichsangelegenheiten zuständig sei, davon muß bei der politischen Schulung von Molkenbuhr und Richard Müller ohne weiteres ausgegangen werden. An ihrem Willen, für Preußen zu handeln, kann auch nicht etwa darum gezweifelt werden, weil die damaligen Machthaber die Begründung einer einheitlichen deutschen Republik ins Auge gefaßt hatten. Denn dies ist nur ein Plan geblieben, und zu der Zeit, als die Verfügungen ergingen, haben alle Einzelstaaten noch bestanden. Mit der Tatsache, daß auch das Reich von der Bewaffnung der Sicherheitspolizei und der Kriminalbeamten, soweit diese ausgeführt ist, Nutzen gehabt hat oder Nutzen gehabt hätte, wenn sie ausgeführt worden wäre, entfällt noch nicht die Haftung des preußischen Staates. Denn auch dann bleibt bestehen, daß mit der getroffenen Maßregel zunächst seine Angelegenheiten besorgt worden sind oder besorgt werden sollten. Auch die Stadt Berlin war zur eigenen Sicherheit an der mehrerwähnten Bewaffnung in weitem Umfange und vielleicht am ursprünglichsten interessiert. Aber da auch ihre Sicherung nicht Selbstzweck war, sondern nach der Feststellung des Berufungsgerichts die Anforderung nur für die Belange des Staatsganzen geschehen ist, so kommt auch die Stadt Berlin der Klägerin gegenüber nicht als Entschädigungspflichtige in Betracht, zumal auch in keinem der Schreiben zu erkennen gegeben ist, daß es sich bloß um Sicherheitsmaßnahmen für die Hauptstadt handele.

Ob etwa Ausgleichsansprüche des preußischen Staats gegen das Reich oder die Stadt Berlin bestehen, war im gegenwärtigen Rechtsstreit nicht zu entscheiden.

RGZ. 110, 286

Zeitungsverbot aus politischen Gründen. — Pflicht der Gerichte und Verwaltungsbehörden zu achtungsvoller Würdigung ihrer den glei-

*) In diesem Band S. 12.

chen Sachverhalt betreffenden Entscheidungen. Gesteigerte Sorgfaltspflicht der Behörden vor wirtschaftlich folgenschweren Eingriffen in die private Rechtssphäre.

Alter Leitsatz:

Inwieweit hat die Verwaltungsbehörde, wenn sie wegen eines nach ihrer Auffassung strafbaren Artikels eine Zeitung gemäß § 21 RepSchutzG. verbieten will, auf gerichtliche Entscheidungen Rücksicht zu nehmen, die den Inhalt des Artikels für nicht strafbar erklären?

RVerf. Art. 131 Abs. 1. BGB. § 839.

III. Zivilsenat. Urt. v. 13. März 1925 i. S. Preuß. Staat. (Bekl.) w. Gebrüder W. (Kl.). III 55/24.

I. Landgericht Göttingen. II. Oberlandesgericht Celle.

Die Klägerin ist Verlegerin des G.er Tageblatts. Die am 17. August 1922 erschienene Nr. 192 dieser Tageszeitung wurde wegen eines Artikels „Dollarkurs über 1000" auf Verfügung des Oberpräsidenten der Provinz H. vorläufig beschlagnahmt. Das Landgericht hob die Beschlagnahme durch Beschluß vom 22. August 1922 auf. Am 23. August 1922 verbot der genannte Oberpräsident „auf Grund der §§ 20 und 21 des Gesetzes zum Schutze der Republik vom 21. Juli 1922" das Erscheinen des G.er Tageblatts auf die Dauer von zwei Wochen Dieses Verbot wurde durch Beschluß des Staatsgerichtshofs zum Schutze der Republik, der aber erst nach Ablauf der Verbotsfrist erging, aufgehoben.

Für den Schaden, der ihr durch das Verbot des Erscheinens der Zeitung erwachsen ist, macht die Klägerin den Preußischen Staat verantwortlich. Sie legt dem Oberpräsidenten der Provinz H. und dem Minister des Innern Fahrlässigkeit zur Last. Ersterer habe das objektiv ungerechtfertigte Verbot ohne pflichtmäßige Prüfung der Sach- und Rechtslage erlassen und trotz begründeter Gegenvorstellungen aufrechterhalten, letzterer habe schuldhafterweise der Beschwerde der Klägerin nicht alsbald abgeholfen. Beide Beamte hätten auch durch verzögernde Behandlung der Beschwerde bewirkt, daß der Staatsgerichtshof zum Schutz der Republik mit ihr erst nach Ablauf der Verbotsfrist befaßt worden sei. Ihren Schaden berechnet die Klägerin auf 265 490,50 M und hat beantragt, den Beklagten zur Zahlung dieses Betrags nebst Zinsen zu verurteilen.

. . .

Das Landgericht hat den Klaganspruch dem Grunde nach für gerechtfertigt erklärt, das Oberlandesgericht die Berufung des Beklagten zuückgewiesen. Die Revision des Beklagten wurde zurückgewiesen.

Aus den Gründen:

Als rechtliche Grundlage für das Verbot des Erscheinens des G.er Tageblatts konnte dem Oberpräsidenten von den in seinem Verbot angeführten Bestimmungen des RepSchutzG. nur der § 21 dienen. § 21 bestimmt, daß, wenn durch den Inhalt einer periodischen Druckschrift die Strafbarkeit einer der in den §§ 1—8 des Gesetzes bezeichneten Handlungen begründet wird, die periodische Druckschrift, wenn es sich um eine Tageszeitung handelt, bis auf die Dauer von 4 Wochen verboten werden kann. Das hier fragliche Verbot war also nur dann gerechtfertigt, wenn der beanstandete Artikel „Dollarkurs über 1000" eine der genannten Vorschriften des RepSchutzG. verletzte. . . . In Übereinstimmung mit dem Beschluß des Landgerichts, dem Beschluß des Staatsgerichtshofs zum Schutz der Republik und dem erstinstanzlichen Urteil nimmt das Oberlandesgericht an, daß das Verbot zu Unrecht ergangen sei. Weiter führt es aus, daß der Oberpräsident die gebotene sorgfältige Prüfung des Artikels vor Erlaß seines Verbots verabsäumt habe. Schon diese Fahrlässigkeit mache den Beklagten für den der Klägerin durch das Nichterscheinen ihrer Zeitung erwachsenen Schaden haftbar, so daß es keiner Erörterung bedürfe, ob dem Oberpräsidenten noch in anderer Richtung und ob auch dem Minister des Innern ein Verschulden zur Last falle.

Diese Begründung greift die Revision an. Indessen ist ihr der Erfolg zu versagen.

1. Daß der Artikel „Dollarkurs über 1000" keine Beschimpfung der verfassungsmäßig festgestellten republikanischen Staatsform und keine Verleumdung von Mitgliedern der republikanischen Regierung des Reichs enthält, stellt die Revision nicht in Abrede. Sie sucht aber darzulegen, daß in ihm Mitglieder der Regierung beschimpft würden. . . . Dem Revisionsgericht ist eine Würdigung des streitigen Artikels in tatsächlicher Hinsicht nicht gestattet. Es muß vielmehr die ihm von dem Tatrichter gegebene Auslegung — soweit sie nicht etwa selbst wieder auf einem Rechtsverstoß beruht — als richtig hinnehmen und kann nur prüfen, ob der danach gegebene Tatbestand die gesetzlichen Voraussetzungen der in Frage kommenden Vorschrift erfüllt. Das Oberlandesgericht hat nun festgestellt, daß der Artikel überhaupt keine persönlichen Angriffe gegen irgendwelche Regierungsmitglieder enthalte; die Angriffe richteten sich gegen eine bestimmte Art der Politik. . . .

2. Zur Verschuldensfrage ist vorweg zu bemerken, daß es sich bei dem Verbot einer Druckschrift auf Grund des § 21 RepSchutzG. nicht um eine lediglich in das Ermessen der zuständigen Verwaltungsbehörde gestellte Maßnahme handelt. Die angeführte Vorschrift sagt zwar, daß eine periodische Druckschrift verboten werden kann, aber

doch nur dann, wenn durch ihren Inhalt die Strafbarkeit einer der in den §§ 1—8 des Gesetzes bezeichneten Handlungen begründet wird. Zweckmäßigkeitserwägungen darüber, ob von der Untersagungsbefugnis Gebrauch gemacht werden soll, können erst dann Platz greifen, wenn zunächst festgestellt ist, daß einer der Fälle der §§ 1—8 RepSchutzG. tatsächlich vorliegt. Nur dann kann die Frage nach einem Verschulden des Beamten regelmäßig nicht mehr gestellt werden. Die zunächst erforderliche Ermittlung der Strafbarkeit des Inhalts der Druckschrift dagegen ist kein Akt des Verwaltungsermessens. Die für das Verbot zuständige Stelle muß insoweit in eine objektive Untersuchung an der Hand des Gesetzes eintreten. Verfährt sie dabei schuldhaft, so führt sie eine vermögensrechtliche Haftung des Staates herbei, über die der ordentliche Richter, ohne in der Prüfung der Verschuldensfrage irgendwie beschränkt zu sein, zu befinden hat. Die Vorinstanzen waren also berechtigt und verpflichtet, die Frage zu erörtern, ob der Oberpräsident bei Prüfung des seinem Verbote des G.er Tageblatts zugrunde liegenden Artikels die erforderliche Sorgfalt angewendet hat. Sie haben diese Frage übereinstimmend verneint, ohne daß ihnen dabei ein Rechtsverstoß zur Last fiele.

Zunächst lehnt es das Oberlandesgericht ab, ein Verschulden des Oberpräsidenten daraus zu folgern, daß seine Auffassung nachher von dem Staatsgerichtshof und von dem über die zivilrechtlichen Folgen entscheidenden Gerichte für unrichtig befunden ist. Es sieht aber einen Verstoß des Oberpräsidenten gegen seine Amtspflichten darin, daß er, trotzdem er gewußt habe, daß die wegen desselben Artikels erfolgte Beschlagnahme der Zeitung durch einen Beschluß des Landgerichts aufgehoben war, es unterlassen habe, sich von den Gründen dieses Beschlusses Kenntnis zu verschaffen. Wenn die Revision demgegenüber darauf hinweist, daß der Oberpräsident über das Verbot der Zeitung selbständig zu befinden gehabt habe, ohne an die gerichtliche Entscheidung gebunden zu sein, so hat das auch der Vorderrichter nicht verkannt. Er hebt sogar ausdrücklich hervor, daß der Oberpräsident in bewußtem Gegensatz zu dem Gericht sich habe entschließen können. Er verlangt nur, daß sich der Oberpräsident über den Inhalt des landgerichtlichen Beschlusses vorher habe vergewissern müssen, um die Sach- und Rechtslage voll übersehen, alle gegen die von ihm beabsichtigte Maßnahme sprechenden Gründe würdigen zu können. Diese Auffassung des Oberlandesgerichts ist durchaus zu billigen. Sie entspricht dem gegenseitigen Verhältnis der Gerichte und Verwaltungsbehörden. Da sie beide Organe desselben Staatswesens sind, müssen sie bei aller Selbständigkeit ihrer Entschließungen doch so weit Hand in Hand gehen, daß sie, falls irgend angängig, die Gründe prüfen, die die mit der gleichen Frage befaßte andere Dienststelle zu einer von der beabsichtigten eigenen Entscheidung abweichenden Stellungnahme geführt haben. Ein solches ein Gegeneinanderarbeiten nach Möglichkeit ausschließendes Verhalten der Behörden ist nicht bloß im Interesse der Staatsautorität, sondern auch in dem der ihr unterworfenen Staatsangehörigen dringend erforderlich. Ein Hindernis, die Begründung des landgerichtlichen Beschlusses zuvor einzusehen, lag nach den zutreffenden Darlegungen des Berufungsrichters nicht vor. Die Sache war nicht mehr eilbedürftig, nachdem die Beschlagnahme aufgehoben war, der Artikel also ungehemmt verbreitet werden durfte. Seit seinem Erscheinen waren zudem bereits sechs Tage ins Land gegangen. Wenige Tage weiteren Zuwartens hätten nach der Annahme der Vorinstanz die Wirkung des Verbots nicht beeinträchtigt. Bei dieser Sachlage vermag die von der Revision betonte und an sich durchaus anzuerkennende Pflicht des Verwaltungsbeamten zum entschlossenen Handeln das Vorgehen des Oberpräsidenten nicht zu entschuldigen. Ebensowenig kann er sich auf die damaligen politischen Verhältnisse berufen, denen er bei Prüfung der gesetzlichen Voraussetzungen seines Einschreitens keinen Einfluß einräumen durfte. Die ohne sachlichen Nachteil mögliche Heranziehung des landgerichtlichen Beschlusses war um so mehr geboten, als die Wirkungen der geplanten und dann ausgeführten Maßnahme außerordentlich weittragend waren. Mit Recht betont das Oberlandesgericht, daß der in dem Verbot des Erscheinens einer Tageszeitung liegende erhebliche Eingriff in die gewerbliche und politische Freiheit nebst seinen schweren wirtschaftlichen Folgen für das davon betroffene Unternehmen eine besonders sorgfältige Prüfung zur Pflicht machte. Mit ihr war die völlige Nichtbeachtung der Entscheidung des Landgerichts unvereinbar.

. . .

Auf Grund der erörterten Umstände ist das Oberlandesgericht zu dem Ergebnis gelangt, daß der Oberpräsident bei Feststellung der gesetzlichen Voraussetzungen für sein Einschreiten gegen das G.er Tageblatt nicht mit der durch seine Amtspflicht gebotenen Sorgfalt zu Werke gegangen sei. Nach dem, was vorstehend dargelegt ist, beruht diese Schlußfolgerung nicht auf Rechtsirrtum. . . .

Auch im übrigen ist das angefochtene Urteil rechtsirrtumsfrei begründet. Der Beklagte hat demnach gemäß Art. 131 Abs. 1 RVerf. in Verbindung mit § 1 des Preuß. StaatshaftungsG. vom 1. August 1909 und § 839 BGB. der Klägerin für den ihr durch das Zeitungsverbot entstandenen Schaden aufzukommen.

RGZ. 117, 138

Kein Notrecht der staatlichen Behörden, bei Gefahr im Verzuge im Interesse der Sicherheit und Ordnung auch gesetzwidrige Maßnahmen zu treffen, aber Notwehrrecht auch gegenüber Angriffen auf Rechtsgüter des Staates. Polizei und Pressefreiheit.

Alter Leitsatz:

1. Werden polizeiliche Maßnahmen gegen die Presse, die im Preßgesetz nicht vorgesehen sind, durch § 10 ALR. II 17 gedeckt?

2. Stehen die in Art. 48 Abs. 4 RVerf. den Landesregierungen übertragenen Befugnisse den preußischen Oberpräsidenten zu?

3. Enthält eine gegen gesetzliche Bestimmungen verstoßende Amtshandlung dann keine den Staat zum Schadensersatz verpflichtende Amtspflichtverletzung, wenn der Beamte in Notwehr gehandelt hat?

III. Zivilsenat. Urt. v. 24. Mai 1927 i. S. Preuß. Staat (Bekl.) w. A. (Kl.). III 355/26.

I. Landgericht Hannover. II. Oberlandesgericht Celle.

Die in Hannover erscheinende N. A. Zeitung, die bei der Klägerin verlegt und gedruckt wird, enthielt im August 1923 Artikel, durch die nach Auffassung der staatlichen Behörden in einer den öffentlichen Frieden gefährdenden Weise zu Gewalttätigkeiten aufgefordert und angereizt wurde. Am 11. August brachen in Hannover Unruhen aus, die zu blutigen Zusammenstößen zwischen der Polizei und der erregten Volksmenge führten. Nunmehr ordnete der Polizeipräsident auf Anweisung des Oberpräsidenten an, daß in der Druckerei der Zeitung deren letzte Nummer, das an diesem Tage ausgeteilte Flugblatt sowie sämtliche in Druck und Satz befindlichen Teile der Zeitung und eine Parteibekanntmachung zu beschlagnahmen, daß ferner die Druckereimaschinen zur Verhütung weiterer strafbarer Handlungen verwendungsunfähig zu machen seien. In Ausführung dieser Anordnung machten noch an demselben Tage Polizeibeamte die Druckereimaschinen der Klägerin durch Losschrauben wichtiger Teile unbrauchbar und nahmen die losgeschraubten Maschinenteile in Verwahrung. Auch wurden die Setzmaschinen und einige andere Maschinen und Apparate der Setzerei in gleicher Weise außer Betrieb gesetzt.

Am 14. August 1923 berichtete der Oberpräsident dem Reichsminister des Innern telegraphisch und schriftlich, daß er auf Grund der Verordnung des Reichspräsidenten zur Wiederherstellung der öffentlichen Sicherheit und Ordnung vom 10. August 1923 die N. A. Zeitung wegen Aufforderung und Anreizung zu Gewalttätigkeiten vom 12. August an bis auf weiteres verboten habe und daß die Beschlagnahme durch die Polizeibehörde erfolgt sei; auch bat er um Bestätigung dieses Verbots. Durch Telegramm vom 17. August und Schreiben vom gleichen Tage teilte der Minister dem Oberpräsidenten mit, daß er die Zeitung auf Grund der genannten Verordnung des Reichspräsidenten für die Zeit vom 14. bis 27. August 1923 verbiete. Dieses Verbot wurde der Klägerin am 18. August zugestellt. Am gleichen Tage wurden die weggenommenen Maschinenteile der Klägerin zurückgegeben.

Die Klägerin verlangt vom beklagten Preußischen Staat Ersatz des Schadens, der ihr durch die gewaltsame Stillegung ihres Druckereibetriebs in der Zeit vom 12. bis zum 18. August entstanden sei, da die Stillegung vom Oberpräsidenten und vom Polizeipräsidenten schuldhaft und rechtswidrig angeordnet worden sei. Sie hat zunächst einen Teilbetrag von 550 GM nebst Zinsen eingeklagt.

Der Beklagte bestreitet, daß die bezeichneten Beamten rechtswidrig gehandelt hätten. Das Verbot der Zeitung sei nötig gewesen, da ihre aufhetzenden Artikel die damaligen Unruhen verursacht oder mindestens verstärkt hätten. Jedenfalls treffe die Beamten unter solchen Umständen kein Verschulden.

Das Landgericht erklärte den Klaganspruch dem Grunde nach für gerechtfertigt. Das Oberlandesgericht wies die Berufung des Beklagten zurück. Die Revision des Beklagten führte zur Aufhebung des Berufungsurteils und zur Zurückverweisung der Sache an die Vorinstanz.

Gründe:

Die auf Anweisung des Oberpräsidenten vom Polizeipräsidenten angeordnete, durch staatliche Polizeibeamte ausgeführte Unbrauchbarmachung der Druckerei- und Setzmaschinen der Klägerin bezweckte, das weitere Erscheinen der Zeitung, die bei der Klägerin verlegt und gedruckt wurde, zu verhindern. Mit Recht hat das Berufungsgericht angenommen, daß diese Maßnahme durch die die allgemeinen Aufgaben der Polizei bestimmende Vorschrift des § 10 ALR. II 17 nicht gedeckt wurde. Denn nach § 1 des Reichgsesetzes über die Presse vom 7. Mai 1874 unterliegt die Freiheit der Presse nur den durch dieses Gesetz vorgeschriebenen oder zugelassenen Beschränkungen. Ein vorbeugendes polizeiliches Einschreiten gegen Inhalt und Verbreitung von Druckschriften ist dort nicht vorgesehen. Ebensowenig wie die Herstellung und Herausgabe einer Druckschrift im voraus verboten werden kann, darf die Polizei sie unter Berufung auf den angeführten § 10 durch Anwendung unmittelbaren Zwanges verhindern.

Das Vorgehen der beteiligten staatlichen Behörden gegen die Klägerin wird ebensowenig durch die Verordnung des Reichspräsidenten vom 10. August 1923 gerechtfertigt. Das dort durch § 1 zugelassene Verbot periodischer Druckschriften erfolgt nach § 3 Satz 1 das. durch den Reichsminister des Innern. Für die ihm gleichfalls übertragene Anordnung der Beschlagnahme war nach Satz 2 das. bei Gefahr im Verzuge auch die Polizeibehörde zuständig. Daraus ergibt sich, daß sie zum Verbot periodischer Druckschriften auf Grund der genannten Verordnung nicht befugt war. Deshalb durfte sie auch nicht, ehe ein solches Verbot durch den Reichsminister des Innern vorlag, das Erscheinen einer Zeitung durch Anwendung unmittelbaren Zwanges unmöglich machen.

Fehl geht auch die Berufung des Beklagten auf ein staatliches Notrecht, das, wenn überhaupt von einem solchen gesprochen werden darf, jedenfalls nicht in dem vom Beklagten beanspruchten Umfang besteht. Es ist nicht richtig, daß bei Gefahr im Verzug die oberste Staatsbehörde und ihre Stellvertreter berechtigt sind, nach Maßgabe der herrschenden Verhältnisse alle im Interesse der Sicherheit und Ordnung erforderlichen Maßnahmen zu treffen. Vielmehr dürfen sie auch in außerordentlichen Zeiten, insbesondere zur Verhütung und Bekämpfung von Unruhen, nur die Mittel anwenden, welche die Gesetze ihnen gestatten. Nach den allgemeinen Gesetzen nicht zulässige Eingriffe in die durch Art. 118 RVerf. gewährleistete Freiheit der Meinungsäußerung durch die Presse dürfen nur erfolgen, wenn diese Verfassungsbestimmung zuvor außer Kraft gesetzt wird. Dazu ist nach Art. 48 RVerf. nur der Reichspräsident und bei Gefahr im Verzuge die Landesregierung befugt. Diese wird in Preußen durch das Staatsministerium gebildet (Art. 7 Preuß. Verf.; vgl. auch Art. 55 das.). Den Oberpräsidenten stehen die in Art. 48 RVerf. vorgesehenen Befugnisse nicht zu, wenngleich sie beständige Kommissarien des Ministeriums (§ 4 der Verordnung wegen verbesserter Einrichtung der Provinzialbehörden vom 30. April 1815, GS. S. 85), Stellvertreter der obersten Staatsbehörden in besonderem Auftrage und bei außerordentlicher Veranlassung (§ 1 III der Instruktion für die Oberpräsidenten vom 31. Dezember 1825, GS. 1826 S. 1) sind. Die den Oberpräsidenten in § 11 Nr. 2 der genannten Instruktion übertragene Ermächtigung und Verpflichtung, bei außerordentlichen Ereignissen und Gefahr im Verzuge die augenblicklich erforderlichen Anordnungen zu treffen, berechtigt sie nur zu Maßnahmen, die sich im Rahmen der geltenden Gesetze halten, nicht aber dazu, diese einstweilen außer Kraft zu setzen oder sie unbeachtet zu lassen. . . .

Ist dem Berufungsurteil insoweit beizupflichten, so enthalten seine Ausführungen doch eine Lücke, die zu seiner Aufhebung zwingt. Mit Recht macht die Revision geltend, daß der Sachverhalt auch vom Gesichtspunkt der Notwehr aus hätte geprüft werden müssen. Nach den Behauptungen des Beklagten ist die Möglichkeit nicht auszuschließen, daß die Stillegung des Druckereibetriebs der Klägerin eine Verteidigungsmaßnahme darstellte, die erforderlich war, um einen gegen den Bestand des Staates gerichteten, gegenwärtigen und rechswidrigen Angriff abzuwenden. Allerdings handelt der Staat, der sich seiner inneren Angreifer erwehrt, der ihnen gegenüber sich selbst durchsetzen, den Fortbestand der gegebenen Staatsform sichern will, an sich nicht in Notwehr, sondern macht lediglich Gebrauch von der ihm zustehenden obersten Gewalt. Die Polizei, die zur Erhaltung der öffentlichen Ruhe, Sicherheit und Ordnung tätig wird, handelt auch dann, wenn die öffentliche Ruhe, Sicherheit und Ordnung durch Angriffe gegen den Staat als solchen gefährdet wird, nicht kraft Notwehr, sondern in Erfüllung ihrer gesetzlichen Aufgabe. Grundsätzlich ist sie bei der Wahl ihrer Mittel unbeschränkt. Sie darf das tun, was nötig ist, um die öffentliche Ordnung aufrechtzuerhalten. Durch Sondervorschriften, so durch die des Preßgesetzes, ist aber für die Polizei die Möglichkeit ihrer Tätigkeit in verschiedenster Richtung begrenzt worden. Damit hat der Staat sich selbst und seinen Organen rechtliche Schranken gezogen, deren Überschreitung rechtswidrig ist, es sei denn, daß solche Rechtswidrigkeit wieder durch andere Rechtsnormen ausgeschlossen wird. Einen solchen die Rechtswidrigkeit des staatlichen Handelns in den gedachten Fällen ausschließenden Rechtsgrund bildet die Notwehr. Ist der Fall der Notwehr gegeben, so entfällt die Annahme der Amtspflichtverletzung der beteiligten Beamten gegenüber der Klägerin. Die Voraussetzungen der Notwehr beurteilen sich aber hier, da über die zivilrechtlichen Folgen einer amtlichen, in Ausübung der öffentlichen Gewalt getroffenen Maßnahme zu entscheiden ist, nach dem Bürgerlichen Gesetzbuch (§ 227). Unter den Voraussetzungen der Notwehr waren im vorliegenden Fall die in Frage kommenden staatlichen Organe nicht mehr an die besonderen Vorschriften des Preßgesetzes gebunden. Denn auch die Presse muß sich, sofern sie als Werkzeug für einen gegenwärtigen rechtswidrigen Angriff dient, die zu seiner Abwehr erforderliche Verteidigung gefallen lassen. Ist Notwehr, wie nicht zu bezweifeln, gegenüber Angriffen auf Rechtsgüter des Staates überhaupt zulässig, so fehlt es an einem Grunde, den Staat gegenüber solchen Angriffen, falls sie durch die Presse verübt werden, auf die Maßnahmen zu beschränken, die das Preßgesetz vorsieht. Es muß dann vielmehr wieder der Grundsatz des Preßgesetzes zur Geltung kommen, daß die Presse den allgemeinen Gesetzen unterliegt (vgl. § 30 Abs. 1 PrG.).

Ob im vorliegenden Falle das Vorgehen des Oberpräsidenten und des Polizeipräsidenten durch Notwehr gerechtfertigt war, kann auf

Grund des vom Berufungsgericht in dieser Hinsicht noch nicht geklärten Sachverhalts nicht entschieden werden, so daß die Zurückverweisung der Sache an die Vorinstanz geboten ist.

RGZ. 117, 325

Staatshaftung für Verschulden der Gesetzgebungs- und Regierungsorgane bei Ausübung von Hoheitsrechten, insbesondere der Gesetzgebung auf dem Gebiet der Finanzhoheit und der Währungspolitik.

Alter Leitsatz:

1. Ist der ordentliche Rechtsweg zulässig für Schadensersatzansprüche gegen das Reich, die sich auf die Behauptung stützen, das Reich habe ein wider die guten Sitten verstoßendes Gesetz erlassen?

2. Kann mit der Behauptung, die Reichsminister hätten die Inflation schuldhaft herbeigeführt und das Publikum über den Wert der deutschen Mark vorsätzlich getäuscht, ein Anspruch gegen das Reich auf Erstattung von Vermögenswerten begründet werden, die das Aufwertungs- und das Anleiheablösungs-Gesetz einzelnen Staatsbürgern entzogen haben?

GVG. § 13. RVerf. Art. 131.

III. Zivilsenat. Urt. v. 4. November 1927 i. S. R. (Kl.) w. Deutsches Reich (Bekl.). III 60/27.

I. Landgericht I Berlin. — II. **Kammergericht daselbst.**

Die Klägerin ist seit dem Jahre 1911 Gläubigerin einer auf dem Grundstück Sch. Bd. 6 Bl. Nr. 166 eingetragenen Darlehenshypothek von 6000 M. Außerdem ist sie Eigentümerin eines Altbesitzanleihestücks in Höhe von 500 M. Dieses wurde gemäß dem Anleiheablösungs-Gesetz vom 16. Juli 1925 in eine Anleiheablösungsforderung von 12,50 RM umgewandelt. Die Hypothek ist auf Grund des Aufwertungsgesetzes vom gleichen Tage in eine solche von 1500 RM umgewertet worden. Wegen des Wertunterschieds in Höhe von zusammen 5000 RM nimmt die Klägerin das Reich in Anspruch. Sie meint, daß zum mindesten das Anleiheablösungs-Gesetz verfassungswidrig sei und ihren Darlehensanspruch gegen das Reich nicht habe beseitigen können. Im übrigen stützt sie ihre Forderung auf die §§ 823, 826 BGB. und Art. 131 RVerf. Sie erachtet den Erlaß des Aufwertungsgesetzes und des Anleiheablösungs-Gesetzes für einen sittenwidrigen Eingriff in wohlerworbene Rechte, für den das Reich als Träger der gesetzgebenden Gewalt hafte. Ferner wirft sie dem Reichskanzler und den Reichsministern vor, sie hätten schuldhaft die Reichsbank veranlaßt, entgegen den §§ 12 und 16 des alten Bankgesetzes fortgesetzt Banknoten nicht aus wirtschaftlichen, sondern lediglich aus finanzpolitischen Gründen auszugeben; sie hätten ferner künstlich und unter Anwendung von Täuschungsmitteln das an sich unberechtigte Vertrauen des Publikums auf die Güte der deutschen Mark aufrechtzuerhalten gesucht und so vorsätzlich die Inflation mit ihren verheerenden Wirkungen zum Schaden der Reichsgläubiger und zum Vorteil des Reichs als Schuldner herbeigeführt.

Die Klägerin ist vom Landgericht und vom Kammergericht abgewiesen worden. Auch ihre Revision hatte keinen Erfolg.

Gründe:

Soweit die Klägerin ihren Anspruch auf die Behauptung stützt, das Reich habe als Träger der *gesetzgebenden Gewalt sittenwidrige* Gesetze erlassen, ist der Rechtsweg ausgeschlossen. Wenn das Reich als Gesetzgeber Gebote oder Verbote an die Allgemeinheit richtet, übt es lediglich Hoheitsrechte aus und bewegt sich ausschließlich auf dem Boden des öffentlichen Rechts. Für die schädlichen Folgen der Ausübung eines Hoheitsrechts kann jedoch das Reich vor den ordentlichen Gerichten nur auf Grund besonderer reichsrechtlicher Vorschriften zur Verantwortung gezogen werden, die seine Inanspruchnahme im Rechtswege gestatten. Nun gibt es aber keine Bestimmung, aus der eine von den ordentlichen Gerichten erzwingbare Verpflichtung des Reichs zu entnehmen wäre, für die vermögensrechtliche Beeinträchtigung einzelner Staatsbürger durch ein verfassungsmäßig zustande gekommenes Gesetz deshalb einzustehen, weil dessen Inhalt oder seine Wirkungen gegen die guten Sitten verstoßen. Die Berufung der Klägerin auf § 826 BGB. ist verfehlt. Diese nur für Privatrechtsverhältnisse bestimmte Vorschrift findet keine Anwendung auf das öffentlich-rechtliche Verhältnis, das durch die beanstandeten Gesetzgebungsakte zwischen dem Reich und den seiner obrigkeitlichen Gewalt unterworfenen Staatsbürgern begründet wird. Dieses Verhältnis vermag nur öffentlich-rechtliche Ansprüche zu erzeugen, für die, wie schon hervorgehoben, der Rechtsweg verschlossen ist und die daher auch nicht im Gewand einer Schadensersatzforderung zum Gegenstand eines bürgerlichen Rechtsstreits im Sinne des § 13 GVG. gemacht werden können.

Der Gesetzgeber ist selbstherrlich und an keine anderen Schranken gebunden als diejenigen, die er sich selbst in der Verfassung oder in anderen Gesetzen gezogen hat. Daß er sie nicht überschritten hat, ist vom V. Zivilsenat für das Aufwertungsgesetz und vom IV. Zivilsenat für das Anleiheablösungs-Gesetz mit gleicher Begründung ausgesprochen worden. Der erkennende Senat schließt sich ihr an und verneint in Übereinstimmung mit beiden Senaten die Verfassungswidrigkeit der genannten Gesetze.

Der dem Reich gemachte Vorwurf einer schuldhaft falschen Währungspolitik ist wegen seiner Allgemeinheit unbeachtlich. Soweit die

Klägerin ihn aber dahin erläutert, die Inflation sei vom Reichskanzler und von den Reichsministern vorsätzlich zum Vorteil des Reichs und zum Nachteil der Gläubiger herbeigeführt worden, ist ihr Vorbringen erheblich. Sie meint, die Inflation und ihr (der Klägerin) Schaden seien dadurch verursacht worden, daß die Minister unter Verletzung ihrer Amtspflichten entgegen den §§ 12 und 16 des alten Bankgesetzes die Reichsbank zur Ausgabe ungedeckter Banknoten veranlaßt und das Vertrauen des Publikums auf den Wert der deutschen Mark durch Täuschungshandlungen künstlich aufrechterhalten hätten. Damit wirft die Klägerin den höchsten Reichsbeamten Pflichtwidrigkeiten vor, die nach ihrer Behauptung durch den hoheitsrechtlichen Charakter ihrer Amtshandlungen nicht gedeckt werden und nach Maßgabe des Art. 131 RVerf. und des § 839 BGB. im Rechtsweg verfolgbare Schadensersatzansprüche zu begründen vermögen. Die Schadenshaftung des Staates tritt aber nach dem klaren Wortlaut der angezogenen Vorschriften nur bei einem Verstoß gegen amtliche Pflichten ein, deren Erfüllung, wenn nicht allein, so doch zum mindesten auch dem Schutze einzelner Dritter dienen soll. Sie fällt dagegen fort, wenn es sich um eine Verletzung von Pflichten handelt, die dem Beamten lediglich im Interesse des Staates und der Allgemeinheit auferlegt sind. Der Berufungsrichter hat daher mit Recht den Sachverhalt nach dieser Richtung geprüft. Er ist dabei zu einem der Klägerin ungünstigen Ergebnis gelangt, das die Revision vergebens zu bekämpfen sucht.

Die Amtshandlungen des Reichskanzlers und der Reichsminister, in denen die Klägerin Amtspflichtverletzungen erblickt, liegen sämtlich auf dem Gebiete der Reichsfinanzhoheit und Währungspolitik und damit des öffentlichen Rechts. Die ihnen zur Last gelegten Anordnungen waren zum großen Teil, wie zum Beispiel die Anweisung an die Reichsbank zur Erhöhung des Notenumlaufs, innerdienstlicher Natur. Aber auch soweit das nicht zutraf, richteten sie sich nicht an oder gegen einzelne, sondern an die Allgemeinheit und berührten unmittelbar nur deren Interessen. Sie bezweckten, bei der wachsenden Teuerung und der damaligen Knappheit an Zahlungsmitteln dem Reich und dem Publikum solche zur Verfügung zu stellen, um dadurch den Staat und den Verkehr möglichst vor finanziellen Erschütterungen zu bewahren und Ruhe und Ordnung im Innern aufrechtzuerhalten. Schon hiernach erscheint es zweifelhaft, ob der Richter auf dem Umweg über Art. 131 RVerf. in einem Schadensprozeß wie dem vorliegenden zu einer Nachprüfung der Notwendigkeit oder Vermeidbarkeit der beanstandeten, im wesentlichen auf dem Ermessensgebiete liegenden Verwaltungsakte befugt ist. Einer Entscheidung dieser Frage bedarf es jedoch nicht. Der Berufungsrichter geht jedenfalls nicht fehl, wenn er erwägt: den Leitern der Finanzpolitik — so sind seine Ausführungen zu verstehen — habe in der Nachkriegszeit die Amtspflicht obgelegen, bei ihren Währungsmaßnahmen lediglich das Wohl des Reichs und der Allgemeinheit im Auge zu behalten und hinter ihm, soweit sie es nach pflichtmäßigem Ermessen für erforderlich hielten, die Interessen einzelner Staatsbürger zurücktreten zu lassen. So, d. h. richtig verstanden, geben sie zu rechtlichen Bedenken keinen Anlaß. Es ist ein allgemein anerkannter Grundsatz des deutschen Staatsrechts, daß die Interessen der Allgemeinheit den Interessen der einzelnen vorgehen und daß die Staatsangehörigen, insbesondere in Zeiten der Not, dem Staatswohl auch Opfer zu bringen verpflichtet sind. Haben der Reichskanzler und die Minister in der Wahl der Mittel fehlgegriffen, so haben sie ihre Amtspflichten dem Reich, aber nicht Dritten und daher auch nicht der Klägerin gegenüber verletzt. Art. 131 RVerf. steht daher der Klage nicht zur Seite.

Beizupflichten ist auch der weiteren Erwägung des Kammergerichts, daß das Aufwertungs- und das Anleiheablösungs-Gesetz Ansprüche vorliegender Art überhaupt ausschließen. Die Entwürfe zu den neuen Steuergesetzen, zu einem Finanzausgleich sowie zum Aufwertungs- und zum Anleiheablösungs-Gesetz wurden dem Reichstag zu gleicher Zeit vorgelegt. Sie bezweckten nach der Einführungsrede des damaligen Reichsfinanzministers von Schlieben, die finanzielle Gesundung des Reichs und eine gedeihliche Entwicklung der Staats- und Volkswirtschaft auf Jahre hinaus sicherzustellen. Das Anleiheablösungs-Gesetz sollte den öffentlich-rechtlichen Schuldnern eine genaue Feststellung ihrer Verpflichtungen und der danach zu bemessenden Steuern ermöglichen und zugleich dazu dienen, die Kreditwürdigkeit des Reiches, der Länder und der Gemeinden wiederherzustellen. Alle diese Zwecke konnten naturgemäß, wie der Reichsfinanzminister wiederholt betonte, nur dann erreicht werden, wenn die Höhe der Leistungen des Reichs und der anderen öffentlich-rechtlichen Verbände aus den Anleihen im Gesetz endgültig festgelegt wurde. Dieser Gedanke hat auch im § 1 Abs. 2 AnlAblGes. — „Ansprüche aus Markanleihen des Reichs bestehen nur nach Maßgabe dieses Gesetzes" — klaren und unzweideutigen Ausdruck gefunden. Es wäre damit unvereinbar und würde zu einer völligen Vereitelung des Gesetzeszwecks führen, wenn sämtliche Anleihegläubiger in der Lage wären, unter Berufung auf die vor dem Gesetze liegende, angeblich von Reichsbeamten verschuldete Inflation und unter dem Gesichtspunkt des Schadensersatzes vom Reich Erstattung der Vermögenswerte zu fordern, die es ihnen auf verfassungsmäßigem Wege durch das Anleiheablösungs-Gesetz entzogen hat.

Noch einschneidender und unübersehbarer wären die Folgen für die Finanz- und Steuerwirtschaft des Reichs sowie für seine Kreditwürdigkeit, wenn das Reich unter denselben Gesichtspunkten gezwungen werden könnte, den Hypothekengläubigern den durch das Aufwertungsgesetz herbeigeführten Ausfall ihrer Forderungen zu ersetzen. In § 1 AufwG. ist, wie aus einem Kommissionsbericht erhellt, im Gegensatz zur 3. Steuernotverordnung, welche von der Aufwertung der durch den Währungsverfall entwerteten Ansprüche handelt, das Wort „entwertet" durch „betroffen" ersetzt worden, um dadurch auch der Rechtsauffassung Rechnung zu tragen, daß die Substanz der Forderungsrechte durch den Währungsverfall nicht berührt und nicht entwertet sei (vgl. Mügel, Aufwertungsgesetz Anm. 4 zu § 1). Von diesem Gesichtspunkt aus enthält das Aufwertungsgesetz eine teilweise, an sich zulässige entschädigungslose Enteignung von Forderungsrechten (Art. 153 RVerf.) und schneidet damit seinem Sinn und Geist nach jeden Anspruch ab, der den Enteignungszweck tatsächlich hinfällig machen und das Reich mit dem Ersatz dessen belasten würde, was es in seiner Eigenschaft als Gesetzgeber den Gläubigern auf verfassungsmäßigem Wege nehmen wollte und genommen hat. Ließe man solche Ansprüche, wie die Klägerin sie erhebt, allgemein zu, so würden die Schulden des Reichs und damit die Steuerlast der Staatsbürger ins Ungemessene steigen und die Absicht des Gesetzgebers, mit dem Aufwertungsgesetz ebenso wie mit dem Anleiheablösungs-Gesetz klare Verhältnisse zu schaffen und die Forderungen der durch die Inflation betroffenen Gläubiger endgültig und abschließend zu regeln, in ihr Gegenteil verkehrt werden. Aus diesem Zweck folgt auch, daß das in den Urkunden über die einzelnen Anleihebeträge enthaltene Schuldversprechen des Reichs nicht weiter wirken kann, als es das Anleiheablösungs-Gesetz gestattet.

RGZ. 118, 325

Der Gesetzgeber ist selbstherrlich und an keine anderen Schranken gebunden als diejenigen, die er sich selbst in der Verfassung oder in anderen Gesetzen gezogen hat.

Staatshaftung für Handhabung der Gesetzgebungsgewalt und für schuldhaft falsche Regierungspolitik?

Alter Leitsatz:

1. Ist der ordentliche Rechtsweg zulässig für Schadensersatzansprüche gegen das Reich, die sich auf die Behauptung stützen, das Reich habe ein wider die guten Sitten verstoßendes Gesetz erlassen?

2. Kann mit der Behauptung, die Reichsminister hätten die Inflation schuldhaft herbeigeführt und das Publikum über den Wert der deutschen Mark vorsätzlich getäuscht, ein Anspruch gegen das Reich auf Erstattung von Vermögenswerten begründet werden, die das Aufwertungs- und das Anleiheablösungs-Gesetz einzelnen Staatsbürgern entzogen haben?

GVG. § 13. RVerf. Art. 131.

III. Zivilsenat. Urt. v. 4. November 1927 i. S. R. (Kl.) w. Deutsches Reich (Bekl.). III 60/27.

I. Landgericht I Berlin. — II. Kammergericht daselbst.

Die Klägerin ist seit dem Jahre 1911 Gläubigerin einer auf dem Grundstück Sch. Bd. 6 Bl. Nr. 166 eingetragenen Darlehenshypothek von 6000 M. Außerdem ist sie Eigentümerin eines Altbesitzanleihestücks in Höhe von 500 M. Dieses wurde gemäß dem Anleiheablösungs-Gesetz vom 16. Juli 1925 in eine Anleiheablösungsforderung von 12,50 RM umgewandelt. Die Hypothek ist auf Grund des Aufwertungsgesetzes vom gleichen Tage in eine solche von 1500 RM umgewertet worden. Wegen des Wertunterschieds in Höhe von zusammen 5000 RM nimmt die Klägerin das Reich in Anspruch. Sie meint, daß zum mindesten das Anleiheablösungs-Gesetz verfassungswidrig sei und ihren Darlehensanspruch gegen das Reich nicht habe beseitigen können. Im übrigen stützt sie ihre Forderung auf die §§ 823, 826 BGB. und Art. 131 RVerf. Sie erachtet den Erlaß des Aufwertungsgesetzes und des Anleiheablösungs-Gesetzes für einen sittenwidrigen Eingriff in wohlerworbene Rechte, für den das Reich als Träger der gesetzgebenden Gewalt hafte. Ferner wirft sie dem Reichskanzler und den Reichsministern vor, sie hätten schuldhaft die Reichsbank veranlaßt, entgegen den §§ 12 und 16 des alten Bankgesetzes fortgesetzt Banknoten nicht aus wirtschaftlichen, sondern lediglich aus finanzpolitischen Gründen auszugeben; sie hätten ferner künstlich und unter Anwendung von Täuschungsmitteln das an sich unberechtigte Vertrauen des Publikums auf die Güte der deutschen Mark aufrechtzuerhalten gesucht und so vorsätzlich die Inflation mit ihren verheerenden Wirkungen zum Schaden der Reichsgläubiger und zum Vorteil des Reichs als Schuldner herbeigeführt.

Die Klägerin ist vom Landgericht und vom Kammergericht abgewiesen worden. Auch ihre Revision hatte keinen Erfolg.

Gründe:

Soweit die Klägerin ihren Anspruch auf die Behauptung stützt, das Reich habe als Träger der gesetzgebenden Gewalt sittenwidrige Gesetze erlassen, ist der Rechtsweg ausgeschlossen. Wenn das Reich als Gesetzgeber Gebote oder Verbote an die Allgemeinheit richtet, übt es lediglich Hoheitsrechte aus und bewegt sich ausschließlich auf dem Boden des öffentlichen Rechts. Für die schädlichen Folgen der Ausübung eines Hoheitsrechts kann jedoch das Reich vor den ordentlichen Gerichten nur auf Grund besonderer reichsrechtlicher Vorschriften zur Verantwortung gezogen werden, die seine Inanspruchnahme im Rechtswege gestatten. Nun gibt es aber keine Bestimmung, aus der eine von den ordentlichen Gerichten erzwingbare Verpflichtung des Reichs zu entnehmen wäre, für die vermögensrechtliche Beeinträchtigung einzelner Staatsbürger durch ein verfassungsmäßig zustande gekommenes Gesetz deshalb einzustehen, weil dessen Inhalt oder seine Wirkungen gegen die guten Sitten verstoßen. Die Berufung der Klägerin auf § 826 BGB. ist verfehlt. Diese nur für Privatrechtsverhältnisse bestimmte Vorschrift findet keine Anwendung auf das öffentlich-rechtliche Verhältnis, das durch die beanstandeten Gesetzgebungsakte zwischen dem Reich und den seiner obrigkeitlichen Gewalt unterworfenen Staatsbürgern begründet wird. Dieses Verhältnis vermag nur öffentlich-rechtliche Ansprüche zu erzeugen, für die, wie schon hervorgehoben, der Rechtsweg verschlossen ist und die daher auch nicht im Gewand einer Schadensersatzforderung zum Gegenstand eines bürgerlichen Rechtstreits im Sinne des § 13 GVG. gemacht werden können.

Der Gesetzgeber ist selbstherrlich und an keine anderen Schranken gebunden als diejenigen, die er sich selbst in der Verfassung oder in anderen Gesetzen gezogen hat. Daß er sie nicht überschritten hat, ist vom V. Zivilsenat für das Aufwertungsgesetz im Urteil vom 4. November 1925 (RGZ. Bd. 111 S. 320*) und vom IV. Zivilsenat für das Anleiheablösungs-Gesetz im Urteil vom 27. Januar 1927 IV 359/26 mit gleicher Begründung ausgesprochen worden. Der erkennende Senat schließt sich ihr an und verneint in Übereinstimmung mit beiden Senaten die Verfassungswidrigkeit der genannten Gesetze.

Der dem Reich gemachte Vorwurf einer schuldhaft falschen Währungspolitik ist wegen seiner Allgemeinheit unbeachtlich. Soweit die Klägerin ihn aber dahin erläutert, die Inflation sei vom Reichskanzler und von den Reichsministern vorsätzlich zum Vorteil des Reichs und zum Nachteil der Gläubiger herbeigeführt worden, ist ihr Vorbringen erheblich. Sie meint, die Inflation und ihr (der Klägerin) Schaden seien dadurch verursacht worden, daß die Minister unter Verletzung ihrer Amtspflichten entgegen den §§ 12 und 16 des alten Bankgesetzes die Reichsbank zur Ausgabe ungedeckter Banknoten veranlaßt und das Vertrauen des Publikums auf den Wert der deutschen Mark durch Täuschungshandlungen künstlich aufrecht erhalten hätten. Damit wirft die Klägerin den höchsten Reichs-

*) In diesem Band S. 69.

beamten Pflichtwidrigkeiten vor, die nach ihrer Behauptung durch den hoheitsrechtlichen Charakter ihrer Amtshandlungen nicht gedeckt werden und nach Maßgabe des Art. 131 RVerf. und des § 839 BGB. im Rechtsweg verfolgbare Schadensersatzansprüche zu begründen vermögen. Die Schadenshaftung des Staates tritt aber nach dem klaren Wortlaut der angezogenen Vorschriften nur bei einem Verstoß gegen amtliche Pflichten ein, deren Erfüllung, wenn nicht allein, so doch zum mindesten auch dem Schutze einzelner Dritter dienen soll. Sie fällt dagegen fort, wenn es sich um eine Verletzung von Pflichten handelt, die dem Beamten lediglich im Interesse des Staates und der Allgemeinheit auferlegt sind. Der Berufungsrichter hat daher mit Recht den Sachverhalt nach dieser Richtung geprüft. Er ist dabei zu einem der Klägerin ungünstigen Ergebnis gelangt, das die Revision vergebens zu bekämpfen sucht.

Die Amtshandlungen des Reichskanzlers und der Reichsminister, in denen die Klägerin Amtspflichtverletzungen erblickt, liegen sämtlich auf dem Gebiete der Reichsfinanzhoheit und Währungspolitik und damit des öffentlichen Rechts. Die ihnen zur Last gelegten Anordnungen waren zum großen Teil, wie zum Beispiel die Anweisung an die Reichsbank zur Erhöhung des Notenumlaufs, innerdienstlicher Natur. Aber auch soweit das nicht zutraf, richteten sie sich nicht an oder gegen einzelne, sondern an die Allgemeinheit und berührten unmittelbar nur deren Interessen. Sie bezweckten, bei der wachsenden Teuerung und der damaligen Knappheit an Zahlungsmitteln dem Reich und dem Publikum solche zur Verfügung zu stellen, um dadurch den Staat und den Verkehr möglichst vor finanziellen Erschütterungen zu bewahren und Ruhe und Ordnung im Innern aufrechtzuerhalten. Schon hiernach erscheint es zweifelhaft, ob der Richter auf dem Umweg über Art. 131 RVerf. in einem Schadensprozeß wie dem vorliegenden zu einer Nachprüfung der Notwendigkeit oder Vermeidbarkeit der beanstandeten, im wesentlichen auf dem Ermessensgebiete liegenden Verwaltungsakte befugt ist. Einer Entscheidung dieser Frage bedarf es jedoch nicht. Der Berufungsrichter geht jedenfalls nicht fehl, wenn er erwägt: den Leitern der Finanzpolitik — so sind seine Ausführungen zu verstehen — habe in der Nachkriegszeit die Amtspflicht obgelegen, bei ihren Währungsmaßnahmen lediglich das Wohl des Reiches und der Allgemeinheit im Auge zu behalten und hinter ihm, soweit sie es nach pflichtmäßigem Ermessen für erforderlich hielten, die Interessen einzelner Staatsbürger zurücktreten zu lassen. So, d. h. richtig verstanden, geben sie zu rechtlichen Bedenken keinen Anlaß. Es ist ein allgemein anerkannter Grundsatz des deutschen Staatsrechts, daß die Interessen der Allgemeinheit den Interessen der einzelnen vorgehen und daß die Staatsangehörigen, insbesondere in Zeiten der Not, dem Staatswohl auch Opfer zu bringen verpflichtet sind. Haben der Reichskanzler und die Minister in der Wahl der Mittel fehlgegriffen, so haben sie ihre Amtspflichten dem Reich, aber nicht Dritten und daher auch nicht der Klägerin gegenüber verletzt. Art. 131 RVerf. steht daher der Klage nicht zur Seite.

Beizupflichten ist auch der weiteren Erwägung des Kammergerichts, daß das Aufwertungs- und das Anleiheablösungs-Gesetz Ansprüche vorliegender Art überhaupt ausschließen. Die Entwürfe zu den neuen Steuergesetzen, zu einem Finanzausgleich sowie zum Aufwertungs- und zum Anleiheablösungs-Gesetz wurden dem Reichstag zu gleicher Zeit vorgelegt. Sie bezweckten nach der Einführungsrede des damaligen Reichsfinanzministers, die finanzielle Gesundung des Reichs und eine gedeihliche Entwicklung der Staats- und Volkswirtschaft auf Jahre hinaus sicherzustellen. Das Anleiheablösungs-Gesetz sollte den öffentlich-rechtlichen Schuldnern eine genaue Feststellung ihrer Verpflichtungen und der danach zu bemessenden Steuern ermöglichen und zugleich dazu dienen, die Kreditwürdigkeit des Reiches, der Länder und der Gemeinden wieder herzustellen. Alle diese Zwecke konnten naturgemäß, wie der Reichsfinanzminister wiederholt betonte, nur dann erreicht werden, wenn die Höhe der Leistungen des Reichs und der anderen öffentlich-rechtlichen Verbände aus den Anleihen im Gesetz endgültig festgelegt wurde. Dieser Gedanke hat auch im § 1 Abs. 2 AnlAblGes. — „Ansprüche aus Markanleihen des Reichs bestehen nur nach Maßgabe dieses Gesetzes" — klaren und unzweideutigen Ausdruck gefunden. Es wäre damit unvereinbar und würde zu einer völligen Vereitelung des Gesetzeszwecks führen, wenn sämtliche Anleihegläubiger in der Lage wären, unter Berufung auf die vor dem Gesetze liegende, angeblich von Reichsbeamten verschuldete Inflation und unter dem Gesichtspunkt des Schadensersatzes vom Reich Erstattung der Vermögenswerte zu fordern, die es ihnen auf verfassungsmäßigem Wege durch das Anleiheablösungs-Gesetz entzogen hat.

Noch einschneidender und unübersehbarer wären die Folgen für die Finanz- und Steuerwirtschaft des Reichs sowie für seine Kreditwürdigkeit, wenn das Reich unter denselben Gesichtspunkten gezwungen werden könnte, den Hypothekengläubigern den durch das Aufwertungsgesetz herbeigeführten Ausfall ihrer Forderungen zu ersetzen. In § 1 AufwG. ist, wie aus einem Kommissionsbericht erhellt, im Gegensatz zur 3. Steuernotverordnung, welche von der Aufwertung der durch den Währungsverfall entwerteten Ansprüche handelt, das Wort „entwertet" durch „betroffen" ersetzt worden, um dadurch auch der Rechtsauffassung Rechnung zu tragen, daß die Substanz der Forderungsrechte durch den Währungsverfall nicht berührt und nicht entwertet sei (vgl. Mügel, Aufwertungsgesetz Anm. 4 zu § 1). Von diesem Gesichtspunkt aus enthält das Aufwertungsgesetz eine teilweise, an sich zulässige entschädigungslose Enteignung von Forderungsrechten (Art. 153 RVerf.) und schneidet damit seinem Sinn und Geist nach jeden Anspruch ab, der den Enteignungszweck tatsächlich hinfällig machen und das Reich mit dem Ersatz dessen belasten würde, was es in seiner Eigenschaft als Gesetzgeber den Gläubigern auf verfassungsmäßigem Wege nehmen wollte und genommen hat. Ließe man solche Ansprüche, wie die Klägerin sie erhebt, allgemein zu, so würden die Schulden des Reichs und damit die Steuerlast der Staatsbürger ins Ungemessene steigen und die Absicht des Gesetzgebers, mit dem Aufwertungsgesetz ebenso wie mit dem Anleiheablösungs-Gesetz klare Verhältnisse zu schaffen und die Forderungen der durch die Inflation betroffenen Gläubiger endgültig und abschließend zu regeln, in ihr Gegenteil verkehrt werden. Aus diesem Zweck folgt auch, daß das in den Urkunden über die einzelnen Anleihebeträge enthaltene Schuldversprechen des Reichs nicht weiter wirken kann, als es das Anleiheablösungs-Gesetz gestattet.

RGZ. 122, 306

Verfassungsgrundsatz der Gleichheit und Allgemeinheit von Wahlen. Abwehr von Splitterparteien und Verhältniswahlrecht.

Alter Leitsatz:

1. Kann das Reichsgericht auf Grund von Art. 13 Abs. 2 RVerf.) auch dann angerufen werden, wenn die landesrechtliche Vorschrift, über deren Vereinbarkeit mit dem Reichsrecht es entscheiden soll, schon den Gegenstand eines Rechtsstreits bildet?*

2. Ist § 14 Abs. 8 des Landeswahlgesetzes für den Freistaat Sachsen in der Fassung vom 6. Oktober 1926 mit dem Reichsrecht vereinbar?

RVerf. Art. 17 Abs. 1 Satz 2.

III. Zivilsenat. Beschl. v. 23. November 1928. III Tgb. 145/28.

Gründe:

Das Landeswahlgesetz für den Freistaat Sachsen vom 4. September 1920 (SächsGVoBl. S. 331) ist am 6. Oktober 1926 in neuer Fassung bekanntgemacht worden (SächsGBl. S. 365). Neu ist in dieser Fassung insbesondere der § 14 Abs. 8, der folgenden Wortlaut hat:

„(8) Wahlvorschläge einer Partei, die im letzten Landtag nicht vertreten gewesen ist, sind nur zuzulassen, wenn diese Partei

*) Vgl. jetzt Art. 93 Abs. 1 Ziff. 2 GG.

spätestens am siebzehnten Tage vor dem Wahltage beim Landeswahlleiter den Betrag von dreitausend Reichsmark eingezahlt hat. Dieser Betrag wird zurückgezahlt, wenn der Partei bei der Verteilung der Abgeordnetensitze (§§ 26, 29 und 30) mindestens ein Sitz zugewiesen worden ist; andernfalls verfällt er zugunsten der Staatskasse."

Mit Rücksicht auf die Rechtsprechung des Staatsgerichtshofs für das Deutsche Reich, der verschiedentlich ähnliche Vorschriften in Wahlgesetzen anderer Länder für reichsverfassungswidrig erklärt hat, ist die Reichsverfassungsmäßigkeit dieser sächsischen Vorschrift bezweifelt worden. Die sozialdemokratische Landtagsfraktion des sächsischen Landtags hat beim Staatsgerichtshof für das Deutsche Reich den Antrag gestellt, dahin zu erkennen, daß § 14 Abs. 8 gegen Art. 17 RVerf. verstoße. Mit Rücksicht darauf hat der sächsische Ministerpräsident namens des sächsischen Gesamtministeriums gemäß Art. 13 Ab. 2 RVerf. in Verbindung mit dem Gesetz zur Ausführung dieses Artikels vom 8. April 1920 (RGBl. S. 510) beim Reichsgericht den Antrag gestellt, darüber zu entscheiden, ob der genannte § 14 Abs. 8 mit dem Reichsrecht vereinbar sei. Der Präsident des Reichsgerichts hat für die Entscheidung über diesen Antrag den III. Zivilsenat bestimmt.

. . .

Die Entscheidung muß gegen den Antragsteller ausfallen. Denn sein Standpunkt, daß § 14 Abs. 8 des Landeswahlgesetzes für den Freistaat Sachsen mit der Reichsverfassung vereinbar sei, ist ungerechtfertigt. In Übereinstimmung mit der ständigen Rechtsprechung des Staatsgerichtshofs für das Deutsche Reich ist eine Vorschrift wie die hier in Frage kommende als gegen Art. 17 Abs. 1 Satz 2 RVerf. verstoßend anzusehen. Sie verletzt die dort für die Wahlen zu den Volksvertretungen der Länder vorgeschriebenen Grundsätze der Gleichheit und der Allgemeinheit.

Mit dem Staatsgerichtshof für das Deutsche Reich ist davon auszugehen, daß sich bei der durch die Reichsverfassung für die Wahlen in den Ländern angeordneten Verhältniswahl die Wahlberechtigung jedenfalls dann nicht in der Stimmabgabe erschöpft, wenn das Wahlverfahren, wie nach dem Landeswahlgesetz für den Freistaat Sachsen, so geordnet ist, daß vor der Wahl Wahlvorschläge eingereicht werden müssen und daß nur die für solche Wahlvorschläge abgegebenen Stimmen gültig sind. Bei einem derartigen Wahlverfahren mit gebundenen Listen ist die Einreichung der Wahlvorschläge ein Recht der Wähler (vgl. § 14 Abs. 2 und 3 des sächsischen Landeswahlgesetzes), das einen wesentlichen Bestandteil der Wahlberechtigung überhaupt bildet. Seine Ausübung darf deshalb nicht in einer Weise geregelt werden, die den Grundsätzen der Gleichheit und der Allgemeinheit der Wahl widerspricht. Die Ansicht, daß sich diese Grundsätze nur auf die Abgabe der Wahlstimme beziehen, muß für die Verhältniswahl mit gebundenen Listen abgelehnt werden.

Richtig ist allerdings, daß Art. 17 Abs. 1 Satz 2 RVerf. nur bestimmt, die Volksvertretungen der Länder seien nach den Grundsätzen der Verhältniswahl zu wählen, daß er dagegen kein bestimmtes System der Verhältniswahl vorschreibt. So wäre es mit der Reichsverfassung vereinbar, wenn ein Land für die Landtagswahl ein Verhältniswahlverfahren einführte, das von gebundenen Listen absähe. Der Antragsteller betont ganz besonders den Umstand, daß nicht jede nach der Reichsverfassung zulässige Gestaltung des Verhältniswahlrechts die Aufstellung von Wahlvorschlägen erforderlich mache, die für die Wähler bindend seien, und glaubt daraus herleiten zu können, daß die Reichsverfassung durch die zwingende Einführung der Verhältniswahl den Begriffen der Gleichheit und Allgemeinheit der Wahl keine Bedeutung verliehen habe, die über die herkömmliche, nur die Stimmabgabe umfassende Bedeutung hinausgehe. Dem kann indessen nicht beigepflichtet werden. Es kommt vielmehr für die Anwendung der Grundsätze der Gleichheit und Allgemeinheit der Wahl auf die Regelung an, die das einzelne Land innerhalb der ihm durch die Reichsverfassung gezogenen Grenzen dem Verfahren für die Landeswahlen gegeben hat. Wenn sich die Wähler nach dem Wahlgesetz des betreffenden Landes nur durch Aufstellung von Wahlvorschlägen die Möglichkeit verschaffen können, die Personen zu wählen, deren Entsendung in die Volksvertretung sie wünschen, so darf diese Befugnis von der Wahlberechtigung selbst nicht getrennt werden. Letztere umfaßt auch die durch die Einreichung von Wahlvorschlägen vorzunehmende Bestimmung der Personen, die gewählt werden dürfen. Diese Einreichung unterliegt in solchem Falle als wesentlicher Bestandteil der Ausübung des Wahlrechts gleichfalls den für sie geltenden Verfassungsgrundsätzen. Es kann zudem nicht bezweifelt werden, daß die Reichsverfassung, wenngleich sie in Art. 17 Abs. 1 Satz 2 nur von der Verhältniswahl im allgemeinen spricht, dabei gerade die Verhältniswahl mit gebundenen Listen im Auge gehabt hat. Denn schon die Verfassunggebende Deutsche Nationalversammlung ist nach diesem System gewählt worden (Reichswahlgesetz vom 30. November 1918, RGBl. S. 1345). Ebenso ist es von dem durch die Nationalversammlung erlassenen Reichswahlgesetz vom 27. April 1920 (RGBl. S. 627) angenommen worden. Gerade weil für das Reich das System der Verhältniswahl mit gebundenen Listen eingeführt wurde, ist es nicht bloß zulässig, sondern durchaus geboten, den mit Art. 22 in engstem Zusammenhang stehenden Art. 17

RVerf. in erster Linie auf diese Art der Verhältniswahl zu beziehen und den in diesem Artikel niedergelegten Verfassungsgrundsätzen gerade bei ihr uneingeschränkt Geltung zu verschaffen.

Nach dem neuen § 14 Abs. 8 des Landeswahlgesetzes für den Freistaat Sachsen kann nun das zur Wahlberechtigung gehörende Recht, Wahlvorschläge zu machen, nicht von allen Wählern in gleicher Weise ausgeübt werden. Die Vorschrift bevorrechtigt die Parteien, die im letzten Landtag vertreten gewesen sind, indem sie nur von den Parteien, die dort nicht vertreten waren, die vorherige Einzahlung von 3000 RM. fordert. Das ist mit dem Grundsatz der Gleichheit der Wahl unvereinbar. Ebenso widerstreitet die getroffene Regelung dem Grundsatz der Allgemeinheit der Wahl. Nach ihm darf die Ausübung der Wahlberechtigung nicht von Voraussetzungen abhängig gemacht werden, die nicht jeder Deutsche im wahlfähigen Alter erfüllen kann. Insbesondere darf den Wählern keine Vermögensleistung zugemutet werden. Das geschieht hier aber, mag diese Vermögensleistung auch nicht mit der Stimmabgabe, sondern mit der Einreichung von Wahlvorschlägen verbunden sein. Auch letztere gehört, wie dargelegt, zur Wahlrechtsbetätigung.

. . .

Der neue § 14 Abs. 8 des Landeswahlgesetzes für den Freistaat Sachsen verstößt mithin gegen Art. 17 Abs. 1 Satz 2 RVerf. . . .

RGZ. 126, 161

Gewährleistung des gesetzlichen Richters. Gleichheit vor dem Gesetz. Rechtsenteignung. -- Verstößt die gesetzliche Anordnung der Aussetzung des Verfahrens vor Schiedsgerichten, die trotz allgemeiner Fassung nur konkrete Einzelfälle betrifft, gegen die verfassungsrechtliche Gewährleistung des gesetzlichen Richters oder der Gleichheit vor dem Gesetz? Ist sie eine Enteignung?

Alter Leitsatz:
Ist das Rentensperrgesetz vom 6. Juli 1929 (RGBl. I S. 131) rechtsgültig, soweit es die Aussetzung des Verfahrens vor Schiedsrichtern betrifft?

RVerf. Art. 105, 109, 153.

VI. Zivilsenat als Schiedsgericht. Schiedsspruch vom 30. November 1929 i. S. K.-Stiftung (Kl.) w. Staat Preußen (Bekl.).
VI Tgb. 18/29.

Aus den Gründen:

Der Art. 105 RVerf. schreibt in den Sätzen 1 und 2 vor:

„Ausnahmegerichte sind unstatthaft. Niemand darf seinem gesetzlichen Richter entzogen werden."

Indem der Gesetzgeber diese mit § 16 Satz 1 und 2 GVG. wörtlich übereinstimmenden Sätze — ebenso wie bereits Art. 7 der preußischen Verfassungsurkunde vom 31. Januar 1850 — in die Reichsverfassung aufnahm, stellte er sie unter verfassungsrechtlichen Schutz; nur mit den in Art. 76 RVerf. vorgesehenen Zweidrittel-Mehrheiten können die Vorschriften des Art. 105 Satz 1 und 2 das., sei es allgemein aufgehoben, sei es für einzelne Arten von Rechtsstreitigkeiten durch ein Sondergesetz abgeändert werden. Das Reichsgesetz vom 6. Juli 1929 („Rentensperrgesetz", RGBl. I S. 131) hat im Reichstag die erforderlichen Zweidrittel-Mehrheiten nicht gefunden; es ist ein einfaches Reichsgesetz. In § 2 Abs. 1 schreibt es vor:

„Die Rechtsstreitigkeiten, die zwischen dem Verpflichteten und Berechtigten bei deutschen Gerichten, Aufwertungsstellen oder Schiedsgerichten anhängig sind oder anhängig werden, sind auf Antrag einer Partei bis zum Inkrafttreten einer reichsgesetzlichen Regelung auszusetzen."

Das Gesetz gilt für die Zeit vom 9. Juli 1929 bis zum 31. März 1930.

. . . Das Gesetz versperrt dem, welcher die Zahlung einer älteren staatlichen Rente im Sinne des § 1 das. zu fordern hat, jede Möglichkeit, seinen Anspruch bei irgendeiner Stelle zur Durchführung zu bringen, solange das Gesetz in Kraft ist, und es entzieht zunächst auf eine bestimmte Zeit den Schuldner der Geltendmachung von Forderungen der bezeichneten Art. Diese Entziehung des Schuldners erfolgt in der ausgesprochenen Absicht, die nach Maßgabe des § 242 BGB. zur Zeit des Erlasses des Gesetzes begründeten Aufwertungsansprüche der Gläubiger, die sie damals noch vor den ordentlichen Gerichten hätten verfolgen können, als Aufwertungsansprüche nach § 242 BGB. zunichte zu machen und sie nach Maßgabe gesetzlicher Vorschriften, von denen noch nicht abzusehen ist, ob und inwieweit sie Aufwertungs- oder Enteignungscharakter haben werden, in anderweitige Ansprüche umzuwandeln, über welche Sondergerichte oder sonstige Stellen entscheiden sollen. Ein solches Verfahren läuft im Ergebnis auf eine zum mindesten zeitweilige und zum mindesten teilweise Rechtsenteignung hinaus, die vorgenommen wird, ohne daß das Vorliegen der Voraussetzungen des Art. 153 RVerf. geprüft wird. Während im übrigen der Grundsatz aufrechterhalten wird, daß es einem jeden Staatsbürger freisteht, seine Ansprüche, sei es vor den Gerichten, sei es vor sonstigen Stellen, auch seine gegen den Staat sich richtenden Ansprüche, klageweise geltend zu machen, wird dieses Recht einer gewissen Gruppe von Gläubigern auf Zeit verschränkt (Art. 109 Abs. 1 RVerf.); vor allem aber wird der Schuldner dem Richter entzogen (Art. 105 Satz 2 das.), wenn auch zunächst nur auf eine gewisse Zeitdauer.

Der Senat läßt es jedoch unentschieden, ob diese Gründe dazu führen müssen, den § 2 des Gesetzes vom 6. Juli 1929 im ganzen Umfang für rechtsungültig zu erklären, oder ob andere Gründe zu einer abweichenden Beurteilung insbesondere für diejenigen Fälle führen, die bei den ordentlichen Gerichten anhängig sind. Denn im vorliegenden Falle bedarf nur die Frage einer Entscheidung, ob der § 2 des Gesetzes für die bei Schiedsgerichten anhängigen Rechtsstreitigkeiten rechtsgültig ist. Diese Frage ist zu verneinen. Durch privatrechtliche Verträge haben sich die Parteien zulässigerweise auf ein Schiedsgericht geeinigt, das mithin der gesetzliche Richter im Sinne des Art. 105 Satz 2 RVerf. geworden ist. Diesem Richter soll unter Eingriff in die Verträge der Schuldner Preußen endgültig entzogen werden unter Einfügung eines Zeitraums, in welchem den Rentenberechtigten die Anrufung jedes staatlichen Schutzes versagt ist. Insoweit richtet sich das Gesetz als ein Ausnahmegesetz gegen zwei bestimmte Personen. Denn wenn es sich auch der Form nach gegen alle Rentenberechtigten richtet, die sich vertraglich mit den Schuldnern auf Schiedsgerichte geeinigt haben, so kann es sich in Wirklichkeit doch nur auf die Schiedsverträge vom November 1925 beziehen, da unstreitig irgendwelche anderen Gläubiger von älteren staatlichen Renten keine Schiedsverträge geschlossen haben. Auf diesen Umstand ist während der Beratung des Gesetzes im Reichstag, in den Sitzungen vom 25. und 27. Juni 1929, ausdrücklich hingewiesen worden. Der Verlauf dieser Beratungen läßt die Annahme als begründet erscheinen, daß insoweit, als das Gesetz die Rechtsverfolgung vor Schiedsgerichten sperrt, es ausschließlich gerade auf die beiden hier in Frage kommenden Gläubiger, also auf zwei Einzelfälle, berechnet war. Dieses Verfahren ist mit den Vorschriften des Art. 105 Satz 2 und auch des Art. 109 Satz 1 RVerf. nicht in Einklang zu bringen.

RGZ. 128, 165

Verstoßen Gesetze betr. die Aussetzung von Rechtsstreitigkeiten gegen die verfassungsrechtliche Gewährleistung des „gesetzlichen Richters“ oder der „Gleichheit vor dem Gesetz“? Sind sie eine „Enteignung“?

Alter Leitsatz:

Verstößt das Reichsgesetz betr. die Aussetzung von Rechtsstreitigkeiten über ältere staatliche Renten vom 6. Juli 1929 (RGBl. I S. 131) gegen eine Vorschrift der Reichsverfassung?

RVerf. Art. 105 Satz 2, Art. 109 Abs. 1, Art. 153.

VII. Zivilsenat. Beschl. v. 3. Dezember 1929 in den verb. Sachen Fürst zu S.-H. u. Gen. (Kl.) w. Preuß. Staat (Bekl.). VII 257/29, 258/29, 259/29.

I. Landgericht Münster i. W. — II. Oberlandesgericht Hamm.

Die Fragen wurden verneint aus folgenden

Gründen:

Die Rechtsvorgänger der Kläger haben durch die politischen Ereignisse der Jahre 1806 und 1810 die Landeshoheit über gewisse westfälische Gebiete verloren. Die Gebiete waren durch die Wiener Kongreßakte vom 9. Juni 1815 dem Beklagten zugeteilt und die Rechte der Kläger und der anderen „Standesherren" durch die deutsche Bundesakte vom 8. Juni 1815 und das preußische Edikt vom 21. Juni 1815 geregelt worden. Für den Verzicht auf einen Teil von diesen standesherrlichen Vorrechten, zum Teil auch als Ersatz für sonstige damit verbundene Nachteile, hat der Beklagte sodann den Klägern durch Verträge jährliche Renten bewilligt.

Über die Aufwertung der in den letzten Jahren der Geldentwertung und den ersten Jahren nach der Wiederbefestigung der Währung aufgelaufenen Rückstände dieser Renten entstanden zwischen den Parteien Rechtsstreitigkeiten, in deren Verlauf das Oberlandesgericht den Beklagten unter Zugrundelegung eines Aufwertungssatzes von 60 % zur Nachzahlung von entsprechenden Beträgen an die Kläger verurteilte. Der Beklagte legte Revision ein mit dem Antrag auf Aufhebung dieser Urteile und Abweisung der Klagen; nach dem Erlasse des Reichsgesetzes betr. die Aussetzung von Rechtsstreitigkeiten über ältere staatliche Renten vom 6. Juli 1929 beantragte er jedoch in erter Linie Aussetzung des Verfahrens. Die Kläger widersprachen der Aussetzung, indem sie das Gesetz vom 6. Juli 1929 als verfassungswidrig bezeichneten.

Das Reichsgericht beschloß, das Verfahren auszusetzen bis zum Inkrafttreten einer reichsgesetzlichen Regelung der im Gesetz vom 6. Juli 1929 bezeichneten Staatsrenten, längstens bis zum Außerkrafttreten dieses Gesetzes.

Die Renten, die den Gegenstand der drei Rechtsstreitigkeiten bilden, gehören nach ihrem geschilderten Ursprung zu denen, die im § 1 Abs. 1 des Sperrgesetzes vom 6. Juli 1929 bezeichnet sind. Das über jene Renten anhängige gerichtliche Verfahren ist daher gemäß § 2 des Gesetzes bis zum Inkrafttreten einer reichsgesetzlichen Regelung über die Renten auszusetzen, sofern nicht die Bedenken durchgreifen, welche gegen die Verfassungsmäßigkeit des nur mit einfachen Mehrheiten vom Reichstag beschlossenen Gesetzes erhoben werden.

Der Art. 105 Satz 2 RVerf., aus dem diese Bedenken vornehmlich hergeleitet werden, steht der Gültigkeit des Sperrgesetzes jedenfalls dann nicht entgegen, wenn er sich, wie von manchen Rechtslehrern angenommen wird, ebenso wie Art. 105 Satz 1, nur gegen die Vertauschung des „gesetzlichen Richters" mit einem andern richtet; denn die Überweisung der Rechtsstreitigkeiten über die Renten an eine andere Stelle ist im Sperrgesetz nicht verfügt. Aber auch auf Grund der anderen, weiteren Auslegung, von der das Reichsgericht im Beschluß der Vereinigten Zivilsenate RGZ. Bd. 107 S. 323/324*) ausgeht und nach welcher die Vorschrift die Hinwegziehung vom „gesetzlichen Richter" auch dann verbietet, wenn keine Verweisung an eine andere Behörde stattfindet, widerstreitet das Sperrgesetz der Vorschrift nicht. Denn der „gesetzliche Richter" ist nicht in der Verfassung selbst, sondern in den Prozeß- und Gerichtsverfassungsgesetzen bestimmt, deren Änderung nicht an die für Verfassungsänderungen geltenden erschwerenden Bedingungen geknüpft ist. Welches Gericht oder welche sonstige Stelle über gewisse Ansprüche zu entscheiden hat und ob für sie überhaupt ein Rechtsweg eröffnet ist, kann also jederzeit durch einfaches Gesetz bestimmt werden. . . . Um so weniger kann es als ein Verstoß gegen Art. 105 Satz 2 RVerf. angesehen werden, wenn für gewisse Rechtsstreitigkeiten nicht der Rechtsweg verschlossen, sondern nur die verfahrensrechtliche Maßnahme einer Aussetzung auf bestimmte kurze Zeit angeordnet wird. Erforderlich ist bei alledem nur, daß die Anordnung generellen, nicht speziellen Inhalt hat, daß sie sich als eine allgemeine Regelung für alle Streitfälle einer nach der Beschaffenheit der Sachen oder der Stellung der Beteiligten bezeichneten Gattung, nicht als ein nur auf einen bestimmten Einzelfall oder auf mehrere bestimmte Einzelfälle abzielender Eingriff darstellt. . . .

Um eine nach diesen Gesichtspunkten zulässige allgemeine Regelung, nicht um einen unstatthaften Sondereingriff handelt es sich bei dem jetzt umstrittenen Sperrgesetz vom 6. Juli 1929. Nicht nur betrifft es nach seiner Überschrift allgemein die Aufwertung älterer staatlicher Renten, sondern auch in seinen einzelnen Vorschriften sind die Ansprüche, die getroffen werden sollen, nach Art und Gattungsmerkmalen allgemein bestimmt, nicht etwa aus ihrer Gattung durch Einzelbezeichnung besonders herausgenommen. Demgegenüber kann es nicht auf die Frage ankommen, wie viele Renten und welche Rentenbeträge bei Berücksichtigung der im § 1 Abs. 3 bestimmten Ausnahme von dem Sperrgesetz tatsächlich betroffen wer-

*) In diesem Band S. 64/65.

den und welche von diesen Renten und Rentenbeträgen den Klägern oder ihren Standesgenossen zustehen. Denn die Entscheidung, ob ein unstatthafter Sondereingriff oder eine zulässige allgemeine Regelung vorliegt, hängt nicht von der größeren oder geringeren Zahl der unter die Vorschrift fallenden Rechtsverhältnisse ab, sondern nur davon, ob diese Rechtsverhältnisse in der Vorschrift einzeln und individuell oder in der angegebenen allgemeinen Weise nach Gattungsmerkmalen bezeichnet worden sind.

Die allgemeine Fassung der Tatbestandsmerkmale würde das Sperrgesetz allerdings dann nicht vor dem Vorwurf schützen, daß es einen verfassungswidrigen Sondereingriff in die gesetzliche Regelung des Rechtsschutzes darstelle, wenn diese Fassung nur zu dem Zwecke gewählt wäre, einen nur auf bestimmte Einzelfälle gerichteten Zugriffswillen zu verdecken. Zur Begründung einer solchen Annahme genügt aber nicht der Umstand, daß die Einbringung des Gesetzes durch bestimmte Klagen einzelner ehemaliger Standesherren veranlaßt worden ist, die vor dem Abschluß der Beratungen über eine gesetzliche Regelung der alten staatlichen Rentenverpflichtungen ein rechtskräftiges Urteil zu erlangen suchten. Denn der Gesetzgeber hat das Vorgehen dieser Gläubiger nicht zum Anlaß genommen, ein gerade auf ihre Ansprüche gerichtetes Gesetz zu erlassen. Er hat vielmehr mit den Vorschriften in § 1 Abs. 1 Nr. 3 und Abs. 2 rein sachliche Merkmale aufgestellt, die auf Renten von Personen der verschiedensten Herkunft zutreffen können, und auch mit der Vorschrift in § 1 Abs. 1 Nr. 1 hat er die Renten einer ganzen Gruppe von Familien und zugleich die Renten ihrer, möglicherweise ganz anderen Bevölkerungskreisen angehörenden, jedenfalls ganz unbestimmten Rechtsnachfolger getroffen. Zum Nachweis der Behauptung, daß der Wille des Gesetzgebers im Widerspruch zu dieser allgemeinen Fassung nur auf bestimmte einzelne Rentenansprüche ziele, haben aber die Kläger nichts weiteres als den Hinweis auf jenen Anlaß des Gesetzes beigebracht.

Nicht begründet ist es ferner, wenn in der unterschiedlichen Behandlung der Rechtsstreitigkeiten über die im Sperrgesetz bezeichneten Renten ein Verstoß gegen den im Art. 109 Abs. 1 RVerf. ausgesprochenen Grundsatz der Gleichheit aller Deutschen vor dem Gesetze gefunden wird. Ob diese Vorschrift überhaupt, wie ein Teil der Rechtslehrer annimmt, eine Richtschnur für den Gesetzgeber aufstellt oder vielmehr nur eine Anweisung an die Gerichte und Verwaltungsbehörden enthält, ist vom Reichsgericht bis jetzt nicht entschieden worden. Das kann auch hier dahingestellt bleiben. Denn selbst wenn man mit der strengeren Auffassung in der Vorschrift eine Bindung auch für den Gesetzgeber sieht, kann man ihr nur die

Bedeutung beilegen, daß das Gesetz solche Tatbestände gleich zu behandeln hat, die ungleich zu behandeln Willkür, durch keinen auf vernünftigen Erwägungen beruhenden Grund zu rechtfertigen wäre (vgl. Triepel Goldbilanzverordnung S. 30). Die vom Sperrgesetz angeordnete verfahrensrechtliche Sonderbehandlung gewisser Rentenansprüche beruht auf der Erwägung, daß über die Voraussetzungen und das Maß der Aufwertung dieser Gruppe von Ansprüchen gesetzgeberische Verhandlungen schweben und daß eine gleichmäßige gesetzgeberische Lösung erschwert würde, wenn für einzelne von diesen Ansprüchen vor dem Abschluß der Verhandlungen rechtskräftige Urteile erwirkt würden. Man kann über die Notwendigkeit, Zweckmäßigkeit und Billigkeit der Zwischenmaßnahme streiten; daß aber der für sie angeführte Grund unvernünftig wäre, läßt sich nicht feststellen. Die ganze Aufwertungsgesetzgebung und zahlreiche andere Teile der geltenden Gesetzgebung bestehen aus einer Anzahl von Sonderregelungen für einzelne Gruppen von Ansprüchen und aus einer größeren Anzahl von Ausnahmen und Unterausnahmen für gewisse Untergruppen. Die Notwendigkeit, Zweckmäßigkeit und Billigkeit mancher von diesen Sondervorschriften läßt sich vielleicht mit annähernd gleichem Recht oder Unrecht in Zweifel ziehen wie die Notwendigkeit, Zweckmäßigkeit und Billigkeit der hier bestrittenen Sonderregelung. Es würde eine völlige Verkennung der Aufgabe der Gerichte und ihrer Stellung zum Gesetzgeber bedeuten, wenn von ihnen eine Nachprüfung der Gesetze aus diesen Gesichtspunkten unternommen oder wenn man eine solche von ihnen verlangen würde. Vielmehr muß es zur Rechtfertigung gesetzlicher Sondervorschriften gegenüber dem Grundsatz des Art. 109 RVerf. genügen, wenn für die ihnen zugrundeliegenden Unterscheidungen vernünftiger Erörterung zugängliche Erwägungen beigebracht werden, und dies trifft nach dem Gesagten im vorliegenden Falle zu.

Endlich verletzt das Sperrgesetz auch nicht den die Enteignung und ihre Voraussetzungen regelnden Art. 153 RVerf. Eine dauernde Entziehung des Klagerechts, in der zugleich eine Wegnahme oder Aufhebung der Forderungsrechte zu sehen wäre (RGZ. Bd. 107 S. 322*), ist im Sperrgesetz nicht verfügt. Die zeitweilige Beeinträchtigung des Rechtsschutzes durch die Aussetzung des Verfahrens auf bestimmte kurze Dauer erhält auch nicht dadurch den Charakter einer Enteignung, daß sie zur Vorbereitung einer Regelung der Ansprüche dient, die möglicherweise die Aufhebung eines Teils der Ansprüche mit sich bringen wird. Denn der Inhalt der künftigen Regelung war zur Zeit des Erlasses des Sperrgesetzes und ist auch jetzt noch unbestimmt. Wollte man aber auch schon in der vorübergehenden Beschrän-

*) In diesem Band S. 63.

kung des Rechtsschutzanspruchs für sich allein oder wegen ihrer Zweckbeziehung auf eine künftig etwa eintretende Wegnahme der Forderung eine Beeinträchtigung des Forderungsrechts sehen, die den Anforderungen des Enteignungsbegriffs genügte, so würde dennoch keine Enteignung im Sinne des Art. 153 RVerf. vorliegen, und zwar deshalb nicht, weil diese nur die durch Sondereingriffe erfolgende Entziehung oder Beschränkung von Vermögensrechten umfaßt, nicht dagegen die allgemeine Regelung ihres Inhalts. Enteignungen im Sinne des Art. 153 RVerf. können allerdings nicht nur durch Verwaltungsmaßnahmen, sondern auch durch Gesetze vorgenommen werden. Eine Enteignung durch Gesetz im Sinne des Art. 153 liegt aber nur dann vor, wenn das Gesetz einen Einzeleingriff in bestehende Rechte vornimmt, nicht dagegen dann, wenn es ihren Inhalt allgemein neu regelt. Die Befugnis, den Inhalt und die Schranken der gegen Enteignung geschützten Rechte zu bestimmen, ist dem Gesetzgeber im Art. 153 Abs. 1 Satz 2 RVerf. ausdrücklich vorbehalten, und diese Befugnis umfaßt — selbstverständlich — auch die Auferlegung neuer Schranken und die Einengung des Inhalts der Rechte. Erforderlich ist lediglich — ebenso wie bei der Bestimmung des „gesetzlichen Richters" im Sinne des Art. 105 —, daß die Regelung durch eine allgemein gültige Vorschrift, nicht durch ein Sondergesetz für einzelne bestimmte Rechtsverhältnisse erfolgt. Daß aber diese Voraussetzung beim Sperrgesetz erfüllt ist, wurde bereits dargelegt.

RGZ. 139, 6

Neuer Leitsatz

Irrtum des Gesetzgebers über die Grundlagen seiner Gesetzesentschließung. Gleichheit vor dem Gesetz. Enteignung. — An dem wirksamen Zustandekommen eines Gesetzes ändert es nichts, daß der Gesetzgeber von objektiv unrichtigen Voraussetzungen ausgegangen ist. Nur der Gesetzgeber selbst kann in einem solchen Falle abhelfen; das Gericht ist nicht befugt, einem Gesetz aus diesem Grunde die Rechtsgültigkeit abzusprechen. — Der Grundsatz der Gleichheit vor dem Gesetz hat nur die Bedeutung, daß Tatbestände vom Gesetz als gleich zu behandeln sind, die ungleich zu behandeln Willkür bedeuten würde. Eine verschiedene Behandlung, die sich durch keinen auf vernünftigen Erwägungen beruhenden Grund rechtfertigt, ist willkürlich und verstößt gegen den Gleichheitsgrundsatz. — Dem verfassungsrechtlichen Erfordernis, daß die Enteignung „dem Wohle der Allgemeinheit dient", ist genügt, wenn das Enteignungsgesetz dieses Wohl erstrebt hat und wenn das erstrebte Ziel wenigstens teilweise erreichbar erschienen ist; es steht der Rechtmäßigkeit der Enteignung

nicht entgegen, daß auch eine andere Regelung möglich, ja dem Wohle der Allgemeinheit vielleicht dienlicher gewesen wäre.

Alter Leitsatz:

Verstößt die im Anleiheablösungsgesetz vom 16. Juli 1925 für die Neubesitzanleihe getroffene Regelung gegen die Reichsverfassung? sung?

RVerf. Art. 105, 109, 151, 153. AnlAblG. §§ 1 flg., § 9.

IV. Zivilsenat. Urt. v. 24. November 1932 i. S. Witwe H. (Kl.) w. Deutsches Reich (Bekl.). IV 245/32.

I. Landgericht I Berlin. II. Kammergericht daselbst.

Die Klägerin ist alleinige Testamentserbin ihres am 6. Januar 1924 in Berlin verstorbenen Ehemanns, des Kaufmanns Benno H. Die Eheleute hatten ihre Ersparnisse in Anleihen des Deutschen Reiches und des Preußischen Staates angelegt. Für diese Papiere hat die Klägerin 3650 RM. Ablösungsanleihe erhalten. Dagegen hat die Anleihe-Altbesitzstelle in Berlin die Ausfolgung der von ihr beantragten Auslosungsscheine abgelehnt, weil die Klägerin den Nachweis des Altbesitzes nicht erbringen konnte. Die von ihr eingelegte Beschwerde hat der Reichskommissar für die Ablösung der Reichsanleihen alten Besitzes zurückgewiesen.

Die Klägerin macht geltend, das verklagte Deutsche Reich müsse ihr die Auslosungsrechte gewähren, weil das Anleiheablösungsgesetz vom 16. Juli 1925, soweit es den Neubesitz ungünstiger stelle als den Altbesitz mit den Bestimmungen der Reichsverfassung vom 11. August 1919 nicht vereinbar sei. Verstoßen sei insbesondere gegen die Art. 105, 109, 151, 153. Beim Fehlen einer gültigen gesetzlichen Sonderregelung seien auch hier die Grundsätze des § 242 BGB. anzuwenden. Für einen angemessenen Ausgleich halte sie die Gleichstellung der Neubesitzanleihe mit der Altbesitzanleihe. Sie verlangt daher mit der Klage die Ausfolgung von insgesamt 3650 RM. Auslosungsscheinen für die ihr zugeteilten Schuldverschreibungen der Anleiheablösungsschuld.

Das Landgericht hat die Klage abgewiesen. Die Klägerin hat Berufung eingelegt und im zweiten Rechtszuge für den Fall, daß das Gericht einen anderweitigen Ausgleich für angemessen halten sollte, hilfsweise beantragt, den Beklagten zu verurteilen, an sie für ihre insgesamt 146 000 M. Schatzanweisungen entsprechende auf Reichsmark gestellte Anleihescheine auszufolgen, wobei sie die Höhe des Nennbetrags, die Verzinsungs- und Rückzahlungsbedingungen dem Ermessen des Gerichts überlasse. Das Kammergericht hat die Berufung zurückgewiesen. Auch die Revision der Klägerin blieb erfolglos.

. . . Gründe:

Die Klägerin will die Verfassungswidrigkeit der Regelung der Neubesitzanleihen in erster Linie aus Art. 153 RVerf. herleiten. Auszugehen ist in dieser Hinsicht zunächst davon, daß Anleiheschuldverschreibungen trotz ihrer abstrakten Natur an sich der Aufwertung fähig sind. Auch wenn aber auf dieser Grundlage angenommen wird, daß die Abfindung des Neubesitzes durch Umtausch in Ablösungsanleihe in Höhe von 2½ % eine zum mindesten teilweise entschädigungslose Enteignung von Forderungsrechten darstellt, so war diese Enteignung auf Grund des Art. 153 Abs. 2 Satz 2 zulässig, da sie durch einfaches Reichsgesetz bestimmt werden konnte und bestimmt worden ist. Daß sich die Klägerin nicht auf die Vorschrift des Art. 153 Abs. 2 Satz 4 berufen kann, hat das Berufungsgericht zutreffend hervorgehoben.

Einen Verstoß gegen Art. 153 RVerf. findet die Klägerin sodann vor allem darin, daß die Art der Abfindung des Neubesitzes nicht, wie nach Abs. 2 Satz 1 das. erforderlich sei, dem Wohle der Allgemeinheit diene, sondern ihm geradezu zuwiderlaufe. Das Anleiheablösungsgesetz habe, so hat sie geltend gemacht, das Vertrauen in die Anleihetreue des Reiches und der Länder auf das schwerste erschüttert und lediglich zur Folge gehabt, daß die Feindstaaten ihre Ansprüche an das Reich mit Erfolg heraufgeschraubt hätten. Die Kapitalarmut der deutschen Wirtschaft sei durch das Gesetz vergrößert und der Mittelstand vollends ins Elend gestoßen worden. Die Finanzlage des Reiches habe eine alsbaldige, wenn auch niedrige Verzinsung sowie eine, sei es auch geringe Tilgung gestattet. Insbesondere sei eine Gleichstellung des Altbesitzes und des Neubesitzes für die Reichsfinanzen erträglich gewesen.

Das Berufungsgericht hat hierzu ausgeführt, daß dem Art. 153 Abs. 2 Satz 1 RVerf. genügt werde, wenn eine Enteignungsmaßnahme dem Wohle der Allgemeinheit zu dienen bestimmt sei, daß es aber nicht darauf ankomme, ob und inwieweit dieses Ergebnis tatsächlich erreicht werde. Nach der Einführungsrede des damaligen Reichsfinanzministers seien aber die im Anleiheablösungsgesetz getroffenen Maßnahmen dem Wohle der Allgemeinheit zu dienen bestimmt gewesen.

Die Revision meint demgegenüber, daß der Berufungsrichter das richterliche Prüfungsrecht gegenüber Enteignungsgesetzen zu eng umschrieben und aus diesem Grunde die ihm obliegende tatrichterliche Prüfungspflicht nicht erfüllt habe. Das Tatbestandsmerkmal des Nutzens für die Allgemeinheit sei nach der Einführungsrede des Reichsfinanzministers nicht gegeben gewesen; denn der für das Reich erstrebte Nutzen bestehe lediglich in der Vermögensverschiebung zugunsten der Finanzen des Reichs. Der Richter dürfe sich nicht mit der Feststellung begnügen, daß der Gesetzgeber der von ihm erstrebten Möglichkeit, das Wohl der Allgemeinheit zu fördern, Ausdruck verliehen habe. Das Berufungsgericht hätte daher — so führt die Revision weiter aus — in eine umfassende Prüfung des einschlagenden Parteivortrags eintreten müssen und sich dabei zweckmäßigerweise des angebotenen Sachverständigenbeweises bedienen sollen. Wären dem Reichstagsausschuß nicht objektiv unrichtige Angaben gemacht worden sowohl über die Höhe des Neubesitzes als auch über seinen angeblich spekulativen Charakter, so hätte er, wie unter Zeugenbeweis stehe, niemals der Scheidung von Altbesitz und Neubesitz zugestimmt. Rechtsirrtümlich sei auch die Erwägung des Gesetzgebers gewesen, daß Anleiheschuldverschreibungen wegen ihrer abstrakten Natur nicht aufwertbar seien.

Diesen Ausführungen kann nicht beigetreten werden. Nicht begründet ist zunächst der Vorwurf, daß das Berufungsgericht das richterliche Prüfungsrecht zu eng umschrieben habe. Seine Stellungnahme entspricht vielmehr den in der Rechtsprechung des Reichsgerichts hierfür aufgestellten Grundsätzen, an denen festzuhalten ist. Danach hat sich die richterliche Prüfung nur darauf zu erstrecken, ob ein dem Wohle der Allgemeinheit dienender Zweck erstrebt wird und wenigstens teilweise erreichbar erscheint. Erstrebt wurde nach der Begründung des Regierungsentwurfs (S. 10) und nach der Einführungsrede des Reichsfinanzministers in der Sitzung des Reichstags vom 30. April 1925 (StenProt. S. 1471 D) die Schaffung einer dauernden Grundlage für die Finanzwirtschaft des Reiches, der Länder und der Gemeinden sowie die Wiederherstellung ihrer Kreditfähigkeit. Darin lag ein über die Rechtsentziehung selbst hinausgehender Vorteil. Ob der erstrebte Zweck tatsächlich erreicht wurde, ist ohne Bedeutung. Daß über die Notwendigkeit und Zweckmäßigkeit der im Anleiheablösungsgesetz für den Neubesitz getroffenen Regelung die Ansichten auseinander gingen, liegt bei der Schwierigkeit des Gegenstandes und der Unmöglichkeit, die weitere Entwicklung mit Sicherheit vorauszusehen, auf der Hand. Es kann aber nicht Aufgabe der Gerichte sein, nachzuprüfen, ob nach den zur Zeit des Erlasses des Gesetzes gegebenen Erkenntnismöglichkeiten und bei Abwägung aller Umstände eine andere Regelung möglich und dem Wohle der Allgemeinheit dienlicher gewesen wäre. Vielmehr muß die Feststellung genügen, daß sich der Gesetzgeber bei Erlaß des Gesetzes von sachlichen Erwägungen leiten ließ und daß nach diesen Erwägungen der erstrebte Zweck wenigstens teilweise erreichbar erschien. Daß dies hier der Fall ist, kann nicht in Abrede gestellt werden und wird insbesondere nicht schon dadurch widerlegt, daß von manchen, sei es auch beachtlichen Seiten, vor den Folgen des in Aussicht genommenen Schrittes gewarnt worden war.

Das Berufungsgericht hat hiernach mit Recht die Tatbestandserfordernisse des Art. 153 Abs. 2 Satz 1 RVerf. als gegeben angesehen. An dem wirksamen Zustandekommen des Gesetzes vermöchte es auch nichts zu ändern, wenn der Gesetzgeber teilweise von objektiv unrichtigen Voraussetzungen ausgegangen sein sollte. Wäre dies der Fall, so könnte nur der Gesetzgeber selbst abhelfen. Das Gericht ist nicht in der Lage, einem verfassungsmäßig zustandegekommenen Gesetze aus diesem Grunde die Rechtsgültigkeit abzusprechen. Von der Erhebung des von der Klägerin angebotenen Zeugenbeweises hat der Vorderrichter daher mit Recht abgesehen . . .

Die Verfassungswidrigkeit des Anleiheablösungsgesetzes hat die Klägerin weiterhin aus Art. 109 RVerf. herzuleiten gesucht. Sie sieht in der Regelung, welche der Neubesitzanleihe zuteil geworden ist, eine reine Willkür des Gesetzgebers; auch der Stichtag des 1. Juli 1920 sei willkürlich ausgewählt. Der Berufungsrichter hat das Vorliegen eines Verstoßes gegen Art. 109 mit der Begründung verneint, daß von einer willkürlichen, vernünftiger Erwägung entbehrenden Regelung nicht gesprochen werden könne. Die Frage, ob Art. 109 nur als eine Norm für Justiz und Verwaltung oder auch als eine Schranke für die Gesetzgebung anzusehen sei, hat er offen gelassen. Die Revision vertritt den Standpunkt, daß auch der Gesetzgeber an diese Vorschrift gebunden sei. Er dürfe danach Gleiches nicht ungleich behandeln. Dafür, ob solche Gleichheit vorliege, sei die Rechtslage vor Erlaß des Anleiheablösungsgesetzes maßgebend. Der Grundsatz der Gleichstellung aller Gläubiger einer Anleihe sei vom Reichsgericht wiederholt betont worden. Insofern liege ein wesentlicher Unterschied gegenüber dem Aufwertungsgesetz vor. Als Willkür müsse auch eine völlig unzulängliche Abwägung des Für und Wider angesehen werden. Nicht zu erwarten sei, daß der Gesetzgeber sich selbst bewußt sei, rein willkürlich zu handeln, geschweige denn, daß er dies ausspreche.

Die Frage, ob Art. 109 Abs. 1 RVerf., der den Grundsatz der Gleichheit aller Deutschen vor dem Gesetz ausspricht, nur als eine Norm für Justiz und Verwaltung aufzufassen ist oder ob er sich auch an den Gesetzgeber selbst wendet, ist in der Rechtsprechung des Reichsgerichts bisher nicht entschieden worden. Auch im vorliegenden Falle bedarf es keiner Stellungnahme zu dieser Frage, weil auch bei Zugrundelegung der weiteren Auslegung des Art. 109 Abs. 1 die Verfassungsmäßigkeit des Anleiheablösungsgesetzes nicht verneint werden kann. Wie das Reichsgericht wiederholt ausgesprochen hat, kann der Grundsatz der Gleichheit nur die Bedeutung haben, daß Tatbestände vom Gesetz als gleich zu behandeln sind, die ungleich zu behandeln Willkür bedeuten würde. Eine verschiedene Behandlung, die durch keinen auf vernünftigen Erwägungen beruhenden Grund zu rechtfertigen ist, würde als willkürlich erscheinen und gegen den Gleichheitsgrundsatz verstoßen. Es muß daher genügen, wenn für die einem Gesetz zugrundeliegenden Unterscheidungen Erwägungen beigebracht werden, die vernünftiger Erörterung zugänglich sind (vgl. Leibholz im Archiv des öffentlichen Rechts, Neue Folge Bd. 19 S. 441). Diese Voraussetzung trifft auf die oben bereits angeführten Gründe für die im Anleiheablösungsgesetz getroffene Regelung zu. Auch die Auswahl des 1. Juli 1920 als Stichtag für die Unterscheidung von Altbesitz und Neubesitz ist keineswegs willkürlich erfolgt. Sie beruht auf der Erwägung, daß zufolge der Verordnung über Maßnahmen gegen die Kapitalflucht vom 24. Oktober 1919 (RGBl. S. 1820) vom 1. Juli 1920 an fast der gesamte Besitz an öffentlichen Anleihen entweder bei einer Bank deponiert oder in ein von einem Finanzamt bestätigtes Verzeichnis aufgenommen worden war, so daß die große Mehrzahl der Altanleihebesitzer ihren Besitz am 1. Juli 1920 würden nachweisen können (Begründung des Regierungsentwurfs S. 14). Auch der nach der Rechtsprechung des Reichsgerichts für Aktien und Schuldverschreibungen geltende Grundsatz der Gleichstellung aller Gläubiger stand dem nicht entgegen, daß der Gesetzgeber, ohne sich dem Vorwurf der Willkür auszusetzen, aus überwiegenden Gründen des Allgemeinwohls für die Anleihen öffentlich-rechtlicher Schuldner eine Sonderregelung traf. Unbegründet ist schließlich im Hinblick auf die eingehenden, teilweise unter Zuziehung von Sachverständigen erfolgten Beratungen des Gesetzes im zuständigen Reichstagsausschuß die Behauptung, daß der Gesetzgeber das Für und Wider in unzulänglicher Weise abgewogen habe. Das Vorliegen eines Verstoßes gegen Art. 109 Abs. 1 RVerf. ist hiernach vom Berufungsgericht mit Recht verneint worden. . . .

Die Revision war nach alledem zurückzuweisen.

RGZ. 152, 86

Rechtsnatur der Landesgesetze in der nationalsozialistischen Zeit. —

Alter Leitsatz:

1. *Sind die Gesetze, die nach dem Übergang der Hoheitsrechte der Länder auf das Reich von den Landesregierungen mit Zustimmung der Reichsregierung erlassen wurden, Landesgesetze oder Reichsgesetze?**) . . .

2. . . .**)

*) Vgl. dazu Peters, Die Rechtsnatur der Landesgesetze: Deutsches Recht 1939, 426 ff. D. S
**) Geringere Bedeutung.

Gesetz über den Neuaufbau des Reichs vom 30. Januar 1934 (RGBl. I S. 75) — NeuaufbauG. — Art. 2 Abs. 1. Erste Verordnung über den Neuaufbau des Reichs vom 2. Februar 1934 (RGBl. I S. 81) — NeuaufbauVO. —

III. Zivilsenat. Urt. v. 28. Juli 1936 i. S. Gemeinde N. (Bekl.) w. Sch. (Kl.). III 329/35.

I. Landgericht Offenburg. II. Oberlandesgericht Karlsruhe.

. . .

Aus den Gründen:

. . .

Nach Art. 2 Abs. 1 NeuaufbauG. sind die Hoheitsrechte der Länder auf das Reich übergegangen. Nach § 1 NeuaufbauVO. ist die Wahrnehmung der Hoheitsrechte, die von den Ländern auf das Reich übergegangen sind, den Landesbehörden zur Ausübung im Auftrage und im Namen des Reichs übertragen, soweit das Reich nicht von diesen Rechten Gebrauch macht. Die Landesregierungen sind also nur noch Ausführungsorgane des Reichs. Sie haben zur Ausübung die Hoheitsrechte zurückerhalten, welche die Länder bisher hatten, demnach mit dem bisherigen Inhalt und der bisherigen Begrenzung. Auch für die neuen Landesgesetze gilt also grundsätzlich, daß Reichsrecht Landesrecht bricht. Sie sind zwar verfassungsrechtlich Reichsgesetze, dürfen deshalb aber doch den von der Reichsregierung unmittelbar erlassenen Reichsgesetzen nicht zuwiderlaufen, soweit ihnen die Reichsregierung nicht selbst diese Wirkung beilegt.

. . .

Die von den Ländern auf Grund der Ermächtigung des Reichs erlassenen Gesetze sind, wie ausgeführt, staatsrechtlich nicht mehr Landesgesetze, aber doch nur örtlich begrenzte Reichsgesetze. . . .

RGZ. 112, 8

Wann ist unter ‚Regierung' im Sinne von Ermächtigungsvorschriften, insbesondere solchen zum Erlaß von Rechtsverordnungen, das Gesamtministerium und wann nur der zuständige Fachminister zu verstehen? — Die Anordnung der Rückwirkung eines Gesetzes oder einer Verordnung steht zwar in der rechtlichen Macht des Gesetzgebers, sie stellt aber immer etwas Ungewöhnliches dar. Ob sie auch durch Verordnung erfolgen darf, hängt von der gesetzlichen Ermächtigung zu deren Erlaß ab.

Alter Leitsatz:

1. Zur Frage der Rechtsgültigkeit von Terminspekulationsgeschäften in einer ausländischen Währung gegen eine andere ausländische Währung.

2. Ist die Verordnung des Reichswirtschaftsministers vom 7. März 1925 betr. den Ausschluß der Einreden des Spiels und des Differenz-

geschäfts bei Börsentermingeschäften in Devisen rechtsgültig, trotzdem sie nicht vom gesamten Reichsministerium erlassen worden ist? Ist sie auch insoweit rechtswirksam, als sie sich rückwirkende Kraft beilegt?

RVerf. Art. 52. Börsengesetz §§ 58, 96. Verordnung des Reichswirtschaftsministers über Börsentermingeschäfte in Wechseln und ausländischen Zahlungsmitteln vom 7. März 1925 (RGBl. I S. 20).

I. Zivilsenat. Urt. v. 21. Oktober 1925 i. S. V. (Bekl.) w. T. (Kl.). I 202/25.

I. Landgericht Hamburg, Kammer für Handelssachen. — II. Oberlandesgericht daselbst.

Die Klägerin übernahm am 5. März 1924 vom Beklagten 3000 £, Auszahlung London zum Kurse von 115, Pariser Usancen, Lieferung zum 31. Mai 1924. Da der französische Frank in der nächsten Zeit stark stieg, wurde im Einverständnis des Beklagten am 8. Mai 1924 ein Deckungsgeschäft ausgeführt, indem die Klägerin vom Beklagten 345 000 Franken, Auszahlung Paris zu 67, Londoner Usancen, Lieferung zum 31. Mai 1924 kaufte. Die Klägerin berechnet die sich danach ergebende Schuld des Beklagten auf 2149.5.1 £ zuzüglich Devisensteuer und fordert mit der Klage Zahlung eines Teilbetrags von 500 £ nebst Zinsen, sowie 401,20 RM nebst Zinsen. Der Beklagte erhob die Einreden des Spiels und des Differenzgeschäfts. Das Landgericht wies die Klage ab. Die Klägerin legte Berufung ein und berief sich auf die Verordnung vom 7. März 1925, wonach den Einreden des Beklagten der Boden entzogen sei. Der Beklagte bestritt die Rechtsgültigkeit dieser Verordnung und bezog sich auf § 3 der Devisenordnung vom 8. November 1924. Das Oberlandesgericht gab der Klage statt. Die Revision des Beklagten hatte Erfolg.

Gründe:

Das Geschäft, aus dem die eingeklagte Forderung hervorgeht, ist ein Spekulationsgeschäft in französischen Franken à la baisse aus März 1924. Der Beklagte hat den Spieleinwand gemäß § 762 BGB. erhoben. Das Berufungsgericht hat angenommen, daß dieser Einwand unbegründet sei und daß auch der Einwand des rechtsunwirksamen Differenzgeschäfts nach § 764 BGB. nicht erhoben werden könne, weil die Geltendmachung beider Einreden durch die Verordnung vom 7. März 1925 abgeschnitten sei. Diese Verordnung lautet in der Einleitung und in ihrem § 1: „Auf Grund des § 96 Abs. 3 des Börsengesetzes in der Fassung des Gesetzes vom 23. Dezember 1920 (RGBl. 1920 S. 2317) wird nach Zustimmung des Reichsrats hierdurch verordnet: § 1. Die Vorschriften des § 58 des Börsengesetzes vom 22. Juni 1896 in der Fassung der Bekanntmachung vom 27. Mai 1908 finden auf Börsentermingeschäfte in Wechseln und ausländischen Zahlungsmitteln, die zum Börsenterminhandel nicht zugelassen sind, Anwendung." Da der § 58 BörsG. bestimmt, daß gegen Ansprüche aus Börsentermingeschäften in Waren oder Wertpapieren, die zum Börsenterminhandel zugelassen sind, ein Einwand aus §§ 762, 764 BGB. nicht erhoben werden kann, falls beide Vertragschließende ins Handelsregister eingetragen sind (§ 53 BörsG.), will die genannte Verordnung insoweit eine Erweiterung vornehmen, als der Ausschluß der Einreden auch gegenüber Geschäften in Wechseln und ausländischen Zahlungsmiteln, die zum Börsenterminhandel nicht zugelassen sind, stattfinden soll. Die Rechtsgültigkeit der Verordnung vorausgesetzt, wären also die genannten Einreden im Streitfall in der Tat zurückzuweisen. Die Revision des Beklagten bestreitet aber die Rechtsgültigkeit der Verordnung. Sie macht erstens geltend, nicht der Reichswirtschaftsminister, sondern nur die Reichsregierung sei zum Erlaß der Verordnung ermächtigt gewesen. Die Ermächtigung zum Erlaß einer derartigen Verordnung ist, wie auch die Einleitung der Verordnung ergibt, ausgesprochen im § 96 BörsG. in der Fassung des Ges. v. 23. Dezember 1920 (RGBl. S. 2317). Der § 96 lautet: Die Reichsregierung kann mit Zustimmung des Reichsrats bestimmen, daß, unter welchen Voraussetzungen und für welche Zeitdauer die Vorschriften des § 58 (also der Ausschluß der Einreden) auch auf Börsentermingeschäfte in Wechseln und ausländischen Zahlungsmitteln, die zum Börsenterminhandel nicht zugelassen sind, Anwendung finden. Den Worten nach ist also in der Tat nur der Reichsregierung die Ermächtigung erteilt. Nun hat aber der I. Strafsenat des Reichsgerichts bereits in der Entscheidung RGSt. Bd. 58 S. 406 (JW. 1925 S. 481) dargelegt, daß der Ausdruck Reichsregierung in der Reichsverfassung Art. 52 nicht ein für allemal festgelegt sei, daß er vielmehr teils das gesamte Reichskabinett, teils die zuständige Reichszentralstelle bezeichnen solle, und daß es nach der im Verfassungsausschuß der Nationalversammlung zum Ausdruck gebrachten Absicht der Reichsregierung überlassen bleiben solle, im Wege der Amtsorganisation festzustellen, welches Ministerium im Einzelfalle die Reichsregierung darstelle. An dieser Auffassung ist gegenüber manchen abweichenden Meinungen (A n s c h ü t z , Reichsverf. Art. 77 Anm. 2; G i e s e , Reichsverf. Art. 77 Anm. 3 u. 4; S c h o e n , ArchÖffR. Bd. 6 n. F. S. 161) festzuhalten. Es ist anerkannt und beispielsweise im Art. 57 der Reichsverfassung festgesetzt, daß über gewisse Staatsangelegenheiten nur die Reichsregierung in ihrer Gesamtheit entscheiden darf. Aber das trifft nicht allgemein für das ganze Gebiet des Erlasses von Rechtsverordnungen zu. Hier ist zu unterscheiden, ob nach dem Willen des Gesetzgebers, der die Ermächtigung zum Erlaß erteilte, diese Ermächtigung gerade nur dem Gesamtministerium, oder aber dem zuständigen Reichsminister gewährt werden sollte. Das hat seine

Bestätigung gefunden in der gemeinsamen Geschäftsordnung der Reichsministerien vom Jahre 1924. Daselbst heißt es im § 56: Darüber hinaus kann die Reichsregierung im Rahmen der Reichsverfassung durch Reichsgesetz ermächtigt werden, auch Rechtsnormen durch Verordnung zu erlassen. Auch dann handelt in der Regel der zuständige Minister für die Reichsregierung. § 58 unterscheidet sodann davon den Fall, daß ein Gesetz die Reichsregierung zum Erlaß von Rechtsnormen ermächtigt, aber nach dem erkennbaren Willen des Gesetzgebers die ausdrückliche Zustimmung des Gesamtministeriums erforderlich sein soll. In diesem Fall soll außer der Unterschrift des Fachministers die des Reichskanzlers eingeholt werden, im übrigen lautet die Unterschrift: „der Reichsminister". Was nun die hier streitige Verordnung angeht, so handelte es sich um eine Rechtsverordnung, die aus rein wirtschaftlichen Rücksichten hervorgegangen ist, nur ein einzelnes, engbegrenztes Gebiet regeln wollte und nur als für eine vorübergehende Zeitdauer gültig gedacht war („unter welchen Voraussetzungen und für welche Zeitdauer", § 96). Danach kann nicht angenommen werden, daß der Gesetzgeber die Ermächtigung nur dem Gesamtministerium erteilen wollte. Deshalb steht es der Rechtsgültigkeit der Verordnung nicht entgegen, daß sie vom Reichswirschaftsminister nach Zustimmung des Reichsrats erlassen ist.

Die Revision hat weiter eingewandt, die Verordnung habe nicht die Rückwirkung ihrer Anordnungen bestimmen dürfen. In diesem Punkte ist der Revision beizupflichten. Der § 2 der Verordnung lautet: Die Vorschriften der Verordnung finden auf die seit dem 1. Januar 1924 abgeschlossenen Börsentermingeschäfte mit der Maßgabe Anwendung, daß das bisherige Recht maßgebend bleibt, soweit zur Zeit des Inkrafttretens dieser Verordnung Ansprüche aus einem solchen Geschäft durch Erfüllung oder in sonstiger Weise erloschen sind oder über sie rechtskräftig entschieden ist. Der äußeren Form nach bestimmt die Verordnung im § 1 zwar nur, daß für die Zukunft die Erhebung der Einreden des Spiels und des Differenzgeschäfts unzulässig sein soll, aber indem sie das im § 2 auch für die unerledigten, seit dem 1. Januar 1924 abgeschlossenen Geschäfte festsetzt, ändert sie damit zugleich rückwirkend den rechtlichen Charakter dieser Geschäfte ab. Nun ist anerkannt, daß der Gesetzgeber die rechtliche Macht hat, seinen Bestimmungen rückwirkende Kraft beizulegen, und dieser Grundsatz gilt im allgemeinen auch für Rechtsverordnungen. Aber vorliegendenfalls ist die Befugnis des Reichministers zum Erlaß der Verordnung nur aus der ihm vom Gesetzgeber erteilten Ermächtigung herzuleiten. Es fragt sich deshalb, ob diese Ermächtigung einen solchen Umfang hatte. Das muß verneint werden. Der Zweck der Ermächtigung ist aus der Begründung des Gesetzentwurfs vom Dezember 1920 (Abänderung des Börsengesetzes) klar ersichtlich, vgl. Verhandl. des Reichstags, 1. Wahlperiode 1920, Bd. 365 S. 800. Es fand schon im Jahre 1920 ein heftiges Schwanken der ausländischen Wechselkurse auf Deutschland statt, wodurch der effektive Warenhandel in Ausfuhr und Einfuhr stark behindert wurde. Deshalb waren Bestrebungen auf Einführung des offiziellen börsenmäßigen Devisenterminhandels im Gange, um — so sagt die Begründung — das Risiko der Wechselkursschwankungen vom Warenhandel auf die berufsmäßige Geldvermittlung abzuwälzen, wovon man gleichzeitig einen gewissen Ausgleich jener Schwankungen erhoffte. Um die Einführung des offiziellen Devisenterminhandels zu ermöglichen, sei es nötig, den Ausschluß der Spiel- und Differenzeinreden gegenüber § 58 und dem damaligen § 96 des Börsengesetzes auf den gesamten Handel mit ausländischen Zahlungsmitteln einschließlich Geldsorten, Schecks, Anweisungen usw. auszudehnen. Nun lasse sich aber noch nicht übersehen, wann der offizielle Devisenterminhandel zur Einführung gelangen werde. Deshalb sei es wünschenswert, Vorsorge zu treffen, daß auch schon der bestehende inoffizielle Terminhandel in Devisen durch Ausschließung von Spiel- und Differenzeinreden gefördert werden könne, sobald dies geboten erscheine. Aus diesen Gründen wurde dann der Reichsregierung die Ermächtigung erteilt, jene Ausschließung durch Rechtsverordnung zu bestimmen. Der dargelegte Zweck der Ermächtigung ergibt den gewollten Umfang der Ermächtigung. Wenn man den inoffiziellen Terminhandel fördern wollte, so war es das gegebene, zu bestimmen, daß in Zukunft Spiel- und Differenzeinwände nicht mehr erhoben werden dürften. Es war aber für diesen Zweck ohne Bedeutung, wie es mit längst abgeschlossenen, wenn auch von einer Seite noch nicht erfüllten und noch nicht rechtskräftig abgeurteilten Geschäften gehalten werden sollte. Das bedarf keiner näheren Darlegung. Wenn nun noch berücksichtigt wird, daß nach der mit Recht herrschenden Meinung die Anordnung der Rückwirkung eines Gesetzes oder einer Verordnung immer etwas Ungewöhnliches darstellt, weil sie eine nachträgliche Abänderung von vertraglichen Rechtsbeziehungen enthält, mit der die Beteiligten bei Vertragsabschluß nicht rechnen konnten, so ergibt sich, daß die Reichsregierung nicht ermächtigt war, eine Rückwirkung ihrer Verordnung anzuordnen, wie im § 2 geschehen ist. Ausdrücklich zu betonen ist, daß das Reichsgericht mit vorstehenden Erwägungen nicht etwa die Zweckmäßigkeit des Erlasses der Verordnung oder eines Teils davon nachprüft, sondern den Umfang der erteilten Ermächtigung feststellt.

Ist somit die Geltendmachung des Spiel- und Differenzeinwands vorliegendenfalls nicht ausgeschlossen, so sind diese Einreden materiell zu prüfen. Dazu genügen die tatächlichen Feststellungen, die das Berufungsgericht getroffen hat, nicht. Die Einrede des Spiels ist vom Berufungsgericht nicht erörtert; der Differenzeinwand ist von dem Gesichtspunkt aus geprüft, ob in Wahrheit ein Kauf ausländischer Valuta gegen deutsche Valuta vorliegt. Die Sache ist deshalb an das Berufungsgericht zurückzuverweisen.

Vorher muß jedoch noch festgestellt werden, ob etwa, wie die Revision behauptet, die Nichtigkeit des streitigen Geschäfts sich aus anderen gesetzlichen Vorschriften ergibt. Das ist nicht der Fall. (Wird ausgeführt.) . . .

Danach ist die Entscheidung des Rechtsstreits von der materiellen Berechtigung der Einreden des Spiels und des Differenzgeschäfts abhängig.

RGZ. 107, 315

Keine Befugnis des Richters, einem ordnungsmäßig erlassenen Gesetz, unabhängig vom positiven Recht, seines Inhaltes wegen die Anwendung zu versagen. Delegation und Subdelegation der Rechtsetzungsbefugnis. Verfassungsschutz des Aufgabenbereichs der Gerichte? Rechtsbegriff der Grundrechte.

Alter Leitsatz:

Sind die §§ 1 und 2 der Verordnung über die Erweiterung des Abgeltungsverfahrens für Ansprüche gegen das Reich vom 24. Oktober 1923 — AbgErweitVO. — rechtsgültig?

A.

III. Zivilsenat. Beschl. v. 25. Januar 1924 i. S. Neue Dampfer-Compagnie A.-G. u. Gen. (Kl.) w. Deutsches Reich (Bekl.) III 882/22.

. . .

Aus den Gründen:

§ 1 Abs. 1 Satz 1 der VO. über die Erweiterung des Abgeltungsverfahrens für Ansprüche gegen das Reich vom 24. Okt. 1923 (AbgErweitVO.) bestimmt, daß die dort näher bezeichneten Ansprüche gegen das Reich oder gegen eine andere Stelle, die für Rechnung des Reichs handelt, unter Ausschluß der Zuständigkeit der ordentlichen Gerichte in einem besonderen Verfahren abgegolten werden. Diese Vorschrift ist nicht bloß prozessualer Natur, insofern sie die Zuständigkeit der Gerichte ausschließt und die fraglichen Ansprüche einem besonderen Verfahren überweist. Sie hat vielmehr außerdem noch materielle Bedeutung. Daß die genannten Ansprüche abgegolten werden, heißt, daß sie beschränkt werden auf einen nach billigem Ermessen unter Berücksichtigung insbesondere der Finanzlage des Reichs festzusetzenden Betrag. Diese Bedeutung des Wortes „abgelten" steht seit Erlaß der AbgVO. vom 4. Dezember 1919 (RGBl. S. 2146) im Sprachgebrauch der Gesetze und der Gerichte fest. So aufgefaßt, stellt sich die grundlegende Bestimmung der AbgErweitVO. als eine Maßnahme dar, die auf finanziellem Gebiete liegt. Die finanzielle Lage des Reichs soll erleichtert werden, unmittelbar dadurch, daß gewisse Verbindlichkeiten des Reichs herabgemindert werden, mittelbar dadurch, daß die Bestimmung des Maßes dieser Herabsetzung unter Ausschaltung der ordentlichen Gerichte in einem besonderen Verfahren zu erfolgen hat. Der Eingriff in die ordentliche Rechtspflege, den die AbgErweitVO. vornimmt, hängt mit der erstrebten finanziellen Entlastung des Reichs, der er die Wege ebnen soll, auf das engste zusammen. Er wird daher durch § 1 Abs. 1 Satz 1 des ErmächtigungsG. vom 13. Oktober 1923 (RGBl. I S. 943) gedeckt.

Gegen die Gültigkeit des § 1 Abs. 1 Satz 1 AbgErweitVO. sind aus der Reichsverfassung Bedenken nicht herzuleiten. § 1 Abs. 1 Satz 2 ErmächtigungsG. gab der Reichsregierung die Befugnis, mit ihren Anordnungen von den Grundrechten der Reichsverfassung abzuweichen, so daß es keiner Prüfung bedarf, ob die Unterwerfung von Ansprüchen gegen das Reich unter die Abgeltung dem Art. 153 RVerf. widerspricht. Die Vorschrift des § 1 Abs. 1 Satz 2 kann freilich nicht ausdehnend ausgelegt werden. Gebunden blieb die Reichsregierung deshalb an die Vorschriften des ersten Hauptteils der RVerf. (Aufbau und Aufgaben des Reichs), insbesondere an die dort im 7. Abschnitte gegebenen Vorschriften über die Rechtspflege. Indessen stehen sie dem Ausschlusse des Rechtswegs für die in der AbgErweitVO. genannten Ansprüche gegen das Reich nicht entgegen. Wenn Art. 103 RVerf. bestimmt, daß die ordentliche Gerichtsbarkeit durch das Reichsgericht und die Gerichte der Länder ausgeübt wird, so ist damit über den Umfang dieser Gerichtsbarkeit noch nichts gesagt. Ihre Abgrenzung hat die RVerf. der Gesetzgebung des Reichs und der Länder überlassen. Nur ihr kann, von einigen Sonderbestimmungen der RVerf. (z. B. Art. 129 Abs. 1 Satz 4, Art. 131 Abs. 1 Satz 3) abgesehen, entnommen werden, wer der gesetzliche Richter ist, dem nach Art. 105 Satz 2 RVerf. niemand entzogen werden darf. Eine Einschränkung der Zuständigkeit der ordentlichen Gerichte bedarf keines verfassungsändernden Reichsgesetzes. Zu ihr war daher die Reichsregierung auf Grund des Ermächtigungsgesetzes befugt. Daß der Ausschluß des Rechtswegs auch bereits anhängige Prozesse ergreifen kann, hat das Reichsgericht in ständiger Rechtsprechung angenommen.

Unabhängig vom positiven Recht hat man der AbgErweitVO. die Gültigkeit deshalb absprechen wollen, weil sie mit den guten Sitten unvereinbar sei, da sich der Schuldner nicht zum Richter in eigener

Sache bestellen könne, oder weil sie, soweit es sich um Vertragsverpflichtungen des Reichs handle, gegen die Grundsätze von Treu und Glauben im Verkehr verstoße, denen es widerspreche, wenn der Schuldner von seinem billigen Ermessen abhängig mache, ob und wieviel er leisten wolle. Einer Darlegung der Einseitigkeit der dieser Beurteilung zugrunde liegenden Betrachtungsweise bedarf es nicht, da grundsätzlich der Richter überhaupt nicht befugt ist, einem ordnungsmäßig erlassenen Gesetze seines Inhalts wegen die Anwendbarkeit abzusprechen.

Die Gründe, aus denen das Kammergericht in seinem Beschlusse vom 7. Januar 1924 (17 U 4616/21) die AbgErweitVO. für ungültig erklärt hat, können gleichfalls nicht als durchgreifend anerkannt werden. Das Kammergericht geht aus von der in § 1 Abs. 1 Satz 2 gegebenen Bestimmung, daß der Reichsminister der Finanzen die Art der Abgeltung und das Verfahren zu regeln habe. Es hält diese Vorschrift für unvereinbar mit dem ErmächtigungsG. und zieht daraus die weitere Schlußfolgerung, daß die ganze AbgErweitVO. der Wirksamkeit entbehre. Die Annahme des Kammergerichts, dem Reichsminister der Finanzen habe nicht das Recht erteilt werden können, die Art der Abgeltung und das Verfahren zu regeln, ist unzutreffend.

Wie nach früherem Recht, so ist es auch nach der Reichsverfassung zulässig, daß die Gesetzgebung die Befugnis zur Erlassung von Rechtsvorschriften in sachlicher Beschränkung einer anderen Stelle überträgt (RGSt. Bd. 55 S. 246). Es ist auch nicht grundsätzlich ausgeschlossen, daß diese Befugnis, wiederum mit solcher Beschränkung, weiterübertragen wird. Zugegeben kann werden, daß diese Übertragbarkeit für das Gebiet des ErmächtigungsG. gewissen Einschränkungen unterliegt, da es nur die damalige Regierung in ihrer damaligen parteipolitischen Zusammensetzung mit besonderen Vollmachten hat ausstatten wollen. Keinesfalls ist aber dem ErmächtigungsG. ein völliger Ausschluß solcher Übertragung zu entnehmen. Die Entstehungsgeschichte und der Zweck des ErmächtigungsG. ergeben vielmehr, daß die Reichsregierung befugt sein sollte, die Ausführung der von ihr auf Grund jenes Gesetzes getroffenen Maßnahmen dem zuständigen Ressortminister auch insoweit zu übertragen, als dazu der Erlaß von Rechtsvorschriften erforderlich war. Die Reichsregierung als Ganzes war gar nicht in der Lage, die dringend erforderlichen, umfassenden Anordnungen zur Behebung der auf das äußerste gestiegenen Not des Reiches in allen rechtlichen Einzelheiten selbst zu geben. Sie hätte von dem ErmächtigungsG. überhaupt nicht den auch vom Reichstage gewollten Gebrauch machen können, wenn sie nicht wenigstens den Erlaß von Ausführungsbestimmungen den einzelnen Ministern hätte übertragen dürfen. Nur um Ausführungsbestimmungen handelt es sich aber bei den Anordnungen, mit denen die beanstandete Vorschrift den Reichsminister der Finanzen betraut.

. . .

Als das ErmächtigungsG. infolge eines Wechsels der parteipolitischen Zusammensetzung der Reichsregierung außer Kraft trat, blieben die auf seiner Grundlage getroffenen Maßnahmen bestehen. Zu ihnen gehörte auch die Übertragung des Erlasses von Ausführungsbestimmungen zur AbgErweitVO. an den Reichsminister der Finanzen. Die Ausführungsbestimmungen konnten also auch noch ergehen, als das ErmächtigungsG. schon nicht mehr galt.

Die Rechtsbeständigkeit des sonstigen Inhalts der AbgErweitVO. wird endlich auch dadurch nicht berührt, daß § 2 wenigstens teilweise der Gültigkeit entbehrt, insoweit nämlich, als er bestimmt, daß die Entscheidungen des Reichsministers der Finanzen darüber, ob ein Anspruch nach § 1 Abs. 1 abzugelten ist, endgültig und für die Gerichte bindend sind. Diese Vorschrift ist unvereinbar mit Art. 103 und mit Art. 105 Satz 2 RVerf. Daß die Reichsregierung nicht ermächtigt war, von ihnen abzuweichen, ist bereits oben dargelegt worden. Art. 103 überträgt dem Reichsgericht und den Gerichten der Länder die ordentliche Gerichtsbarkeit. Ihr Umfang bestimmt sich nach den Gesetzen. Innerhalb des gesetzlich gezogenen Rahmens haben die Gerichte aber nicht bloß das Recht, sondern auch die Pflicht, die Gerichtsbarkeit auszuüben. Sie müssen in allen Sachen Recht sprechen, die ihrer Gerichtsbarkeit gesetzlich unterworfen sind. Ob das der Fall ist, haben sie selbst zu prüfen. Die Entscheidung über die Zulässigkeit des Rechtswegs kann den Gerichten nicht entzogen, kann nicht für den einzelnen Fall einer Verwaltungsbehörde endgültig übertragen werden. Nähme diese zu Unrecht die Unzulässigkeit des Rechtswegs an, so würde, falls sich die Gerichte dem unterwerfen müßten, die davon betroffene Person in Wirklichkeit ihrem gesetzlichen Richter entzogen werden. Damit würde Art. 105 Satz 2 RVerf., der auch für bürgerlichrechtliche Streitigkeiten Bedeutung hat, verletzt werden. Der in ihm ausgesprochene Grundsatz erschöpft sich nicht in einer Anweisung an Gesetzgebung oder Verwaltung. In Verbindung mit Art. 103 belastet er vielmehr die Gerichte mit der Verantwortlichkeit, darüber zu wachen, daß die Gerichtsbarkeit in allen den Fällen ausgeübt wird, in denen sie nach den Gesetzen Platz greifen soll. Die Übertragung der Entscheidung über die Zulässigkeit des Rechtswegs an besondere gerichtliche Behörden (Kompetenzgerichtshöfe) mag mit der Reichsverfassung vereinbar sein, ihre Übertragung an eine Verwaltungsbehörde ist es nicht. Nur als solche trifft der Reichsminister der Finanzen die Entscheidungen nach § 2 Abs. 1 AbgErweitVO. Die Gerichte können durch sie nicht gebunden werden.

Die Ungültigkeit dieser einzelnen Bestimmung der AbgErweitVO. beeinträchtigt sie im übrigen nicht. Insbesondere behält es bei dem in § 1 Abs. 1 Satz 1 AbgErweitVO. ausgesprochenen Ausschluß des Rechtswegs sein Bewenden. . . .

B.

Vereinigte Zivilsenate. Beschl. v. 22. Februar 1924 i. S. I. Reichseisenbahnfiskus (Bekl.) w. Sch. (Kl.) I 548/23; II. J. (Kl.) w. 1. Deutsche Maschinenfabrik A.-G. u. Gen. (Bekl.), 2. Reichsmilitärfiskus (Streithelfer). IV. 779/23.

Aus den Gründen:

I. Der III. Zivilsenat hat in seinem vorstehend abgedruckten Beschlusse vom 25. Januar 1924 die Rechtsgültigkeit der AbgErweitVO. grundsätzlich anerkannt. Für rechtsunwirksam hält er mit Rücksicht auf Art. 105 RVerf. lediglich die Bestimmung des § 2 Abs. 1 Satz 2 Halbsatz 2, nach der die Entscheidung des Reichsministers der Finanzen darüber, ob ein Anspruch abzugelten sei, endgültig und für die Gerichte bindend sein soll. Von dieser Entscheidung des III. Zivilsenats wollen sowohl der I. wie der IV. Zivilsenat abweichen.

In der zu I des Rubrums bezeichneten Sache hat der beklagte Reichseisenbahnfiskus auf Grund der AbgErweitVO. beantragt, die Aussetzung des Verfahrens anzuordnen und die Prozeßakten dem Reichsminister der Finanzen vorzulegen. Der I. Zivilsenat hält diesen Antrag für unbegründet, weil § 1 AbgErweitVO. im Hinblick auf Art. 105 RVerf. der Rechtsgültigkeit entbehre. An einer Entscheidung in diesem Sinne sieht er sich jedoch durch den Beschluß des III. Zivilsenats behindert. Er hat daher beschlossen, die Entscheidung der Vereinigten Zivilsenate einzuholen. . . .

Der IV. Zivilsenat will in einer anderen Richtung von dem III. Zivilsenat abweichen. Er hält auch den § 2 AbgErweitVO. vollinhaltlich für rechtsgültig, da Art. 105 RVerf. zu den Bestimmungen über die Grundrechte gehöre, von denen die Reichsregierung nach § 1 Abs. 1 Satz 2 ErmächtigungsG. habe abweichen dürfen. In der unter II des Rubrums bezeichneten Sache hat der Reichsminister der Finanzen bereits entschieden, daß der Klaganspruch unter die AbgErweitVO. falle. Der IV. Zivilsenat beabsichtigt deshalb, ohne mündliche Verhandlung anzuberaumen, die Sache an den Reichsminister der Finanzen, seinem Antrag entsprechend, zur Abgeltung abzugeben, sieht sich daran aber durch den Beschluß des III. Zivilsenats gehindert, der der Entscheidung des Reichsministers der Finanzen die Verbindlichkeit für die Gerichte abspricht. Der IV. Zivilsenat hat deshalb beschlossen, die Entscheidung der Vereinigten Zivilsenate einzuholen.

. . .

II. Der I. Zivilsenat leitet die von ihm vertretene Ungültigkeit des § 1 AbgErweitVO. aus Art. 105 RVerf. her, während der III. Zivilsenat zwar den § 1, nicht aber den § 2 Abs. 1 Satz 2 Halbsatz 2 mit dieser Verfassungsvorschrift für vereinbar hält. Beide Senate gehen also davon aus, daß Art. 105 durch das ErmächtigungsG. unberührt geblieben sei. Hiergegen wendet sich der IV. Zivilsenat mit folgenden Ausführungen:

Das Ermächtigungsgesetz gestatte der Reichsregierung, von den Grundrechten der Reichsverfassung abzuweichen. Als Grundrechte seien aber auch die den einzelnen Staatsbürgern aus den Art. 103, 105 RVerf. erwachsenen Rechte anzusehen. Sie im 2. Hauptteile der RVerf., der von den Grundrechten und Grundpflichten handle, nochmals aufzuführen, sei kein Anlaß gewesen, nachdem sie bereits im 1. Hauptteil im Abschnitt über die Rechtspflege geregelt worden seien. Art. 105 entstamme dem § 16 GVG., der dem Art. 7 der Preußischen Verfassungsurkunde nachgebildet sei, der seinerseits dem Art. 8 der Belgischen Verfassung entnommen sei. Art. 8 der Belgischen Verfassung stehe im Titel 2 „des Belges et de leurs droits", Art. 7 der Preußischen Verfassung im Titel 2 „Von den Rechten der Preußen". Diese Rechte deckten sich mit den Grundrechten. Es sei zudem nicht abzusehen, weshalb die Regierung, wenn sie sogar in die persönliche Freiheit (Art. 114 RVerf.) und in das Eigentum (Art. 153) einzugreifen befugt sei, nicht auch das Recht auf unbeschränktes richterliches Gehör solle einschränken dürfen.

Dieser Auffassung des IV. Zivilsenats ist nicht beizupflichten. Vielmehr muß Art. 105 RVerf. als eine Schranke für die durch das ErmächtigungsG. der Reichsregierung übertragene Verordnungsgewalt anerkannt werden. § 1 Abs. 1 Satz 2 ErmächtigungsG. gestattet ihr, von den Grundrechten der Reichsverfassung abzuweichen. Es kommt also lediglich darauf an, was die RVerf. unter Grundrechten versteht. Hierüber gibt ihre Einteilung den bündigsten Aufschluß. Der 1. Hauptteil, die Art. 1 bis 108 umfassend, ist überschrieben „Aufbau und Aufgaben des Reichs", der 2. Hauptteil, die Art. 109 bis 165 umfassend, „Grundrechte und Grundpflichten der Deutschen". Aus diesem Gegensatz geht klar hervor, daß die Grundrechte in dem 2. Hauptteil der RVerf. geregelt sind, daß der 1. Hauptteil solche nicht gewährt. Die RVerf. spricht sich so unzweideutig aus, daß auf die Rechtsentwicklung kein Gewicht gelegt werden kann.

Ältere Verfassungen mögen durch das Verbot der Ausnahmegerichte und durch die Bestimmung, daß niemand seinem gesetzlichen Richter entzogen werden solle, in erster Linie dem einzelnen Staatsbürger das Recht auf unbeschränktes richterliches Gehör haben geben wollen. Den in Art. 105 RVerf. enthaltenen Vorschriften fehlt diese subjektive Betonung. Sie sollen im allgemeinen Staatsinteresse die Rechtspflege vor unzulässigen Eingriffen schützen. Angesichts dieser positiven Regelung muß es auch als unerheblich bezeichnet werden, daß das ErmächtigungsG. vor anderen Bestimmungen der RVerf., die dem Art. 105 an Bedeutung vielleicht gleichkommen, nicht haltgemacht hat. Art. 105 enthält nun einmal keine Grundrechte im Sinne der RVerf. Deshalb bleibt ein Abweichen von ihm verboten.

III. . . . Daß die in § 1 genannten Ansprüche abgegolten werden sollen, heißt, daß sie ihrer Natur als Rechtsansprüche entkleidet werden. Sie erlöschen in ihrer bisherigen Gestalt; an ihre Stelle tritt ein nicht klagbarer Anspruch auf eine nach billigem Ermessen unter Berücksichtigung insbesondere der Finanzlage des Reichs festzusetzende Entschädigung. Der Vorgang kann mit der Enteignung verglichen werden. Wie diese dem einzelnen sein Eigentum entzieht, wofür ihm dann eine angemessene Entschädigung gewährt wird, so nimmt die Anordnung der Abgeltung dem Gläubiger seine Forderung. Freilich bekommt er nicht, wie das bei der Enteignung übrigens auch nur die Regel ist (vgl. Art. 153 Abs. 2 Satz 2 RVerf.), einen Rechtsanspruch auf Entschädigung für den ihm zugefügten Vermögensnachteil. Immerhin soll ihm im Verwaltungsweg ein billiger Ausgleich gewährt werden. Dieser Eingriff in die Privatrechte der Gläubiger des Reichs wird durch das ErmächtigungsG. gedeckt. Sollte er Verfassungsvorschriften widersprechen, so doch nur solchen über Grundrechte, von denen das ErmächtigungsG. eine Abweichung gestattet.

Verlieren die Ansprüche gegen das Reich dadurch, daß sie der Abgeltung unterworfen werden, ihren Charakter als Rechtsansprüche, so ergibt sich daraus in prozessualer Hinsicht ohne weiteres, daß der Rechtsweg für sie nicht mehr gegeben ist. Vor den Gerichten können nur klagbare Ansprüche geltend gemacht werden. Ansprüche, die rechtlich nicht erzwingbar sind, die erst nach Grund und Betrag von einer Verwaltungsbehörde billigem Ermessen entsprechend festgesetzt werden, sind ihrer Natur nach schon der Zuständigkeit der ordentlichen Gerichte entzogen. Wenn § 1 AbgErweitVO. diese noch ausdrücklich ausschließt, so spricht er nur eine Folge aus, die mit der erfolgten materiellen Rechtsänderung notwendig verknüpft ist. Ein Widerspruch mit Art. 105 RVerf. kann, da die abzugeltenden Ansprüche der richterlichen Gewalt nicht mehr unterliegen, überhaupt nicht in Frage kommen.

Aber auch wenn man dem durch § 1 verordneten Ausschluß der Zuständigkeit der ordentlichen Gerichte eigene Bedeutung beimessen wollte, so würde Art. 105 seiner Rechtsgültigkeit nicht im Wege stehen. Denn die RVerf. hat die Abgrenzung der Gerichtsbarkeit der ordentlichen Gerichte der Gesetzgebung des Reichs und der Länder überlassen. Die Art. 103 und 105 RVerf. entstammen den §§ 12 und 16 GVG.. Unstreitig hatten diese keine weitergehende Bedeutung, sondern sagten nur: gesetzlicher Richter ist der jeweils gesetzlich bestimmte. Sie sind im wesentlichen wörtlich in die RVerf. übernommen worden. Die Verhandlungen der Verfassunggebenden Nationalversammlung, insbesondere auch ihres Verfassungsausschusses, geben keinen Anhalt dafür, daß man in der hier fraglichen Hinsicht sachlich etwas hat ändern wollen. Schon nach dieser Entstehungsgeschichte muß also angenommen werden, daß die Art. 103 und 105 sich in ihrer Bedeutung mit den angeführten Vorschriften des GVG. decken, daß sie, ebenso wie diese, über den Umfang der von den Gerichten auszuübenden Gerichtsbarkeit nichts sagen. Ihre Wiederholung in der RVerf. findet seine hinreichende Erklärung darin, daß man diesen als besonders wichtig anerkannten Rechtssätzen den erhöhten Schutz des Art. 76 RVerf. gegen Änderungen hat zuteil werden lassen wollen.

Die Ansicht des I. Zivilsenats, daß die bürgerlichen Rechtsstreitigkeiten durch die RVerf. selbst den Gerichten übertragen seien und daß sie ihnen daher nur durch ein Verfassungsgesetz genommen werden könnten, würde nur dann haltbar sein, wenn sich der Umkreis der richterlichen Geschäfte aus den Art. 103 und 105 der RVerf. unmittelbar bestimmen ließe. Das ist indessen nicht der Fall. Das von dem I. Zivilsenat besonders betonte Wort „Richter" in Art. 105 Satz 2 reicht ebensowenig wie das Wort „Gerichtsbarkeit" in Art. 103 aus, um den richterlichen Machtbereich mit genügender Sicherheit abzugrenzen. Das gilt zunächst für den Zivilprozeß.

Zu den bürgerlichen Rechtsstreitigkeiten gehören nach dem geltenden Recht nicht bloß solche Rechtsstreitigkeiten, die aus einem Verhältnis des bürgerlichen Rechts hervorgehen, sondern in weitem Umfang auch solche, die einem Verhältnis des öffentlichen Rechts entspringen, wie umgekehrt Streitigkeiten des Privatrechts mehrfach den Gerichten entzogen und Verwaltungsinstanzen zugewiesen sind. Da die RVerf. an das geltende Recht anknüpft, so kann man, wenn man dem Art. 105 einen positiven Inhalt geben will, doch nur sagen, daß die Gewalt des Zivilrichters sich auf alle die Angelegenheiten erstreckt, die ihr nach dem gegenwärtigen Stande der Gesetzgebung unterworfen sind. Jede Änderung hierin bedürfte dann eines verfassungsändernden Reichsgesetzes. Diese Konsequenz erweist die

Unhaltbarkeit des Ausgangspunktes. Es muß als ausgeschlossen bezeichnet werden, daß die gesamte Gesetzgebung über die Abgrenzung zwischen Justiz und Verwaltung unter verfassungsrechtlichen Schutz hat gestellt werden sollen. Unmöglich ist es anderseits aber auch, die bürgerlichen Rechtsstreitigkeiten, die nach Auffassung des I. Zivilsenats durch die RVerf. den Gerichten überwiesen sein sollen, unabhängig vom geltenden Recht rein begrifflich zu bestimmen.

In ähnliche Schwierigkeiten gelangt man hinsichtlich der Strafgerichtsbarkeit, wenn man die Meinung des I. Zivilsenats durchzuführen versucht. Das geltende Recht kennt neben dem gerichtlichen auch ein Verwaltungsstrafverfahren. Es könnte, wenn die Art. 103 und 105 die gesamte Gerichtsbarkeit den Gerichten übertrügen, nur durch verfassungsänderndes Reichsgesetz geschaffen werden. Endlich bezieht sich Art. 103, wie die Weglassung des in § 12 GVG. gebrauchten Wortes „streitige" beweist, auch auf die freiwillige Gerichtsbarkeit. Wie sie nach der RVerf. umgrenzt werden sollte, ist nicht ersichtlich.

Die allgemeine Fassung der Art. 103 und 105 schließt es somit aus, schon aus ihnen die Gerichtsbarkeit der ordentlichen Gerichte inhaltlich zu bestimmen. Die RVerf. bedarf in diesem Punkte mit Notwendigkeit der Ergänzung durch die ordentliche Gesetzgebung. Erst sie besagt, wer gesetzlicher Richter im Sinne des Art. 105 Satz 2 ist.

Auch zu Art. 105 Satz 1 steht § 1 AbgErweitVO. nicht in Widerspruch. Die mit der Abgeltung betraute Kommission ist schon deshalb kein nach der RVerf. unzulässiges Ausnahme g e r i c h t , weil sie keine richterlichen Aufgaben zu erfüllen hat. Sie setzt nur Entschädigungen für die von der AbgErweitVO. vorgenommenen Eingriffe in Privatrechte fest, auf welche Entschädigungen, wie oben dargelegt, kein Rechtsanspruch mehr besteht.

. . .

IV. Den § 2 AbgErweitVO. beanstandet der III. Zivilsenat nur insoweit, als er bestimmt, daß die Entscheidungen des Reichsministers der Finanzen darüber, ob ein Anspruch nach § 1 Abs. 1 abzugelten sei, endgültig und für die Gerichte bindend seien. Er hält es nach Art. 105 RVerf. für unstatthaft, daß die Entscheidung über die Zulässigkeit des Rechtswegs einer Verwaltungsbehörde übertragen wird. Diese Beurteilung des § 2 wird jedoch der bereits bei der Erörterung des § 1 betonten materiellrechtlichen Bedeutung der AbgErweitVO. nicht gerecht. Die Anordnung der Abgeltung ist ein Eingriff in Privatrechte, in die Forderungen gegen das Reich. Wieweit sie der Abgeltung unterliegen, bestimmt zunächst die Verordnung selbst. Die genauere Abgrenzung hat sie aber dem Reichsminister der Finanzen überlassen. Seine in Streitfällen ergehende Entscheidung, daß ein Anspruch abzugelten sei, ist keine prozessuale, sondern eine materielle. Sie besagt, daß der Anspruch als Rechtsanspruch nicht mehr besteht. Mit dem der Enteignung ähnlichen Charakter der ganzen Maßregel ist es durchaus vereinbar, daß ihre Tragweite im einzelnen durch den Reichsminister der Finanzen bestimmt wird. Materiellrechtliche Bedenken sind dagegen nicht zu erheben. Ist aber durch die Entscheidung des Reichsministers der Finanzen festgestellt, daß ein Anspruch abzugelten sei, so ist damit einer Klage die sachliche Grundlage entzogen. Ein Anspruch, der vor Gericht geltend gemacht werden könnte, besteht nicht mehr. Für eine Entscheidung über die Zulässigkeit des Rechtswegs ist kein Raum.

Aber auch als Entscheidung in dem letztgedachten Sinne aufgefaßt, würde der Ausspruch des Reichsministers der Finanzen, daß ein Anspruch abzugelten sei, von den Gerichten als bindend anerkannt werden müssen. Wie im Gegensatz zum III. Zivilsenat anzunehmen ist, verbietet Art. 105 RVerf. nicht, die Entscheidung über die Zulässigkeit des Rechtswegs einer Verwaltungsbehörde zu übertragen. Daß Art. 105 dem § 16 GVG. entstammt, ist bereits hervorgehoben. § 16 besagt aber nicht schon, daß die Gerichte über die Zulässigkeit des Rechtswegs zu befinden hätten. Das ist erst in § 17 Abs. 1 GVG. bestimmt worden. Diese Vorschrift ist nicht in die Verfassung aufgenommen worden, sondern einfaches Gesetz geblieben, von dem die auf Grund des ErmächtigungsG. ergehenden Verordnungen der Reichsregierung abweichen durften.

Das Wesen der Gerichtsbarkeit erfordert es nicht etwa mit Notwendigkeit, die Entscheidung über die Zulässigkeit des Rechtswegs in die Hand der Gerichte zu legen. Justiz und Verwaltung sind gleichgeordnete Zweige staatlicher Tätigkeit. Die Grenzziehung zwischen ihnen in Zweifelsfällen kann sowohl den Gerichten wie den Verwaltungsbehörden oder auch besonderen Behörden (den sog. Kompetenzgerichtshöfen) übertragen werden. Es ist Sache der Gesetzgebung, eine dieser Möglichkeiten zu wählen, damit ein reibungsloses Zusammenwirken der verschiedenen staatlichen Organe sichergestellt wird. Daß es nach der RVerf. unzulässig wäre, die Gerichte in dieser Hinsicht an die Entscheidungen anderer Behörden zu binden, kann nicht zugegeben werden. Die Entscheidung der gesetzlich bestimmten Stelle besagt erst, ob ein gesetzlicher Richter im Sinne des Art. 105 vorhanden ist. Verneint sie die Zuständigkeit der Gerichte, so ist bindend festgestellt, daß es an einem solchen Richter in diesem Falle fehlt. Ihre Entscheidung kann einen Verstoß gegen Art. 105 Satz 2 RVerf. niemals enthalten.

RGZ. 107, 370

Enteignung. Gewährleistung des gesetzlichen Richters. — Dem verfassungsrechtlichen Zulässigkeitserfordernis der Enteignung, daß sie „zum Wohle der Allgemeinheit" erfolgt, genügt es, daß die Maßnahme diesem Ziele zu dienen bestimmt ist; nicht hingegen kann die Gültigkeit der Enteignung davon abhängen, inwieweit dieses Ergebnis tatsächlich erreicht wird. — Die Abgrenzung der ordentlichen Gerichtsbarkeit und der anderen Behörden ist nicht in der Verfassung selbst erfolgt, sondern Aufgabe der Gesetzgebung.

Alter Leitsatz:

1. . . .)*

2. Zur Frage der Rechtsgültigkeit der Regelung der Hypothekenaufwertung in Art. I der dritten Steuernotverordnung vom 14. Februar 1924 (RGBl. I S. 74).

V. Zivilsenat. Urt. v. 1. März 1924 i. S. Sch. u. G. (Kl.) w. Baseler Vers.-Ges. g. Feuerschäden (Bekl.). V 129/23.

I. Landgericht Hannover. — II. Oberlandesgericht Celle.

. . .

Aus den Gründen:

Die Rechtsgültigkeit der dritten Steuernotverordnung ist von mehreren Seiten bestritten und angeführt worden, daß sie mit grundlegenden Bestimmungen der Reichsverfassung nicht vereinbar sei. Diese Bedenken gegen ihre Gültigkeit können jedoch nicht als berechtigt anerkannt werden. . . .

Bei der in der 3. StNVO. getroffenen Regelung der Hypothekenaufwertung handelt es sich um eine Maßnahme, welche die Reichsregierung „im Hinblick auf die Not von Volk und Reich für erforderlich und dringend erachtet" hat. Zu einer solchen Maßnahme war sie nach § 1 Satz 1 des Ermächtigungsges. vom 8. Dezember 1923 (RGBl. I S. 1179) befugt. Ob die getroffene Regelung zweckentsprechend und zur Erreichung des erstrebten Zieles tatsächlich geeignet ist, kann vom Gericht bei der Prüfung ihrer Rechtsgültigkeit nicht untersucht werden.

Nach Satz 2 a.a.O. war eine Abweichung von den Vorschriften der Reichsverfassung nicht zulässig. Von den Gegnern der Rechtsgültigkeit der Verordnung wird behauptet, daß sie gegen Verfassungsvorschriften verstoße. Einer der hauptsächlichsten Angriffe geht dahin, daß sie eine unzulässige Enteignung enthalte, also mit Art. 153 RVerf. in Widerspruch stehe. Dem kann nicht beigetreten werden. Es kann schon zweifelhaft sein, ob die Regelung der Hypothekenaufwertung überhaupt eine Enteignung, d. h. eine zwangsweise Ent-

*) Geringere Bedeutung.

ziehung von Rechten, darstellt, oder nicht vielmehr auf die gesetzliche Normierung des streitig gewordenen zivilrechtlichen Rechtsverhältnisses zwischen Hypothekengläubiger und Hypothekenschuldner sich beschränkt. Doch kann dieser Zweifel dahinstehen, da in keinem Falle eine verfassungsmäßig unzulässige Entziehung von Gläubigerrechten in Frage steht. Art. 153 Abs. 1 RVerf. stellt allerdings den Grundsatz auf, daß das Eigentum von der Verfassung gewährleistet werde. . . . In Satz 2 das. wird aber sogleich hinzugefügt, daß sich der Inhalt und die Schranken des Eigentums „aus den Gesetzen" ergeben, und im Abs. 2 wird dann eine Enteignung für zulässig erklärt, die somit durch den Schutz, den die Verfassung dem Eigentum zusichert, nicht ausgeschlossen wird. Die im Abs. 2 aufgestellten Voraussetzungen für die Zulässigkeit einer Enteignung sind hier erfüllt. Die Regelung der Hypothekenaufwertung in der 3. StNVO. soll zur Erhaltung und baldigen Gesundung der deutschen Volkswirtschaft dienen, also „zum Wohle der Allgemeinheit" erfolgen. Hierbei muß es genügen, daß die Maßnahme dem Wohle der Allgemeinheit zu dienen bestimmt ist; nicht dagegen kann ihre Gültigkeit davon abhängen, inwieweit dieses Ergebnis tatsächlich erreicht wird. Die Anordnung erfolgte weiter „auf gesetzlicher Grundlage", nämlich durch die 3. StNVO., die wieder auf dem Ermächtigungsges. vom 8. Dezember 1923 beruht. Ihrer Zulässigkeit steht auch nicht entgegen, daß eine angemessene Entschädigung der Hypothekengläubiger dabei nicht vorgesehen ist, da „ein Reichsgesetz etwas anderes bestimmt". Als ein solches Reichsgesetz hat auch eine reichsrechtliche Rechtsverordnung, als welche Art. I der 3. StNVO. sich darstellt, zu gelten. . . .

Im Zusammenhang damit ist weiter der Zweifel angeregt worden, ob nicht die Art der Beschränkung der Rechte der Hypothekengläubiger durch die 3. StNVO. als Verstoß gegen Treu und Glauben oder, weil sie zu Ergebnissen führe, die dem Anstandsgefühl aller billig und gerecht Denkenden widersprächen, als Verstoß gegen die guten Sitten rechtsunwirksam wäre. Zur Widerlegung dieses Angriffs bedarf es keiner Erörterung der strittigen Frage, ob und wieweit überhaupt Fälle denkbar sind, in denen ein Gesetz wegen eines solchen Verstoßes einer den Richter bindenden Kraft entbehren könnte. Denn bei der Regelung der Hypothekenaufwertung in der 3. StNVO. kann von einem solchen Verstoß füglich nicht die Rede sein. Es handelt sich um die Lösung einer schwierigen rechtlichen und wirtschaftlichen Aufgabe, die, gleichviel wie der einzelne sie beurteilen mag, keinesfalls den Gerichten einen Anlaß bieten kann, sie aus allgemeinen Erwägungen für rechtsunwirksam zu erklären.

Die Regelung der Hypothekenaufwertung enthält ferner keinen Verstoß gegen Art. 105 RVerf., nach welchem niemand seinem gesetzlichen Richter entzogen werden darf. Wenn nach Maßgabe von §§ 9, 10 der Verordnung über die Höhe der Aufwertung ausschließlich die Aufwertungsstelle zu entscheiden hat und in bürgerlichen Rechtsstreitigkeiten auf Antrag das Verfahren auszusetzen ist, soweit die Enscheidung von der Höhe der Aufwertung abhängt, so wird damit allerdings ein einzelner Streitpunkt zur schnelleren Erledigung einem besonderen Verfahren vor einer besonderen Stelle zugewiesen. Das kann aber ohne verfassungsänderndes Gesetz, also auch durch eine reichsrechtlich zugelassene Verordnung geschehen. Denn die Abgrenzung der ordentlichen Gerichtsbarkeit und der Tätigkeit anderer Behörden *ist nicht in der Verfassung selbst erfolgt*, sondern Aufgabe der Gesetzgebung.

Endlich muß auch die Behauptung zurückgewiesen werden, daß die Bestimmungen über die Hypothekenaufwertung eine nach Art. 134 RVerf. unzulässige Sonderbesteuerung darstellen. . . . Selbst wenn man aus dem Zusammenhange der Vorschriften den Schluß ziehen wollte, daß es sich bei der Begrenzung der Aufwertung im Ergebnis teilweise um eine Heranziehung der Hypothekengläubiger zur Tragung öffentlicher Lasten handle, so bedeutet doch „ohne Unterschied" in Art. 134 RVerf. nur, daß die bisherigen Ausnahmen von der Beitragspflicht zu den allgemeinen Lasten (z. B. die Steuerprivilegien der fürstlichen Häuser) beseitigt sind und neue Unterschiede dieser Art nicht eingeführt werden dürfen; keinesfalls folgt daraus, daß alle Staatsbürger notwendig in gleichem Maße zu allen Steuern heranzuziehen sind. Ihre Beitragspflicht bestimmt sich vielmehr „im Verhältnis ihrer Mittel" und „nach Maßgabe der Gesetze". Der Gesetzgeber ist somit befugt (wie er es auch schon vorher getan hat), bestimmte Vermögensteile mit besonderen Abgaben zu belegen. . . .

RGZ. 111, 320

Enteignung. Gleichheitsgrundsatz. — Bei der Enteignung sind, wie allgemein bei Staats-, insbesondere Verwaltungsakten, einerseits Begriff und Begriffsmerkmale sowie andererseits Zulässigkeit und Zulässigkeitserfordernisse (Gültigkeitserfordernisse) zu unterscheiden. Dem Zulässigkeitserfordernis „zum Wohle der Allgemeinheit" ist genügt, wenn ein dem Wohle der Allgemeinheit dienender Zweck erstrebt wird und wenigstens teilweise erreichbar erscheint. Von der Verfassung sind keine Unterscheidungen gemacht, auf welchem Gebiet die Förderung des Wohles der Allgemeinheit geschehen soll. — Der Gleichheitsgrundsatz bedeutet nur, daß Tatbestände als gleich zu behandeln sind, die ungleich zu behandeln Willkür bedeuten würde. Eine verschiedene Behandlung, die durch keinen auf vernünftigen Erwägungen beruhenden Grund zu rechtfertigen ist, wäre Willkür und verstieße gegen den Gleichheitsgrundsatz.

Alter Leitsatz:

*1. . . .**)

2. Steht die im Aufwertungsgesetz geschehene Regelung der Aufwertung von Hypotheken und der unter die §§ 62, 63 fallenden Ansprüche mit Vorschriften der Reichsverfassung in Widerspruch?

*3.—4. . . .**)

Reichsverfassung Art. 105, 109, 134, 152, 153.
Aufwertungsgesetz §§ 14, 15 bis 24, 62, 63, 67, 68.

V. Zivilsenat. Urt. v. 4. November 1925 i. S. K. (Bekl.) w. M. (Kl.). V 621/24.

I. Landgericht II Berlin. — II. Kammergericht daselbst.

Der Kläger hat dem Beklagten im März 1909 ein zu 5 % verzinsliches Darlehen von 50 000 M gegen hypothekarische Sicherstellung gegeben. Das Darlehen war abredegemäß am 1. April 1914 fällig, es wurden aber darauf nur 5000 M zurückgezahlt. Das Pfandgrundstück kam im Juni 1914 zur Zwangsversteigerung, wobei die Hypothek des Klägers bis auf 2110,87 M ausfiel. Im Jahre 1923 pfändete dieser auf Grund der Schuldurkunde, in der sich der Beklagte der sofortigen Zwangsvollstreckung unterworfen hatte, eine dem Beklagten zustehende Forderung und erhielt durch deren Einziehung von dem Drittschuldner den Nennbetrag des Darlehensrestes ausbezahlt. Demnächst wurde er klagbar, um einen Ausgleich für die Geldentwertung zu erlangen, und zwar forderte er mit der Klage unter Vorbehalt weitergehender Ansprüche vorläufig Zahlung von 600 Goldmark nebst 5 % Zinsen seit 1. Januar 1914.

Das Landgericht gab der Klage statt. Berufung und Revision des Beklagten blieben ohne Erfolg.

Aus den Gründen:

1. . . .

2. Was die Sache selbst betrifft, so ist die rechtliche Beurteilung des Sachverhalts auf Grund des Aufwertungsgesetzes vom 16. Juli 1925 vorzunehmen.

Voraussetzung für die Anwendung der Vorschriften des Aufwertungsgesetzes ist, daß sich keine durchgreifenden Bedenken gegen die Verfassungsmäßigkeit des Gesetzes ergeben, das mit einfacher Mehrheit des Reichstages zustande gekommen ist. Im Hinblick auf die in der Öffentlichkeit gegen die Rechtsgültigkeit des Aufwertungsgesetzes erhobenen Angriffe erscheint es hiernach geboten, die Verfassungsmäßigkeit des Gesetzes von Amts wegen einer Prüfung zu unterziehen.

a) . . .

*) Geringere Bedeutung.

b) Die Verfassungsmäßigkeit des Aufwertungsgesetzes wird unter verschiedenen Gesichtspunkten in Zweifel gezogen. Es wird behauptet, daß die im Gesetz vorgenommene Schematisierung der Aufwertung gewisser Rechte durch Festsetzung eines nach bestimmten Regeln zu berechnenden festen Aufwertungsbetrags, die Einführung bestimmter Stichtage für die Zulässigkeit oder die Höhe der Aufwertung, die Abhängigmachung der Aufwertung von einem bei Annahme des gezahlten entwerteten Geldbetrags gemachten Vorbehalt des Gläubigers einen nach Art. 153 RV. unzulässigen Eingriff in das gewährleistete Eigentum enthielten, daß diese Vorschriften sowie einige weitere Bestimmungen, z. B. die Versagung der dem Schuldner gewährten Härteklausel gegenüber dem Gläubiger, den im Art. 109 Abs. 1 RV. aufgestellten Grundsatz der Gleichheit aller Deutschen vor dem Gesetz verletzten, daß die Begründung der ausschließlichen Zuständigkeit der Aufwertungsstelle für die Entscheidung gewisser ihr zugewiesener Streitpunkte mit Art. 105 RV. unvereinbar sei, und daß endlich auch im Hinblick darauf, daß für die Festsetzung des Maßes der Aufwertung Erwägungen steuerpolitischer Natur maßgebend gewesen seien, ein Verstoß gegen Art. 134 RV. vorliege. Diese Angriffe gegen die Verfassungsmäßigkeit des Aufwertungsgesetzes decken sich, abgesehen von der Heranziehung des Art. 109, in der Hauptsache mit den Gründen, aus denen schon die Verfassungsmäßigkeit der 3. Steuernotverordnung bekämpft worden ist. Das Reichsgericht hat diese Bedenken bezüglich der letzteren in dem Urteil vom 1. März 1924 (RGZ. Bd. 107 S. 375)*) zurückgewiesen. An den dort entwickelten Gründen ist auch bei erneuter Prüfung unter Berücksichtigung der dagegen vorgebrachten Bedenken durchweg festzuhalten.

Was zunächst den angeblichen Verstoß gegen Art. 153 RV. anbetrifft, so ist im Urteil vom 1. März 1924 ausgeführt worden: Es könne schon zweifelhaft sein, ob die Regelung der Hypothekenaufwertung überhaupt eine Enteignung, d. h. eine zwangsweise Entziehung von Rechten, darstelle oder nicht vielmehr auf die gesetzliche Normierung des streitig gewordenen zivilrechtlichen Rechtsverhältnisses zwischen Hypothekengläubiger und Hypothekenschuldner sich beschränke. In keinem Falle aber liege eine verfassungsmäßig unzulässige Entziehung von Gläubigerrechten vor, da die im Abs. 2 des Art. 153 aufgestellten Voraussetzungen für die Zulässigkeit einer Enteignung erfüllt seien. Diese Erwägungen treffen auch gegenüber den Vorschriften des Aufwertungsgesetzes zu. Die Geldentwertung und der Wirtschaftsverfall in der Nachkriegszeit hatten zu einer völligen Erschütterung aller wirtschaftlichen Ver-

*) In diesem Band S. 67 unten/S. 68.

hältnisse geführt. Wenngleich den Gläubigern in der Rechtsprechung das Recht zugestanden wurde, an Stelle des entwerteten Papiermarkbetrags ihrer Forderungen einen der Billigkeit entsprechend aufgewerteten Betrag zu verlangen, so fehlte es doch an jeder sicheren Grundlage für die Beurteilung, welchen Wert die einzelne Forderung in Wahrheit noch darstellte. Denn dabei waren nicht nur die gesamten in Ansehung des Schuldverhältnisses in Betracht kommenden Verhältnisse, sondern auch die Wirtschaftslage des Gläubigers und des Schuldners und die allgemeine, auf der Verringerung des Volksvermögens beruhende Verarmung zu berücksichtigen. Die Berechnung des Aufwertungsbetrags hing also von einer großen Anzahl an sich unsicherer und schwer feststellbarer Umstände ab, deren Beurteilung in das Ermessen der für die Festsetzung des Aufwertungsbetrags zuständigen Stelle gelegt war. Niemand konnte daher mit annähernder Sicherheit voraussagen, wie hoch die einzelne Forderung ihrem Aufwertungsbetrage nach zu bewerten war. Diese völlige Unsicherheit ließ eine gesetzliche Regelung im Interesse des gesamten Wirtschaftslebens dringend geboten erscheinen, und zwar in einer Weise, die möglichst schnell eine sichere feste Grundlage für die Bewertung der durch die Geldentwertung betroffenen Verhältnisse zu schaffen geeignet war. Dieses Ziel schien nur im Wege der Schematisierung der Aufwertung erreichbar. Demgemäß begründete die Mehrheit des Reichstagsausschusses ihren Beschluß, der weiteren Beratung den Regierungsentwurf zugrundezulegen, dahin:

> Notwendigkeit einer sofortigen, klaren und abschließenden Regelung im Hinblick auf die öffentlichen und privaten Haushalte zur Wiederherstellung von Ruhe, Ordnung und Sicherheit im Innern und in der Steuerwirtschaft, daher Ablehnung der zwar gerechteren, aber wirtschaftlich unhaltbaren und praktisch undurchführbaren Individualmethode und jeder zeitlichen Hinausschiebung des Aufwertungsergebnisses; vielmehr schematische Lösung unter Anpassung des Normalsatzes, der Zahlungsfristen und Zinshöhe an die Leistungsfähigkeit der Wirtschaft, Ausdehnung der Rückwirkung, Wahrung des öffentlichen Glaubens des Grundbuchs, Zulassung einer Individualregelung, wo sie wirtschaftlich möglich oder aus sozialen Gründen notwendig sei.

Bei dieser Sachlage läßt sich die Annahme vertreten, daß es sich bei der Regelung der Aufwertung durch das Gesetz vom 16. Juli 1925 nicht um eine Entziehung wohlbegründeter Rechte, sondern um eine Festsetzung und Begrenzung des Inhalts der durch die Geldentwertung und den Wirtschaftsverfall in ihren Grundlagen völlig erschütterten Rechtsverhältnisse im Sinne des Art. 153 Abs. 1 Satz 2 RV. gehandelt hat. In dieser Beziehung sei darauf hingewiesen, daß das Aufwertungsgesetz die durch Vereinbarungen oder rechtskräftige Entscheidungen zugunsten der Gläubiger bereits festgestellten weitergehenden Rechte hat bestehen lassen (§§ 67, 68).

Aber auch wenn in der Regelung der Aufwertung eine unter den Begriff der Enteignung fallende Entziehung von Gläubigerrechten zu finden sein sollte, wären die im Abs. 2 des Art. 153 aufgestellten Erfordernisse für die Zulässigkeit der Enteignung erfüllt. Die gesetzliche Grundlage, die Abs. 2 Satz 1 für eine zulässige Enteignung erfordert, ist hier, wo die Enteignung unmittelbar durch ein Reichsgesetz geschieht, in dem Gesetz selbst enthalten. Daß eine Enteignung nicht nur durch einen Verwaltungsakt auf Grund eines ihn rechtfertigenden Gesetzes, sondern unmittelbar durch ein Gesetz selbst erfolgen kann, ist vom Reichsgericht bereits wiederholt ausgesprochen worden.

Der Mangel einer den verkürzten Gläubigern zu gewährenden angemessenen Entschädigung steht der Zulässigkeit der Enteignung nicht entgegen, da Abs. 2 Satz 2 des Art. 153 den Ausschluß einer Entschädigung durch ein Reichsgesetz zuläßt, und demnach für eine durch Reichsgesetz vorgenommene Enteignung das Erfordernis einer Entschädigung überhaupt nicht zwingend vorgeschrieben ist. Im übrigen geht aus den Vorschriften des Aufwertungsgesetzes mit hinreichender Deutlichkeit hervor, daß eine Entschädigung der Gläubiger für ihren etwaigen Rechtsverlust nicht stattfinden soll. Daß endlich auch dem Erfordernis genügt ist, daß die Enteignung „zum Wohle der Allgemeinheit" vorgenommen ist, ergibt sich aus den oben mitgeteilten Erwägungen, die für den Erlaß des Aufwertungsgesetzes und die darin geschehene Regelung der Aufwertung der Hypotheken und anderen Vermögensanlagen maßgebend gewesen sind. Gerade die Abweichung von der Individualaufwertung, in der eine teilweise Enteignung der Gläubiger zu finden sein könnte, geschah aus dem Grunde, weil zur Wiederherstellung von Ruhe, Ordnung und Sicherheit im Innern und in der Steuerwirtschaft eine sofortige klare und abschließende Regelung der Aufwertungsfrage unbedingt geboten war, und diese ohne eine Schematisierung der Aufwertung zur Erreichung des erstrebten Zieles nicht möglich erschien. Die Herstellung von Ruhe, Ordnung und Sicherheit im Innern dient dem Wohle der Allgemeinheit und eine zu diesem Zwecke vorgenommene Enteignung kann daher nicht als unzulässig angesehen werden. Ob der mit dem Gesetz erstrebte gemeinnützige Zweck in dem erhofften Umfang tatsächlich erreicht wird, ist ohne Belang. Wesentlich für die Zulässigkeit einer Enteignung kann immer nur sein, daß ein dem Wohle der Allgemeinheit dienender Zweck erstrebt wird und wenigstens teilweise erreichbar erscheint, und das trifft unter den gegebenen Verhältnissen zu.

Der Einwand, daß die Zulassung einer Enteignung im Interesse der Wirtschaft in Fällen der vorliegenden Art zu einer Aufhebung jeder verfassungsmäßigen Gewähr für das Eigentum der Staatsbürger führe, trifft nicht zu. Die Gewähr für das Eigentum wird von der Verfassung nicht unbedingt geleistet, sie kann nicht nur im Wege einer Verfassungsänderung gänzlich beseitigt werden, sondern sie gilt überhaupt nur mit den sich aus den Vorschriften des Abs. 1 Satz 2 und des Abs. 2 des Art. 153 ergebenden Beschränkungen. Es ist ein allgemein anerkannter Grundsatz, daß das Wohl der einzelnen Staatsbürger hinter dem Allgemeinwohl zurückstehen muß. Dieser Grundsatz kommt in der Vorschrift des Abs. 2 Art. 153 zum Ausdruck, daß das Eigentum zum Wohle der Allgemeinheit entzogen werden kann. Damit wird die im Abs. 1 Satz 1 ausgesprochene Gewährleistung des Eigentums in gewissem Umfang eingeschränkt, aber keineswegs gegenstandslos. Es sind im Abs. 2 bestimmte Garantien dafür geschaffen, daß keine willkürliche Eigentumsentziehung stattfinden kann, indem ausdrücklich festgesetzt wird, daß die Enteignung nur zum Wohle der Allgemeinheit und nur auf gesetzlicher Grundlage vorgenommen werden und mangels abweichender Bestimmung eines Reichsgesetzes nur gegen eine im Rechtswege verfolgbare angemessene Entschädigung erfolgen darf. Gerade in der Festlegung dieser Voraussetzungen für die Vornahme einer Enteignung besteht der Schutz, den die Verfassung mit der im Abs. 1 ausgesprochenen Gewährleistung dem Privateigentum gewähren will. Dieser Schutz versagt, wenn die Voraussetzungen des Abs. 2 für eine Enteignung vorliegen. Soweit dabei das Wohl der Allgemeinheit in Betracht kommt, sind von der Verfassung keine Unterscheidungen gemacht, auf welchem Gebiet die Förderung des Wohles der Allgemeinheit geschehen soll. Sie kann daher auch auf dem Gebiet der allgemeinen Wirtschaft liegen.

Im Gegensatz zu den gegen die 3. Steuernotverordnung gerichteten Angriffen, die deren Verfassungsmäßigkeit in Zweifel zu ziehen suchten, weil sie eine unzulässige Enteignung enthielte, wird jetzt die Ansicht vertreten, daß das Aufwertungsgesetz gegen Art. 153 RV. verstoße, weil es eine Rechtsentziehung vornehme, die nicht unter den Begriff einer Enteignung falle und daher durch Art. 153 Abs. 2 nicht gedeckt werde. Diese Ansicht beruft sich darauf, daß mit dem Worte Enteignung ein bestimmter, rechtswissenschaftlich feststehender Begriff, wie er sich auf Grund des preußischen Enteignungsgesetzes gebildet habe, verbunden werde und daher auch im Abs. 2 Art. 153 RV. nur in diesem Sinne gebraucht sein könne. Allein mit Recht weist W o l f f (Festgabe für Kahl, IV S. 20) darauf hin, daß die Frage, was Enteignung sei, nicht mit der Frage, unter welchen Voraussetzungen eine Enteignung zulässig sei, verwechselt werden dürfe, und daß Abs. 2 des Art. 153 RV. — wie auch das preußische Enteignungsgesetz — nur die Erfordernisse für eine zulässige Enteignung aufstellt, den Begriff der Enteignung jedoch nicht näher bestimmt. Ist aber das Wort „Eigentum" im Abs. 1 Satz 1, wie die heute allgemein herrschende Meinung annimmt, nicht in dem dem Bürgerlichen Gesetzbuch entsprechenden Sprachgebrauch im Sinne von Sacheigentum zu verstehen, sondern im weitesten Sinne auszulegen, so daß darunter auch Rechte aller Art, insbesondere auch Forderungsrechte fallen, so würde auch der Abs. 2, der die Zulässigkeit einer Enteignung regelt, in dem Sinne auszulegen sein, daß darunter eine Entziehung oder Beschränkung des im Abs. 1 Satz 1 gewährleisteten Eigentums zu verstehen ist, also jeder Eingriff der Staatsgewalt in ein durch Abs. 1 Satz 1 geschütztes Recht. Daß darunter nicht nur Eingriffe durch Verwaltungsakt, sondern auch durch den Gesetzgeber selbst fallen, ist, wie oben erwähnt, vom Reichsgericht bereits wiederholf angenommen worden. Ob zum Begriff der Enteignung im Sinne des Art. 153 eine „Überführung" des entzogenen Rechtes in das Vermögen eines anderen Rechtssubjekts erforderlich ist (vgl. Wolff a.a.O. S. 24ff. und die dort S. 25 in Anm. 1 angeführten Schriftsteller), kann dahingestellt bleiben, weil diesem Erfordernis hier dadurch genügt wäre, daß die Schuldner zu dem Betrag, um den die Aufwertungsbeträge der Forderungen durch das Aufwertungsgesetz gegenüber den allgemeinen Vorschriften herabgesetzt worden sind, von ihrer Leistungspflicht befreit worden sind (vgl. Triepel, Goldbilanzen-Verordnung S. 25).

Bezüglich der Bedeutung und der Tragweite des Ausspruchs im Art. 109 Abs. 1 RV. besteht Streit, ob sie sich in der Bedeutung erschöpfe, die dem gleichlautenden Ausspruche der preußischen Verfassungsurkunde vom 31. Januar 1850 (Art. 4) beigelegt worden ist, nämlich dahin, daß die Gesetze ohne Unterschied des Standes gegen jeden in vollem Umfang angewendet werden sollen (Entsch. des preuß. OVG. Bd. 56 S. 235; Anschütz, Preuß. VU. Bd. I S. 108 ff.), und mithin nur als eine Norm für Justiz und Verwaltung, nicht für die Gesetzgebung selbst aufzufassen sei, oder ob dadurch auch eine Schranke für die Gesetzgebung gezogen worden ist (Triepel, Goldbilanzen-Verordnung, S. 26 ff.; Leibholz, Die Gleichheit vor dem Gesetz, bes. S. 34, 87, 95, 99; Aldag, Die Gleichheit vor dem Gesetz in der RV., bes. S. 38, 41, 51 ff.). Es kann ferner zweifelhaft sein, ob sich Abs. 1 des Art. 109, wie aus dem weiteren Inhalt des Art. 109 gefolgert werden könnte, nur auf reine Persönlichkeits-, nicht auch auf Vermögensrechte bezieht (Daltrop, JW. 1924 S. 1714) oder ob er eine allgemeine, auch das Gebiet des Vermögensrechts umfassende Vorschrift aufstellt. Einer Stellungnahme zu diesen Fragen bedarf es nicht, weil auch eine Prüfung unter dem Gesichtspunkt des Art. 109 Abs. 1 RV. nicht zur Verneinung der Verfassungsmäßigkeit des Aufwertungsgesetzes führt. Der Grundsatz der Gleichheit vor dem Gesetz kann nur die Bedeutung haben, daß Tatbestände vom Gesetz als gleich zu behandeln sind, die ungleich zu behandeln Willkür bedeuten würde. Eine verschiedene Behandlung, die durch keinen auf vernünftigen Erwägungen beruhenden Grund zu rechtfertigen ist, würde als willkürlich erscheinen und gegen den Gleichheitsgrundsatz verstoßen (Triepel, S. 30; Leibholz, S. 87, 95; Aldag, S. 41, 51). *Die Regelung der Aufwertung, wie sie im Gesetz* vom 16. Juli 1925 geschehen ist, insbesondere ihre Schematisierung, beruht aber, wie die oben wiedergegebene Begründung für die Ablehnung der als gerechter ausdrücklich anerkannten Individualmethode ergibt, auf durchaus vernünftigen Erwägungen, nämlich auf der allseitig betonten und durch die Wirtschaftslage tatsächlich begründeten Notwendigkeit einer sofortigen, klaren und abschließenden Regelung des Aufwertungsproblems unter Anpassung der Regelung im einzelnen an die Leistungsfähigkeit der Wirtschaft und Zulassung der Individualaufwertung, wo sie wirtschaftlich möglich oder aus sozialen Gründen erforderlich war. Die Unterschiede, die sich aus der Regelung des Gesetzes für die Aufwertung nach der Art der betroffenen Ansprüche und nach gewissen im Gesetz hervorgehobenen Umständen ergeben, können hiernach nicht als willkürliche, den Grundsatz des Art. 109 Abs. 1 RV. verletzende Unterscheidungen angesehen werden, wenngleich damit, wie auch die Reichstagsmehrheit nicht verkannt hat, vielfach große Härten und beklagenswerte Unbilligkeiten, namentlich für die Gläubiger, verbunden sind. Man mag über die Zweckmäßigkeit oder Notwendigkeit einzelner Bestimmungen des Gesetzes streiten können; gerade die umstrittenen Vorschriften sind aber bei den Beratungen im Reichstagsausschuß Gegenstand eingehender Prüfung und Erörterung gewesen und schließlich zur Annahme gelangt, weil eine anderweite Regelung mit dem erstrebten Zwecke des Gesetzes nicht verträglich erschien. Von einer willkürlichen, vernünftiger Erwägungen entbehrenden Regelung kann daher auch in diesen Beziehungen nicht gesprochen werden.

Daß das Aufwertungsgesetz keinen Verstoß gegen die Artikel 105 und 134 RV. enthält, ergibt sich aus den Gründen, aus denen in dem Urteil vom 1. März 1924 (RGZ. Bd. 107 S. 376/377)*) die Vereinbarkeit der 3. Steuernotverordnung mit den genannten Artikeln angenommen worden ist. Auf die dort gemachten Ausführungen, an denen der Senat festhält, wird hiermit verwiesen. Von Daltrop (JW. 1925

*) In diesem Band S. 68/69.

S. 1714) wird die im § 68 Abs. 2 AufwG. vorgeschriebene Ausdehnung der in den §§ 15 bis 24 geregelten Rückwirkung der Aufwertung gegenüber rechtskräftigen gerichtlichen Entscheidungen mit Art. 105 Satz 2 RV. für unvereinbar gehalten. Da indessen grundsätzlich kein Bedenken dagegen besteht, daß ein Gesetz sich rückwirkende Kraft beilegen kann, und auch eine Änderung der Vorschriften der Zivilprozeßordnung über die Rechtskraftwirkung gerichtlicher Entscheidungen im Wege eines einfachen Reichsgesetzes zulässig ist, könnte es sich nur fragen, ob der in Rede stehenden Bestimmung des Aufwertungsgesetzes der Art. 153 RV. entgegensteht. Das ist zu verneinen. Es handelt sich bei der Vorschrift des § 68 Abs. 2 wie auch bei der des § 67 Abs. 2 um die Beseitigung eines Rechtsverlusts des Gläubigers aus Billigkeitsrücksichten, nicht um einen Eingriff in ein konkretes, unter den Eigentumsbegriff im Sinne des Art. 153 Abs. 1 fallendes Vermögensrecht des Schuldners. Will man aber einen derartigen Eingriff als vorliegend ansehen, so wäre er aus den oben zu Art. 153 gemachten Ausführungen als zulässig zu erachten. Ebensowenig enthält § 67 Abs. 2 AufwG. einen unzulässigen Eingriff in den im Art. 152 RV. aufgestellten öffentlich-rechtlichen Grundsatz der Vertragsfreiheit. Denn dieser Grundsatz gilt nach Art. 152 nur „nach Maßgabe der Gesetze". Da hiermit der Gesetzgebung das Recht vorbehalten ist, Beschränkungen der Vertragsfreiheit aufzustellen, steht Art. 152 auch einem im Wege des Gesetzes erfolgenden Eingriff mit rückwirkender Kraft in schon bestehende Vertragsverhältnisse nicht entgegen.

Die im Aufwertungsgesetz vorgenommene Regelung der Aufwertung von Hypotheken und der unter die §§ 62, 63 fallenden Ansprüche verstößt hiernach weder im ganzen noch hinsichtlich der vorstehend erörterten Einzelbestimmungen gegen Vorschriften der Reichsverfassung.

RGZ. 108, 253

Es besteht kein öffentlich-rechtlicher Gewohnheitsrechtssatz, daß der Staat für jede in Ausübung eines Hoheitsrechtes erfolgende Verletzung von Privatinteressen unbedingt, d. h. auch unabhängig von den Vorschriften über die Beamten- und Staatshaftung, einzustehen habe.

Alter Leitsatz:

Findet die Vorschrift des § 945 ZPO. auf die nach § 351) der Reichs-Abgabenordnung vom 13. Dezember 1919 angeordneten und vollzogenen Steuerarreste unmittelbar oder sinngemäß Anwendung?*

*) Jetzt § 378 RAO.

III. Zivilsenat. Urt. v. 6. November 1923 i. S. S. (Kl.) w. Deutsches Reich (Bekl.). III 344/23.

I. Landgericht Kassel. — II. Oberlandesgericht daselbst.

Der Kläger betrieb in O. eine Fabrik. O. gehört zum Finanzamt G. Am 13. August 1920 erließ das Finanzamt in G. zur Sicherung von Steueransprüchen aus dem Gesetz über die Kriegsabgabe vom Vermögenszuwachse vom 10. September 1919 gegen den Kläger einen Arrestbefehl, der 2 Tage später in O. vollzogen wurde.

Am 8. Oktober 1920 wurde über das Vermögen des Klägers der Konkurs eröffnet. Wegen der dadurch herbeigeführten Veränderung der Umstände wurde der Arrestbeschluß auf die Beschwerde des Klägers wieder aufgehoben. Der Kläger behauptete nun, der Arrest sei zu Unrecht erlassen und in gesetzwidriger Weise vollzogen worden; mehrere Beamte der beiden Finanzämter hätten vorsätzlich oder fahrlässig ihre Amtspflicht verletzt und dadurch die Konkurseröffnung und die Vernichtung seiner wirtschaftlichen Stellung herbeigeführt. Er machte daher das Reich für den ihm entstandenen Schaden verantwortlich. Seine Klage wurde aber in beiden Rechtszügen abgewiesen, und seine Revision blieb erfolglos.

Gründe:

Nach dem Vortrage des Klägers ist die Vollziehung des G.'er Arrestbefehls vom 13. August 1920, welche die Schließung seiner Fabrik zur Folge hatte, die erste und wesentlichste Ursache des Konkurses und seines Vermögensverfalles gewesen. Dieser Arrest war lediglich zur Sicherung von Steueransprüchen aus dem Gesetze über die Kriegsabgabe vom Vermögenszuwachse vom 10. September 1919 angeordnet. Die Höhe der Steuerforderung war in dem Beschlusse nicht angegeben, doch war dem Kläger nachgelassen, gegen Hinterlegung von 500 000 M die Aufhebung des Arrestes zu erlangen. Daraus ist zu schließen, daß das Finanzamt damals die Steuerforderung des Reiches auf etwa ½ Million Mark schätzte. Tatsächlich bestand eine solche Forderung nicht. Denn der Kläger ist durch Urteil des Finanzgerichts vom 5. Dezember 1922 von der Kriegsabgabe vom Vermögenszuwachs völlig freigestellt worden. Die Anordnung und Vollziehung des Arrestes vom 13. August 1920 waren demnach mangels einer zu sichernden Forderung objektiv unberechtigt. Aus diesem Sachverhalte sucht die Revision mit Hilfe des § 945 ZPO. oder des ihm innewohnenden Rechtsgedankens eine von einem Verschulden der Finanzbeamten unabhängige Haftung des Reiches herzuleiten. Ihren Erwägungen kann indessen nicht beigetreten werden.

Unrichtig ist zunächst die Annahme der Revision, daß § 351*) Abs. 2 der Reichs-Abgabenordnung ausdrücklich auf § 945 ZPO. Bezug nehme. Mit dem Satze: „Die Vollstreckungsbehörde vollzieht den Arrest nach den §§ 930 ff. ZPO. unter entsprechender Anwendung der Vorschriften dieses Abschnitts" hat § 351*) RAO. naturgemäß nur die von der Vollziehung eines dinglichen Arrestes handelnden Bestimmungen der ZPO., d. h. deren §§ 930—932, und die für die Vollziehung in Betracht kommenden Vorschriften des fünften**) Abschnittes der RAO. im Auge. § 945 ZPO. enthält keine Verfahrensvorschrift über den Arrestvollzug, sondern eine materiell-rechtliche Bestimmung über *die Haftung des Arrestgläubigers* für Schäden, welche sich aus der Vollziehung eines zu Unrecht erwirkten Arrestes für den Schuldner ergeben. Mit dieser Frage beschäftigt sich aber § 351*) RAO. überhaupt nicht. Er will vielmehr nur die Art und Weise der Vollziehung eines Steuerarrestes und den Umfang der Vollziehungsmaßnahmen klarstellen und verweist deshalb nur auf die für diesen Zweck in Betracht kommenden Vorschriften der ZPO.

Damit ist aber noch nicht entschieden, ob § 945 ZPO. auch ohne Erwähnung im § 351*) RAO. nicht doch, sei es unmittelbar, sei es sinngemäß, bei Steuerarresten Platz greife. Der Reichsfinanzhof weist in dem Gutachten vom 12. Juli 1922 (Entsch. Bd. 10 S. 34 ff.), in welchem er darlegt, daß und weshalb die im § 351*) RAO. nicht angezogenen Absätze 2 und 3 des § 929 ZPO. auch für Steuerarreste Geltung haben, darauf hin, daß das in der RAO. nur äußerst dürftig geregelte Arrestverfahren im wesentlichen dem Arrestverfahren der ZPO. nachgebildet ist. Im Anschluß hieran stellt er den allgemeinen Grundsatz auf, daß es da, wo die RAO. Zweifel lasse, nicht nur angängig, sondern auch geboten sei, auf die in der ZPO. getroffene Regelung zurückzugreifen und insbesondere auch ihre auf den Schutz des Arrestschuldners abzielenden Bestimmungen auf den Arrest der RAO. zu übertragen, es sei denn, daß aus der RAO. selbst etwas Gegenteiliges zu entnehmen sei. Soweit der Reichsfinanzhof dabei Verfahrensvorschriften im Auge hat, tritt der Senat seinen Erwägungen bei. Sie vermögen jedoch, weil § 945 ZPO., wie schon betont, eine materiell-rechtliche Norm enthält, deren Anwendung auf den Steuerarrest nicht zu rechtfertigen, und das um so weniger, als diese Norm einen Teil des bürgerlichen Rechtes bildet, während die Folgen der ungerechtfertigten Anordnung und Vollziehung eines Steuerarrestes lediglich nach öffentlichem Rechte zu beurteilen sind.

Dem § 945 ZPO. liegt nun, wie auch dem § 302 Abs. 4 und dem § 717 Abs. 2 ZPO. der allgemeine Rechtsgedanke zugrunde, daß die

*) Jetzt § 378.
**) Jetzt vierten.

Vollstreckung aus einem noch nicht endgültigen Vollstreckungstitel auf Gefahr des Gläubigers erfolge. Ob und wieweit der gleiche Rechtsgedanke dem öffentlichen Rechte angehört, bedarf hier keiner grundsätzlichen Entscheidung. Innerhalb des Rechts der RAO. ist für seine Anwendung jedenfalls kein Raum. Die Revision vertritt allerdings die entgegengesetzte Auffassung. Sie behauptet unter Berufung auf Otto Mayer, Deutsches Verwaltungsrecht §§ 53 und 54, daß nach einem öffentlich-rechtlichen Gewohnheitsrechtssatze der Staat für jede in Ausübung eines Hoheitsrechtes erfolgende Verletzung von Privatinteressen unbedingt haftbar sei. Ein solcher Rechtssatz besteht indessen nicht, ist auch vom Reichsgericht niemals zur Grundlage seiner Entscheidungen gemacht worden, namentlich auch da nicht, wo es in Anlehnung an die Enteignungsgrundsätze eine Entschädigungspflicht des Staates bei enteignungsähnlichen Eingriffen in wohlerworbene Rechte von Privatpersonen anerkannt hat.. Gerade wegen des Fehlens eines Rechtssatzes, wie ihn die Revision für sich in Anspruch nimmt, hat die Gesetzgebung eingegriffen und aus Billigkeitsrücksichten den Staat in zahlreichen Fällen, in denen er aus hoheitsrechtlichen Gründen mit den Privatrechten einzelner Staatsbürger in Widerspruch gerät, für ersatzpflichtig erklärt. . . . Aus diesen Sondergesetzen ist jedoch schon deshalb zugunsten des Klägers nichts zu folgern, weil sie sämtlich Entschädigungen für an sich berechtigte, von ihnen ausdrücklich zugelassene Eingriffe vorsehen, während im vorliegenden Falle eine objektiv ungerechtfertigte, der gesetzlichen Grundlage entbehrende Verwaltungsmaßregel in Frage steht. Für einen Fehlgriff aber, den seine Beamten bei Ausübung von Hoheitsrechten begehen, will das Reich, wie aus Art. 131 RVerf. zweifelsfrei erhellt, nur dann haften, wenn er zugleich die schuldhafte Außerachtlassung einer ihnen dem Verletzten gegenüber obliegenden Amtspflicht enthält, es sei denn, daß einzelne Gesetze, wie beispielsweise das Gesetz betreffend die Entschädigung der im Wiederaufnahmeverfahren freigesprochenen Personen vom 20. Mai 1898 und das Gesetz betreffend die Entschädigung für unschuldig erlittene Untersuchungshaft vom 14. Juli 1904, eine gegenteilige Absicht des Gesetzgebers zum Ausdruck bringen. Das letztere trifft aber bei § 351*) RAO., wie sich aus seiner Entstehungsgeschichte ergibt, nicht zu.

Durch ihn ist in Steuersachen die wirtschaftlich tief einschneidende und für den Schuldner sehr gefährliche Anordnung eines Arrestes dem ordentlichen Richter entzogen und Verwaltungsbehörden übertragen. Diese Regelung fand in der Kommission zur Beratung des Entwurfs der RAO. jedoch nicht allgemeine Billigung. Es wurde des-

*) Jetzt § 378.

halb dort, um die Zuständigkeit der ordentlichen Gerichte für Steuerarreste wiederherzustellen, der Antrag eingebracht, an Stelle der §§ 349, 350 des Entwurfs (§§ 351, 352*) des Gesetzes) zu setzen: „Zur Sicherung von Ansprüchen, die im Zwangsverfahren beitreibbar sind, ist das Arrestverfahren nach Maßgabe der ZPO. zu beantragen". Der Antrag wurde aber auf Widerspruch der Regierung schließlich abgelehnt. Um den Bedenken der Antragsteller wenigstens bis zu einem gewissen Grade abzuhelfen, wurde die Anordnung des Arrestes nicht, wie der Entwurf vorsah, der Vollstreckungsbehörde, sondern dem Finanzamt übertragen und ein Rechtsmittelzug geschaffen, der es gestattete, zur Nachprüfung der Anordnung wenigstens in rechtlicher Beziehung den Reichsfinanzhof anzurufen (vgl. Drucks. der verfassunggebenden Nationalversammlung Nr. 1460 S. 44). Wenn der Gesetzgeber daher in vollem Bewußtsein von der wirtschaftlichen Tragweite der den Finanzämtern eingeräumten Machtbefugnisse und in Kenntnis der gegen die Ausschaltung der ordentlichen Gerichte sprechenden Bedenken es bei dieser beließ und unter diesen Umständen auch von einer Verweisung auf § 945 ZPO. oder der Einfügung einer ähnlichen Bestimmung in die RAO. absah, so brachte er damit unzweideutig zum Ausdruck, daß das Reich für Mißgriffe der einen Arrest anordnenden und seine Vollziehung veranlassenden Beamten nicht über den Rahmen des Art. 131 RVerf. hinaus haften sollte. Eine entgegengesetzte Stellungnahme des Gesetzgebers, d. h. die Gefahr, auch bei der gewissenhaftesten Prüfung der Sachlage durch die Finanzbeamten schadensersatzpflichtig gemacht zu werden, würde dem Reiche, das bei Anordnung und Vollziehung eines Steuerarrestes nicht wie ein Privatgläubiger in eigenem geldlichen Interesse handelt, sondern als Träger von Hoheitsrechten im Interesse der Allgemeinheit einer Steuerhinterziehung oder Steuerflucht nach Möglichkeit vorzubeugen sucht, die Erfüllung dieser rein öffentlich-rechtlichen Aufgabe wesentlich erschweren.

Es kommt daher lediglich darauf an, ob den Finanz- oder anderen Reichsbeamten ein für den Vermögensschaden des Klägers ursächliches Verschulden zur Last fällt. (Das wird verneint. . . .)

RGZ. 109, 310

Enteignung und Enteignungsentschädigung. — Rechtsentziehung durch allgemeine Regelung (Gesetz). Alle subjektiven Privatrechte einschließlich der Forderungsrechte sind tauglicher Gegenstand der Enteignung.

---

*) Jetzt §§ 378, 379

Alter Leitsatz:

*1. . . .**)

2\. . . .*)

3a) Ist im Sinne des Art. 153 Abs. 2 RVerf. für den Tatbestand der Enteignung zu fordern, daß der mit der Überführung des enteigneten Rechts in das Vermögen des durch die Enteignung Begünstigten verbundene wirtschaftliche Vorteil diesem ganz oder teilweise auf die Dauer verbleibt?

b) Gilt die Vorschrift des Art. 153 Abs. 2 RVerf. für alle subjektiven Privatrechte einschließlich der Forderungsrechte?

c) Berücksichtigung der Geldentwertung bei Regelung der Entschädigung für ein enteignetes Recht.

d) Begründet eine durch Landesgesetz ohne Entschädigung erfolgende Enteignung einen Entschädigungsanspruch oder ist das Gesetz solchenfalls gemäß Art. 13 RVerf. ungültig?

V. Zivilsenat. Urt. v. 13. Dezember 1924 i. S. der Aktiengesellschaft Deutsche Solvaywerke (Bekl.) und des Anhaltischen Fiskus (Streitverkündeten) w. K. (Kl.). V 121/24.

I. Landgericht Dessau. — II. Oberlandesgericht Naumburg a. d. S.

Die Beklagte baut von ihrem Grubenfeld F. bei Trebbichau Braunkohlen ab. Nach § 199 des Anhaltischen Berggesetzes in der Fassung vom 20. April 1906 (Anhalt. Gesetz-Sammlung Nr. 1236, Bd. 18 S. 543) werden an Bergwerksabgaben erhoben: 1. eine Rohertragssteuer an den Staat von allen nach § 1 von dem Verfügungsrecht des Grundeigentümers ausgeschlossenen Mineralien, wozu auch die Braunkohle gehört; 2. eine Grubenfeldabgabe an den Staat von jedem verliehenen Grubenfeld; 3. eine Kohlenrente von den Braunkohlengruben an den Grundeigentümer. Die Rohertragssteuer ist vom Rohertrag eines jeden Bergwerks zu berechnen und sollte nach der Gesetzgebung von 1906 (§ 200) zwei vom Hundert betragen. Die als Entschädigung an den Grundeigentümer von den Braunkohlengruben zu entrichtende Kohlenrente sollte sechs vom Hundert „des Erlöses beziehentlich des Wertes der Braunkohlen zur Zeit ihres Absatzes" betragen (§ 213 d. Ges. von 1906). Durch Gesetz vom 27. März 1920 (Anhalt. Gesetz-Sammlung Nr. 6 S. 47) sind diese Bestimmungen geändert worden: Die Entschädigungsrente an den Grundeigentümer ist nur noch von den Braunkohlengruben, bei denen die Förderung vor dem 1. April 1920 begonnen hat, zu entrichten, und zwar in Höhe von sechs vom Hundert des den Betrag von 25 Pfennigen je Hektoliter nicht übersteigenden Erlöses oder Wertes der Braunkohlen zur Zeit ihres Absatzes. An den Staat ist von den Braunkohlengruben, bei denen

*) Geringere Bedeutung.

die Förderung vor dem 1. April 1920 begonnen hat, außer der Rohertragssteuer von zwei vom Hundert weiter eine solche in Höhe von sechs vom Hundert des den Betrag von 25 Pfennigen je Hektoliter übersteigenden Erlöses oder Wertes der Braunkohlen zur Zeit ihres Absatzes zu zahlen, und den Braunkohlengruben, bei denen die Förderung erst nach dem 1. April 1920 begonnen hat, ist an Stelle der alten zweiprozentigen Rohertragssteuer eine solche von acht vom Hundert auferlegt.

Unstreitig hat die Förderung in der Grube F. vor dem 1. April 1920 begonnen. Der Kläger ist nach § 213e des Anhalt. Bergges. in der Fassung von 1906 zum Vertreter der Eigentümer der verschiedenen Grundstücke, auf die sich das Grubenfeld der Beklagten erstreckt, bestellt worden, um die Rente im ganzen zu erheben und unter die einzelnen Berechtigten zu verteilen. Der Kläger vertritt den Standpunkt, daß die durch das Gesetz vom 27. März 1920 bewirkte Herabsetzung der Kohlenrente rechtsunwirksam sei, und verlangt sie mit der Klage in derjenigen vollen Höhe, wie sie nach dem Gesetz von 1906 § 213d zu berechnen war. . . . Die Beklagte hat die Klagabweisung beantragt und dem Anhaltischen Fiskus den Streit verkündet, dieser ist dem Streite auf der Seite der Beklagten beigetreten. Die Vorinstanzen haben den Klaganspruch dem Grunde nach für gerechtfertigt erklärt. Die von der Beklagten und dem Streitverkündeten eingelegte Revision wurde zurückgewiesen.

Gründe:

1. Das Berufungsgericht geht davon aus, daß durch das Gesetz vom 27. März 1920 die Kohlenrente in Ansehung der jüngeren Braunkohlengruben ganz, in Ansehung der älteren zum größten Teile den Grundeigentümern zugunsten der Braunkohlengruben entzogen worden sei, und daß der diesen dadurch zufließende Vorteil mittelbar, nämlich durch die staatliche Besteuerung (Rohertragssteuer), dem Lande (Steuerfiskus) zugeführt werde. Das Berufungsgericht hält dafür, daß die Neuregelung von 1920 in wohlerworbene Rechte der Grundeigentümer eingreife und eine Enteignung im Sinne des Art. 153 RVerf. darstelle, danach aber gemäß Abs. 2 das., verbunden mit Art. 13, weil gegen Normen der Verfassung verstoßend, keine Wirksamkeit beanspruchen könne. Das Berufungsgericht führt aus, daß die von der Klage bekämpfte Beschränkung der Kohlenrente auf einen Höchstbetrag nicht zum Wohle der Allgemeinheit im Sinne des Art. 153 Abs. 2 Satz 1 erfolgt sei, daß es an der Festsetzung einer angemessenen Entschädigung fehle, daß aber hieraus nicht etwa ein gegen den enteignenden Staat zu richtender Entschädigungsanspruch, sondern die Rechtsungültigkeit der die Enteignung bewirkenden Vor-

schrift zu entnehmen sei, und daß es hiernach bei der Vorschrift des § 213d des Gesetzes von 1906 zu verbleiben habe.

. . .

2. Das hier im Mittelpunkt der Beurteilung stehende Anhaltische Gesetz vom 27. März 1920 begegnet bezüglich seiner Vereinbarkeit mit den Vorschriften des Reichsrechts in der Tat rechtlichen Bedenken.

Inhaltlich wird die Regelung von 1920 durch den Zusammenhang gekennzeichnet, in dem die zu § 213d verfügte Beschränkung der Kohlenrente mit der zu § 200 ausgesprochenen Erhöhung der Rohertragssteuer steht: im praktischen Ergebnis hat das Gesetz die Kohlenrente, soweit sie dem Grundeigentümer — zunächst rechtlich zugunsten der Gruben — entzogen ist, dem Staate zugeführt und zuführen wollen. Daß diese Regelung der von den Gesetzgebungsorganen verfolgten Absicht entsprach, wird durch die Materialien zum Gesetz bestätigt. Man ging von der Erwägung aus, daß die seit Kriegsbeginn eingetretene und voraussichtlich künftig noch zunehmende außerordentliche Steigerung der Kohlenpreise und dadurch auch der hiernach zu berechnenden Kohlenrente einen unverdienten Zuwachs für den Grundeigentümer bedeute und daß dieser Zuwachs billigerweise durch die Hand des Staates der Allgemeinheit zugeführt werden müsse. Man erachtete für angemessen, die Kohlenrente des Grundeigentümers nach einem Erträgnis in Höhe des in den letzten Vorkriegsjahren (1911—1913) erzielten zu beschränken, glaubte dieses mit 25 Pf. je Hektoliter richtig zu beziffern und wollte für die Zukunft in Ansehung solcher Gruben, in denen die Förderung noch nicht begonnen habe, die Kohlenrente dem Grundeigentümer ganz entziehen, weil das Recht auf diese erst mit der Förderung entstehe und bis dahin nur eine ungewisse Anwartschaft oder ein Anspruch vorhanden sei, der nicht den Schutz der wohlerworbenen Rechte in Anspruch nehmen könne. Danach wird (zu § 213d) zunächst die Kohlenrente für die älteren Gruben in der bezeichneten Weise beschränkt, für die erst nach dem 1. April 1920 in Betrieb genommenen durch Nichterwähnung ganz beseitigt. Gleichzeitig wird (zu § 200) für die letztbezeichneten Gruben die Rohertragssteuer auf 8 % festgesetzt; für die älteren Gruben bleibt es bei 2 %, aber über den Höchstbetrag des von der Kohlenrente noch erfaßten Erträgnisses hinaus greift eine Rohertragssteuer von 6 % ein. Beide — Rente und Steuer — sind gleichermaßen vom Erlös oder Wert der Bergwerkserzeugnisse zur Zeit ihres Absatzes zu berechnen (vom Werte da, wo der Bergbautreibende die erzeugte Braunkohle selbst, z. B. zu Briketts, weiterverarbeitet). Die Beklagte gehört zu den älteren Gruben; nur dieser Teil der Regelung von 1920 ist hier rechtlich zu beurteilen. Während die Grundeigentümer früher 6 % vom Erlös oder Wert der gesamten geförderten Braunkohle als Rente erhielten, erhalten sie jetzt so viel nur noch aus einem Erträgnis bis zu höchstens 25 Pf. je Hektoliter; alles übrige hat die Grube samt der ursprünglichen zweiprozentigen Rohertragssteuer aus dem ganzen Erträgnis an den Staat abzuführen, nicht mehr an die Grundeigentümer. Von ihren früheren Gesamtabgaben von 8 % des Erträgnisses erspart die Grube im tatsächlichen Ergebnis nichts, nur der Empfänger ist ein anderer.

. . .

3. Ohne Rechtsverstoß hat das Berufungsgericht die Entziehung der Kohlenrente als solche dem rechtlichen Gesichtspunkt der Enteignung im Sinne des Art. 153 RVerf. unterstellt. Dem steht nicht entgegen, daß die in Frage kommende Rechtsentziehung nicht durch einen Verwaltungsakt, sondern durch ein Gesetz, durch die von diesem getroffene allgemeine Regelung ohne Hinzutreten eines bestimmten Verwaltungsaktes, geschehen ist. Gegen die Annahme einer Enteignung im Sinne des Art. 153 Abs. 2 RVerf. begründet es auch keinen durchgreifenden Einwand, daß nach der durch das Anhaltische Gesetz vom 27. März 1920 getroffenen Regelung die Bergbautreibenden, da die sie belastende Rohertragssteuer entsprechend erhöht ist, aus der Beschränkung der Kohlenrente im tatsächlichen Ergebnis keinen wirtschaftlichen Vorteil ziehen. Der Umstand, daß die anderweite Regelung der Kohlenrente mittelbar den Zwecken der staatlichen Steuergesetzgebung dient, ändert nichts daran, daß — eben in Verfolgung des von dieser Gesetzgebung gewählten rechtlichen Weges — die Kohlenrente als Gegenstand der den staatlichen Finanzen zugutekommenden Inanspruchnahme zunächst dem Berechtigten entzogen worden ist; nicht im Wege der Besteuerung, sondern durch Überführung des Rechts in das Vermögen des für den Besteuerungszugriff in Aussicht genommenen Bergbautreibenden. Dabei bedarf es keiner grundsätzlichen Erörterungen darüber, in welchem Sinne zwischen der Enteignung im technischen Sinne und der Besteuerung als Akt der staatlichen Steuerhoheit rechtlich zu unterscheiden sein möchte. Denn wenn auch der gesetzgeberische Schwerpunkt der getroffenen Regelung in der Steuermaßnahme als solcher zu suchen ist, so liegt doch gegenüber den Grundeigentümern als Trägern der Kohlenrenteberechtigung kein Akt der Besteuerung vor; er ist vielmehr — anscheinend aus Rücksichten rechtlicher Art — geflissentlich vermieden worden. Anderseits ist es für den Tatbestand der Enteignung kein grundsätzliches Erfordernis, daß der mit der Überführung des enteigneten Rechts in das Vermögen des durch die Enteignung Begünstigten verbundene wirtschaftliche Vorteil diesem ganz oder teilweise, für mehr oder weniger lange Dauer erhalten bleibt. Die Rechtsform endlich, in der sich die Überführung des enteigneten Rechts in das Vermögen des Begünstigten vollzieht, ergibt sich aus der Eigenart dieses Rechts und aus dem Zwecke der

Enteignung und unterliegt insoweit keiner erkennbaren gesetzlichen Beschränkung. Die Herabsetzung der Kohlenrente in ihrer für den Bergbautreibenden unmittelbar befreienden Auswirkung ist daher ohne Rechtsverstoß als Enteignung der Grundeigentümer zugunsten jenes angesehen worden.

Das Berufungsgericht sieht bei seiner Beurteilung als den unmittelbaren Gegenstand der Enteignung die Kohlenrente an, und es kann in Frage kommen, welche rechtliche Natur dem Rechte des Grundeigentümers auf die Kohlenrente zuzusprechen, ob sie mit dem ersten Richter als Reallast anzusehen ist, ob sie wenigstens im allgemeinen, *wofür manches zu sprechen scheint, als Bestandteil des Grundstücks* im Sinne des § 96 BGB. (vgl. EG. BGB. Art. 67 und 181) zu gelten hat. Es kommt indessen hierauf nicht entscheidend an, weil die Enteignung im technischen, auch in Art. 153 Abs. 2 RVerf. vorausgesetzten Sinne nicht auf subjektive Privatrechte bestimmter Art, insbesondere nicht auf das Eigentum oder auf Rechtsverhältnisse am Grundstück überhaupt beschränkt ist, sondern alle subjektiven Privatrechte einschließlich der Forderungsrechte umfaßt. Es ist kein innerer Grund dafür erkennbar, daß die Gesetzgebung der Gegenwart verfassungsmäßigen Schutz gegen Eingiffe in die subjektiven Rechte des einzelnen nur in jenem beschränkten Umfang sollte gewähren wollen, nicht aber auch gegen Eingriffe in sonstige Rechte, die nach ihrem wirtschaftlichen Werte wie nach der Art des Eingriffs ebensosehr des Schutzes bedürftig sein können. Wenn die ältere der Ausgestaltung des Enteignungsrechts gewidmete (Landes-) Gesetzgebung sich positiv auf die Regelung von Grundstücksverhältnissen beschränkt, so beweist dies nichts dafür, daß die Verfassung, wo sie rechtlichen Schutz im allgemeinen gewähren will, von einem so eingeengten Begriff der Enteignung ausgegangen ist. . . .

In den Parteivorträgen und im Urteil erster Instanz sind auch die Vorgeschichte der Anhaltischen Berggesetzgebung von 1875 und namentlich die Erwägungen herangezogen worden, auf Grund deren die Bewilligung der Kohlenrente zugunsten der Grundeigentümer (§ 202 Bergges. vom 30. April 1875) für geboten erachtet wurde. Nach der damals insbesondere im Bericht der Landtagskommission kundgegebenen Auffassung sollte die Einführung der Kohlenrente für die (hier in Betracht kommenden) Anhalt-Dessau-Cöthenschen Landesteile kein Geschenk, sondern die teilweise Wiederherstellung einer in früheren Jahren durch die Gesetzgebung bewirkten Beeinträchtigung von Rechten des Grundeigentümers darstellen. Die damit in Bezug genommene Rechtsentwicklung setzt mit der Verordnung vom 10. März 1849 ein, durch welche die Aufhebung des Bergregals ausgesprochen, Bergfreiheit eingeführt und verfügt worden war, daß das „Grundrecht“, das der Grundeigentümer (infolge Wegfall des Bergregals) für die innerhalb der Bergwerksfelder gelegenen unterirdischen Grundstücke erhalte, durch 10 % des Nettoertrags vom Bergwerk entschädigt werden solle. Durch (nicht genehmigtes) provisorisches Gesetz vom 26. Mai 1850 bestätigt, ist dann aber jenes „Grundrecht" durch die Neuregelung des Gesetzes vom 20. Juli 1856 ohne Entschädigung weggefallen. Bei Beratung des Berggesetzes von 1875 hat man inhaltlich des erwähnten Kommissionsberichts mit Rücksicht auf dieses Vorgehen der Gesetzgebung von 1856 für geboten erachtet, „derartige rechtliche und sittliche Schäden zu reparieren". Der hiernach damals für die Einführung der Kohlenrente maßgebende Gesichtspunkt der Entschädigung ist auch bei den dem Gesetz vom 27. März 1920 gewidmeten Beratungen erörtert und gewürdigt worden.

Es kann danach in Betracht kommen, ob bei dem vorliegenden Sachverhalt eine Enteignung nicht schon im Gesetz vom 20. Juli 1856 zu suchen ist — in Gestalt der Entziehung des vordem 1849 und 1850 bezüglich der „unterirdischen Grundstücke" anerkannten Grundrechts des Grundeigentümers — derart, daß die jetzt verfügte Beschränkung der Kohlenrente rechtlich als Eingriff in den Bestand der damals gewährten Enteignungsentschädigung zu betrachten wäre. Für die Frage, ob nach dem Gegenstand der Rechtsentziehung, nach der Eigenart des enteigneten Rechtes eine Enteignung im Sinne des Art. 153 Abs. 2 RVerf. vorliegt, ist diese Entwicklung der Dinge gemäß dem Ausgeführten nicht von entscheidender Bedeutung. Wohl aber führt sie auf einen weiteren Gesichtspunkt, unter dem die Beschränkung der Kohlenrente, insbesondere wie sie für die hier allein in Betracht kommenden älteren Gruben geregelt ist, auf ihre Zulässigkeit im Sinne des Art. 153 Abs. 2 RVerf. zu prüfen ist. Jene Entwicklung der berggesetzlichen Verhältnisse in den Anhalt-Dessau-Cöthenschen Landesteilen in Verbindung mit der bereits oben (unter 2) berührten Entstehungsgeschichte der Berggesetznovelle von 1920 ergibt, daß man die Kohlenrente, die bei der Gesetzgebung des Jahres 1875 als Schadloshaltung für die Entziehung des den Grundeigentümern während des Zeitraumes 1849—1856 zugebilligt gewesenen „Grundrechts" dienen sollte, jenen nur noch in der aus einem Erlös von höchstens 25 Pf je Hektoliter zu berechnenden Höhe belassen wollte, weil man es für ungerechtfertigt und unangemessen erachtete, daß die Grundeigentümer durch die starke und fortgesetzte „Steigerung der Kohlenpreise" in Gestalt ihrer Kohlenrente einen unverdienten Gewinn machten. Man wollte mithin jene, für eine der weiteren Vergangenheit angehörige Rechtsentziehung gewährte, Entschädigung mit Rücksicht auf veränderte Zeitverhältnisse in einem angemessen erscheinenden Grade herabsetzen. Wenn nach Art. 153 Abs. 2 RVerf. grundsätzlich die Enteignung gegen eine angemessene Entschädigung erfolgt, soweit nicht ein Reichsgesetz etwas anderes bestimmt, so ist damit ausgesprochen, daß ein etwas anderes bestimmendes Landesgesetz nicht genügt, um den Anspruch auf eine angemessene Entschädigung zu beseitigen. Es kann aber die Frage aufgeworfen werden, ob nicht auch im Sinne des Art. 153 Abs. 2 es der Landesgesetzgebung auf den ihr offen gebliebenen Gebieten vorbehalten bleibt, zu bestimmen, was unter „angemessen" zu verstehen ist dergestalt, daß eine hierauf bezügliche Regelung, solange sie auf der Ausübung eines solchen der Landesgesetzgebung eingeräumten Ermessens beruht, nicht um deswillen als verfassungswidrig beanstandet werden kann, weil ein Mehr angemessen erscheinen möchte. Die Frage braucht indessen hier nicht entschieden zu werden. Die im vorliegenden Fall durch das Anhaltische Gesetz von 1920 getroffene Regelung kann keinesfalls als Festsetzung einer angemessenen Entschädigung gelten, weil die Landesgesetzgebung dem von ihr selbst für die Frage der Angemessenheit aufgestellten leitenden Gesichtspunkt — Beschränkung auf die Erträgnisse der letzten Vorkriegsjahre — nicht gefolgt ist. Sie hat nämlich bei der Festsetzung des Geldbetrags von 25 Pf je Hektoliter vollständig unterlassen, die Geldentwertung zu berücksichtigen, für deren Bedeutsamkeit darauf hinzuweisen genügt, daß z. B. der Lebenshaltungsindex des Statistischen Reichsamts für den Monat Februar 1920 bereits 8,47 (ohne Bekleidung 7), für den Monat März 9,56 (8,17), für den Monat April 10,42 (9,16) betrug. Ergab hiernach der Höchstbetrag des der Berechnung der Kohlenrente aus dem Erlös (Wert) zugrunde zu legenden Satzes seiner inneren Kaufkraft nach schon zur Zeit des Inkrafttretens des Gesetzes (1. April 1920) gegenüber dem Geldwert dieses Betrags in den zum Vergleich herangezogenen Vorkriegsjahren nur einen kleinen Bruchteil, so erhellt ohne weiteres, daß die Landesgesetzgebung entfernt nicht diejenige Entschädigung gewährt hat, die sie selbst für angemessen erachtet und erklärt hat. Mag auch die Verkennung der Geldentwertung und ihrer Bedeutsamkeit zur Zeit der Beratung und Erlassung des Gesetzes entschuldbar erscheinen, so kann dies doch nicht ins Gewicht fallen gegenüber der objektiven Tatsache, daß die Gesetzgebung das, was sie selbst für angemessen erachtete, nicht verwirklicht hat. Was den Grundeigentümern von der Kohlenrente belassen wurde, war schon beim Inkraftreten des Gesetzes nicht entfernt das, was die Gesetzgebungsorgane ihnen zugedacht haben, und nach der Entwicklung der Folgezeit konnte es schon sehr bald überhaupt nicht mehr als eine ernsthafte Geldleistung angesehen werden; die Kohlenrente war damit überhaupt und restlos entzogen.

Danach aber ist die hier in Rede stehende Rechtsentziehung offenbar ohne angemessene Entschädigung erfolgt, das Anhaltische Gesetz vom 27. März 1920 verstößt in seinem auf § 213 d Bergges. bezüglichen Teile gegen Art. 153 Abs. 2 RVerf. und ist danach insoweit für ungültig zu erachten.

Hierdurch erhält der Klaganspruch seine Rechtfertigung dem Grunde nach; über den Betrag ist noch zu verhandeln und zu entscheiden. Zu Unrecht macht die Revision des Beklagten geltend, das Entziehen der Kohlenrente ohne Entschädigung bewirke nicht die Ungültigkeit des Gesetzes, sondern begründe höchstens einen Entschädigungsanspruch des Enteigneten, der sich indessen nicht gegen den hier verklagten Bergbautreibenden richten könne, da diesem die Beschränkung der Kohlenrente nicht zugute gekommen sei. Landesgesetze, die gegen die zwingenden Vorschriften der Reichsverfassung in Art. 153 Abs. 2 verstoßen, sind ungültig, entbehren der Rechtsverbindlichkeit. Die durch das Gesetz verfügte Rechtsentziehung im ganzen fällt hin. Die vorliegende Klage ist auch gar nicht auf Erlangung einer Entschädigung gerichtet, sondern auf Bestreitung der Wirksamkeit der durch das Anhaltische Gesetz vom 27. März 1920 verfügten Rechtsentziehung. Deren Unwirksamkeit ist das Ziel der Schutznorm, die die Reichsverfassung schaffen will. . . .

RGZ. 112, 189

Enteignung. Enteignungsentschädigung. — Beschlagnahme von Räumen zur Bekämpfung des Wohnungsmangels als Enteignung. Unterschied zwischen Enteignungsentschädigung und Schadensersatz. Angemessene Entschädigung für Vermögensnachteile, die mit der gezahlten Raumnutzungvergütung nicht abgegolten sind. Auch grundbuchmäßig selbständige Grundstücke desselben Eigentümers können für die Enteignung als Einheit anzusehen sein mit der Folge, daß der aus der Enteignung des einen Grundstücks für das nichtenteignete andere Grundstück entstehende Minderwert gleichfalls Gegenstand der Enteignungsentschädigung ist.

Alter Leitsatz:

Wie ist beim Fehlen besonderer gesetzlicher Vorschriften die angemessene Entschädigung zu bestimmen, die Art. 153 Abs. 2 RVerf. im Falle der Enteignung zubilligt?

III. Zivilsenat. Urt. v. 8. Dezember 1925 i. S. Stadtgemeinde N. (Bekl.) w. W. u. Gen. (Kl.). III 642/24.

I. Landgericht Neuwied. II. Oberlandesgericht Frankfurt a. M.

Die Kläger sind als Miterben Eigentümer der in N. Luisenstr. Nr. 31 und 32 belegenen Häuser. Während das Haus Nr. 32 Wohnzwecken dient, wurde in dem nur zum geringen Teile bewohnten Hause Nr. 31 früher eine Fabrik betrieben. Die Fabrik wurde eingestellt und daraufhin das Haus am 23. Oktober 1919 von der Beklagten auf Grund des § 5 der Wohnungsmangelverordnung und der dazu ergangenen örtlichen Anordnungen beschlagnahmt. In dem Hause richtete die Beklagte eine größere Zahl von Wohnungen ein, die sie an Familien vermietete, die zum Teil aus den ärmsten Schichten der Bevölkerung stammten. Die von der Beklagten den Klägern für die Inanspruchnahme des Hauses zu zahlende Vergütung hat das Mieteinigungsamt festgesetzt. Auch hat die Beklagte ihre Verpflichtung anerkannt, nach einer etwaigen Aufhebung der Beschlagnahme das Haus Nr. 31 wieder in den früheren Zustand zu versetzen. Die Kläger wollen aber durch die Beschlagnahme noch weiteren Schaden erlitten haben, dessen Ersatz durch die Beklagte sie mit der gegenwärtigen Klage verfolgen.

Die Kläger behaupten, durch die Beschlagnahme des Hauses Nr. 31 und seine Belegung mit Angehörigen der niedrigsten Volksschichten seien beide Häuser, auch das Haus Nr. 32, dauernd entwertet. Beide Gebäude seien durch Wanzen verseucht, zu deren Beseitigung die Beklagte in einem Vorprozesse rechtskräftig verurteilt sei. Besonders schädigend wirke aber das Verhalten der Bewohner des Hauses Nr. 31, das auch dem Hause Nr. 32 seinen bisherigen Charakter als herrschaftliches Wohnhaus genommen habe. Fast täglich spielten sich in dem erstgenannten Hause Schimpfereien und Prügeleien ab. Dort wohnende Frauenspersonen erhielten nächtlichen Besuch von Angehörigen der fremden Besatzung. Die Kinder hätten ihren Spielplatz vor den Haustüren und beschmutzten die Wände. In die Gärten würden Steine geworfen, Obst und Gemüse aus ihnen entwendet. Auch Diebstähle im Hause Nr. 32 seien von Insassen des Hauses Nr. 31 begangen. So hätten die Kläger schon zur Anschaffung eines Wachthundes schreiten und dafür Kosten aufwenden müssen. Für diese wie für den ganzen durch die geschilderten Zustände ihnen zugefügten Schaden, insbesondere für den eingetretenen Minderwert der Häuser, sei die Beklagte ersatzpflichtig. Die Kläger haben deshalb auf Ersatz des ihnen schon entstandenen Schadens zu einem Teilbetrage von 2000 RM sowie auf Feststellung der weitergehenden Schadensersatzpflicht der Beklagten geklagt.

Die Beklagte hat Klagabweisung beantragt. Sie hat bestritten, daß den Klägern durch die Beschlagnahme des Hauses Nr. 31 ein Schaden enstanden sei, der nicht schon gedeckt werde durch die von ihr zu zahlende laufende Vergütung und durch die von ihr zugesagte demnächstige Wiederherstellung des Hauses.

Das Landgericht hat die Klage abgewiesen. Das Oberlandesgericht dagegen hat unter Abweisung der weitergehenden Klage hinsichtlich des dem Hause Luisenstraße Nr. 32 entstandenen Schadens den Anspruch auf Zahlung von 2000 RM nebst Zinsen dem Grunde nach für gerechtfertigt erklärt, auch die Verpflichtung der Beklagten zur Erstattung des weiterhin entstandenen und in Zukunft entstehenden Schadens festgestellt. Hinsichtlich des Hauses Luisenstraße Nr. 31 hat es, einem Hilfsantrage der Kläger im wesentlichen stattgebend, festgestellt, daß die Beklagte verpflichtet sei, über die Wiederherstellungsverpflichtung hinausgehend, den an dem Hause im Zeitpunkte der Rückgabe an die Kläger etwa noch bestehenden Schaden zu ersetzen.

Die Revision der Beklagten wurde zurückgewiesen.

Gründe:

. . . Die Eingriffe in das Recht des Eigentümers, die von den zuständigen Behörden auf Grund der gesetzlichen Vorschriften zur Bekämpfung des Wohnungsmangels vorgenommen werden, stellen sich als eine Enteignung im Sinne von Art. 153 Abs. 2 Reichsverfassung dar. Nach Satz 2 das. darf eine Enteignung nur gegen angemessene Entschädigung vorgenommen werden, soweit nicht ein Reichsgesetz etwas anderes bestimmt. Eine solche Bestimmung ist weder der Wohnungsmangelverordnung, wie sie zur Zeit der Beschlagnahme des den Klägern gehörigen Hauses Luisenstr. Nr. 31 galt, noch den später zur Bekämpfung des Wohnungsmangels erlassenen Gesetzen vom 11. Mai 1920 (RGBl. S. 949) und vom 26. Juli 1923 (RGBl. I S. 754) zu entnehmen. Das angefochtene Urteil steht demnach mit der Rechtsprechung des Reichsgerichts . . . im Einklange, wenn es den Klägern aus der Beschlagnahme ihres Hauses einen im Rechtswege verfolgbaren Entschädigungsanspruch gegen die beklagte Stadtgemeinde zuerkennt.

Nicht näher erörtert hat der Vorderrichter, wie die angemessene Entschädigung, die Art. 153 RVerf. im Falle der Enteignung zubilligt, zu bemessen ist, wenn es dafür, wie bei der hier vorliegenden Enteignung durch Wohnungsbeschlagnahme, an einer besonderen gesetzlichen Regelung fehlt. Daß der durch die Enteignung Betroffene nicht vollständigen Ersatz des ihm erwachsenden Vermögensschadens, nicht Schadensersatz, wie ihn etwa der durch eine unerlaubte Handlung Geschädigte fordern darf, nicht Schadensersatz im Sinne von § 287 ZPO. beanspruchen kann, dafür spricht schon der von dem Gesetz gewählte Ausdruck, ganz besonders im Zusammenhange mit dem vor Erlaß der Reichsverfassung geltenden Recht, auf das das Wort „Entschädigung“ statt etwa Schadensersatz deutlich hinweist.

. . .

Als angemessen im Sinne der Reichsverfassung ist schon die Entschädigung anzusehen, die das preußische Enteignungsgesetz dem Enteigneten zubilligt. Es gewährt dem Eigentümer keinen Schadensersatz, keinen vollständigen Ausgleich seines Vermögensschadens, sondern nur den Ersatz des Wertes des enteigneten Grundstücks und der Wertminderung seines Restgrundbesitzes. Für eine Eigentumsbeschränkung, wie sie im vorliegenden Fall in Frage kommt, ist die Entschädigung nach denselben Grundsätzen zu bemessen wie für die Entziehung des Grundeigentums (§ 12 das.). Der Minderwert, den das betroffene Grundstück und der Restgrundbesitz durch die ihnen auferlegte Beschränkung für den Enteigneten erleiden, bildet den Gegenstand der Entschädigung. Schaden, den er an seinem sonstigen Vermögen erleidet, ist ihm auf Grund der Enteignung nicht zu erstatten.

Danach können die Kläger zunächst hinsichtlich des Grundstücks Luisenstraße Nr. 31 Ersatz des ihnen durch die Beschlagnahme entzogenen Grundstückswertes verlangen. Aber auch bezüglich des Grundstücks Luisenstraße Nr. 32 ist eine Entschädigungspflicht der Beklagten zu bejahen. Die benachbarten Grundstücke Nr. 31 und Nr. 32, die sich beide im Eigentum der Kläger befinden, sind für die Enteignung als eine Einheit anzusehen. Deshalb muß auch der Minderwert ersetzt werden, der durch die Belastung des einen Grundstücks — Nr. 31 — für das andere — Nr. 32 — entsteht (vgl. § 8 Abs. 2, § 12 Abs. 1 preuß. Enteignungsgesetzes). Dabei ist Entschädigung zu gewähren auch für die Nachteile, die das Unternehmen, für dessen Zwecke die Enteignung geschieht, für den Restgrundbesitz im Gefolge hat. Die Beschlagnahme des Grundstücks Nr. 31 erfolgte, um es an wohnungssuchende Personen zu vermieten. Die nachteiligen Folgen, die diese Benutzung des Grundstücks Nr. 31 für das Grundstück Nr. 32 mit sich bringt, sind somit entschädigungspflichtig.

Diese Erwägungen führen zur Aufrechterhaltung des Berufungsurteils. Wenn das preußische Enteignungsgesetz auf die Festsetzung einer einheitlichen Entschädigungssumme hinzielt, so kann das auf die mannigfach gelagerten Enteignungsfälle, die unter Art. 153 Abs. 2 RVerf. zu bringen sind, nicht ausgedehnt werden. Hier wird sehr oft eine Entschädigung für fortlaufend zur Entstehung gelangende Nachteile in Betracht kommen, die nicht von vornherein durch eine Summe abzugelten sind, so gerade bei den Fällen der Wohnungsbeschlagnahme. Es ist deshalb der Ausspruch der Verpflichtung der Beklagten, hinsichtlich des Hauses Luisenstraße Nr. 32 neben Zahlung einer schon zu beziffernden Summe auch den „weiterhin entstandenen und in Zukunft weiter entstehenden" Schaden zu erstatten, nicht zu beanstanden. Solcher Schaden ist nach den Feststellungen des Vorderrichters bereits erwachsen. Die Anschaffung des Wachthundes, die die Benutzung des Grundstücks Nr. 32 kostspieliger macht, als sie vorher war, ist eine Folge der bei der Beschlagnahme bezweckten Verwendung des Grundstücks Nr. 31 und daher erstattungspflichtig. Aber auch die Möglichkeit des Eintritts weiteren, mit der Beschlagnahme in ursächlichem Zusammenhange stehenden Schadens stellt das Oberlandesgericht hinsichtlich des Grundstücks Nr. 32 fest. Ihn zu erstatten weigert sich die Beklagte. Die prozessualen Voraussetzungen des § 256 ZPO. sind danach gleichfalls gegeben. . . .

Die schädigenden Einwirkungen, die die Beschlagnahme auf das unmittelbar betroffene Haus Nr 31 ausübt, will die Beklagte zum Teil ersetzen. Für die Benutzung zahlt sie die vom Mieteinigungsamt festgesetzte Vergütung. Außerdem ist sie bereit, das Grundstück bei der Rückgabe wieder in den früheren Zustand zu versetzen. Darüber hinaus will sie zur Entschädigung nicht verpflichtet sein. Der Vorderrichter erklärt es aber für möglich, daß das Haus Nr. 31 trotz etwaiger Wiederherstellung eine über die Rückgabe hinaus dauernde Wertminderung als Folge der Beschlagnahme und der sich ihr anschließenden Benutzung behält. Damit ist die Feststellung der Schadensersatzpflicht der Beklagten auch hinsichtlich des Grundstücks Nr. 31 in dem aus dem Tenor des oberlandesgerichtlichen Urteils ersichtlichen Umfange materiell wie prozessual (§ 256 ZPO.) gerechtfertigt.

Aus der Fassung des entscheidenden Teils des Berufungsurteils sind Bedenken nicht herzuleiten. Es erkennt unter Abweisung der weitergehenden Klage nur die Verpflichtung der Beklagten zum Schadensersatze „hinsichtlich der Häuser Luisenstraße Nr. 31 und 32" an, erklärt also für erstattungspflichtig nicht jeglichen Vermögensschaden, den die Kläger durch die Beschlagnahme erleiden, sondern nur den Schaden, der durch die Beschlagnahme und ihre Folgen an den beiden Grundstücken erwächst. In diesem Umfang ist aber nach dem oben Ausgeführten der Klaganspruch aus dem Rechtsgrunde der Enteignung gerechtfertigt.

RGZ. 116, 268

Enteignung. Inhalt und Schranken des Eigentums. Enteignungsentschädigung. — Der Begriff der Enteignung erfordert nicht, daß die entzogenen Eigentümerbefugnisse auf einen anderen übertragen werden. Vielmehr genügt es insoweit, daß das Recht des Eigentümers, gemäß § 903 BGB. mit seiner Sache nach Belieben zu verfahren, zugunsten eines Dritten beeinträchtigt wird, sei es durch Verwaltungsakt oder sei es unmittelbar durch das Gesetz. — Inhalt und Schranken des Eigentums ergeben sich aus den Gesetzen, und unter ‚Gesetzen' sind Reichs- wie Landesgesetze zu verstehen. — Zwischen Enteignungentschädigung und Schadensersatz besteht ein Unterschied. Der von der Enteignung Betroffene kann nicht Schadensersatz, d. h. vollständigen Ersatz des ihm erwachsenen Vermögensschadens, verlangen, er muß sich mit einer ‚angemessenen Entschädigung' begnügen.

Alter Leitsatz:

1. Bedeutet es eine Enteignung im Sinne des Art. 153 Abs. 2 RVerf., wenn ein Grundstück als Umgebung von Bau- oder Naturdenkmälern in die Denkmalliste nach § 5 des hamburgischen Denkmal- und Naturschutzgesetzes vom 6. Dezember 1920 eingetragen wird?

2. Wie ist in einem solchen Falle die angemessene Enteignungs-Entschädigung zu berechnen?

BGB. § 903 EGBGB. Art. 109, 111. RVerf. Art. 150, 153, 155.

VI. Zivilsenat. Urt. v. 11. März 1927 i. S. des Hamburger Staats (Bekl.) w. H. (Kl.). VI 346/26.

I. Landgericht Hamburg. II. Oberlandesgericht daselbst.

Eine dem Kläger seit 1919 gehörige Parzelle grenzt unmittelbar an den als „Baudenkmal" in die Denkmalliste eingetragenen „Galgenberg". Als der Kläger im Jahre 1924 anfing, aus seinem Grundstück Sand und Kies auszuschachten, wurde ihm dies am 26. April 1924 von der Denkmalschutzbehörde verboten, und seine Parzelle wurde als „Umgebung eines Baudenkmals" in die Denkmalliste eingetragen. Alle Anträge und Beschwerden des Klägers im Verwaltungswege blieben erfolglos. Mit der gegenwärtigen Klage verlangt er die Zahlung einer Entschädigung. Das Landgericht wies die Klage ab; das Oberlandesgericht erklärte den Anspruch dem Grunde nach für berechtigt. Die Revision des Beklagten wurde zurückgewiesen.

Gründe:

Das Oberlandesgericht hat angenommen, daß Vorschriften des besonderen hamburgischen Rechts den Klaganspruch nicht zu stützen vermögen, weder das Denkmal- und Naturschutzgesetz vom 6. Dezember 1920 (Amtsblatt von Hamburg 1920 S. 1441) noch das Enteignungsgesetz in der Fassung vom 26. April 1920 (a.a.O. S. 605). Aber der Berufungsrichter sieht eine Enteignung im Sinne des Art. 153 Abs. 2 RVerf. als vorliegend an und hält deshalb das Verlangen des Klägers nach einer Enteignungsentschädigung grundsätzlich für gerechtfertigt.

Das Denkmal- und Naturschutzgesetz (DuNG.) sagt im § 1:

„Den Schutz dieses Gesetzes genießen:

1. Baudenkmäler, d. h. Bauwerke, deren Erhaltung wegen ihrer allgemeingeschichtlichen oder kunstgeschichtlichen Bedeutung im öffentlichen Interesse liegt . . .
2. Naturdenkmäler . . .
3. Die Umgebung von Bau- und Naturdenkmälern.
4. bis 6. . . .

Voraussetzung des Denkmalschutzes zu 1 bis 4 ist, daß das Denkmal oder seine Umgebung in eine Denkmalliste (§ 5) eingetragen ist."

§ 2 überträgt die Handhabung und Ausführung des Gesetzes der Baupflegekommission als „Denkmalschutzbehörde". Nach § 5 werden bei dieser Behörde Denkmallisten geführt; in diese sind die in § 1 unter Nr. 1, 2 und 4 genannten Denkmäler und deren Umgebung (§ 1 Nr. 3) einzutragen. Die Umgebung eines Baudenkmals im Sinne des § 1 darf ohne Genehmigung der Behörde weder durch bauliche Anlagen noch sonst verändert werden (§ 10). Ein Entschädigungsverfahren ist im § 16 nur für die Baudenkmäler selbst, nicht auch für ihre Umgebung geregelt. Hiernach gibt das DuNG. der Denkmalschutzbehörde die Befugnis zu weittragenden Verwaltungsmaßnahmen. Die entscheidende Handlung, die für den gegenwärtigen Fall als Enteignung in Frage kommt, liegt darin, daß das Grundstück des Klägers als Umgebung eines Baudenkmals in die Denkmalliste eingetragen worden ist. Bevor dies geschah, hatte die Denkmalschutzbehörde nicht das Recht, dem Kläger etwas zu verbieten, was er auf seinem Grundstück vornehmen wollte. Hinterher durfte er das Grundstück ohne Genehmigung der Behörde nicht mehr verändern. Diese Rechtslage ist dadurch etwas verdunkelt, daß das an den Kläger gerichtete Verbot, eine Sand- und Kiesgrube anzulegen, der Eintragung des Grundstücks in die Denkmalliste zeitlich voranging. Tatsächlich wurde erst durch diese Eintragung die Unterlage für das Verbot und seine Aufrechterhaltung im anschließenden Verwaltungsverfahren geschaffen. Auf diesen besonderen Hergang ist es wohl zurückzuführen, daß das Oberlandesgericht sich nicht überall ganz klar ausdrückt, daß es die „Enteignung" bald in der dem Kläger auf Grund des DuNG. auferlegten Beschränkung, bald aber auch in dem ausgesprochenen Verbot findet. Auf die Entscheidung selbst ist dieser wechselnde Ausdruck ohne Einfluß geblieben.

Die Revision hat zunächst, ohne indessen rechtliche Folgerungen daraus abzuleiten, die Frage angeregt, ob es sich bei der vom Oberlandesgericht angenommenen Enteignung nicht bloß um eine polizeiliche Verfügung handle. Das könnte vielleicht zutreffen bei dem Verbot, eine Sand- und Kiesgrube anzulegen; es trifft aber keinesfalls zu bei der Eintragung des Grundstücks in die Denkmalliste. Denn hierdurch wurde dem Kläger nicht die Vornahme einer bestimmten Handlung untersagt, es wurde ihm vielmehr allgemein und für die Dauer verboten, auf seinem Grundstück Veränderungen irgendwelcher Art ohne Zustimmung der Behörde vorzunehmen. Die Revision selbst stellt sich denn auch mit ihrem zweiten Angriff in ausdrücklichen Widerspruch zu der Annahme einer polizeilichen

Verfügung. Mit diesem Angriff macht sie geltend, durch das DuNG. habe der Begriff des Eigentums für Hamburg einen engeren Inhalt als anderwärts erhalten; was durch das Gesetz, und wäre es auch nur bedingungsweise, versagt werde, sei im Eigentumsbegriff nicht mehr enthalten. Der Ausgangspunkt ist richtig. Inhalt und Schranken des Eigentums ergeben sich nach Art. 153 Abs. 1 Satz 2 RVerf. aus den Gesetzen, und unter den Gesetzen sind Reichs- und Landesgesetze zu verstehen. Zuzugeben ist der Revision auch, daß das Oberlandesgericht die von ihr aufgeworfene Frage nicht mit ausdrücklichen Worten erörtert hat. Wenn das Urteil aber annimmt, daß „das dem Kläger gewährleistete wohlerworbene Recht aus § 903 BGB., mit seinem Grundeigentum nach Belieben zu verfahren", durch die Maßnahmen der Denkmalschutzbehörde erheblich geschmälert worden sei, so steht es doch offenbar auf dem Standpunkt, daß nicht das DuNG. dem Begriff des Eigentums für Hamburg einen engeren Inhalt verliehen hat, als es im übrigen Deutschland der Fall ist, daß vielmehr die Denkmalschutzbehörde durch einen gesetzlich zulässigen Verwaltungsakt in die aus dem Reichsrecht sich ergebenden Eigentümerbefugnisse des Klägers eingegriffen hat. Diese Entscheidung des Berufungsgerichts liegt auf dem Gebiete des besonderen Hamburgischen Rechts und kann deshalb von der Revision nicht beanstandet werden.

Wollte man aber selbst davon ausgehen, daß das Berufungsurteil hier eine Lücke enthalte und das Revisionsgericht sie auszufüllen berufen sei, so würde sich das Ergebnis nicht ändern. Das DuNG. hat nicht allgemein ausgesprochen, daß im Hamburger Gebiet kein Eigentümer sein Grundstück ohne Genehmigung der Denkmalschutzbehörde verändern dürfe, es hat vielmehr nur die Möglichkeit gegeben, daß durch eine besondere Verwaltungsmaßnahme, nämlich die Eintragung in die Denkmalliste, die Eigentümer bestimmter Grundstücke in ihrem Recht, mit der Sache nach Belieben zu verfahren (§ 903 BGB.), beschränkt werden. Es können also ausnahmsweise einzelne Eigentümer an der Ausübung der an sich auch nach dem Hamburger Recht in ihrem Eigentum liegenden Befugnisse gehindert werden.

Des weiteren macht die Revision geltend, daß dem Kläger weder das Eigentum im ganzen, noch eines der daraus fließenden Rechte „enteignet" worden sei; er habe sein Eigentum behalten und werde auch nicht zu Verfügungen über sein Eigentum veranlaßt, die seinem Willen widersprächen. Hier wird dem Berufungsrichter eine Verkennung des Enteignungsbegriffs vorgeworfen. Die Revision will eine Enteignung offenbar nur dann als gegeben ansehen, wenn das Privateigentum an bestimmten einzelnen Sachen durch Verwaltungsakt und im Interesse eines gemeinnützigen Unternehmens dem Eigentümer entzogen und auf einen andern übertragen wird oder wenn der Eigentümer wenigstens zu einer rechtlichen Verfügung über seine Sache, also namentlich zu einer Veräußerung oder Belastung, gezwungen wird. Diese Umgrenzung des reichsrechtlichen Begriffs der Enteignung, wie er im Art. 153 Abs. 2 RVerf. verwendet ist, wird vom Reichsgericht in ständiger Rechtsprechung als zu eng abgelehnt. Eine Enteignung im Sinne der genannten Vorschrift ist schon dann anzuerkennen, wenn das Recht des Eigentümers, mit seiner Sache gemäß § 903 BGB. nach Belieben zu verfahren, zugunsten eines Dritten beeinträchtigt wird. Dies braucht nicht durch Verwaltungsakt zu geschehen, die Enteignung kann vielmehr auch unmittelbar durch das Gesetz bewirkt werden. Auf den letzteren Gesichtspunkt kommt es im gegenwärtigen Falle nicht an; aber die an erster Stelle aufgezählten Voraussetzungen sind gegeben, denn nach § 10 DuNG. hat jetzt der Hamburger Staat durch die Denkmalschutzbehörde zu bestimmen, ob und welche Veränderungen der Kläger auf seinem Grundstück vornehmen darf. Das Anlegen von Sand- und Kiesgruben ist ihm bereits verboten worden; er darf aber ohne Zustimmung der Behörde auch keine Hoch- oder Tiefbauten errichten, ebensowenig darf er die Parzelle aufforsten.

. . .

Ein fernerer Angriff der Revision kommt auf die Art. 109 und 111 EGBGB. zurück. Von diesen betrifft Art. 109 das eigentliche Enteignungsrecht und behält es der landesgesetzlichen Regelung vor. Inzwischen hat aber das Reich in Art. 153 Abs. 2 RVerf. einzelne Fragen der Enteignung selbständig geregelt und namentlich den Grundsatz ausgesprochen, daß nur gegen angemessene Entschädigung enteignet werden dürfe, soweit nicht durch Reichsgesetz ein anderes bestimmt sei. Mit Recht hat deshalb das Berufungsgericht angenommen, daß das nach Inkraftreten der Reichsverfassung erlassene Hamburgische DuNG. nicht in der Lage war, von sich aus eine entschädigungslose Enteignung anzuordnen. Das will auch die Revision, soweit ersichtlich, nicht bestreiten; sie meint aber, das DuNG. werde durch Art. 111 EGBGB. gedeckt, weil es zu den landesgesetzlichen Vorschriften gehöre, durch welche das Eigentum im öffentlichen Interesse in Ansehung tatsächlicher Verfügungen beschränkt werde. Der Art. 111 a. a. O. betrifft indessen nur landesgesetzliche Vorschriften, die unmittelbar und ohne Eingreifen eines besonderen Verwaltungsaktes Inhalt und Begriff des Eigentums beschränken. Diese Voraussetzungen sind, wie schon dargelegt, hier nicht gegeben.

Die Revision hat sich schließlich noch auf Art. 150 Abs. 1 RVerf. berufen. In dieser Vorschrift heißt es:

„Die Denkmäler der Kunst, der Geschichte und der Natur sowie die Landschaft genießen den Schutz und die Pflege des Staates."

Es ist anzuerkennen, daß das DuNG. in diesem Satze der Verfassung eine reichsgesetzliche Unterlage findet. Nicht gesagt ist hier aber, daß der Schutz auf Kosten Dritter ausgeübt werden dürfe. Wenn der Beklagte beim Denkmalschutz die Rechte Dritter beeinträchtigt oder verletzt, so muß er die gesetzlichen Folgen tragen.

...

Nach alledem kann der Kläger eine angemessene Enschädigung für die vollzogene Enteignung fordern. In der Klage spricht er sowohl von einer Enteignungsentschädigung als auch von einem Anspruch auf Schadensersatz nach besonderem Hamburger Recht. Das Oberlandesgericht hat ihm die Enteignungsentschädigung zugesprochen, nicht dagegen den Schadensersatz. Das ist ein Unterschied und darauf muß hingewiesen werden, weil das Berufungsurteil gelegentlich ungenau vom „Schadensersatz wegen der dem Kläger bezüglich des Grundstücks auferlegten Beschränkung" spricht, womit offenbar die Enteignungsentschädigung gemeint ist. Der von der Enteignung Betroffene kann nicht Schadensersatz, d. h. vollständigen Ersatz des ihm erwachsenen Vermögensschadens verlangen, er muß sich mit einer „angemessenen Entschädigung" begnügen, im vorliegenden Falle mit dem Ersatz des Minderwerts, der sich aus der vorgenommenen Eigentumsbeschränkung ergibt. Der Kläger wird also nicht so rechnen dürfen, wie er es in der Klage getan hat, wo er einfach den Wert des in dem Grundstück ruhenden Sandes und Kieses erstattet verlangt. Er wird vielmehr den Wert dartun müssen, den seine Parzelle bei unbeschränkten Eigentümerrechten besäße, und den Wert, den sie heute als geschützte Umgebung eines Baudenkmals hat. Der Unterschied beider Werte wird ihm zuzusprechen sein.

RGZ. 121, 166

Enteignung und Enteignungsentschädigung. — Es kann zweifelhaft sein, ob die staatliche Genehmigung der Verfassungsänderung einer privatrechtlichen Stiftung, durch die bestehende Privatrechte aufgehoben werden, eine Enteignung ist. Das Reichsrecht hat aber durch § 85 BGB. der Landesgesetzgebung freie Hand gelassen, auch eine etwaige solche Enteignung ohne Entschädigung vorzunehmen.

Alter Leitsatz:

Ist das preußische Gesetz über Änderungen von Stiftungen vom 10. Juli 1924 (GS. S. 575) rechtsgültig?

RVerf. Art. 153 Abs. 2.

IV. Zivilsenat. Urt. v. 21. Mai 1928 i. S. M. (Kl.) w. M.sche Stiftung (Bekl.). IV 555/27.

I. Landgericht Hildesheim. II. Oberlandesgericht Celle.

Die beklagte Stiftung ist durch letztwillige Verfügung des Isaak M. in Hildesheim vom 30. Juli 1824 zum Zwecke der Errichtung eines Unterrichtsinstituts für die israelitische arme und vaterlose Jugend seiner Vaterstadt gegründet worden. Es sollten dazu die Zinsen eines Kapitals von 4000 Talern und der Mietzins zweier in Hildesheim gelegener Häuser verwendet werden. Den damaligen Mietern der Häuser (Verwandten des Stifters) und ihren Nachkommen war das Recht eingeräumt, diejenigen ihrer Kinder zu bestimmen, auf die nach ihnen das Nutzungsrecht an den Häusern übergehen sollte. . . . Durch Verfügung vom 13. September 1910 hat der damalige Nutzungsberechtigte des Hauses Bahnhofsallee Nr. 14, Eduard M., zum stiftungsmäßigen Mieter . . . seine Tochter Luise M., die jetzige Klägerin, bestimmt. Die Klägerin verlangt nunmehr die Feststellung, daß sie die nutzungsberechtigte Anwärterin des Hauses Bahnhofsallee Nr. 14 sei. Die Beklagte macht u. a. geltend, daß durch den gemäß dem preußischen Gesetz über Änderungen von Stiftungen vom 10. Juli 1924 ergangenen, vom Regierungspräsidenten genehmigten Beschluß des Kuratoriums vom 20. April 1925 das stiftungsmäßige Wohnungsrecht der Klägerin aufgehoben sei. Die Klage ist in den Vorinstanzen abgewiesen worden. Die Revision der Klägerin blieb ohne Erfolg.

Gründe:

. . . Die Klage ist unbegründet, wenn der Beschluß des Kuratoriums vom 20. April 1925 als rechtsgültig anzuerkennen ist, wonach die Rechte der Familienangehörigen, die Stiftungshäuser als Mieter zu bewohnen, aufgehoben werden, die Stiftung also das Recht hat, die Häuser ohne andere Beschränkung als durch die allgemeinen Vorschriften des bürgerlichen Rechts und des Wohnungsnotrechts zu nutzen, und in der Auswahl der Mieter und im Abschluß der Mietverträge frei sein soll. Dieser Beschluß ist auf Grund des preußischen Gesetzes vom 10. Juli 1924 ergangen und vom Regierungspräsidenten genehmigt worden. Nach dem Gesetz können Stiftungen durch Beschluß ihrer Vorstände mit Genehmigung der staatlichen Aufsichtsbehörde aufgehoben oder in ihren Zwecken geändert werden, wenn es wegen wesentlicher Änderung der Verhältnisse angezeigt erscheint. Diese landesgesetzliche Regelung ist gemäß § 85 BGB. erfolgt, da es sich insoweit um eine Änderung der Stiftungsverfassung handelt. . . . Aufsichtsbehörde im Sinne des Gesetzes vom 10. Juli 1924 ist mit Rücksicht auf den örtlichen Bereich des Stiftungszwecks der Regierungspräsident. Ob die Genehmigung mit Recht erteilt ist und mit dem Gesetz im Einklang steht, hat das Gericht nicht nachzuprüfen. Im Streitfall hat die Klägerin die Genehmigung mit der Rechtsbeschwerde angefochten, über die anscheinend noch nicht entschieden ist. Das kann aber nicht zur Folge haben, daß die Genehmigung und damit der Beschluß des Kuratoriums als nicht rechtsbeständig zu behandeln sind; denn Verwaltungsakte müssen bis zu ihrer Aufhebung als rechtsverbindlich gelten (Hatschek Verwaltungsrecht S. 10). Eine Aussetzung des Verfahrens nach § 148 ZPO. findet nach der Rechtsprechung des Reichsgerichts in der Revisionsinstanz nicht mehr statt.

Es fragt sich also, ob das Gesetz vom 10. Juli 1924, wie die Klägerin behauptet, als mit Art. 153 Abs. 2 RVerf. im Widerspruch stehend ungültig ist. Es schafft die Möglichkeit, durch einen Beschluß des Stiftungsvorstandes — dessen Rechtsbestand aber von der staatlichen Genehmigung, also einem Verwaltungsakt, abhängig ist — die Stiftung ganz aufzuheben oder in ihren Zwecken zu ändern. Durch eine solche Regelung würde den bisher zum Genuß des Stiftungsvermögens Berechtigten (hier den nutzungsberechtigten Familienangehörigen) ihr Recht entzogen. Ob darin eine staatliche Enteignung zu finden ist, kann zweifelhaft sein. Die Beklagte behauptet, daß eine nur nach innen wirksame Verfügung des Stiftungsvorstands vorliege, die ihm auf Grund der im Gesetz gewährten und durch den Vorbehalt der staatlichen Genehmigung nur eingeschränkten Berechtigung zu selbständigen Verfügungen gestattet wäre. Stimmt man dem nicht bei, sondern nimmt an, daß es sich bei der Genehmigung um einen Verwaltungsakt auf gesetzlicher Grundlage handelt, durch den in die Rechte der Stiftungsanwärter eingegriffen wird, so würde insofern eine Enteignung im Rechtssinn in Frage kommen. Voraussetzung wäre dann, daß die Rechte der Stiftungsanwärter durch Art. 153 Abs. 2 RVerf. geschützt sind. Das ist zu bejahen, da die Anwärter ein klagbares Recht auf Grund des Stiftungsgeschäfts haben und da auch die Entziehung bloß subjektiver Privatrechte nach der feststehenden Rechtsprechung des Reichsgerichts eine Enteignung darstellt. Eine Entschädigung ist im Gesetz vom 10. Juli 1924 nicht vorgesehen und hätte dort ausgesprochen werden müssen. Zu prüfen bleibt hiernach noch, ob etwa ein Satz des Reichsrechts wegen der Entschädigung „etwas anderes bestimmt" (Art. 153 Abs. 2 Satz 2 RVerf.), der Fortfall der Entschädigung also aus der Reichsgesetzgebung zu entnehmen ist. Eine ausdrückliche Vorschrift fehlt. Nach § 85 BGB. kann aber die Verfassung der Stiftung durch Landesgesetz geändert werden. Zur Verfassung gehören u. a. die Bestimmungen über das Erlöschen der Stiftung wie auch über die Änderung des Stiftungszwecks. Damit ist nach Reichsrecht der Landesgesetzgebung freie Hand gelassen, auch ohne Entschädigung Stiftungen aufzuheben oder in Änderung ihres Zwecks den bisher Berechtigten ihr Recht zu entziehen, wie dies bereits bei anderen als Familienstiftungen allgemein nach Art. 4 preuß. AG. z. BGB. zulässig war. Dem Wohle der Allgemeinheit dient die im Gesetz vom 10. Juli 1924 vorgesehene Regelung deshalb, weil es sich um die Neuordnung der durch die Geldentwertung in ihren Grundlagen erschütterten Rechtsverhältnisse der Stiftungen handelt.

RGZ. 124, Anhang 19

***Begriff* der Enteignung. Sie ist ein Einzeleingriff, in der Regel ein Verwaltungsakt, ausnahmsweise ein Gesetz. Unterschied zwischen Enteignung und Neuregelung des Inhaltes sowie der Schranken des Eigentums. Die Neuregelung des Inhaltes und der Schranken des Eigentums kann auch durch allgemeine grundsätzliche Abzweigung wichtiger Befugnisse aus dem Eigentum erfolgen.**

Staatsgerichtshof für das Deutsche Reich. Urteil v. 23. März 1929 in der verfassungsrechtlichen Streitsache des Preußischen Staatsrats, Antragstellers, gegen das Preußische Staatsministerium, Antragsgegner, wegen Ungültigkeit der preußischen Notverordnung vom 10. Oktober 1927 (StGH. 8/28).

A.

I.

Während die Steinkohle nach § 1 des Allgemeinen preuß. Berggesetzes vom 24. Juni 1865 zu den bergbaufreien Mineralien gehörte, war sie im sog. Mandatsbezirke, d. h. in der Ober- und Niederlausitz und in einigen anderen früher kursächsischen Landesteilen, kraft Gesetzes vom 22. Februar 1869 dem Verfügungsrecht des Grundeigentümers unterworfen geblieben. Bei der Änderung jener allgemeinen Regelung durch das Gesetz vom 18. Juni 1907, das die Aufsuchung und Gewinnung der Steinkohle dem Staat vorbehielt, wurde wiederum die Provinz Brandenburg ausgenommen, so daß es für sie bei der Bergbaufreiheit verblieb; der Rechtszustand des Mandatsgebietes wurde durch diese Änderung nicht berührt. Die Aufsuchung und Gewinnung von Erdöl unterliegt im ganzen Lande dem Verfügungsrecht des Grundeigentümers.

Im Spätsommer 1927 wurden in jenen vom Staatsmonopol des Steinkohlenbergbaues ausgenommenen Gebieten bei Bohrungen der geologischen Landesanstalt an einigen Stellen Steinkohle und Erdöl gefunden, während dort bis dahin außer dem alten Steinkohlenbergwerk Plötz bei Löbejün keine solchen Stoffe festgestellt worden waren. Das Preußische Staatsministerium sah sich hierdurch veranlaßt, auf Grund des Art. 55 preuß. Verf. nach Zustimmung des Ständigen Ausschusses des Landtags am 10. Oktober 1927 eine Verordnung mit Gesetzeskraft zu erlassen, laut deren Art. I § 1 „die Aufsuchung und Gewinnung von Steinkohle, Erdöl, Erdgas, Bergwachs und Asphalt sowie des wegen des Gehalts an Bitumen vom Oberbergamt als technisch verwertbar erklärten Ölschiefers und Ölsandsteins in dem bezeichneten Gebiet allein dem Staate zusteht". Nach Art. 1 §§ 2, 3 der Verordnung wird das Bergwerkseigentum an Steinkohle dem Staat durch den Handelsminister verliehen und kann vom Staat unter bestimmten Bedingungen ganz oder teilweise, und zwar in der Regel gegen Entgelt und auf Zeit, anderen Personen übertragen werden. In gleicher Weise kann der Staat sein Recht zur Aufsuchung und Gewinnung von Erdöl und anderen bituminösen Stoffen an andere übertragen. Art. II bestimmt, daß mit dem Inkrafttreten der Verordnung alle auf dem Verfügungsrecht des Grundeigentümers beruhenden Rechte zur Aufsuchung und Gewinnung der bezeichneten Stoffe, mit Ausnahme der Verträge des Bergwerks in Plötz, erlöschen. Art. III legt dem Staat eine „angemessene Entschädigung" für die hiernach entstehenden Rechtsverluste auf, beschränkt diese aber in doppelter Richtung. Die Entschädigung kann nach Abs. 2 nur für Grundstücke gefordert werden, unter deren Oberfläche einer der Stoffe gewonnen wird, wobei über das Vorliegen dieser Voraussetzung im Streitfall das Oberbergamt unter Ausschluß des Rechtsweges entscheidet, und sie soll ferner laut Abs. 3 regelmäßig in einem Bruchteil des Erlöses oder Wertes der aus dem Grundstück gewonnenen Stoffe festgesetzt werden. Doch ist bei der Gewinnung von Steinkohle und bituminösen Gesteinen eine Verteilung der nach diesem Maßstab ermittelten Gesamtentschädigung auf die beteiligten Grundstücke nach Verhältnis ihrer Größe zulässig.

Die Notverordnung wurde dem Staatsrat zur Kenntnisnahme und dem Landtag mit der Bitte um Genehmigung vorgelegt. Während der Landtag der Notverordnung seine Genehmigung erteilte, beschloß der Staatsrat, die Notverordnung für verfassungsrechtlich unzulässig zu erklären und die Entscheidung des Staatsgerichtshofs anzurufen. . . .

II.

Der Bevollmächtigte des Staatsrats beantragt demgemäß, die Notverordnung vom 10. Oktober 1927 für verfassungsrechtlich unzulässig zu erklären, und begründet dies u. a. dahin, daß die Verordnung die Grundsätze der Reichsverfassung über die Enteignung verletze.

. . .

Die Enteignungsvorschriften der Verordnung werden . . . beanstandet, weil es dem Grundsatze des Art. 153 Abs. 2 RVerf. über die Entschädigung für Enteignungen widerspreche, für Eingriffe auf

Grundstücke, aus denen demnächst keine Förderung erfolge, sowie für Eingriffe vor der Förderung die Entschädigung zu versagen. Das Recht zu solchen Einschränkungen der Entschädigung lasse sich für die Landesgesetzgebung aus Art. 153 Abs. 1, 2 RVerf. nicht herleiten.

III.

Die preußische Landesregierung beantragt, den Antrag des Staatsrats zurückzuweisen. Sie führt aus:

. . .

Die Vorschriften des Art. II über die Entschädigung rechtfertigten sich aus dem Gesichtspunkt, daß die Landesgesetzgebung nach Art. 153 RVerf. zur Regelung der Art und Weise der Entschädigung für die durch Landesgesetz ausgesprochenen oder zugelassenen Enteignungen befugt sei. Die dem Oberbergamt übertragene Entscheidung betreffe nicht den Grund oder die Höhe des Entschädigungsanspruchs, sondern nur die rein bergtechnische Vorfrage, ob und aus welchem Grundstück die Gewinnung von Mineralien stattfinde. Der Einwand, daß es vom freien Ermessen des Staates abhängen würde, ob es zu einer Gewinnung von Mineralien auf einem bestimmten Grundstück komme, treffe nicht zu, weil für die Entschließung der Staatsregierung stets das öffentliche Interesse maßgebend sein müsse und werde. Auch die Befürchtung, daß der Staat selbst den Bergbau im Verordnungsgebiet allein betreiben oder ihn einer von ihm beherrschten Gesellschaft übertragen werde, sei unbegründet, weil die Regierung beabsichtige, durch den Abschluß von Schürf- und Abbauverträgen nach Möglichkeit private Unternehmungen heranzuziehen. Beim Abschluß von Abbauverträgen würden in erster Linie die Unternehmer berücksichtigt werden, die in dem Gebiet bereits Aufwendungen für Aufschlußarbeiten gemacht hätten.

Die Versagung des Wartegelds sei berechtigt, weil dieses nicht eine Entschädigung für das entzogene Verfügungsrecht über vielleicht gar nicht vorhandene Mineralien darstelle, und weil es lediglich im Rahmen des Art. 153 Abs. 1, 3 und des Art. 155 Abs. 3 Satz 2 RVerf. liege, wenn die Realisierbarkeit einer nicht durch Arbeits- oder Kapitalaufwand hervorgerufenen Wertsteigerung des Bodens im öffentlichen Interesse eingeschränkt werde. Die wirkliche Beeinträchtigung des Grundstückswertes durch Enteignung der Mineralien lasse sich ohnehin erst bei deren Gewinnung zuverlässig nachweisen. . . .

IV.

. . .

B.

III.

Die Angriffe gegen die Art und Weise, wie die Notverordnung die Entschädigungsansprüche regelt, entbehren des Grundes. Denn eine Enteignung, für die gemäß Art. 153 Abs. 2 Satz 2, 3 RVerf. Entschädigung zu leisten wäre, liegt hier nicht vor.

1. Soweit in dem Gebiete der Verordnung bisher für Steinkohle Bergbaufreiheit gemäß dem Allgemeinen Berggesetz von 1865 bestand, hat die Verordnung das Recht des Eigentümers überhaupt nicht beeinträchtigt, da ja hier das Recht zur Aufsuchung und Gewinnung von Steinkohle dem Eigentümer als solchem gar nicht zustand. . . . Eine Beeinträchtigung erleiden in jenem Teile des Geltungsgebiets der Verordnung nur die etwa auf Grund des Allgemeinen Berggesetzes gewonnenen Berechtigungen. In dem Teil des Verordnungsgebiets, worin das Recht zur Aufsuchung und Gewinnung von Steinkohle bisher den Grundeigentümern vorbehalten war, und in Ansehung des Erdöls im ganzen Verordnungsgebiet werden allerdings nicht nur die von den Grundeigentümern gewährten bergrechtlichen Gerechtsame aufgehoben, sondern es wird auch das Recht des Grundeigentümers selbst durch Entziehung jener Berechtigung gemindert. Dies bedeutet aber keine Enteignung, sondern eine Neuregelung der Gesetzgebung über Inhalt und Schranken des Grundeigentums.

2. Die Enteignung ist ein staatlicher Hoheitsakt, der das Recht des Eigentümers, mit seiner Sache nach Belieben zu verfahren, oder das sonstige von ihr betroffene Recht zugunsten eines Dritten beeinträchtigt. Dieser Eingriff, der in der Regel ein Verwaltungsakt ist, kann allerdings, wie in der Rechtsprechung des Reichsgerichts anerkannt ist (RGZ. Bd. 109 S. 310)*), ausnahmsweise auch unmittelbar durch Gesetz erfolgen. Aber auch dann muß er sich als Einzeleingriff darstellen, der nicht alle im Geltungsgebiet des Gesetzes befindlichen Grundstücke oder Rechte gleichmäßig, sondern nur einzelne von ihnen oder einen engen Kreis von einzelnen Grundstücken oder Rechten trifft, ihnen ein besonderes Opfer zugunsten der Allgemeinheit auferlegt (RGZ. Bd. 116 S. 271, 273)**). Den Inhalt und die Schranken des Eigentums allgemein zu regeln, die zulässigen Rechte an Grundstücken und die Voraussetzungen ihrer Entstehung allgemein zu bestimmen, muß dem Gesetzgeber vorbehalten bleiben, ohne daß er dabei durch eine Pflicht zur Entschädigung gehindert werden kann. Dieses Recht ist ihm auch in Art. 153 Abs. 1 RVerf. ausdrücklich vorbehalten.

3. Diese Regelung zu treffen, steht, soweit es sich um bergrechtliche Befugnisse des Grundeigentümers oder um Berggerechtsame an Grundstücken handelt, nach Art. 67 EG. z. BGB. der Landesgesetz-

*) In diesem Band S. 81 ff.
**) In diesem Band S. 96, S. 97/98.

gebung zu, da nach diesem Artikel die landesgesetzlichen Vorschriften, die dem Bergrecht angehören, unberührt bleiben. Außerhalb des Gebiets des Bergrechts und der anderen der Landesgesetzgebung vorbehaltenen Rechtsgebiete ist der Reichsgesetzgeber zu der gleichen Regelung befugt. . . . Daß die Reichsgesetzgebung verfassungsmäßig befugt wäre, den Inhalt des Privateigentums durch allgemeine grundsätzliche Abzweigung wichtiger Befugnisse ohne Entschädigung weitgehend herabzumindern, wird sich nicht wohl bestreiten lassen. Sie ist ja übrigens auch nach Art. 153 Abs. 2 Satz 2 RVerf. in der Lage, selbst Enteignungen im engeren Sinne ohne Entschädigung anzuordnen.

4. Es bedarf hiernach, da keine Enteignung vorliegt, nicht des Eingehens auf die Frage, ob die in der Notverordnung vorgesehene Art der Entschädigung angemessen ist. (Die angefochtene NotVO. wurde aber wegen Verstoßes gegen Art. 55 preuß. Verf. für unzulässig erklärt.)

RGZ. 127, 280

Enteignung und allgemeine gesetzliche Inhaltsbestimmung von Rechten. Ablehnung einer Ausnahme von einer belastenden allgemeinen gesetzlichen Regelung als Enteignung? — Die verfassungsrechtliche Eigentumsgarantie schützt nicht gegen Eingriffe der Reichsgesetzgebung in das Privateigentum, durch welche bestimmte Vermögensrechte sämtlicher Staatsbürger oder bestimmter Staatsbürgerklassen gleichmäßig einer gleichen Beschränkung unterworfen werden. Die Ablehnung einer gesetzlich dem Ermessen der Behörde vorbehaltenen Ausnahme vor der allgemeinen gesetzlichen Regelung ist keine Enteignung, da sie für den Betroffenen keine neue, ihm nicht schon durch das Gesetz auferlegte Eigentumsbeschränkung schafft.

Alter Leitsatz:

Ist eine Enteignung darin zu finden, daß eine Gemeindebehörde die Genehmigung zum Abbruch eines Gebäudes versagt?

RVerf. Art. 153. Wohnungsmangelgesetz vom 26. Juli 1923 § 2.

III. Zivilsenat. Urt. v. 7. Februar 1930 i. S. D. (Kl.) w. Stadtgemeinde D. (Bekl.). III 181/29.

I. Landgericht Düsseldorf. II. Oberlandesgericht daselbst.

Dem Kläger, der Eigentümer eines in Düsseldorf gelegenen Hauses ist, wurde vom Oberbürgermeister der verklagten Stadtgemeinde als Baupolizeibehörde unter Strafandrohung aufgegeben, die an dem baufälligen Gebäude erforderlichen Ausbesserungen vorzunehmen. Diese Verfügung wurde nach erfolgloser Anrufung des Regierungs-

und des Oberpräsidenten durch Urteil des Oberverwaltungsgerichts vom 15. März 1923 aufgehoben. Demnächst bat der Kläger um die Erlaubnis zum Abbruch des Hauses; die Beklagte verweigerte diese Erlaubnis und wandte sich zugleich an das Mieteinigungsamt, das am 16. Juni 1924 den Abbruchsantrag vorläufig ablehnte und der Stadtverwaltung aufgab, dafür zu sorgen, daß das Haus wieder in einen bewohnbaren Zustand versetzt werde.

Der Kläger erhob darauf mit der Begründung, daß die Beklagte der ihr durch den Beschluß des Mieteinigungsamts auferlegten, im übrigen auch vertraglich übernommenen Verpflichtung zur Instandsetzung des Hauses nicht nachgekommen sei, daß sie ferner aus dem Gesichtspunkte der Enteignung nach Art. 153 RVerf. und wegen schuldhafter Pflichtverletzung ihrer Beamten aus Art. 131 das. hafte, Klage in erster Reihe auf Verurteilung der Beklagten zur Räumung und Instandsetzung seines Hauses, hilfsweise 1. auf Feststellung der Verpflichtung der Beklagten zum Ersatz allen Schadens, der ihm daraus erwachse, daß er das Haus nicht vermieten könne, weil es die Beklagte nicht instandgesetzt habe, 2. auf Verurteilung der Beklagten zur Zahlung von 4500 RM. Landgericht und Oberlandesgericht wiesen die Klage ab. Die Revision des Klägers blieb erfolglos.

Gründe:

(Es wird zunächst ausgeführt, daß die Feststellung des Berufungsgerichts, es bestehe weder eine vertragliche Verpflichtung der Beklagten zur Instandsetzung des Hauses, noch folge eine solche aus dem Beschluß des Mieteinigungsamtes vom 16. Juni 1924, rechtlich nicht zu beanstanden sei und daß daher der Haupt- und der erste Hilfsantrag unbegründet seien.)

... Unbegründet ist auch der zweite Hilfsantrag, der Zahlungsanspruch. Soweit er auf Art. 153 RVerf. gestützt wird, ist im Gegensatz zu der Auffassung des Klägers und des Berufungsrichters das Vorliegen einer Enteignung im Sinne der genannten Verfassungsvorschrift zu verneinen. Art. 153 schützt das Privateigentum gegen Eingriffe der Verwaltungsbehörden zugunsten Dritter, nicht aber gegen Eingriffe der Reichsgesetzgebung, durch welche bestimmte Vermögensrechte sämtlicher Staatsbürger oder bestimmter Staatsbürgerklassen gleichmäßig einer gleichen Beschränkung unterworfen werden. Der Enteignungsbegriff im Sinne des Art. 153 RVerf. setzt einen Verwaltungsakt voraus, der auf Grund einer vom Gesetzgeber erteilten Ermächtigung auf Entziehung des Eigentums als solchen oder einer der aus ihm fließenden Verfügungsbefugnisse gerichtet ist. § 2 des Wohnungsmangelgesetzes vom 26. Juli 1923 enthält aber ein allgemeines Abbruchsverbot. Er ermächtigt nicht etwa die Gemeinden, zur Bekämpfung der Wohnungsnot einzelnen Hausbesitzern den geplanten Abbruch ihrer Gebäude zu untersagen, sondern wendet sich schlechthin an alle, die es angeht, insbesondere an alle Hauseigentümer mit dem Gebot: „Alle vorhandenen Gebäude sind zu erhalten jede Raumminderung durch Abbruch ist verboten." Also nicht die Gemeinde darf den Abbruch im Interesse der Allgemeinheit verbieten, sondern das Gesetz selbst verbietet ihn und berechtigt die Gemeindebehörden lediglich dazu, in geeigneten Fällen im Interesse einzelner Hausbesitzer diese von dem allgemeinen Abbruchsverbot freizustellen. Die Ablehnung des Abbruchsantrags des Klägers enthielt also nur die Weigerung der Behörde, eine Ausnahme von der gesetzlichen Regel zu gestatten, schuf aber für ihn keine neue, ihm nicht schon durch das Gesetz auferlegte Eigentumsbeschränkung. Sie stellt also auch keine Enteignung dar.

Aus diesen Erwägungen erhellt zugleich, daß der Gemeindebehörde nicht der Vorwurf einer Amtspflichtverletzung gemacht werden kann, wenn sie mit Rücksicht auf die herrschende Wohnungsnot nach pflichtmäßigem Ermessen die Ansicht vertrat, das Haus des Klägers müsse trotz seiner Mängel dem Gebote des § 2 WMG. entsprechend erhalten bleiben.

RGZ. 129, 146

Verfassungsgrundsatz der Gewerbefreiheit. Enteignung und allgemeine Bestimmung des Inhalts sowie der Schranken von Rechten. — Die Freiheit des Gewerbes ist durch die Verfassung nur „nach Maßgabe der Reichsgesetze" gewährleistet. Ein Eingriff in die Gewerbefreiheit und eine Enteignung liegen dann nicht vor, wenn ein Gesetz ganz allgemein den Inhalt und die Schranken von Rechten bestimmt und damit zwar auch in bestehende Berechtigungen eingreift, zugleich aber das betreffende Rechtsgebiet als Ganzes für die Zukunft neu regelt. Derartige ganz allgemein den Inhalt und den Umfang von Rechten festlegende Gesetze fallen unter den verfassungsrechtlichen Vorbehalt der Gewerbefreiheit „nach Maßgabe der Reichsgesetze" und stehen auch im Gegensatz zum Begriff der Enteignung, zu dessen Merkmalen es u. a. gehört, daß es sich dabei um einen Einzeleingriff in Rechte bestimmter Personen oder eines bestimmt begrenzten Personenkreises handelt.

Alter Leitsatz:

Bedeutet § 2 des Gesetzes zur Bekämpfung der Geschlechtskrankheiten vom 18. Februar 1927 eine Enteignung der Heilkundigen, die bisher die dort genannten Krankheiten behandelt haben?

RVerf. Art. 151, 153. GewO. §§ 1, 30. Einl. z. Preuß. ALR. § 75.

VII. Zivilsenat. Urt. v. 27. Mai 1930 i. S. A. (Kl.) w. Deutsches Reich (Bekl.). VII 408/29.

I. Landgericht I Berlin. II. Kammergericht daselbst.

Der Kläger ist Naturheilkundiger und hat sich seit 1896 berufsmäßig mit Krankenbehandlung befaßt. Im Jahre 1903 hat er die Konzession zum Betrieb einer Krankenanstalt in H. erlangt. Er hat dort fast ausnahmslos Frauenleiden und Leiden der Geschlechtsorgane behandelt. Da ihm durch das Reichsgesetz zur Bekämpfung der Geschlechtskrankheiten vom 18. Februar 1927 (RGBl. I S. 61) die Behandlung von Geschlechtskrankheiten und Krankheiten oder Leiden der Geschlechtsorgane unterbunden worden ist, nimmt er unter Berufung auf Art. 151 Abs. 3 und Art. 153 RVerf. den Beklagten auf Ersatz seines Erwerbsausfalls in Anspruch. Das Landgericht hat seine Klage abgewiesen, das Kammergericht seine Berufung zurückgewiesen. Auch seine Revision hatte keinen Erfolg.

Gründe:

Das Berufungsgericht hat ausgeführt: Die durch § 1 GewO. festgesetzte und durch Art. 151 Abs. 3 RVerf. gewährleistete Gewerbefreiheit sei durch das Gesetz vom 18. Februar 1927 in zulässiger Weise dahin eingeschränkt worden, daß die Behandlung von Krankheiten der in § 7 bezeichneten Art den für das Deutsche Reich approbierten Ärzten vorbehalten und allen anderen Personen untersagt werde. Dieses Verbot stelle gegenüber Personen, die, wie der Kläger, eine derartige Krankenbehandlung bereits tatsächlich, insbesondere auf Grund einer nach § 30 GewO. erteilten Konzession, zum Erwerb ausgeübt hätten, eine Enteignung hinsichtlich ihres dadurch erworbenen subjektiven Rechts gemäß Art. 153 RVerf. dar, da „Eigentum" im Sinne dieses Artikels jedes subjektive Vermögensrecht sei. Die Enteignung sei nach Art. 153 Abs. 2 Satz 1 zulässigerweise auf gesetzlicher Grundlage und zum Wohle der Allgemeinheit, nämlich zum Zwecke der Volksgesundheit im Interesse des Einzelnen, seiner Familie und des Staates, der einen brauchbaren Nachwuchs nötig habe, vorgenommen worden. Nach Abs. 2 Satz 2 erfolge die Enteignung gegen angemessene Entschädigung, „soweit nicht ein Reichsgesetz etwas anderes bestimmt". Eine solche andere Bestimmung, nämlich entschädigungslose Enteignung, sei aber hier durch das Gesetz vom 18. Februar 1927 seinem Sinne nach getroffen worden, wie eine Vergleichung dieses Gesetzes, das keine Entschädigung vorsehe, und des ähnlichen Impfgesetzes mit anderen fiskalischen Interessen dienenden und ausdrücklich eine Entschädigungspflicht des Reiches festsetzenden Gesetzen ergebe. Auch aus der Bestimmung in § 75 Einl. z. ALR. könne der Kläger keine Ansprüche herleiten, weil sie auf solche Einschränkungen des Eigentums nicht anwendbar sei, die durch ein keine Entschädigungspflicht festsetzendes Gesetz auferlegt würden.

Daß der Kläger seinen Klaganspruch nicht selbständig darauf stützen kann, daß das Gesetz vom 18. Februar 1927 gegen Art. 151 RVerf. verstoße, ergibt sich ohne weiteres daraus, daß nach Abs. 3 des Art. 151 die Freiheit des Gewerbes „nach Maßgabe der Reichsgesetze" gewährleistet wird. Beschränkungen der Ausübung des Gewerbes durch ein Reichsgesetz, wie sie hier durch § 7 des Gesetzes vom 18. Februar 1927 festgesetzt worden sind, hat also die Reichsverfassung selbst als zulässig ins Auge gefaßt. Insoweit hat die Revision die Annahme des Berufungsgerichts auch nicht beanstandet.

Sie macht aber geltend, daß Satz 2 des Art. 153 Abs. 2 RVerf. eine ausdrückliche gesetzliche Bestimmung über den Ausschluß einer Entschädigung erfordere, daß übrigens auch, wenn bei völligem Schweigen des Gesetzes der Wille des Gesetzgebers durch Auslegung klargestellt werden dürfe, die vom Berufungsgericht vorgenommene Auslegung des Gesetzes rechtsirrig sei. Zu dieser Rüge braucht jedoch nicht Stellung genommen zu werden, weil überhaupt zu verneinen ist, daß eine Enteignung vorliegt.

Zwar ist bei dem weiten Sinn, der dem Begriff „Eigentum" in Art. 153 RVerf. ganz allgemein, namentlich auch in der Rechtsprechung des Reichsgerichts beigelegt wird, das subjektive Recht an einem schon lange betätigten Heilgewerbebetrieb mit darunter zu verstehen, ohne Unterschied, ob eine besondere Konzession zum Betrieb einer Privatkrankenanstalt erteilt war oder nicht. Die Enteignung kann ferner, außer in völliger Wegnahme des Rechts, auch in dessen Beschränkung bestehen. Ebensowenig setzt der Enteignungsbegriff voraus, daß eine Übertragung des Rechts auf einen anderen stattfinden müsse. Schließlich kann eine Enteignung auch unmittelbar durch ein Gesetz, nicht nur durch einen Verwaltungsakt auf Grund eines Gesetzes erfolgen. Aber es fehlt hier an dem für eine Enteignung allgemein geltenden Erfordernis, daß es sich dabei um einen Einzeleingriff in Rechte bestimmter Personen oder eines bestimmt begrenzten Personenkreises handelt. Wie eng in letzterer Hinsicht die Grenze zu ziehen ist, mag zweifelhaft sein. Jedenfalls kommt eine Enteignung dann nicht in Betracht, wenn ein Gesetz ganz allgemein den Inhalt und die Schranken von Rechten und rechtlichen Befugnissen bestimmt und damit zwar auch in bestehende Berechtigungen eingreift, aber zugleich das betreffende Rechtsgebiet als Ganzes für die Zukunft regelt und Schranken für neu zu erwerbende Rechte aufstellt. Derartige ganz allgemein den Inhalt und den Umfang von Rechten und Rechtsbefugnissen festlegende Gesetze, besonders solche, die auf gewerbe- oder gesundheitspolizeilichen Gesichtspunkten beruhen, entsprechen dem Abs. 1 Satz 2 des Art. 153 RVerf. und, soweit Eingriffe in die Handels- und Gewerbefreiheit in Frage stehen, auch dem Vorbehalt in Abs. 3 des Art. 151 „nach Maßgabe der Reichsgesetze"; sie stehen gerade deshalb im Gegensatz zu gesetzlichen Enteignungen. Um ein solches Gesetz handelt es sich aber bei den Vorschriften des § 7 des Gesetzes vom 18. Februar 1927, die nicht nur in die Rechte aller mit der Behandlung der dort erwähnten Krankheiten bereits gewerbsmäßig, mit oder ohne besondere Konzession, befaßten, nicht als Ärzte approbierten Heilkundigen eingreifen, sondern überhaupt jedermann, mit Ausnahme der für das Deutsche Reich approbierten Ärzte, eine solche Heilbehandlung, auch eine nicht gewerbsmäßige, und ganz allgemein auch eine nicht schon ausgeübte, sondern erst in der Zukunft neu aufzunehmende derartige Heiltätigkeit verbieten. Es ist deshalb auch nicht anzuerkennen, daß etwa diejenigen Heilgewerbetreibenden, die eine besondere Konzession zum Betrieb einer Privatkrankenanstalt erlangt hatten, durch das Gesetz vom 18. Februar 1927 enteignet worden wären, zumal eine solche Konzession nach § 30 GewO. eine allgemeine und nicht etwa eine auf die im § 7 a. a. O. bezeichneten Krankheiten beschränkte war.

Liegt aber keine Enteignung vor, so fehlt es für den vom Kläger geltend gemachten Entschädigungsanspruch an jeder gesetzlichen Grundlage. Auch § 75 Einl. z. ALR. scheidet danach ohne weiteres aus.

RGZ. 129, 246

Enteignung. — Der verfassungsrechtliche Eigentumsschutz erstreckt sich nicht auf Berechtigungen öffentlich-rechtlicher Art.

Alter Leitsatz:

Findet Art. 153 Abs. 2 RVerf. auf die Entziehung subjektiver öffentlicher Rechte Anwendung? Verstößt insbesondere die Aufhebung einer auf besonderem öffentlichrechtlichen Titel beruhenden Schulunterhaltungspflicht durch § 53 Abs. 1 des preuß. Volksschullehrer-Diensteinkommengesetzes vom 17. Dezember 1920 gegen jene Verfassungsvorschrift?

IV. Zivilsenat. Urt. v. 23. Juni 1930 i. S. Preuß. Staat (Bekl.) w. Schulverband der Stadt S. (Kl.). IV 333/29.

I. Landgericht Arnsberg. II. Oberlandesgericht Hamm.

In einem Vorprozeß ist auf Klage einer katholischen Schulgemeinde in S. der Beklagte durch Urteil des Oberlandesgerichts in Hamm vom 14. Juli 1904, vom Reichsgericht bestätigt am 23. Februar 1905, zur Tragung bestimmter Unterhaltskosten der Schule verurteilt worden. Er verweigert nunmehr die weiteren Zahlungen unter Berufung auf § 53 Abs. 1 des preuß. Gesetzes betr. das Diensteinkommen der Lehrer und Lehrerinnen an den öffentlichen Volksschulen vom 17. Dezember 1920 (Neufassung vom 1. April 1923), wonach die Verpflichtungen des Fiskus aufgehoben werden, Schulunterhaltungskosten auf Grund besonderer Rechtstitel oder besonderer gesetzlicher Vorschrift oder Ortsbestimmung (Ortsverfassung, Observanz, Gewohnheitsrecht, Herkommen) zu tragen. Der klagende Schulverband, der nach dem preuß. Volksschulunterhaltungsgesetz vom 28. Juli 1906 an die Stelle der Schulgemeinde getreten ist, verlangt auf Grund der erwähnten Urteile Erstattung der sachlichen und persönlichen Schulunterhaltungskosten für das Jahr 1924 und hat einen Teilbetrag von 4200 RM. eingeklagt.

Die Vorinstanzen haben zugunsten des Klägers erkannt. Das Reichsgericht hat die Klage abgewiesen.

Gründe:

Die Parteien streiten darüber, ob die Verpflichtung des Beklagten, die Unterhaltungskosten der Schule in dem durch das Urteil des Oberlandesgerichts vom 14. Juli 1904 begrenzten Umfang zu tragen, durch § 53 Abs. 1 des preuß. Volksschullehrer-Diensteinkommengesetzes (VDG.) vom 17. Dezember 1920 (vgl. jetzt den gleichlautenden § 51 des Volksschullehrer-Besoldungsgesetzes vom 1. Mai 1928) in Wegfall gekommen ist. Dabei ist zunächst von wesentlicher Bedeutung, ob die Verpflichtung auf einem — besonderen — Rechtstitel privatrechtlicher oder öffentlichrechtlicher Art beruht. Trifft das erstere zu, so erhebt sich die weitere Frage, ob § 53 VDG. überhaupt auf privatrechtliche Titel und nicht bloß auf öffentlichrechtliche Anwendung zu finden hat. Bejahendenfalls würde die entschädigungslose Entziehung privater Rechte gegen Art. 153 Abs. 2 RVerf. verstoßen und insoweit die Ungültigkeit der Vorschrift zur Folge haben. Handelt es sich dagegen um ein Recht des Klägers, das ihm auf Grund eines besonderen öffentlichrechtlichen Titels zusteht, so bleibt zu prüfen, ob die Schutzvorschrift des Art. 153 Abs. 2 RVerf. auch gegenüber Eingriffen des Staates in subjektive öffentliche Rechte gilt. Dabei ist mit der herrschenden Meinung grundsätzlich davon auszugehen daß Art. 153 Abs. 2 nicht nur das Sacheigentum, sondern auch andere Vermögensrechte, darunter Forderungen, schützen will und daß auch eine unmittelbar durch Gesetz bewirkte Rechtsentziehung unter den Begriff der Enteignung fällt.

In seinem Urteil vom 20. November 1925 (JW. 1926 S. 1444 Nr. 3) hat der VI. — jetzt VII. — Zivilsenat des Reichsgerichts ausgesprochen, daß § 53 VDG. auch auf Privatrechtstitel zu beziehen sei. Angesichts der gegenteiligen Äußerung des Regierungsvertreters bei der 2. Ausschußberatung des Gesetzes (Drucks. Nr. 3659 S. 157) und im Hinblick auf § 32 des preuß. Volksschulunterhaltungsgesetzes vom 28. Juli 1906, der nur öffentlichrechtliche Titel betrifft, sind Zweifel nicht ausgeschlossen. Die Frage bedarf aber hier nach Lage der Sache keiner Entscheidung, weil, wenn die Vorschrift Privatrechtstitel nicht umfaßt, die darauf beruhenden Rechte nicht aufgehoben wären, der Beklagte sich also aus diesem Grunde auf ihren Wegfall nicht berufen könnte. Das hat der Berufungsrichter unbeachtet gelassen. Die Feststellung aber, ob ein privatrechtlicher oder ein öffentlichrechtlicher Titel vorliegt, wird dadurch nicht erübrigt.

Der Berufungsrichter ist der Ansicht, um einen privatrechtlichen Titel handle es sich deshalb, weil der Kläger seinen Leistungsanspruch ausschließlich auf das rechtskräftige Urteil vom 14. Juli 1904 stütze und das Urteil als solches selbständig einen derartigen Titel schaffe. Dem ist nicht beizutreten. Ein Urteil bringt nicht Rechte zur Entstehung, sondern stellt nur fest, was Rechtens ist. Das so festgestellte Recht kann öffentlichrechtlicher Natur sein, wenn es auf einem öffentlichrechtlichen Titel beruht. Dann wandelt es sich dadurch, daß es durch das — zulässigerweise im ordentlichen Rechtsweg ergangene — Urteil als bestehend anerkannt wird, noch nicht in ein privates Recht um. Daher begründet das bloße Judikat grundsätzlich niemals einen selbständigen Privatrechtstitel. Es kommt vielmehr darauf an, ob das urteilsmäßig anerkannte Recht einem privaten oder öffentlichen Rechsverhältnis entsprungen ist und welchen dieser Rechtstitel es zur Grundlage hat.

In dieser Beziehung wird in dem im Vorprozeß ergangenen Urteil des Reichsgerichts vom 23. Februar 1905 unter Bezugnahme auf die Reichsgerichtsentscheidung bei Gruch. Bd. 43 S. 1046 ausgeführt, der vordem von einem Stift unterhaltenen Schule sei auf der Grundlage der allgemeinen staatsrechtlichen Dotationspflicht, wie sie durch den Reichsdeputationshauptschluß von 1803 begründet worden sei, und ohne daß ein Sondertitel aus früherer Zeit bestanden habe, die Dotation in geordnetem Wege durch die preuß. Kabinettsorder vom 29. April 1826 zugewiesen worden, und auf diese Weise habe die damalige Klägerin ein wohlerworbenes Recht erlangt. Das Reichsgericht verneint damit das Vorliegen einer privatrechtlichen, aus unvordenklicher Verjährung oder Vertrag hergeleiteten Verpflichtung des Beklagten und sieht sie als dem öffentlichrechtlichen Verhältnis der staatlichen Dotationspflicht entsprungen an. Zwar handelt es sich bei dieser in dem rechtskräftigen Urteil des Vorprozesses über die Natur der Verpflichtung getroffenen Feststellung nicht um eine Rechtsfolge, an die das spätere Gericht gemäß § 322 ZPO. gebunden wäre. Aber es liegt kein Anlaß vor, von jener rechtlichen Beurteilung abzuweichen. Die hier festgestellte Dotationspflicht gehört ihrem Wesen und ihrer Entstehung nach unbedingt dem öffentlichen Rechte an. Auch die kirchlichen Ausstattungsansprüche einer Kirchengemeinde gegen den Staat beruhen, sofern nicht ein privatrechtlicher, bei der Säkularisation vorhandener oder durch die preuß. Kabinettsorder vom 25. September 1834 anerkannter Entstehungsgrund erhellt, auf öffentlichrechtlicher Grundlage, unbeschadet der für solche Ansprüche zugelassenen Verfolgbarkeit im ordentlichen Rechtsweg.

Liegt hiernach ein öffentlichrechtlicher Titel vor, so fragt sich weiter, ob die darauf beruhende Verpflichtung des Beklagten zur Tragung der Schulunterhaltungskosten durch § 53 VDG. rechtswirksam aufgehoben werden konnte, der solche Titel zweifellos betrifft. Der Kläger macht geltend, daß die entschädigungslose Aufhebung jenes Rechts durch Landesgesetz gegen Art. 153 Abs. 2 RVerf. verstoße, der auch auf dem Gebiete des öffentlichen Rechts Anwendung finde. Ob und unter welchen Umständen das sogen. öffentliche Eigentum einer Enteignung zugänglich und dann durch jene Verfassungsbestimmung geschützt ist, kann unerörtert bleiben. Im Streitfall handelt es sich um ein Forderungsrecht des Schulverbands, und zwar um eine Berechtigung, die auf einem öffentlichrechtlichen Titel beruht und ihrer Natur nach dem öffentlichen Recht der Schule angehört. Sie ist für den Kläger in seinem eigenen Interesse begründet, bildet also ein subjektives öffentliches Recht (Jellinek System der subjektiven öffentlichen Rechte S. 41 flg.; Fleiner Institutionen des Verwaltungsrechts S. 176 flg.; O. Mayer Verwaltungsrecht I S. 107, 111). Ob solche Berechtigungen von Art. 153 Abs. 2 RVerf. betroffen werden, hat der VI. Senat in dem angezogenen Urteil JW. 1926 S. 1444 dahingestellt gelassen. Der jetzt erkennende Senat hat in seinem Urteil vom 27. Mai 1929 (JW. 1929 S. 2231 Nr. 3) ausgesprochen, daß Art. 153 Abs. 2 sich nur auf private Rechte bezieht, nicht aber auf das dort streitige Beteiligungsrecht einer altkatholischen Gemeinde an einem Mesnerfonds, das vom Berufungsrichter als öffentlichrechtliches festgestellt worden war. In der Rechtslehre wird fast überall (Anschütz Reichsverfassung Anm. 2 zu Art. 153; Giese desgl. Anm. 1 zu Art. 153; M. Wolff Reichsverfassung und Eigentum S. 23; Schelcher im Fischers Zeitschr. f. Verwaltungsrecht Bd. 60 S. 158) die Geltung des Art. 153 Abs. 2 auf private Rechte beschränkt, wie auch das Reichsgericht in bezug auf Art. 153 entweder ausdrücklich von privaten Vermögensrechten spricht oder doch deren Vorhandensein voraussetzt. Auch der reichsgerichtliche Schiedsspruch über die Rechtsgültigkeit des Rentensperrgesetzes (RGZ. Bd. 126 S. 161*)

*) In diesem Band S. 39.

hat zum eigentlichen Gegenstand die Entziehung von Aufwertungsansprüchen durch die dort angeordnete Aussetzung der Rechtsstreitigkeiten, nicht subjektive öffentliche Berechtigungen. Des weiteren steht das Preußische Oberverwaltungsgericht in dem vom Berufungsrichter angezogenen Urteil (Entsch. Bd. 81 S. 201/202) auf dem Standpunkt, daß zu den durch Art. 153 Abs. 2 RVerf. geschützten Rechten nur solche gehören, die auf einem privatrechtlichen Titel beruhen. Dem ist im Gegensatz zu der Ansicht des Berufungsrichters beizupflichten. Rein theoretisch betrachtet mögen auch die subjektiven öffentlichen Berechtigungen, selbst wenn sie einer juristischen Person des öffentlichen Rechts zustehen, unter staatlichem Schutz enteignungsfähig sein, sofern man nicht mit Huber Garantie der kirchlichen Vermögensrechte S. 6 flg. grundsätzlich annimmt, daß eine verfassungsmäßige Garantie solcher vom Staate selbst herrührenden Berechtigungen überhaupt undenkbar ist. Die Frage ist aber vor allem die, ob das Gesetz selbst solche Rechte im Auge hat, wenn es in Art. 153 Abs. 2 RVerf. die entschädigungslose Enteignung verbietet. Die Entscheidung muß also ausschließlich der Reichsverfassung selbst und ihren Vorschriften entnommen werden. In dieser Beziehung ist, worauf das Oberverwaltungsgericht hinweist, der Zusammenhang des Art. 153 mit den übrigen Grundrechtsnormen des 5. Abschnitts des II. Hauptteils der Verfassung und seine Stellung im System der Grundrechte von wesentlicher Bedeutung. Die im 5. Abschnitt aufgestellten Rechtsgrundsätze über die Grundrechte und Grundpflichten enthalten in ihrem zusammengehörigen ersten Teil (Art. 151 bis 154) das Prinzip individualistischer Rechts- und Wirtschaftsordnung (Anschütz a. a. O. Bem. vor Art. 151; Giese a. a. O. das.; Hatschek Staatsrecht I S. 204). Dem Einzelnen sollen danach insbesondere Vertragsfreiheit, Eigentum und Erbrecht gewährleistet sein. Wie nach dem Inhalt und Zusammenhang dieser Vorschriften nicht zweifelhaft sein kann, sind es Privatrechtsverhältnisse, die gesichert werden sollen. Schon hieraus ergibt sich, daß Art. 153 Abs. 2 RVerf. nur die Enteignung privaten Eigentums und privater Vermögensrechte zu regeln bestimmt ist. Für das Reich, dessen Gesetzgebungsgewalt sich materiell vornehmlich auf das bürgerliche Recht erstreckt, bestand zudem kein Anlaß, gerade Berechtigungen öffentlichrechtlicher Art gegen Enteignung zu schützen, weil damit ein Eingriff in solche Rechtsmaterien verbunden wäre, die als dem öffentlichen Recht angehörig im allgemeinen dem Landesrecht vorbehalten sind. Aus diesen Gründen ist anzunehmen, daß Art. 153 Abs. 2 RVerf. auf subjektive öffentliche Berechtigungen nach Art der vorliegenden keine Anwendung findet. Die auf gesetzlichem Wege erfolgte Aufhebung des Rechts des klagenden Schulverbandes verstößt daher nicht gegen jene Vorschrift. Demnach bedarf es keiner Erörterung darüber, ob die Aufhebung gegen angemessene Entschädigung geschah, was der Beklagte unter Hinweis auf die im Volksschullehrer-Diensteinkommengesetz ihm auferlegte allgemeine Beitragspflicht zur Landesschulkasse behauptet, das Reichsgericht aber in dem mehrerwähnten Urteil JW. 1926 S. 1444 verneint hat.

RGZ. 133, 124

Enteignung und allgemeine Inhaltsregelung des Eigentums, Aufopferungsanspruch. — Enteignung und Aufopferung von Privatrechten setzen voraus, daß ein Einzeleingriff in Rechte bestimmter Personen oder doch eines bestimmt begrenzten Personenkreises vorliegt. Eine Rechtsnorm, die auf einem bestimmten Gebiet den Inhalt und den Umfang von Rechten und Rechtsbefugnissen für die Zukunft allgemein regelt, stellt keine Enteignung, sondern eine Inhaltsbestimmung und -beschränkung des Eigentums dar, mag die Norm dabei auch in bestehende Rechtsverhältnisse eingreifen; es fehlt an dem Erfordernis des Sondereingriffs.

Alter Leitsatz:

Können auf die Einführung städtischer Müllabfuhr einzelne davon betroffene Grundstückseigentümer, die einen Abfuhrvertrag mit einem Privatunternehmer geschlossen hatten, deshalb Entschädigungsansprüche gründen, weil die städtische Müllabfuhr teurer sei und ihre bisher benutzten Müllkästen unverwendbar geworden seien?

RVerf. Art. 153 Einl. z. Preuß. ALR. §§ 74, 75.

V. Zivilsenat. Urt. v. 20. Juni 1931 i. S. Mietshausbesitzerverein B.-L. (Kl.) w. Stadtgemeinde Berlin (Bekl.). V 289/30.

I. Landgericht I Berlin. II. Kammergericht daselbst.

Seit den Jahren 1923 bis 1925 besteht in Berlin städtische Müllabfuhr, die sich jedoch auf den Verwaltungsbezirk Steglitz zunächst nicht erstreckte. Dort wurde erst vom 1. April 1928 an durch Nachtrag zum Ortsgesetz vom 3. Juli 1925 und zur Polizeiverordnung vom gleichen Tage die städtische Müllabfuhr eingeführt.

Im Bezirk Steglitz hatte der klagende Verein für seine Mitglieder am 19. März 1925 mit dem Fuhrunternehmer P. einen Müllabfuhrvertrag auf die Zeit bis Ende März 1935 geschlossen. Infolge Einführung der städtischen Müllabfuhr stellte P. mit Ende Mai 1928 seinen Betrieb ein. Hieraus gründen siebzehn Mitglieder des Klägers Entschädigungsansprüche gegen die Stadtgemeinde Berlin, die sie aus der Entwertung der von ihnen angeschafften, für die städtische Müllabfuhr nicht verwendbaren Müllkästen und aus den höheren Gebühren der städtischen Müllabfuhr herleiten. Die Ansprüche wurden dem Kläger abgetreten; dieser verlangt Zahlung von 6419,20 RM. nebst Zinsen. In den Vorinstanzen wurde er abgewiesen. Auch seine Revision hatte keinen Erfolg.

Aus den Gründen:

Der Kläger stützt den Entschädigungsanspruch seiner Mitglieder in erster Linie auf die Vorschrift des Art. 153 Abs. 2 Satz 2 RVerf. Er sieht eine Enteignung darin, daß seit der Ausdehnung des städtischen Ortsgesetzes und der Polizeiverordnung vom 3. Juli 1925 auf den Verwaltungsbezirk Steglitz die von seinen Zedenten im Jahre 1925 angeschafften Müllkästen zur weiteren Benutzung für ihren Anschaffungszweck unverwendbar und die Vertragsansprüche gegen den Abfuhrunternehmer P. hinfällig geworden seien. Aber der Fall einer Enteignung liegt hier, so weit auch sonst die Rechtsprechung zu Art. 153 RVerf. den Begriff des Eigentums im Sinne dieses Artikels und dementsprechend den der Enteignung ausgelegt haben mag, schon aus dem Grunde nicht vor, weil es an dem für eine Enteignung allgemein geltenden Erfordernisse fehlt, daß ein Einzeleingriff in Rechte bestimmter Personen oder doch eines bestimmt begrenzten Personenkreises in Frage stehen muß. Das Ortsgesetz und die sich anschließende Polizeiverordnung vom 3. Juli 1925 regeln die Müllbeseitigung in den ihnen unterworfenen Verwaltungsbezirken allgemein, und ebenso ist ihre Ausdehnung auf den Bezirk Steglitz ganz allgemein erfolgt. Die Zuständigkeit der verklagten Stadtgemeinde zur Erlassung des Ortsgesetzes unterliegt keinem Bedenken und wird auch vom Kläger nicht bezweifelt. Eine solche von der zuständigen Stelle erlassene Rechtsnorm aber, die auf einem bestimmten Gebiet, wie hier dem der Müllbeseitigung, den Inhalt und den Umfang von Rechten und Rechtsbefugnissen, nämlich des Eigentums an den betroffenen Hausgrundstücken, für die Zukunft allgemein regelt, stellt, mag sie dabei auch in bestehende Rechtsverhältnisse eingreifen, keine Enteignung im Sinne des Abs. 2 dar, sondern eine Inhaltsbestimmung und -beschränkung im Rahmen des Abs. 1 Satz 2 des Art. 153 RVerf. Ein Sondereingriff, der sich gegen die Rechtsvorgänger des Klägers als Einzelpersonen richtete, kommt nicht in Betracht. Sie werden vielmehr nur von einer im Interesse der öffentlichen Ordnung und Gesundheit für den Verwaltungsbezirk Steglitz allgemein getroffenen Regelung miterfaßt, weil ihre Grundstücke diesem Bezirk angehören. Mag auch die Neuregelung der Müllabfuhr jene Personen in der Verwendung ihrer Müllkästen beschränkt und ihre Vertragsansprüche gegen den bisherigen Abfuhrunternehmer hinfällig gemacht haben, so können sie doch keine Entschädigungsansprüche wegen Enteignung darauf gründen.

Aus demselben Grunde des mangelnden Einzeleingriffs in bestehende Rechte und Vorteile ist ihnen auch die Berufung auf die Vorschriften der §§ 74 flg. Einl. z. Preuß. ALR. zu versagen. Diese finden auf eine allgemeine gesetzliche Regelung des Inhalts von Rechten, wie sie hier in Frage steht, keine Anwendung; vgl. preuß. Kabinettsorder vom 4. Dezember 1831 (GS. S. 255).

RGZ. 135, 308

Enteignung. Aufopferung von Rechten. Passivlegitimation für den Entschädigungsanspruch. — Enteignung und Aufopferung von Rechten mit der ihnen aus diesen Rechtstiteln zugeordneten Entschädigungsfolge setzen voraus, daß die Behörde, auf deren Anordnung der Eingriff erfolgt ist, hierzu auch berechtigt war; anderenfalls liegt eine Amtsüberschreitung vor, für die Schadensersatz nach Amtshaftungsgrundsätzen in Betracht kommt. — Bei rechtmäßigen Eingriffen, die sich als Enteignung oder Aufopferung von Privatrechten darstellen, ist zur Entschädigung derjenige verpflichtet, in dessen Interesse die Enteignung oder die Aufopferung von Rechten erfolgt ist. Ist diese nicht für einen konkreten Begünstigten, sondern im Interesse der Allgemeinheit erfolgt, so trifft die Entschädigungspflicht den Staat.

Alter Leitsatz:

Wie gestaltet sich, wenn die Polizei zum Schutze eines gefahrlosen Luftverkehrs in fremde Rechte eingreift, der Entschädigungsanspruch des Betroffenen und gegen wen richtet er sich?

Luftverkehrsgesetz vom 1. August 1922 (RGBl. I S. 681) §§ 1, 15. RVerf. Art. 131, 153. BGB. §§ 826, 1004, 1027.

V. Zivilsenat. Urt. v. 27. Februar 1932 i. S. Großkraftwerk W. A G. (Kl.) w. 1. D. L. H. AG., 2. D. L. GmbH., 3. L. W. AG. (Bekl.). V 279/31.

I. Landgericht I Berlin. II. Kammergericht daselbst.

Die Klägerin hat zur Übertragung größerer Mengen von elektrischer Energie eine Überland-Hochspannungsleitung aus Vorarlberg bis zum Umspannwerk Hoheneck bei Ludwigsburg hergestellt. Mit dem Bau der Fundamente und dem Einsetzen der Fußkonstruktionen für die Masten hatte sie im September 1928 begonnen. Im Oktober 1929 war die Leitung nach ihren Angaben betriebsbereit. Durch Verordnung des Württembergischen Staatsministeriums vom 23. Juni 1926 war die Klägerin ermächtigt worden, die zur Errichtung der Leitung notwendigen Grundstücke und Rechte an Grundstücken im Wege der Zwangsenteignung zu erwerben. Zur Aufstellung der Masten sind ihr darauf teils im Wege der Enteignung, teils durch Vertrag Grunddienstbarkeiten bestellt worden. Die auf diese Weise von der Klägerin errichtete Hochspannungsleitung führte zum Teil (mit den Masten Nr. 110 bis 136) an dem öffentlichen Flugplatz Böblingen bei Stuttgart vorbei, und zwar in einer Entfernung von 1900 bis 2400 m. Dieser Flugplatz steht im Eigentum des Deutschen Reiches. Zur Benutzung ist er an die Drittbeklagte verpachtet, deren Unterpächter die beiden anderen verklagten Gesellschaften sind. Der Drittbeklagten ist durch Erlaß des Württembergischen Wirtschaftsministeriums vom 20. April 1926 die Genehmigung zum planmäßigen Luftverkehr erteilt worden.

Durch Verfügung vom 27. September 1929 hat das Württembergische Ministerium des Innern unter Bezugnahme auf die Verfügung betreffend die Errichtung und den Betrieb elektrischer Starkstromanlagen vom 21. April 1913 (veröffentlicht im Amtsblatt des Württembergischen Ministeriums des Innern S. 489) das zur Errichtung und zum Betriebe der Starkstromanlage erforderliche „Erkenntnis" versagt. Die hiergegen von der Klägerin eingelegte Rechtsbeschwerde hat der Württembergische Verwaltungsgerichtshof in Stuttgart durch Urteil vom 23. Dezember 1929 rechtskräftig zurückgewiesen. Daraufhin hat die Klägerin eine Reihe von Masten in einen weiteren Abstand von dem Flugplatz verlegt. Hierdurch sind ihr nach ihrer Behauptung mindestens 750 000 RM. Umbaukosten entstanden. Auf den Ersatz dieser Auslagen nimmt sie die Beklagten in Anspruch.

Im einzelnen stützt die Klägerin ihre Klage auf Enteignung und Aufopferung von Rechten im Sinne des Rechtsgedankens, der dem § 75 Einl. z. Preuß.ALR. zugrunde liegt, ferner auf die §§ 1004, 1027 BGB. mit Rücksicht darauf, daß der Gewerbebetrieb der Beklagten die erste Ursache für den ihr entstandenen Schaden sei. Sodann verweist die Klägerin auf § 15 des Luftverkehrsgesetzes und meint, danach hätten die Beklagten die Grunddienstbarkeiten der Klägerin enteignen sollen, nicht aber die Hilfe der Polizei in Anspruch nehmen dürfen; denn das Vorgehen der Polizeibehörde sei lediglich durch die Beklagten veranlaßt worden. Weiterhin sieht sie eine unerlaubte Handlung im Verhalten der Beklagten, weil diese sich nicht unmittelbar und rechtzeitig an die Klägerin gewandt hätten, als der Bau der Starkstromanlage noch nicht weit fortgeschritten gewesen sei. Schließlich verlangt die Klägerin Ersatz ihrer Aufwendungen unter dem Gesichtspunkt der Geschäftsführung ohne Auftrag und der ungerechtfertigten Bereicherung.

Die Beklagten bestreiten in erster Linie ihre Passivlegitimation. Weiter leugnen sie die Anwendbarkeit des § 15 LVG., weil die Anlage des Flugplatzes und der Betrieb der Drittbeklagten den zeitlichen Vorrang hätten. Sie weisen darauf hin, daß die Stromleitungsanlage aus sicherheitspolizeilichen Gründen in Rücksicht auf alle am Flugverkehr Beteiligten untersagt worden sei; Enteignungsvorschriften hinderten nicht die Erlassung allgemeiner polizeilicher Anordnungen. Eine ungerechtfertigte Bereicherung stellen die Beklagten ebenso in Abrede wie eine Geschäftsführung der Klägerin, die dem wirklichen oder mutmaßlichen Willen der Beklagten entsprochen habe. Es bestehe auch keine Rechtspflicht dahingehend, daß sie sich erst an die Klägerin hätten wenden müssen, ehe sie polizeiliche Hilfe in Anspruch nahmen. Ersteres sei aber auch rechtzeitig geschehen. Aus dem späteren Verhalten der Klägerin gehe zudem hervor, daß sie auch einem noch früheren Einspruch nicht stattgegeben haben würde.

Die beiden Vorinstanzen haben die Klage abgewiesen. Die Revision der Klägerin hatte keinen Erfolg.

Gründe:

Die Klägerin stützt ihre Ansprüche in erster Reihe auf Enteignung und auf die Grundsätze über die Entschädigung für die Aufopferung von Rechten im Sinne der an den Rechtsgedanken des § 75 Einl. z. Preuß.ALR. anknüpfenden Rechtsprechung des Reichsgerichts.

Soweit der Anspruch auf Enteignung gegründet wird, findet er in § 15 des Luftverkehrsgesetzes vom 1. August 1922 keine unmittelbare Stütze. Denn dort ist nur gesagt, daß Eigentum und sonstige Rechte an Grundstücken für die Zwecke der Luftfahrt durch Enteignung gegen angemessene Entschädigung entzogen oder beschränkt werden können. Nach Abs. 2 das. bestimmt sich bis zur Erlassung eines Reichsgesetzes — das noch nicht ergangen ist — das Verfahren nach den Landesgesetzen. Ein förmliches Enteignungsverfahren gegen die Klägerin hat jedoch unstreitig nicht stattgefunden. Es kann sich also, soweit der Klagegrund der Enteignung in Frage steht, nur darum handeln, ob die Voraussetzungen des Art. 153 Abs. 2 RVerf. gegeben sind. Enteignung gemäß der letzterwähnten Vorschrift ist dann anzunehmen, wenn durch einen staatlichen Hoheitsakt, der sich gegen eine bestimmte Person oder einen bestimmt begrenzten Personenkreis richtet, ein subjektives Recht zugunsten eines Dritten entzogen oder beschränkt wird (RGZ. Bd. 129 S. 148)*). Eine Verpflichtung zur Entschädigung nach Art. 153 Abs. 2 RVerf. kann aber nur dann in Frage kommen, wenn die Behörde, auf deren Anordnung der Eingriff erfolgt ist, zu diesem auch berechtigt war. Andernfalls läge eine Amtsüberschreitung vor, für die der Staat nach Art. 131 RVerf. einzustehen hätte. Soweit also die Klägerin geltend macht, das Ministerium als Landespolizeibehörde habe „das polizeiliche Erkenntnis“ überhaupt nicht versagen dürfen und infolgedessen habe eine Verpflichtung für die Klägerin zur Beseitigung der Leitung gar nicht bestanden, sowie

*) In diesem Band S. 109.

die Landespolizeibehörde sei unter Mißbrauch ihrer Amtsgewalt lediglich zum Schutze privater Belange eingeschritten, würde dies einen Anspruch gegen die Beklagten aus dem Gesichtspunkt der Enteignung ebensowenig begründen können wie unter dem der Aufopferung von Rechten. Aber auch wenn der Klägerin ein Entschädigungsanspruch aus dem Grunde zuzuerkennen wäre, weil die Landespolizeibehörde in rechtmäßiger Ausübung ihrer Amtsgewalt in die Rechte der Klägerin eingegriffen hätte, könnte sich dieser Anspruch nicht gegen die Beklagten richten. Zur Entschädigung ist in einem solchen Falle allerdings derjenige verpflichtet, in dessen Interesse die Enteignung oder die Aufopferung von Rechten erfolgt ist. Hier ist aber, wie das Urteil des Württembergischen Verwaltungsgerichtshofs ergibt, das polizeiliche Erkenntnis versagt worden nicht im Interesse der Beklagten, sondern im allgemeinen sicherheitspolizeilichen Interesse, um eine Gefährdung von Leben und Gesundheit der Bevölkerung, namentlich der am Flugverkehr beteiligten Personen zu verhüten. Denn ebenso wie der Schutz der Eisenbahnen, der reisenden Menschen und der rollenden Güter recht eigentlich die Aufgabe der Landespolizei ist, so auch der Schutz des Luftverkehrs. Ist aber die Enteignung oder die Aufopferung im allgemeinen staatlichen Interesse erfolgt, so haftet nur der Staat für die Entschädigung. Wollte man aber selbst annehmen, daß die polizeiliche Verfügung im Interesse eines bestimmten Betriebes erlassen worden wäre, so käme als solcher nur der Böblinger Flugplatz in Betracht. Die Entschädigungspflicht würde dann dessen Unternehmer treffen.

Bei dieser Rechtslage bedarf es keiner Erörterung der Frage, ob ein Entschädigungsanspruch der Klägerin aus dem Grunde überhaupt nicht gegeben ist, weil die Landespolizeibehörde gar nicht in ein Recht eingegriffen hat, sondern nur dagegen eingeschritten ist, daß die Klägerin von ihren Rechten einen die öffentliche Sicherheit gefährdenden Gebrauch gemacht und dadurch einen polizeiwidrigen Zustand geschaffen hatte.

Ebensowenig ist ein Anspruch aus § 1027 BGB. in Verbindung mit § 1004 das. gegeben. Der Dienstbarkeitsberechtigte kann allerdings, ohne daß auf der Gegenseite Verschulden vorzuliegen braucht, Entschädigung in Geld verlangen, wenn er durch eine von einer gewerblichen oder gemeinnützigen Anlage ausgehende Störung im Gebrauch seiner Dienstbarkeit gehindert wird und wegen obrigkeitlicher Genehmigung der Anlage nicht befugt ist, den Eingriff abzuwehren. Allein dieser Fall liegt nicht vor. Denn die Behinderung der Klägerin in der Ausübung ihrer Dienstbarkeit beruht nicht auf einer Einwirkung durch den Betrieb der Beklagten, sondern auf dem Eingriff der Polizeibehörde. Durch das bloße Überfliegen der Grundstücke, auf denen die Dienstbarkeit lastet, wird diese nicht beeinträchtigt. Im übrigen ist dieses Überfliegen nach § 1 LVG. gestattet, ohne daß hierfür eine Entschädigung begehrt werden könnte.

Den Schadensersatzanspruch aus § 826 BGB. begründet die Klägerin einmal damit, daß die Beklagten es unterlassen hätten, sie rechtzeitig auf die Notwendigkeit einer anderen Führung ihrer Stromleitung hinzuweisen, und zwar vorsätzlich, um die Zahlung einer Enteignungsentschädigung zu vermeiden, sodann damit, daß die Beklagten ein unsachgemäßes Verhalten der Polizeibehörde angeregt hätten. Zum letzteren Punkte weist indessen das Kammergericht zutreffend darauf hin, daß es den Beklagten wie jedem Staatsbürger freistand, sich wegen Beseitigung eines gefahrdrohenden Zustandes an die Polizeibehörde zu wenden, und daß sie für die Gesetz- und Zweckmäßigkeit des polizeilichen Vorgehens keine Verantwortung tragen. Daß die Beklagten etwa arglistig durch unrichtige Angaben die Erteilung des polizeilichen Erkenntnisses hintertrieben hätten, hat die Klägerin nicht behauptet. Im übrigen bestand keine Verpflichtung der Beklagten, die Klägerin, zu der sie in keinerlei Rechtsbeziehungen standen, auf die Notwendigkeit einer anderen Führung der Leitung hinzuweisen. Die Beklagten konnten erwarten, daß die Polizeibehörde das Erforderliche rechtzeitig veranlassen werde. Zudem war die Gefährlichkeit der Anlage auch für die Vertreter der Klägerin vorher erkennbar. Demgemäß hat der Berufungsrichter die Voraussetzungen des § 826 mit Recht verneint.

Da nach den vorstehenden Ausführungen bei Durchführung eines Enteignungsverfahrens zugunsten des Flugplatzes gemäß § 15 LVG. eine Enteignungsentschädigung nicht von den Beklagten, sondern vom Unternehmer des Flugplatzes aufzubringen gewesen wäre, so versagen auch schon aus dieser Erwägung die weiteren Klagegründe der ungerechtfertigten Bereicherung und der Geschäftsführung ohne Auftrag. Denn bereichert könnte allenfalls nur der Unternehmer des Flugplatzes sein, wie auch nur dessen Geschäfte von der Klägerin geführt sein könnten.

RGZ. 139, 177

Verfügungsrecht des Gesetzgebers über die Gesetzgebungshoheit? Selbstbindung des Gesetzgebers? Begriffserfordernisse der Enteignung. — Der Gesetzgeber kann über die Gesetzgebungshoheit nicht dahin verfügen, daß er sich durch Befristung eines Gesetzes bis zum Ablauf der Frist der Möglichkeit begibt, das Gesetz wieder zu ändern. Das gilt auch dann, wenn nach der Absicht des Gesetzgebers die Befristung des Gesetzes dem Interessenschutz beteiligter Wirtschaftskreise dienen sollte. Wer seine geschäftlichen Maßnahmen

auf den jeweiligen Stand der Gesetzgebung aufbaut, ohne daß für den Fortbestand der Gesetze eine verfassungsrechtliche Gewähr geschaffen oder eine vertragsmäßige Regelung eines etwaigen Entschädigungsanspruches für ihn erfolgt ist, übernimmt das Wagnis, daß spätere Gesetze seine geschäftlichen Pläne stören. Die bloße Selbstbefristung eines Gesetzes vermag ihm dieses Wagnis nicht abzunehmen, weil die Frist als Bestandteil des Gesetzes wie dieses selbst späteren gesetzlichen Änderungen unterworfen ist. Der Wechsel in den politischen Anschauungen und in der Zusammensetzung der gesetzgebenden Körperschaften schließt es nie aus, daß befristete gesetzgeberische Maßnahmen von den späteren Trägern der Gesetzgebungsgewalt geändert oder aufgehoben werden. — Der Begriff des gewährleisteten Eigentums im Sinne der verfassungsrechtlichen Enteignungsvorschriften ist nicht auf den eng begrenzten Eigentumsbegriff des bürgerlichen Rechts beschränkt; er umfaßt vielmehr außer dem Eigentum an körperlichen Sachen auch alle subjektiven Privatrechte einschließlich der Forderungsrechte, dagegen nicht Berechtigungen öffentlich-rechtlicher Art. Die Enteignungsvorschriften der Verfassung erstrecken sich nur auf die durch Sondereingriffe erfolgende Entziehung oder Beschränkung von Vermögensrechten, nicht dagegen auf die allgemeine Regelung ihres Inhalts. Die Befugnis, den Inhalt und die Schranken der gegen die Enteignung geschützten Rechte zu bestimmen, ist dem Gesetzgeber ausdrücklich vorbehalten, und diese Befugnis umfaßt auch die Auferlegung neuer Schranken und die Einengung des Inhalts der Rechte. Erforderlich ist nur, daß die Regelung durch eine allgemein gültige Vorschrift, nicht durch ein Sondergesetz für einzelne bestimmte Rechtsverhältnisse erfolgt. Die Verfassung schützt nicht nur gegen Eingriffe der Verwaltungsbehörden, sondern auch gegen solche, die auf dem Wege der Gesetzgebung erfolgen.

Alter Leitsatz:

1. Zum Begriff der Enteignung.

2. Kann ein Gesetz, das seine Geltungsdauer im voraus auf eine bestimmte Reihe von Jahren festlegt, subjektive Rechte für solche Wirtschaftskreise begründen, die an den durch das Gesetz getroffenen allgemeinen Anordnungen beteiligt sind und im Vertrauen auf die festbestimmte Geltungsdauer geschäftliche Maßnahmen treffen, insbesondere Geldmittel in ihren Unternehmungen festlegen?

3. Ist der Gesetzgeber durch eine solche Befristung eines früheren Gesetzes gehindert, vor Ablauf der Geltungsdauer aus allgemeinen Rücksichten jenem Gesetze widersprechende Anordnungen zu treffen, denen alle Staatsbürger gleichmäßig unterworfen sind?

RVerf. Art. 151, 153.

VII. Zivilsenat. Urt. v. 10. Januar 1933 i. S. 1. des Reichsverbandes des Deutschen Einfuhr- und Großhandels mit Gefrierfleisch und sonstigen Schlachthausprodukten e. V. in Hamburg, 2. des Zentralverbandes Deutscher Konsumvereine e. V. das., 3. des Verbandes Deutscher Kühlhäuser e. V. in Charlottenburg (Kl.) w. das Deutsche Reich (Bekl.). VII 312/32.

I. Landgericht I Berlin. II. Kammergericht daselbst.

Die Mitglieder des Klägers zu 1 beschäftigten sich mit der Einfuhr von hauptsächlich überseeischem Gefrierfleisch, die des Klägers zu 2 besorgten den Vertrieb und die dem Kläger zu 3 angeschlossenen Firmen übernahmen die Lagerung des Fleisches. Die drei Kläger machen als Rechtsnachfolger ihrer Mitglieder kraft Abtretung Schadensersatzansprüche gegen das Deutsche Reich geltend.

Nach § 12 Abs. 2 des Gesetzes betreffend die Schlachtvieh- und Fleischbeschau vom 3. Juni 1900 (RGBl. S. 547) durfte frisches Fleisch und auch Gefrierfleisch nur in ganzen Tierkörpern, mit denen die Innenteile noch verbunden waren, in das Zollinland eingeführt werden. Rindvieh und Schweine durften in Hälften zerlegt sein. Da solche Stücke aber nicht eingefroren werden konnten, war die Einfuhr von Gefrierfleisch tatsächlich unmöglich. An Zoll wurden für Gefrierfleisch 45 M für den Doppelzentner erhoben. Bei Beginn des Weltkrieges erging die Verordnung vom 4. August 1914 (RGBl. S. 350), wonach das Fleischbeschaugesetz für die Dauer des Krieges dahin abgeändert wurde, daß Tierkörper auch ohne die Innenteile und Rindvieh auch in Viertel zerlegt eingeführt werden durften. Ferner wurde die Erhebung von Zöllen für Fleisch auf Zeit ausgesetzt (Bekanntmachung des Reichskanzlers vom 4. August 1914 [RGBl. S. 352]). . . . Nach Beendigung des Krieges ergab sich das Bedürfnis für die Beibehaltung dieser Bestimmungen. Am 22. Dezember 1919 verfügte der Reichswirtschaftsminister das allgemeine weitere Inkraftbleiben der kriegswirtschaftlichen Verordnungen. Am 26. Januar 1920 erließ die Reichsregierung eine neue Verordnung, wonach sie die durch die Verordnung vom 4. August 1914 angeordneten Abänderungen von Einfuhrverboten und Einfuhrbeschränkungen für Fleisch nochmals ausdrücklich aufrechterhielt.

Da die gesetzliche Regelung nur für vorübergehende Zeit getroffen war, bemühten sich die beteiligten Wirtschaftskreise darum, die Reichsregierung zu veranlassen, den durch die Kriegsgesetzgebung geschaffenen Ausnahmezustand in einen endgültigen Zustand zu überführen. Wegen der Unsicherheit der Rechtslage, die sich jederzeit durch Verfügung des Reichswirtschaftsministers ändern konnte, scheuten sich die beteiligten Kreise, die notwendigen Mittel aufzuwenden, um die Einfuhr von Gefrierfleisch im großen zu betreiben. Anderseits wünschte die Reichsregierung die Bevölkerung mit billigem Fleisch zu versorgen, zumal unter dem Druck der Friedensbedingungen die deutsche Landwirtschaft allein diese Aufgabe damals nicht ausreichend erfüllen konnte. . . . Die beteiligten Wirtschaftskreise bemühten sich darum, die Beibehaltung des bisherigen Zustandes auf mindestens zehn Jahre zu erreichen, um innerhalb dieses Zeitraums die Möglichkeit zur Tilgung der geldlichen Aufwendungen zu erlangen, die sie auf die zur Einführung ausländischen Gefrierfleisches notwendigen Einrichtungen machen würden. . . .

Am 13. Oktober 1923 war das Ermächtigungsgesetz (RGBl. I S. 943) erlassen worden . . . Am 2. November 1923 erging auf Grund des Ermächtigungsgesetzes die Verordnung der Reichsregierung über Einfuhrerleichterungen für Fleisch. Diese Verordnung bestimmte in § 1:

> Die durch die Bekanntmachung, betreffend vorübergehende Einfuhrerleichterungen für Fleisch vom 4. August 1914 (RGBl. S. 350) zugelassenen Erleichterungen für die Einfuhr von Gefrier- und Kühlfleisch bleiben bis auf weiteres, jedoch mindestens bis 31. Dezember 1933, in Kraft.

Auf diese gesetzliche Regelung hin nahmen die beteiligten Wirtschaftskreise die notwendigen Geldaufwendungen vor und begannen mit der Einfuhr von Gefrierfleisch in großem Ausmaße.

In den Jahren 1925 bis 1930 wurde der frühere Zoll für die Einfuhr von Gefrierfleisch wieder eingeführt, die zunächst noch zollfrei gelassene Einfuhrmenge wiederholt beschränkt und schließlich die Zollfreiheit ganz aufgehoben. Die von den beteiligten Wirtschaftskreisen gegen diese Maßnahmen erhobenen Einsprüche blieben unbeachtet. Im Jahre 1930 wurden auch die früheren Einfuhrbeschränkungen für Kühlfleisch wiederhergestellt und der § 12 des Schlachtvieh- und Fleischbeschaugesetzes wieder förmlich in Kraft gesetzt.

Die Kläger begehren auf Grund dieses Sachverhalts Schadensersatz. Ihren Schaden berechnen sie auf 53 Millionen RM. Als Klagegründe machen sie geltend: unerlaubte Handlung, insbesondere Amtspflichtverletzungen des Reichsministers Sch. und des Ministerialdirektors D., und Enteignung.

Die Vorinstanzen haben die Klage abgewiesen. Die Revision der Kläger blieb erfolglos.

. . . Aus den Gründen:

Die Annahme, es liege in der vor dem 31. Dezember 1933 verfügten Wiedereinführung von Einfuhrzöllen auf Fleisch und in der vorzeitigen Wiederinkraftsetzung der ehemaligen Einfuhrbeschränkungen für Fleisch eine entschädigungslose Enteignung im Sinne des Art. 153 Abs. 2 RVerf., hat das Kammergericht abgelehnt. Es hat erwogen, daß der Begriff des Eigentums allerdings weit auszulegen sei und daß die Enteignung auch in der Wegnahme oder Beschränkung eines Rechts bestehen könne. Auch durch ein Gesetz könne eine Enteignung vollzogen werden. Indessen sei eine zur Entschädigung berechtigende Enteignung nur dann anzunehmen, wenn ein Einzeleingriff in die Rechte bestimmter Personen oder eines bestimmten begrenzten Personenkreises in Frage stehe. Daran fehle es im vorliegenden Falle. Jeder habe sich mit der Einfuhr von Gefrierfleisch befassen können. Auch Firmen, die sich bis dahin mit der Einfuhr und dem Vertrieb sowie mit der Lagerung von ausländischem Fleisch nicht beschäftigten, hätten diesen Erwerbszweig aufnehmen und Einfuhrscheine erhalten können. Selbst angenommen, daß den Klägern oder ihren Mitgliedsfirmen durch die Verordnung vom 2. November 1923 irgendwelche Rechte gewährt worden seien, so hätten die mit der Einfuhr von Gefrierfleisch beschäftigten Firmen doch keinen Rechtsanspruch darauf gehabt, nur allein unter Ausschluß anderer, und zwar immer auch für die gleiche Einfuhrmenge, Berechtigungsscheine zu erhalten. . . . Nach Art. 151 Abs. 3 RVerf. sei die Gewerbefreiheit nach Maßgabe der Reichsgesetze gewährleistet; die Gesetze von 1925 bis 1930 seien Gesetze im Sinne dieser Verfassungsvorschrift, da sie ganz allgemein den Inhalt und die Schranken des Rechts eines jeden bestimmten, Gefrierfleisch einzuführen. Diese Gesetze beruhten auf gesundheitspolitischen Erwägungen, die allerdings durch innenpolitische Notwendigkeiten, z. B. als Hilfsmaßnahmen für die Landwirtschaft, veranlaßt sein möchten; gerade an solche Bestimmungen sei in Art. 151 Abs. 3 RVerf. gedacht.

In dieser Begründung tritt kein Rechtsfehler zutage. Nach der Rechtsprechung des Reichsgerichts ist der Begriff des gewährleisteten Eigentums im Sinne des Art. 153 RVerf. nicht auf den engbegrenzten Eigentumsbegriff des bürgerlichen Rechts zu beschränken; er umfaßt vielmehr außer dem Eigentum an körperlichen Sachen auch alle subjektiven Privatrechte einschließlich der Forderungsrechte, dagegen nicht Berechtigungen öffentlich-rechtlicher Art. Die Verfassung schützt auch nicht nur gegen Eingriffe durch Anordnungen oder Maßnahmen der Verwaltungsbehörden, sondern solchen Verwaltungshandlungen sind Rechtsentziehungen und Rechtsbeschränkungen gleichgestellt, die auf dem Wege der Gesetzgebung herbeigeführt werden. Demnach kann die Entziehung subjektiver Rechte durch den Gesetzgeber eine Enteignung sein. Auf die weiter in der Rechtsprechung wie im Schrifttum mehrfach erörterte Frage, ob darüber hinaus zur Enteignung auch die Überführung des entzogenen Gegenstandes in das Vermögen dessen gehöre, der durch die Entziehung begünstigt wird, braucht im vorliegenden Falle nicht weiter eingegangen zu werden, weil es — abgesehen von diesem etwaigen Erfordernisse — schon an den sonstigen Voraussetzungen einer Enteignung fehlt. Denn die Enteignung im Sinne des Art. 153 RVerf. erstreckt sich — wie in der Rechtsprechung des Reichsgerichts und des Staatsgerichtshofs feststeht — nur auf die durch Sondereingriffe erfolgende Entziehung oder Beschränkung von Vermögensrechten, nicht dagegen auf die allgemeine Regelung ihres Inhalts. Die Befugnis, den Inhalt und die Schranken der gegen Enteignung geschützten Rechte zu bestimmen, ist dem Gesetzgeber in Art. 153 Abs. 1 Satz 2 RVerf. ausdrücklich vorbehalten, und diese Befugnis umfaßt auch die Auferlegung neuer Schranken und die Einengung des Inhalts der Rechte. Erforderlich ist nur, daß die Regelung durch eine allgemein gültige Vorschrift, nicht durch ein Sondergesetz für einzelne bestimmte Rechtsverhältnisse erfolgt. Mit Recht hat das Kammergericht angenommen, daß ein Einzeleingriff in Rechte bestimmter Personen oder doch eines bestimmt begrenzten Personenkreises hier nicht vorliegt.

. . .

Unzweifelhaft handelt es sich bei den aus allgemeinen Rücksichten erlassenen Vorschriften nicht um Einzeleingriffe in die Rechte bestimmter Personen, sondern um Maßnahmen, denen alle Wirtschaftskreise gleichmäßig unterworfen wurden, die zur Zeit ihrer Anordnung sich mit der Einfuhr, der Lagerung und dem Vertriebe von Gefrierfleisch beschäftigten oder in der Zukunft beschäftigen sollten. Mag immerhin der eingerichtete und ausgeübte Gewerbebetrieb als ein Recht anerkannt werden, das unter gewissen Voraussetzungen des gesetzlichen Schutzes gegen unerlaubte Handlungen teilhaftig ist, mag es als solches auch dem Begriff „Eigentum" in Art. 153 RVerf. unterfallen und mag den Rechtsvorgängern der Kläger durch die bezeichneten Maßnahmen die Fortführung ihrer Gewerbebetriebe in der bisherigen Weise unmöglich gemacht und ihnen so ein Vermögensschaden zugefügt worden sein, so halten sich doch die bezeichneten Vorschriften in den Grenzen solcher allgemeinen gesetzlichen Regelungen, denen nach Art. 151 Abs. 3 RVerf. die Freiheit des Handels und Gewerbes unterworfen ist. Um gesetzliche Enteignungen im Sinne des Art. 153 RVerf. kann es sich dabei schon deshalb nicht handeln, weil die Zollauflagen sowohl wie die Einfuhrbeschränkungen, die der Gesetzgeber in den Jahren 1925 bis 1930 aus den ihm maßgeblich erscheinenden Gründen des allgemeinen Wohls anzuordnen für notwendig befand, alle gleichmäßig trafen, die sie angingen. An dieser Beurteilung vermag auch der Umstand nichts zu ändern, daß der Gesetzgeber von 1923 seine Anordnungen, welche die Freiheit der Gefrierfleischeinfuhr von Beschränkungen gewährleisten sollten, auf eine bestimmte Dauer befristet hatte, und daß die Wirtschaftskreise, die sich zu jener Zeit auf dem bezeichneten Gebiete gewerbsmäßig betätigten oder betätigen wollten, solche Befristung erstrebt und erst, nachdem sie sie erreicht hatten, erhebliche Vermögenswerte in ihren gewerblichen Unternehmungen festgelegt hatten. Denn sie hatten auf den unveränderten Fortbestand jener Befristung, die der Gesetzgeber von 1923 sich selbst auferlegt hatte, kein ihnen gewährleistetes Recht, sondern mußten damit rechnen, daß veränderte wirtschaftliche Verhältnisse im späteren Verlaufe der Dinge, und zwar schon vor dem Ende jener Frist, zu gesetzgeberischen Maßnahmen allgemeiner Art führen konnten, welche den Fortbetrieb ihrer Unternehmungen auf der bisherigen Grundlage wesentlich erschwerten oder unmöglich machten. Der unvermeidliche Wechsel in den politischen Anschauungen der Bevölkerung und in der Zusammensetzung der gesetzgebenden Körperschaften schließt es ohnehin nie völlig aus, daß selbst befristete gesetzgeberische Maßnahmen von den späteren Trägern der Gesetzgebungsgewalt für unzweckmäßig oder nicht mehr erträglich gehalten und deshalb geändert oder aufgehoben werden. Wer seine geschäftlichen Maßnahmen auf den jeweiligen Stand der allgemeinen Gesetzgebung aufbaut und ohne vertragsmäßige Regelung einer etwaigen Entschädigungspflicht, auch ohne verfassungsrechtliche Gewähr für den Fortbestand der maßgeblichen Gesetze, welche ihm die gewinnbringende Ausnutzung seiner geschäftlichen Unternehmungen erst ermöglichen, seinen Betrieb entsprechend ausgestaltet und auf einen bestimmten Erwerbszweck gerichtete geschäftliche Maßnahmen trifft, übernimmt damit naturgemäß das Wagnis, daß spätere Gesetze, welche die Wirtschaft in dieser oder in jener Richtung beeinflussen, seine geschäftlichen Pläne stören oder den Fortbetrieb seines Unternehmens vereiteln. Die bloße Selbstbefristung eines Gesetzes vermag ihm dieses Wagnis nicht abzunehmen, weil die Frist als Bestandteil des Gesetzes wie dieses selbst späteren gesetzlichen Änderungen unterworfen ist, deren Zweckmäßigkeit oder Notwendigkeit sich nach den jeweiligen wirtschaftlichen oder politischen Verhältnissen richtet und auf längere Sicht im voraus nicht mit Sicherheit ermessen werden kann. Unter den gegebenen Umständen kann in der Selbstbefristung der Verordnung vom 2. November 1923 im Zusammenwirken mit dem Umstande, daß zu jener Zeit die Regierung aus allgemeinen volkswirtschaftlichen Gründen, im Hinblick auf die Notlage weiter Volkskreise, die Einfuhr von Gefrierfleisch aus dem Auslande fördern wollte, und daß die maßgebenden Wirtschaftskreise vor der Anlegung wesentlicher Mittel eine gesetzliche Sicherung anstrebten, keine Begründung eines wohlerworbenen Rechts gesehen werden. Das ist um so weniger anzunehmen, als auch auf diesem Wirtschaftsgebiete der Grundsatz der Gewerbefreiheit galt, so daß sich beliebig viele Unternehmer an den mit der Einfuhr, der Lagerung und dem Vertriebe von Gefrierfleisch verbundenen Geschäften beteiligen konnten, diese Erwerbszweige also keineswegs einem begrenzten Kreise von Gewerbetreibenden vorbehalten waren.

Die Revision bemängelt, das Berufungsgericht habe nicht berücksichtigt, daß es der Sinn der Verordnung vom 2. November 1923 gewesen sei, die Rechtsvorgänger der Kläger durch Zusicherung einer unbehinderten Gefrierfleischeinfuhr bis zum 31. Dezember 1933 zu sichern, oder wenigstens diesem Umstand nicht die ihm für die Entscheidung zukommende Bedeutung beigemessen. Jahrelang hätten ihre Vertreter darauf hingearbeitet, eine gesetzliche Befristung zu erreichen, durch die eine Wirtschaftlichkeit der aufgenommenen Gefrierfleischbetriebe und die Tilgung der Anlagewerte gewährleistet werde: den Reichsorganen sei der Zweck dieser Bestrebungen bekannt gewesen; der Fassung der Verordnung vom 2. November 1923 seien auch geflissentlich die Anträge der Sozialdemokratischen Reichstagsfraktion zugrundegelegt worden, welche die zehnjährige Befristung gewünscht habe, weil sonst „die Organisationen, die sich mit der Fleischversorgung befaßten, nicht die Einrichtungen schaffen könnten." Dieser Beweggrund der Befristung sei auch in einem Schreiben des Reichsministers des Innern vom 31. Oktober 1923 zum Ausdruck gekommen.

Die Rüge ist nicht begründet. Es fehlt an jeglichem Anhalt dafür, daß der Berufungsrichter diese Tatsachen, die zum Teil im Tatbestand des angefochtenen Urteils selbst in aller Ausführlichkeit, noch dazu als unstreitig, wiedergegeben sind, bei der Urteilsbegründung aus dem Auge verloren gehabt haben könnte. Offenbar ist er der Auffassung gewesen, daß es für die rechtliche Würdigung des Sachverhalts, soweit er für den Klagegrund der Enteignung in Betracht kommt, auf die klarliegenden Beweggründe, die dem Gesetzgeber von 1923 zur Befristung seiner Regelung Anlaß gegeben haben, nicht entscheidend ankommt. Dieser Auffassung läßt sich mit Rechtsgründen nicht entgegentreten. Denn aus den schon hervorgehobenen Gründen kann eine gesetzliche Enteignung im Sinne des Art. 153 RVerf. selbst dann nicht als vorliegend anerkannt werden, wenn der Gesetzgeber von 1923 durch die Befristung seiner Regelung den damals beteiligten Kreisen die von ihnen erstrebte Sicherheit geben wollte, eine Sicherung, die nach ihrer inneren Eigenart von Anfang an eine nur bedingte und deshalb fragwürdige sein konnte. Demgegenüber meint die Revision, nach Treu und Glauben müsse eine Zusage der fraglichen Art, die mit der Absicht oder auch nur in dem Bewußtsein gegeben sei, ein anderer werde durch sie zu Aufwendungen veranlaßt, eingehalten werden, wenn die Aufwendungen im Vertrauen auf ihre Einhaltung vorgenommen worden seien. Allein es erscheint nicht als möglich, auf den Fall einer etwaigen Selbstbindung des Gesetzgebers die Grundsätze des Vertragsrechts unmittelbar oder auch nur entsprechend anzuwenden, mit der Wirkung, daß die spätere Gesetzgebung rechtlich gehindert wäre, eine die Befristung unbeachtet lassende gesetzgeberische Maßnahme zu treffen, die möglicherweise durch die Veränderung der Verhältnisse aus allgemeinen Rücksichten des öffentlichen Wohls unvermeidlich geworden ist. Insoweit kann es sich auch nicht, wie die Revision meint, darum handeln, im Wege der Auslegung des Gesetzesinhalts eine Bindung von der Art zu begründen, daß spätere Gesetzgeber nicht befugt gewesen wären, vor Ablauf der Frist eine Änderung der Verhältnisse auf dem Wege der einfachen Gesetzgebung eintreten zu lassen. Denn der Gesetzgeber ist selbstherrlich und an keine anderen Schranken gebunden als diejenigen, die er sich selbst in der Verfassung oder in anderen Gesetzen gezogen hat. Bloß um einer Befristung des Gesetzes willen eine solche Schranke anzunehmen, an die der Gesetzgeber, selbst ohne Rücksicht auf nachträgliche Änderungen der allgemeinen Verhältnisse, die für die Befristung maßgebend waren, ein für allemal gebunden sei, verbietet sich schon aus der Erwägung, daß durch eine Befristung schlechthin subjektive Rechte noch nicht begründet werden. Sind freilich auf der durch das Gesetz geschaffenen Rechtsgrundlage subjektive Rechte späterhin zur Entstehung gelangt, so versteht es sich von selbst, daß für diese Rechte die verfassungsrechtliche Gewährleistung ebenso wirksam wird wie für Eigentum und andere Privatrechte. Mangels einer vertragsmäßigen Bindung ist aber auch nicht daran zu denken, daß die in der Verordnung vom 2. November 1923 enthaltene Befristung wohlerworbene Rechte der Rechtsvorgänger der Kläger habe begründen sollen und auch tatsächlich begründet habe; dies ist schon deshalb ausgeschlossen, weil — wie bereits hervorgehoben — auch zu jener Zeit ein bestimmt abgrenzbarer Kreis von Personen, zu deren Gunsten ein wohlerworbenes Recht hätte begründet werden können, nicht in Betracht kam, sondern unbegrenzt viele Unternehmer sich an den Geschäften beteiligen konnten, die ihnen trotz des damit verbundenen Wagnisses als gewinnverheißend erscheinen mochten. Es bedarf deshalb auch nicht der Erörterung, ob die Reichsregierung, die auf Grund des Ermächtigungsgesetzes vom 13. Oktober 1923 die Verordnung vom 2. November 1923 erlassen hat, zur Begründung von Privatrechten befugt gewesen wäre, die Verfassungsschutz genossen hätten. Der hier gegebene Sachverhalt bietet keine rechtliche Möglichkeit, anzunehmen, daß — abgesehen von der zulässigen allgemeinen Beschränkung der natürlichen und wirtschaftlichen Freiheit der Staatsbürger — die Rechtsvorgänger der Kläger in ihren Privatrechten, etwa in einem subjektiven Rechte auf Aufrechterhaltung des bestehenden Rechtszustands während der ganzen Dauer der vorgesehenen Frist, beschränkt worden wären. Aus den hervorgehobenen Gründen erübrigt es sich auch, auf die von der Revision aufgeworfene Frage einzugehen, ob gewisse Gesetze, z. B. solche, die langjährige Steuerbefreiungen für Neubauten und Siedler enthalten, um ihres Inhalts willen nicht zum Nachteil derer, die im Vertrauen auf die ihnen zugesicherten Befreiungen verfügt haben, innerhalb der Befreiungsfristen geändert werden können. Die Revision führt aus, schon durch das Vertrauen der Rechtsvorgänger der Kläger auf die Verordnung vom 2. November 1923 habe sich für sie eine besondere Rechtsstellung ergeben mit der Wirkung, daß sie von dem Augenblick an, in dem sie im Vertrauen auf die „gesetzliche Zusage" Gewerbebetriebe neu errichteten oder für bestehende Betriebe neue kostspielige Anlagen schufen, ein besonderes Recht auf die Einhaltung der „Zusage" erlangt hätten; es sei gleichgültig, ob man hier von einem subjektiven öffentlichen Recht, einem Privileg oder einem wohlerworbenen Recht sprechen wolle. Dieser Erwägung steht jedoch ebenfalls der Umstand entgegen, daß weder für die Vertreter der Rechtsvorgänger der Kläger, die mit den Reichsbehörden über die künftige Rechtsgestaltung verhandelten, noch für die Reichsregierung mit nur einiger Sicherheit übersehbar war, in welchem Umfang Handel und Gewerbe sich an den durch die Verordnung vom 2. November 1923 ermöglichten Geschäften beteiligen und welche Unternehmer insoweit im einzelnen in Betracht kommen würden. Um so weniger kann von der Begründung subjektiver Rechte oder einer verfassungsrechtlich gewährleisteten Rechtsstellung für einen derartig unbegrenzbaren Kreis von Beteiligten die Rede sein, als die vorangegangenen Verhandlungen der beteiligten Wirtschaftkreise mit den zuständigen Reichsbehörden offenbar nicht auf die Begründung von Privilegien oder sonstigen Rechten für die Verhandlungsführer und ihre Auftraggeber abzielten, sondern eine allgemein gültige Rechtsgestaltung zu finden bezweckten, bei der sich die wirtschaftlichen Belange der beteiligten Kreise mit den von der Regierung zu wahrenden Rücksichten auf das gemeine Wohl möglichst in Einklang bringen ließen.

Die Revision bezeichnet weiter die Annahme des Berufungsgerichts als rechtsirrig, daß im Zeitpunkte der Enteignung, also bei Erlaß der verschiedenen Gesetze von 1925 bis 1930, ein bestimmter Personenkreis nicht vorhanden gewesen sei. Enteignet sei der bestimmte Personenkreis derer, die im Vertrauen auf die Verordnung vom 2. November 1923 Gewerbebetriebe eingerichtet oder erweitert und hierzu Aufwendungen gemacht hätten. Rechtsirrig stelle der Berufungsrichter darauf ab, daß für jeden die Möglichkeit offen stehe, Gefrierfleisch einzuführen. Dieser nur beiläufigen Bemerkung des Berufungsurteils kommt aber offensichtlich keine ausschlaggebende Bedeutung zu. . . . Auch die in diesem Zusammenhang weiter erhobene Prozeßrüge ist nicht gerechtfertigt, der Berufungsrichter habe das Vorbringen unbeachtet gelassen, daß die Verordnung vom 2. November 1923 auf Grund der Wünsche des nämlichen Personenkreises ergangen sei. An der von der Revision bezeichneten Aktenstelle hatten die Kläger ausgeführt, für die Einfuhr von Gefrierfleisch seien nur im Überseehandel erfahrene große, kapitalkräftige Firmen in Betracht gekommen, für den Weiterverkauf ebenfalls nur Firmen, die mit diesen in Beziehung gestanden hätten und in der Lage gewesen seien, die kostspieligen Einrichtungen zu treffen; die Zusage der Regierung, die zehnjährige Schutzfrist festzulegen, sei an diesen begrenzten Personenkreis gerichtet gewesen; durch die gesetzliche „Garantie" sei ein Sondergewerbe bestimmter Firmen entstanden, das es vor dem Kriegsende nicht gegeben habe und nicht habe geben können. Daß der Vorderrichter dieses Vorbringen übersehen hätte, erhellt nicht. Es ist aber auch sachlich nicht als fehlerhaft zu beanstanden, daß er dem für die Einfuhr und den Vertrieb des Gefrierfleisches und die sonstigen damit verbundenen Maßnahmen in Betracht kommenden Personenkreise die erforderliche Bestimmtheit abgesprochen hat. . . . Wenn die Revision davon spricht, daß der Kreis derjenigen Unternehmer enteignet worden sei, die im Vertrauen auf die Verordnung vom 2. November 1923 Aufwendungen zum entsprechenden Ausbau ihrer Geschäftseinrichtungen gemacht hätten, so ist eine nähere Abgrenzung, wie sie für den Begriff der Enteignung gefordert werden muß, daraus ebensowenig zu entnehmen wie die Abgrenzung des — nach Auffassung der Revision den nämlichen Personenkreis umfassenden — Sondergewerbes, das im Hinblick auf die getroffene Neuregelung und die wachsenden wirtschaftlichen Nöte weiter Bevölkerungsschichten offenbar noch im Werden, in der Entwicklung begriffen war, so daß in der Tat nicht abgesehen werden konnte, welchen Umfang die abzuschließenden Geschäfte annehmen und in welchem Maße Handel und Gewerbe sich an den einschlagenden Unternehmungen beteiligen würden. Die Meinung der Revision aber, daß die für die Enteignung erforderliche Bestimmtheit des Personenkreises durch die Art herbeigeführt worden sei, in der die Beteiligung der bisherigen Gefrierfleischhändler an dem Vertrieb des zollfreien Anteils an der Gefrierfleischeinfuhr durch die Gesetze und die dazu erlassenen Ausführungsbestimmungen geregelt wurde, ist deshalb abzulehnen, weil nach der Darstellung der Kläger diese Gesetze selbst schon einen unzulässigen Einbruch in die Rechtsstellung ihrer Rechtsvorgänger und damit den Anfang ihrer Enteignung darstellten. In Wirklichkeit trafen aber sowohl die

Zollbestimmungen wie die Wiedereinführung der Einfuhrbeschränkungen nicht bloß diesen von den Klägern bezeichneten, nicht näher abzugrenzenden Personenkreis, sondern auch alle diesem Kreise nicht angehörenden Personen, die sich künftig mit der Einfuhr oder dem Verkauf von Gefrierfleisch beschäftigen würden, also alle Staatsbürger ganz gleichmäßig. Derartige allgemeine Regelungen stellen, mögen sie auch in bestehende Rechtsverhältnisse eingreifen, keine Enteignung im Sinne des Art. 153 Abs. 2 RVerf. dar, sondern eine Inhaltsbestimmung und Inhaltsbeschränkung im Rahmen des Abs. 1 Satz 2 das. So gestaltete Beschränkungen ihrer Rechtsstellung müssen sich auch solche Staatsbürger gefallen lassen, welche auf den Fortbestand der bisherigen Betätigungsfreiheit vertraut haben und zu solchem Vertrauen durch irgendwelche Umstände veranlaßt worden waren, es sei denn, daß ihnen ein die künftige Beschränkung ausschließendes wohlerworbenes Recht zur Seite stände. . . .

Was die Revision im übrigen zur Stütze ihrer Auffassung, es handle sich um eine gesetzliche Enteignung, anführt, sind kaum mehr als Zweckmäßigkeitserwägungen, wie sie wohl für den Gesetzgeber beachtlich sein mögen, wenn er sich vor die Frage gestellt sieht, ob er bei seiner aus Gründen des Gemeinwohls für notwendig erachteten allgemeinen Regelung die hierdurch betroffenen und geschädigten Gewerbebetriebe, möglicherweise auch aus Billigkeitsgründen, entschädigen soll. Für die zur Entscheidung stehende Frage, ob eine Enteignung vorliegt, die rechtlich zur Entschädigung *nötigt*, sind sie ohne Bedeutung. Dies gilt insbesondere auch von der Erwägung, daß es volkswirtschaftlich wichtigen gesetzgeberischen Maßnahmen die erhoffte Wirkung nehmen kann, wenn im Volke das Vertrauen auf die Einhaltung gesetzlicher Bindungen des gegenwärtigen Gesetzgebers erschüttert wird. . . .

RGZ. 150, 9

Enteignung und allgemeine Inhaltsbestimmung des Eigentums. Beschränkung der Eigentümerbefugnisse durch Bebauungsplangesetze. — Die Beschränkung der Eigentümerbefugnisse durch Bebauungsplangesetze ist keine Enteignung, sondern eine allgemeine gesetzliche Inhaltsbestimmung und -beschränkung des Eigentums, wenn sie alle Grundeigentümer im Geltungsgebiet des Gesetzes gleichmäßig trifft; sie begründet daher keine öffentlich-rechtliche Entschädigungspflicht. Ist der Behörde die Bewilligung einer Ausnahme von dieser allgemeinen Beschränkung der Eigentümerbefugnisse gesetzlich vorbehalten und macht die Behörde hiernach die Bewilligung der Ausnahme von einer Gegenleistung (z. B. von unentgeltlicher Landabtretung) abhängig, so liegt auch hierin keine Enteignung. Denn der

Eingriff in das Privateigentum liegt nicht erst in dem Verlangen einer Gegenleistung für die gesetzlich vorbehaltene Ausnahmebewilligung, sondern bereits in der durch das Bebauungsplangesetz erfolgten allgemeinen Beschränkung des Eigentums.

Alter Leitsatz:

Ist es mit den reichsrechtlichen Enteignungsgrundsätzen, insbesondere mit Art. 153 Abs. 2 WeimVerf., vereinbar, wenn die zuständige hamburgische Behörde auf Grund von § 15 des hamburgischen Bebauungsplangesetzes vom 31. Oktober 1923 (Hamb. GuVoBl. S. 1357) die Genehmigung zur Anlegung einer neuen Straße durch eine Privatperson als Unternehmer von der unentgeltlichen Abtretung von Flächen an den Staat abhängig macht?

III. Zivilsenat. Urt. v. 17. Dezember 1935 i. S. J. (Kl.) w. Hamb. Staat (Bekl.). III 66/35.

I. Landgericht Hamburg. II. Oberlandesgericht daselbst.

Der Kläger war Eigentümer eines etwa 64 000 qm großen, im Landgebiet des Hamburgischen Staates in Gr. H. belegenen Grundbesitzes. Durch notariellen Vertrag vom 19. März 1929 verkaufte er ein Teilstück von etwa 2500 qm zum Preise von 12 000 GM. an den Kaufmann D. Im Kaufvertrag war zum Ausdruck gebracht, daß beabsichtigt sei, als besonderen Zufahrtsweg zu dem verkauften Grundstück eine etwa 9 m breite Straße am Waldrand anzulegen; der Käufer D. verpflichtete sich, den hierfür erforderlichen Streifen zur allgemeinen Wegebenutzung auf Anfordern des Verkäufers ohne jede Vergütung zur Verfügung zu stellen. Am 20. März 1929 beantragte der Kläger bei der hamburgischen Behörde die Genehmigung der im Vertrag mit D. vorgesehenen Straße, durch die für das verkaufte Grundstück die Zufahrt erschlossen werden sollte. Die Finanzdeputation in Hamburg teilte ihm mit Schreiben vom 18. Oktober 1929 mit, sie habe von der Landherrenschaft den Entwurf eines ihm zu erteilenden Straßengenehmigungsbescheides zur Prüfung erhalten; sie vermöge dem Entwurf in der vorliegenden Form jedoch nicht zuzustimmen, da sie zur Wahrung von Belangen des Klägers wie des Hamburgischen Staates beabsichtige, die zwischen dem Kläger und der Finanzdeputation zu treffenden Vereinbarungen nicht nur auf die verkaufte Fläche, sondern auf das gesamte Gelände des Klägers in Gr. H. zu erstrecken. Die nach den neuesten Entwürfen der Baubehörden für den Bebauungsplan von Gr. H. auf den Grundstücken des Klägers vorgesehenen Straßen und Grünanlagen seien auf dem beigefügten Lageplan der Domänenverwaltung gekennzeichnet. Diese Flächen beliefen sich auf etwa 26 v. H. des gesamten Grundbesitzes des Klägers. Voraussetzung für die Erteilung eines Straßengenehmigungsbescheides sei die unentgeltliche Abtretung dieser Geländeteile, über die ein Vertrag abzuschließen sei. Der Kläger lehnte es ab, diesem Verlangen nachzukommen.

Im Frühjahr 1930 trat der Kläger mit einem neuen Vorschlag an die Finanzdeputation heran. Danach sollte die Straße auch über Grundbesitz des Grundstücksnachbarn W. geführt werden. Die Finanzdeputation machte dieses Mal die Genehmigung von der unentgeltlichen Abtretung von Landflächen sowohl des Klägers als auch des W. abhängig. Auch hierauf ging der Kläger nicht ein. Nachdem dann weitere erfolglose Verhandlungen stattgefunden hatten, wandte sich der Kläger am 20. Januar 1931 mit einem neuen Straßengenehmigungsplan an die Landherrenschaft. Während die Verhandlungen über diesen neuen Plan geführt wurden, trat der Käufer D. von dem Kaufvertrag vom 19. März 1929 zurück, weil der Kläger seine Verpflichtung zur Anlage des Zugangsweges nicht erfüllt hatte. Außerdem betrieb nunmehr eine Hypothekengläubigerin die Zwangsversteigerung des gesamten Grundbesitzes, weil der Kläger die fälligen Zahlungen an sie nicht hatte leisten können. Als am 7. September 1931 die Finanzdeputation neue Bedingungen wegen der Straßenbaugenehmigung stellte, mit denen die unentgeltliche Abtretung erheblich geringerer Flächen verlangt wurde, war das Zwangsversteigerungsverfahren nicht mehr aufzuhalten. Der betreibenden Hypothekengläubigerin wurde der gesamte Grundbesitz des Klägers zum Preise von 70000 RM. zugeschlagen.

Der Kläger macht den Hamburgischen Staat für den ihm durch die Zwangsversteigerung entstandenen Schaden verantwortlich. Er macht geltend, die Beamten des Beklagten, insbesondere die der Finanzdeputation, hätten dadurch, daß sie die Genehmigung des Straßenbaues in der geschehenen Weise von der unentgeltlichen Abtretung von Grundstücksgelände abhängig gemacht hätten, ihre Amtspflicht ihm gegenüber verletzt; sie hätten dadurch verschuldet, daß er nicht in der Lage gewesen sei, mit dem aus dem Kaufvertrag mit D. zu erwartenden Kaufpreise die Hypothekengläubigerin so weit zu befriedigen, daß sie von der Betreibung des Zwangsversteigerungsverfahrens Abstand genommen hätte.

Die Klage wurde abgewiesen. Die Berufung des Klägers wurde zurückgewiesen. Seine Revision war ohne Erfolg.

Aus den Gründen:

Der Kläger hat den auf Art. 131 WeimVerf. in Verbindung mit § 839 BGB. gestützten Schadensersatzanspruch in dreifacher Weise begründet: in erster Reihe damit, daß der Beklagte überhaupt nicht befugt gewesen sei, die Genehmigung des Straßenbaues von einer unentgeltlichen Landabtretung abhängig zu machen, ferner damit, daß mit Rücksicht auf den Umfang der verlangten Abtretung ein schuldhafter Ermessensmißbrauch vorliege, und endlich damit, daß die Entscheidung über die Anträge durch die Beamten des Beklagten schuldhaft verzögert worden sei. Der Beklagte hat die Befugnis für sein Vorgehen auf § 15 des hamburgischen Bebauungsplangesetzes vom 31. Oktober 1923 gestützt und im übrigen einen Ermessensmißbrauch und eine schuldhafte Verzögerung in der Erledigung der Anträge bestritten.

Der von dem Beklagten in bezug genommene § 15 des hamburgischen Bebauungsplangesetzes ist in dem die Überschrift „Privatstraßen" tragenden Kapitel IV enthalten und bestimmt folgendes:

1. Die Anlegung neuer Straßen durch Privatpersonen als Unternehmer bedarf der Genehmigung des Senats.

2. Bei der Genehmigung kann die Abtretung von Flächen an den Staat verlangt und können den beteiligten Grundstücken im öffentlichen Interesse Beschränkungen auferlegt werden. . . .

. . . Das Berufungsgericht hat angenommen, daß, wenn dies auch im Gesetz nicht ausdrücklich ausgesprochen sei, nach § 15 des Bebauungsplangesetzes die unentgeltliche Abtretung von Landflächen verlangt werden könne und daß nach hamburgischem Verwaltungsrecht die Finanzdeputation, welche die vom Kläger gestellten Anträge zu begutachten gehabt habe, befugt gewesen sei, ihm die Bedingungen mitzuteilen, unter denen sie die Genehmigung des Antrags befürworten wolle, wenn ihr nicht sogar die letzte Entscheidung zugestanden habe. Insoweit handelt es sich um eine nach § 549 Abs. 1 ZPO. der Nachprüfung durch das Revisionsgericht entzogene Anwendung und Auslegung hamburgischen Landesrechts.

Dagegen ist der Rechtsstandpunkt, den das Berufungsgericht hinsichtlich der Anwendbarkeit der bezeichneten Bestimmung vertreten hat, nachprüfbar, soweit es die Vereinbarkeit der Vorschrift und ihrer Anwendung durch die Finanzdeputation mit dem Reichsrecht und den allgemeinen Vorschriften des Verwaltungsrechts, soweit diese Teile des Reichsrechts sind, bejaht hat. . . . Im vorliegenden Fall ist mit dem Berufungsgericht davon auszugehen, daß § 15 des Bebauungsplangesetzes die Behörde ermächtigt, die Genehmigung zur Anlegung von Privatstraßen von der unentgeltlichen Abtretung von Flächen an den Staat abhängig zu machen. Es sind keine Rechtsbedenken dagegen zu erheben, daß das Berufungsgericht angenommen hat, es bedeute keine entschädigungspflichtige Enteignung im Sinne des Art. 153 Abs. 2 WeimVerf., wenn die Beamten der Finanzdeputation die Genehmigung zum Straßenbau nur hätten befürworten wollen, wenn der Kläger und später auch sein Nachbar W. Teile ihres Grundbesitzes unentgeltlich an den Beklagten abtreten würden. Soweit die Revision sich hiergegen wendet, ist sie unbegründet.

Durch § 15 des Bebauungsplangesetzes ist dem Grundeigentümer die Befugnis, auf seinem Grund und Boden eine Privatstraße anzulegen, beschränkt worden, indem die Anlage von der Genehmigung der Behörde abhängig gemacht worden ist. Das bedeutete allerdings einen gesetzlichen Eingriff in das Recht des Eigentümers, mit seiner Sache nach Belieben zu verfahren, aber keine Enteignung. Dieser Eingriff traf alle in dem Geltungsgebiet des § 15 des Bebauungsplangesetzes liegenden Grundeigentümer gleichmäßig; er lag im Rahmen des Art. 153 Abs. 1 WeimVerf., konnte nach Art. 111 EG. z. BGB. durch das Landesgesetz erfolgen und begründete keine Entschädigungspflicht. Eine nach Art. 153 Abs. 2 WeimVerf. zur Entschädigung verpflichtende Enteignung liegt nach der Rechtsprechung (RGZ. Bd. 128 S. 18 [28]*) immer nur dann vor, wenn es sich um einen Eingriff in das Eigentum durch staatlichen Hoheitsakt handelt, der nicht alle im Geltungsgebiet des Gesetzes befindlichen Grundstücke oder Rechte gleichmäßig, sondern nur einzelne von ihnen oder einen Kreis von einzelnen Grundstücken oder Rechten ergreift, ihnen ein besonderes Opfer zugunsten der Allgemeinheit auferlegt. Um einen solchen Eingriff durch staatlichen Hoheitsakt handelte es sich aber nicht, wenn die Behörde auf Grund des § 15 des Bebauungsplangesetzes die Genehmigung von der Abtretung von Flächen abhängig machte. Der Eigentümer, dessen Grundstück im Bereich des Geltungsgebietes des Bebauungsplangesetzes liegt, hat kein Recht darauf, eine Privatstraße auf seinem Eigentum zu bauen; dieses Recht ist ihm durch § 15 des Bebauungsplangesetzes beschränkt und von der Genehmigung der Behörde abhängig gemacht worden. Wird eine solche Genehmigung abgelehnt, so hat der Grundeigentümer keinen Entschädigungsanspruch. Es bedeutet deshalb auch keinen zwangsweisen Eingriff in das Eigentumsrecht, wenn die Behörde erklärt, daß sie die Genehmigung von der Abtretung von Flächen an den Staat abhängig mache. Allerdings wird damit der Eigentümer vor die Wahl gestellt, entweder auf den Bau der Straße zu verzichten oder aber dem Verlangen der Behörde nach Flächenabtretung nachzukommen. Entschließt er sich hierzu, so opfert er aus eigenem Entschluß, um damit die erstrebte Genehmigung zu erlangen, auf die er kein Recht hat; nicht aber ist die Abtretung die zwangsweise Folge eines auf staatlichem Hoheitsakt beruhenden Eingriffs in das Eigentum. Die Flächenabtretung stellt die Gegenleistung dar für die von der Behörde zu erteilende Genehmigung, eine Gegenleistung, die nach der Vorschrift des Gesetzes, wie sie das Berufungsgericht irrevisibel ausgelegt hat, von der für die Genehmigung zuständigen Behörde gefordert werden kann.

*) In diesem Band S. 165 [S. 174]

Von diesem Gesichtspunkt aus ist es auch ohne Bedeutung, daß bei der Erteilung von Genehmigungen von dem einen die Abtretung einer größeren Fläche als von dem anderen verlangt wird. Denn der Eingriff in das Privateigentum liegt nicht in diesem Verlangen der Abtretung als Gegenleistung, sondern in der durch § 15 des Bebauungsplangesetzes zum Ausdruck gekommenen Beschränkung des Eigentums in der Richtung, daß niemand eine Privatstraße ohne Genehmigung des Senats anlegen darf. Dieser Eingriff trifft aber, wie bereits hervorgehoben, alle im Geltungsbereiche des Bebauungsplangesetzes befindlichen Grundeigentümer gleichmäßig....

RGZ. 156, 305

Enteignung und Aufopferung von Rechten. Entschädigungsanspruch für Impfschäden, die ohne Verschulden eines Beteiligten eingetreten sind? — Sowohl eine Enteignung wie auch eine Aufopferung privater Rechte liegen nicht vor, wenn es sich um einen staatlichen Eingriff in subjektive Persönlichkeitsrechte wie Leben und Gesundheit handelt. Der Aufopferungsanspruch scheidet auch dann aus, wenn der Eingriff durch einen Akt der Gesetzgebung oder unmittelbar auf der Grundlage des Gesetzes erfolgt ist. Er setzt ferner voraus, daß der Eingriff in die private Rechtssphäre im Widerstreit mit den eigenen Interessen des Betroffenen erfolgt ist. Das alles steht der Anerkennung von Entschädigungsansprüchen für Impfschäden, die ohne Verschulden eines Beteiligten entstanden sind, entgegen. Die gesetzliche Entschädigungsregelung für rechtsähnliche Sachverhalte läßt durch ihre einschränkende Tendenz und ihre Verschiedenartigkeit entsprechend der Mannigfaltigkeit der jeweiligen Sachlage erkennen, daß erst auf der Grundlage einer konkreten positiven gesetzlichen Regelung ein Entschädigungsanspruch, für den auch hier die Gründe der Billigkeit sprechen, gegeben sein würde.

Alter Leitsatz:
Können Ansprüche auf Ersatz von Vermögensschäden erhoben werden wegen einer Gesundheitsbeschädigung, die ohne Verschulden eines Beteiligten durch eine Pockenschutzimpfung verursacht worden ist?

Impfgesetz vom 8. April 1874 (RGBl. S. 31). WeimVerf. Art. 153. Einl.z.Pr.ALR. § 75. Kabinettsorder vom 4. Dezember 1831 (Pr. GS. S. 255).

Großer Senat für Zivilsachen. Beschl. v. 16. November 1937 GSZ. 4/36 — VII 200/36.

I. Landgericht Düsseldorf. II. Oberlandesgericht daselbst.

Der Große Senat für Zivilsachen beim Reichsgericht hat die ihm vom VII. Zivilsenat gemäß § 137 GVG. vorgelegte Frage verneint.

Begründung:

1. Durch das Impfgesetz vom 8. April 1874 (RGBl. S. 31) ist für das Gebiet des Deutschen Reichs die vorbeugende Schutzimpfung gegen Pocken als Zwangsimpfung eingeführt worden. Im allgemeinen muß jedes Kind vor Ablauf des auf sein Geburtsjahr folgenden Kalenderjahres geimpft und innerhalb des Jahres, in dem es das 12. Lebensjahr zurücklegt, wieder geimpft werden. Die Impfung geschieht durch einen ärztlichen Eingriff, mit dem die Schutzpockenlymphe auf den Impfling künstlich übertragen wird, um ihn gegen den Pockenerreger unempfindlich zu machen. Dadurch werden Schutzpocken hervorgerufen, die wenigstens bei Erstimpflingen regelmäßig unter fiebrigen Erscheinungen entstehen. Vereinzelt treten als Folgen der Impfung schwere Gesundheitsbeschädigungen auf, die unter Umständen sogar zu dauerndem Siechtum führen. Um solche Gesundheitsbeschädigungen, sogenannte Impfschäden, handelt es sich hier.

Der die Impfung durchführende ärztliche Eingriff in den Körper des Impflings in Verbindung mit der Übertragung der Lymphe beurteilt sich rechtlich als ein staatlich verordneter Eingriff in die körperliche Unversehrtheit des Impflings. Da Impfzwang besteht, müssen unter den gesetzlichen Voraussetzungen alle Volksgenossen diesen Eingriff in derselben Weise dulden. Das Gesetz hat ihn im öffentlichen Interesse angeordnet. Er erfolgt im Regelfalle durch amtlich bestellte Impfärzte. Die Vornahme der Impfung durch diese Impfärzte ist Ausübung öffentlich-rechtlicher Gewalt.

Streng genommen bedeuten bereits die gewöhnlichen Folgen der Impfung eine Gesundheitsschädigung des Impflings. Ein Entschädigungsanspruch gegen den Staat ist insoweit jedenfalls ausgeschlossen. Da die Kosten für die Beschaffung der Lymphe und die Arztkosten der Staat trägt, wird ein Vermögensschaden in diesen Fällen an sich regelmäßig nicht eintreten können. Davon abgesehen aber ist diese Gesundheitsschädigung eine mit der Durchführung der Impfung mehr oder minder notwendig verbundene Folge, die zur Erreichung des höheren Zwecks vom Gesetz gebilligt und in Kauf genommen wird und alle dem Impfzwang unterworfenen Volksgenossen annähernd gleichmäßig trifft. Da im Gesetz wegen dieser Folgen eine Entschädigung nicht vorgesehen ist, fehlt es für einen entsprechenden Anspruch an einer rechtlichen Grundlage, soweit nicht etwa Verschulden eines Beteiligten in Frage kommt.

Wenn dagegen die Impfung ausnahmsweise zu einer über das gewöhnliche Maß hinausgehenden Gesundheitsschädigung führt, liegt die Sache anders. Eine solche Gesundheitsbeschädigung wird für den Impfling oder seine unterhaltspflichtigen Angehörigen regelmäßig einen größeren oder geringeren Vermögensschaden zur Folge haben, unmittelbar, indem dann für die ärztliche Behandlung und Heilung größere Unkosten entstehen werden, mittelbar aber, wenn der Verlust oder eine Minderung der Arbeitsfähigkeit des Impflings eintritt. Freilich ergibt sich aus dem Gesetz auch für diese Fälle nichts, insbesondere nichts darüber, daß dem Impfling eine Entschädigung aus öffentlichen Mitteln zu gewähren wäre. Allein das Schweigen des Gesetzes kann in dieser Beziehung nicht ohne weiteres als Verneinung eines Entschädigungsanspruchs verstanden werden. Die Erreichung des Zwecks der Impfung erfordert solche besonderen Impfschäden nicht: das Gesetz will sie gerade vermieden wissen. Allerdings hat man bei Erlaß des Gesetzes überwiegend angenommen, daß eine bei einem gesunden Impfling nach den Regeln der ärztlichen Kunst durchgeführte Impfung nachteilige Folgen für die Gesundheit des Impflings nicht haben werde. Aber man hat gesundheitliche Gefahren für den Impfling infolge unachtsamer Durchführung der Impfung befürchtet, so die Gefahr einer Ansteckung mit venerischen Giften durch Übertragung mit der Lymphe. Dem suchte das Gesetz durch Beauftragung der Ärzte mit der Durchführung der Impfung und durch eine erhöhte strafrechtliche Verantwortlichkeit des Impfarztes für den Fall einer unachtsamen Durchführung zu begegnen (§ 17 des Gesetzes). Darüber hinaus wurde ein besonderer Schutz durch § 2 des Gesetzes begründet, wonach die Impfung bei Gesundheitsgefährdung auszusetzen ist. Wie es zu halten sei, wenn dennoch, vom Gesetz ungewollt, durch die Impfung eine schwere Gesundheitsschädigung verursacht würde, darüber verhält sich das Gesetz nicht. So wenig aber für solche Fälle, wenn ein Verschulden eines Beteiligten obgewaltet hat, durch das Schweigen des Gesetzes dem Betroffenen die Geltendmachung seines Schadens gegen den verantwortlichen Schädiger abgeschnitten worden ist, so wenig würde ihm deswegen, wenn ein Verschulden eines Beteiligten nicht in Frage kommt, die Geltendmachung eines Entschädigungsanspruchs versagt sein, der ihm etwa nach anderen besonderen oder allgemeinen Vorschriften oder Rechtssätzen zustünde. Das Schweigen des Gesetzes bedeutet in dieser Beziehung unter den gegebenen Umständen lediglich, daß die Frage der Entschädigung für die in Rede stehenden Fälle im Gesetz keine Regelung gefunden hat. Die Folgerung, daß Entschädigungsansprüche, die nach anderen Vorschriften etwa bestehen, durch das Gesetz ausgeschlossen seien, kann hieraus nicht gezogen werden.

Aus der Tatsache, daß in anderen Gesetzen, etwa dem Gesetze betr. die Bekämpfung von gemeingefährlichen Krankheiten (Reichsseuchengesetz) vom 30. Juni 1900 (RGBl. S. 306) oder dem Viehseuchengesetz, vom 26. Juni 1909 (RGBl. S. 519) die Entschädigungsfrage geregelt worden ist, können für den vorliegenden Fall keine Schlüsse gezogen werden. Diese Regelungen bezwecken, die hier besonders naheliegende Frage einer Entschädigung klarzustellen und zugleich für eine angemessene Begrenzung zu sorgen (vgl. die §§ 28flg. in Verbindung mit den §§ 11 flg. des Reichsseuchengesetzes und die §§ 66 flg. in Verbindung mit den §§ 12, 23, 51 Abs. 2, §§ 53, 54, 60 des Viehseuchengesetzes).

2. Hiernach muß geprüft werden, ob sich für Schadensersatzansprüche bei Impfschäden in anderen besonderen oder allgemeinen Vorschriften eine Rechtsgrundlage findet. Das ist zu verneinen.

a) Die Impfung ist, wie bereits ausgeführt worden ist, ein öffentlich-rechtlicher Akt. Demgemäß sind die Beziehungen, die durch die Impfung zwischen den Beteiligten entstehen, von Haus aus öffentlichrechtlicher Natur. Auch aus Rechtsverhältnissen öffentlich-rechtlicher Natur können sich nun zwar bürgerlich-rechtliche Ansprüche entwickeln. Das ist aber nur ausnahmsweise der Fall, nämlich nur dann, wenn das Gesetz es bestimmt oder sich solches aus der rechtsgeschichtlich zu erklärenden Vorstellung von der bürgerlich-rechtlichen Natur der sich aus öffentlich-rechtlichen Verhältnissen ergebenden Ansprüche ergibt. Unter beiden Gesichtspunkten läßt sich hier ein Entschädigungsanspruch nicht begründen.

b) Die Vorschriften in Art. 131 WeimVerf., § 839 BGB. kommen hier nicht in Betracht, schon weil ein „Beamtenverschulden" nicht vorliegt. Eine entsprechende Anwendung dieser Vorschriften müßte hier, wenn man sie überhaupt für möglich halten wollte, ausscheiden, da kein „rechtswidriger" Verwaltungsakt, sondern eine (vom Gesetz nicht gewollte) Folge eines vom Gesetz unmittelbar und zwingend vorgeschriebenen öffentlich-rechtlichen Aktes vorliegt.

c) Im Schrifttum (vgl. F u r l e r : Das Polizeinotrecht und die Entschädigungspflicht des Staates, VerwArch. Bd. 33 S. 314 flg., insbesondere S. 391; S t ö d t e r : Öffentlich-rechtliche Entschädigung, 1933, S. 229 flg., 239; d e r s e l b e RVerwBl. 1934 S. 518; auch C r e m e r : Entschädigungsanspruch für schuldlos rechtswidrige Eingriffe, RVerwBl. 1935 S. 625) wurde in neuerer Zeit die Ansicht vertreten, Art. 153 WeimVerf. enthalte eine Art Generalklausel der öffentlich-rechtlichen Entschädigung schlechthin und somit auch einen Schutz gegen Eingriffe der Verwaltung in subjektive Persönlichkeitsrechte. Das Reichsgericht hat zwar den Eigentumsbegriff im Sinne des Art. 153 WeimVerf. weit gefaßt und läßt alle subjektiven Privatrechte einschließlich der Forderungsrechte darunter fallen. Subjektive Persönlichkeitsrechte, wozu auch Leben und Gesundheit gehören, hat es aber dem Schutze des Art. 153 bisher nicht unterstellt. Zwingende Gründe für eine Ausdehnung des Anwendungsbereichs des Art. 153 im Sinne der im Schrifttum neuerdings vertretenen Lehrmeinung sind nicht erkennbar. Es ist daher an der bisherigen Rechtsprechung festzuhalten. Damit entfällt Art. 153 WeimVerf. als rechtliche Grundlage eines Ersatzanspruchs für Impfschäden.

d) Für eine unmittelbare Anwendung des § 75 Einl.z.Pr.ALR. fehlt es an den sachlichen Voraussetzungen. Zwar ist gegen eine neuere Rechtsansicht (siehe Stödter a. a. O. 1933 S. 239 und die von ihm dort angeführten Schriftsteller) an der bisherigen Auffassung des Reichsgerichts festzuhalten, daß für § 75 das. neben Art. 153 WeimVerf. noch Raum geblieben ist, mag dieser auch angesichts der Einschränkungen, die § 75 durch die Preuß. Kabinettsorder vom 4. Dezember 1831 (Pr. GS. S. 255) erfahren hat, sehr beschränkt sein. Es läßt sich nach Schack (Die Anwendung des § 75 Einl.z.Pr.ALR. auf schuldlos rechtswidrige Eingriffe der öffentlichen Gewalt in der Rechtsprechung des Reichsgerichts, VerwArch. Bd. 40 S. 426) nicht ausschließen, daß es trotz der weiten Fassung des Eigentumsbegriffs im Sinne des Art. 153 WeimVerf. noch rechtmäßige Eingriffe der Verwaltung in die Privatrechtssphäre einzelner gibt, auf die Art. 153 nicht anwendbar ist, so daß § 75 Einl.z.Pr.ALR. anzuwenden wäre (vgl. auch Wohlfahrt Das Herrschaftsgebiet des § 75 EinlPrALR. in JRsch. 1935 S. 73, insbesondere S. 76).

Allein das Reichsgericht hat in ständiger Rechtsprechung die Anwendbarkeit des § 75 nur für Fälle bejaht, in denen der „Eingriff in die geschützte Rechtssphäre" auf der Anordnung einer Verwaltungsbehörde beruht, für alle Fälle aber abgelehnt, in denen ein solcher Eingriff durch einen Akt der Gesetzgebung erfolgt ist. Der Eingriff ist nach dieser auf die schon erwähnte Kabinettsorder vom 4. Dezember 1831 gegründeten Rechtsprechung — an der festzuhalten ist — durch einen Akt der Gesetzgebung erfolgt, wenn das Gesetz schlechthin die Grundlage für den Eingriff gibt. Das trifft hier zweifellos zu, da die Impfung — von dem hier nicht in Frage stehenden § 2 des Impfgesetzes abgesehen — unmittelbar auf zwingender gesetzlicher Vorschrift beruht, eine Ermessensentscheidung der Verwaltungsbehörde oder einer sonst zuständigen Stelle, d. h. ein Verwaltungsakt im eigentlichen Sinne, demnach regelmäßig ausscheidet. Schon unter diesem Gesichtspunkt entfällt daher die Anwendung des § 75 Einl.z Pr.ALR., ganz abgesehen davon, daß diese Bestimmung, wie das Reichsgericht gleichfalls aus der erwähnten Kabinettsorder hergeleitet hat, nur in Betracht kommt, wenn der an sich rechtmäßige Verwaltungsakt einen Eingriff in die Eigentumssphäre des einzelnen, nicht aber, wenn er eine Verletzung seiner Gesundheit oder seines Lebens zur Folge gehabt hat.

Nach dieser Rechtsprechung muß auch eine „entsprechende" Anwendung des § 75 Einl.z.Pr.ALR. abgelehnt werden. Denn dieselben sachlichen Gesichtspunkte, welche die Rechtsprechung veranlaßt haben, seinen Anwendungsbereich auf Verwaltungsakte im eigentlichen Sinne und auf die Fälle einer Verletzung des Eigentums zu beschränken, müssen dazu führen, bei unmittelbar auf dem Gesetze beruhenden Verwaltungsakten und in Fällen einer Verletzung des Lebens oder der Gesundheit seine entsprechende Anwendung auszuschließen.

Demnach ist es für die vorliegend zu entscheidende Frage bedeutungslos, daß das Reichsgericht seit der Entscheidung RGZ. Bd. 140 S. 276*) in entsprechender Anwendung des § 75 Einl.z.Pr.ALR. Entschädigung auch bei „rechtswidrigen" Eingriffen gewährt hat, obgleich § 75 an sich nur Eingriffe durch rechtmäßige Verwaltungsakte betrifft.

3. Nun wird freilich in der Rechtsprechung des Reichsgerichts auch die Auffassung vertreten, § 75 Einl.z.Pr.ALR. sei nur der Ausdruck eines allgemeine Geltung beanspruchenden, nicht geschriebenen umfassenderen Rechtssatzes, wonach demjenigen, der als einzelner zum Wohle und Besten der Allgemeinheit, des gemeinen Wesens, ein besonderes, der Allgemeinheit nicht auferlegtes Opfer zu bringen genötigt ist, von der Allgemeinheit in der Regel ein Ausgleich gewährt werden muß. Aber auch mit diesem allgemeinen Rechtsgrundsatz kann die Bejahung eines Entschädigungsanspruchs im vorliegenden Falle nicht gerechtfertigt werden. Er kann angesichts der einschränkenden Bedeutung des § 75 und der Kabinettsorder vom 4. Dezember 1831 in ihrem Geltungsbereich überhaupt nur in ganz besonderen Ausnahmefällen angewendet werden, insbesondere wenn gegenüber gesetzlich angeordneten Maßnahmen ein Ausgleich verlangt wird. Als ein solcher Fall ist es bisher nicht angesehen worden, wenn durch das Gesetz für alle Volksgenossen eine gleiche Pflichtenlage begründet wird, wenn also die vom Gesetz angeordneten Maßnahmen alle Volksgenossen in derselben Weise zu einem Tun oder Unterlassen oder Dulden anhalten und die Sonderinteressen jedes einzelnen in annähernd derselben Weise berühren. So liegt es hier. Das Impfgesetz verpflichtet schlechthin alle, den mit der Impfung verbundenen Eingriff in ihren Körper zu dulden und die sich aus dem Eingriff ergebenden Folgen hinzunehmen. Die Impfpflicht als solche hat allen gegenüber denselben Inhalt. Auch die Folgen des Eingriffs sind regelmäßig bei allen dieselben. Eine unterschiedliche Lage tritt nur dann ein, wenn in einem einzelnen Falle der Eingriff, ohne daß ein Verschulden eines Beteiligten in Frage käme, ausnahmsweise zu einer schweren Gesundheitsbeschädigung geführt hat. Dieser zufällig eintretende Umstand läßt aber das Dulden des Eingriffs nicht nachträglich als ein besonderes Opfer erscheinen, das der Betroffene zum

*) In diesem Band S. 179.

Besten der Allgemeinheit zu bringen genötigt gewesen wäre. Denn hierfür kann nach jenem allgemeinen Rechtssatz nur das Maß der von ihm von Anfang an geforderten Pflichterfüllung entscheidend sein. Dieses ist aber für alle gleich.

Vor allem aber unterscheiden sich die Fälle, in denen jener allgemeine Rechtssatz bisher von der Rechtsprechung angewendet worden ist, nach zwei Richtungen grundsätzlich von dem hier zur Entscheidung stehenden Fall. Einmal handelte es sich bisher stets um Eingriffe in vermögenswerte Rechte oder Interessen. Nirgends hat das Reichsgericht bisher die Geltung jenes Satzes anerkannt, um die Schadensfolgen einer Verletzung des Körpers oder der Gesundheit und mittelbare Schäden des Eingriffs auszugleichen. Ferner lagen die bisher entschiedenen Fälle immer so, daß das Duldenmüssen des aus Gründen des Allgemeinwohls vorgenommenen Eingriffs — auch objektiv gesehen — im Widerstreite stand mit dem von dem Eingriff berührten eigenen Interesse des Betroffenen. Bei der Pockenschutzimpfung ist auch das anders. Freilich hat der Staat sie angeordnet, weil ihre Durchführung für das Gemeinwohl geboten ist. Allein die vom Staat angeordnete Maßnahme als solche liegt gleichzeitig im wohlverstandenen Interesse des einzelnen, sie dient seinem eigenen Besten, und ihr Nutzen für ihn kann nicht bestritten werden, auch wenn sie ganz selten einmal zu gesundheitlichen Nachteilen führt.

Unter diesen Umständen kann es sich daher nur fragen, ob jener Rechtssatz auf Fälle wie den vorliegenden ausgedehnt werden soll. Gründe der Billigkeit sprechen dafür. Bei der Seltenheit der Fälle würden auch in finanzieller Hinsicht vom Standpunkte der Allgemeinheit kaum Bedenken bestehen können. Der Gesetzgeber lehnt den Gedanken eines solchen Ausgleichs nicht schlechthin ab, wie z. B. die Versorgungsgesetze für die Wehrmacht und in neuerer Zeit noch das Gesetz über die vorläufige Reichsarbeitsdienstversorgung vom 23. April 1936 (RGBl. I S. 385) zeigen, die wegen der Folgen einer Dienstbeschädigung eine Versorgung — nicht nur Heilbehandlung, sondern auch Beschädigtenrente, Pflegezuschläge usw. — gewähren. Diese Fälle liegen an sich ähnlich. Die Dienstbeschädigung ist auch nur eine ungewollte Folge des durch das Wehrgesetz und das Reichsarbeitsdienstgesetz zum Wohle des Ganzen angeordneten Eingriffs in die persönliche Freiheit des einzelnen. Es handelt sich auch hier nur um mittelbare Folgen dieses Eingriffs, und schließlich dient die von den Gesetzen angeordnete Dienstpflicht, die durch die körperliche und nationalpolitische Ertüchtigung des einzelnen die Ertüchtigung und Wehrhaftigkeit des ganzen Volkes herbeiführen soll, nicht nur dem Ganzen, sondern auch dem wohlverstandenen Interesse des einzelnen. Wichtig ist aber, daß für diese Fälle der Gesetzgeber die Entschädigungsfrage geregelt und diese Regelung den Bedürfnissen angepaßt hat, wie auf vielen anderen Gebieten der öffentlichrechtlichen Entschädigung, die zwar nicht unmittelbar hierher gehören, deren Betrachtung aber zeigt, wie mannigfaltig die jeweilige Sachlage ist, wie verschiedenartig dementsprechend die sachliche Regelung und das Verfahren für die einzelnen Gebiete gestaltet sind und in welchem Ausmaße hierfür Zweckmäßigkeitsgründe entscheidend sein können . . . Im ganzen ist das Bestreben, die Entschädigungspflicht einzuschränken, unverkennbar. Dieser Haltung des Gesetzgebers gegenüber läßt sich die Ausdehnung jenes allgemeinen, bisher nur auf Eingriffe in das Vermögen angewendeten Rechtssatzes auf den Fall der Zwangsimpfung, in dem der staatliche Zwangsakt eine staatliche Fürsorgehandlung in sich schließt und die Schadensfolgen nicht gerade aus dem Zwang entstehen, nicht rechtfertigen.

RGZ. 145, 107

Aufopferungsanspruch. Gleichheitsgrundsatz. — Wenn auch § 75 Einl.ALR. regelmäßig erfordert, daß der Betroffene ein subjektives Recht zugunsten eines Dritten aufgeopfert hat, so ergibt sich doch, falls hinsichtlich der Anerkennung eines subjektiven Rechts gebietsweise Rechtsverschiedenheiten bestehen, aus dem Gleichheitsgrundsatz, daß niemand bei gleichen tatsächlichen Verhältnissen und Belangen schlechter gestellt sein kann als ein anderer in einem anderen Gebiet des Landes. Der Gleichheitsgrundsatz führt also insoweit, unabhängig von gebietsweise überkommenen Rechtsverschiedenheiten, zur ‚Meistbegünstigung' aller in demselben Lande. Daher ist auf die Aufopferung einer Rechtsstellung, die in dem betreffenden Gebiet nicht, wohl aber in demselben Lande anderwärts als subjektives Recht gilt, § 75 Einl.ALR. entsprechend anwendbar.

Alter Leitsatz:

1. Kann im Gebiet des gemeinen Rechts der Straßenanlieger Entschädigung für Beeinträchtigung seines Grundstücks durch Straßenveränderung verlangen und in welchem Umfang?

2. Zur Frage des Verschuldens und der Haftung für Wasserschäden infolge von Straßenveränderungsarbeiten, die eine Landesbaubehörde im Auftrag eines Kreises vornimmt.

Einl. z. Preuß. ALR. §§ 74, 75; BGB. §§ 907, 823, 831; Preuß. Wassergesetz vom 7. April 1913 (GS. S. 53) § 197.

VII. Zivilsenat. Urt. v. 13. Juli 1934 i. S. V. (Kl.) w. Landkreis F. (Bekl.). VII 33/34.

I. Landgericht Verden. — II. Oberlandesgericht Celle.

Der Kläger ist Eigentümer von Grundstücken in der Gemarkung R. an der Aller, auf denen er die Landwirtschaft betreibt. Außerdem unterhält er in seinem Wohnhause eine Gastwirtschaft. Dieses Hausgrundstück liegt in der geschlossenen Ortschaft R. an der dem Beklagten gehörenden Kreisstraße von R. nach W. Die Kreisstraße führt jetzt in einiger Entfernung vom Hause des Klägers auf einer Brücke über die Aller. Früher lag die Brücke mit ihrer Fahrbahn in der Ebene des an den Fluß angrenzenden Ufergeländes. Zu ihr führte unmittelbar an dem Wohn- und Gasthause des Klägers vorbei die genannte Straße. Vor einigen Jahren wurde auf Veranlassung der Wasserbauverwaltung zum Ersatz dieser Brücke eine neue Brücke eine kurze Strecke oberhalb der alten aufgeführt. Diese wurde mit Rücksicht auf die Allerschiffahrt höher gelegt. Dementsprechend wurde die Kreisstraße um ein entsprechendes Stück von dem Hausgrundstück des Klägers weg auf eine zu der neuen Brücke schräg ansteigende Rampe verlegt. Der alte, eben an dem Hausgrundstück des Klägers vorüberführende Weg blieb, soweit er nicht durch die Anschüttung für die Rampe in Anspruch genommen worden ist, in seinem früheren Zustande bestehen. Während er aber bisher eine Breite von insgesamt 15 m hatte, ist er seitdem vor dem Hause des Klägers bis zum Fuße der Böschung der Rampe nur noch 4 m breit. Er findet jetzt an der Aller unweit des Hauses des Klägers sein Ende.

Durch diese Veränderung der Straße vor seinem Wohnhause will der Kläger erheblichen Schaden erlitten haben. Es soll ihm nach seinen Angaben unmöglich sein, mit seinem Ackerwagen, wie früher, auf sein Hausgrundstück zu fahren. Außerdem soll seine Gastwirtschaft, in der früher die Insassen der die Kreisstraße von und nach R. benutzenden Fahrzeuge lebhaft verkehrt hätten, gänzlich von dieser Straße abgedrängt sein, so daß der Verkehr in ihr erheblich zurückgegangen sei. Endlich soll der Wert seines Hauses und Grundstücks durch die Errichtung der Rampe erheblich gelitten haben. Der Kläger hält den verklagten Kreis zum Schadensersatz für verpflichtet, weil er die Straße vor dem Hause des Klägers in der angegebenen Weise zu dessen Nachteil geändert habe. In der Berufungsinstanz hat er weiter vorgetragen, er sei auch dadurch geschädigt, daß die Anlegung der Rampe den Abfluß des Regenwassers zuungunsten seines Hausgrundstücks beeinflußt habe, so daß dieses nunmehr durchfeuchtet werde. Auch hierauf führt er die Entwertung seines Anwesens zum Teil zurück.

Landgericht und Oberlandesgericht haben den Kläger mit seinen Ansprüchen abgewiesen. Gleich dem Landgericht ist das Oberlandesgericht der Auffassung, daß weder Reichs- noch Landesrecht dem Kläger einen Entschädigungsanspruch für die von ihm schon in erster Instanz geltend gemachten Schäden gewähre. Aus der Verletzung eines Anliegerrechts insbesondere könne der Kläger keine Schadensersatzansprüche herleiten, da im gemeinen Recht, das als Landesrecht hier anzuwenden sei, ein Anliegerrecht, das verletzt sein könnte, nicht anerkannt sei. Auch aus dem Wegegesetz für die Provinz Hannover stehe dem Kläger kein Entschädigungsanspruch zu, weil es für ihn an der hierfür erforderlichen Voraussetzung einer „rechtsbegündeten Wegeverbindung" fehle. Aus § 907 BGB. könne der Kläger Ansprüche nur herleiten, soweit Wasser von der Rampe auf sein Grundstück dringe. Solche Ansprüche könnten aber nur die Beseitigung dieses Zustandes zum Gegenstand haben, nicht den vom Kläger allein erhobenen Schadensersatzanspruch. Ein solcher könne vielmehr nur auf unerlaubte Handlung (§§ 823 ff. BGB.) gegründet werden; insoweit fehle es aber an einem für den Schaden ursächlichen Verschulden des Beklagten.

Die Revision des Klägers führte zur Aufhebung und Zurückverweisung.

Aus den Gründen:

1. Soweit das Oberlandesgericht Ansprüche des Klägers, die aus dem preußischen Enteignungsgesetz herzuleiten wären, verneint, sind seine Ausführungen ebensowenig rechtlich zu beanstanden, wie diejenigen, wonach es Ansprüche aus dem rechtlichen Gesichtspunkt des § 907 BGB. für unbegründet hält; bei diesem allerdings abgesehen von den Schäden, die durch Wassereinflüsse entstanden sein sollen und auf die unten (zu 2) zurückzukommen sein wird. Desgleichen ist den Ausführungen des Berufungsgerichts beizutreten, mit denen es die unmittelbare Anwendbarkeit der Bestimmungen der §§ 74, 75 Einl. z. Preuß. ALR. verneint. Denn wenn auch die Anwendung der Grundsätze über den Aufopferungsanspruch nach feststehender Rechtsprechung des Reichsgerichts nicht auf das Gebiet beschränkt ist, in dem das Allgemeine Landrecht als Landesrecht teilweise fortgilt, wenn sie vielmehr im gesamten Rechtsgebiet des preußischen Staats Anwendung zu finden haben, so fehlt es für ihre Anwendung im vorliegenden Fall, wie zu zeigen sein wird, an dem Erfordernis der „Aufopferung" eines subjektiven Rechtes zugunsten eines Dritten, so daß dahingestellt bleiben kann, ob sich rechtmäßige schuldlose Eingriffe der öffentlichen Gewalt heute lediglich nach Art. 153 RVerf., §§ 21, 70 PolVerwGes. und anderen Sondergesetzen (insbesondere Notverordnungen) regeln, wie von Bohlen in JW. 1933 S. 2251 ff. (S. 2253 unter II) annimmt.

Freilich hat für das Gebiet des Preußischen Allgemeinen Landrechts ebenso wie für das Gebiet des rheinisch-französischen Rechts das Reichsgericht nach anfänglichem Schwanken seit langem anerkannt, daß ein auf stillschweigendem Vertrag zwischen Anlieger und Gemeinde beruhendes wohlerworbenes Recht des Anliegers auf den dauernden Genuß der ihm in Aussicht gestellten Straßenbenutzung bestehe, welches zwar nicht mehr (wie früher) als Grundgerechtigkeit angesehen werden könne, aber doch privatrechtlicher, dinglicher Natur sei und dem Vermögensrecht angehöre. Soweit es auf Vertrag beruhe (was teilweise dahingestellt gelassen wurde; es könne auch unmittelbar aus dem Gesetz abgeleitet werden), seien dafür die Formen des öffentlichen Landesrechts maßgebend. An dieser Auffassung hat das Reichsgericht für das preußische und rheinische Recht in zahlreichen Urteilen festgehalten.

Aber für das gemeine Recht, das in dem hier in Frage kommenden Gebiet der Provinz Hannover nach der insoweit nicht revisiblen Auslegung hannoverschen Landesrechts durch das Berufungsgericht gemäß Art. 109, 113, 124 EG.z.BGB. gilt, hat das Reichsgericht die Bildung eines solchen Anliegerrechts verneint. Aus der obenerwähnten Rechtsprechung des Reichsgerichts, welche die Anwendung der Grundsätze der §§ 74, 75 Einl. z. Preuß. ALR. nicht auf das Gültigkeitsgebiet dieses Rechtes beschränkt, kann nun nicht gefolgert werden, daß auch die Frage, ob ein subjektives Recht, das den Gegenstand der Aufopferung gebildet haben könnte, überhaupt zur Entstehung gelangt ist, unabhängig von den hierfür maßgebenden landesgesetzlichen Bestimmungen nach dem Allgemeinen Landrecht zu beantworten sei. Vielmehr ist für diese Frage lediglich das Recht anzuwenden, das in dem betreffenden Gebiet des Staates Preußen gilt; und das ist nach der insoweit der Nachprüfung in der Revisionsinstanz entzogenen Auslegung, die das Berufungsgericht dem Landesrecht, insbesondere dem hannoverschen Wegegesetz vom 28. Juli 1851/24. Mai 1894 (hier dessen § 21 Abs. 2) gegeben hat, das gemeine Recht. Für dieses Rechtsgebiet ist aber in den Entscheidungen des Reichsgerichts die Annahme abgelehnt worden, es sei für den Anlieger ein subjektives Recht des Inhalts entstanden, daß die Straße, an die er sein Haus gebaut hat, überhaupt oder unverändert fortbestehe.

Es kann dahingestellt bleiben, ob dieser Rechtsprechung auch heute noch beizutreten wäre. Denn aus ihr ist für den hier streitigen Fall nichts zu entnehmen zur Beantwortung der Frage, ob dem Anlieger im Falle der Veränderung oder Aufhebung der öffentlichen Ortsstraße, an die er sein Hausgrundstück im Vertrauen auf den Fortbestand dieser Straße gebaut hat, keinerlei wie immer gearteter Anspruch zustehe. Zwar ist, wie nicht zu verkennen ist, zum Teil in den Urteilen des Reichsgerichts ein solcher Anspruch verneint worden; aber das ist dort lediglich geschehen, weil kein subjektiver Rechtsanspruch des Anliegers auf den unveränderten Fortbestand der Straße entstanden sei, und dies wieder wurde daraus hergeleitet, daß der Anlieger der Beseitigung oder Veränderung der Straße nicht widersprechen könne. Ob diese Erwägung folgerichtig überhaupt geeignet ist, jeden Entschädigungsanspruch auszuschließen, kann dahinstehen; denn jedenfalls kann sie, wie zu zeigen sein wird, den heute zum Allgemeingut gewordenen Grundsätzen der Billigkeit gegenüber nicht mehr durchgreifen.

Ob nach gemeinem Recht eine Pflicht des Staates zum Schadensersatz dann bestehe, wenn der Eingriff weder widerrechtlich noch schuldhaft ist, war früher bestritten. Meyer-Anschütz (Deutsches Staatsrecht 7. Aufl. S. 970 und Anm. 5 mit Lit.-Nachweisen) und ein „Erkenntnis" der Juristenfakultät Jena vom Juni 1879 (Seuff-Arch. Bd. 37 Nr. 224) hatten das, wo positive Bestimmungen fehlten, noch verneint. Der Gedanke des „Aufopferungsanspruchs" war der gemeinrechtlichen Auffassung und damit Rechtsprechung zunächst fremd. Er hat sich aber allmählich durchgesetzt. Der heute herrschenden Anschauung kann jene alte Rechtsprechung jedenfalls nicht auf dem hier in Betracht kommenden Gebiet genügen. Schon in dem Urteil des I. Zivilsenats vom 28. September 1921 (RGZ. Bd. 102 S. 390 [391])*) ist für einen im Patentgesetz nicht geregelten Fall aus Gründen der Billigkeit in entsprechender Anwendung der allgemeinen Grundsätze des § 75 Einl. z. ALR. ausgesprochen worden, daß in dem Maße, in welchem jemand seine privaten Rechte dem allgemeinen Wohle aufzuopfern habe, er zu entschädigen sei. Und in RGZ. Bd. 130 S. 98**) hat der erkennende Senat allgemein dem Grundsatz Ausdruck gegeben, daß auf öffentlich-rechtlichem Gebiet auch ohne privatrechtlichen Vertrag schuldrechtliche Verpflichtungen entstehen können, die nach privatrechtlichen Grundsätzen zu behandeln sind; zu ihnen gehöre die Pflicht, bei öffentlich-rechtlichen Verwaltungsmaßnahmen dem Schutze der davon Betroffenen Rechnung zu tragen. Auch im vorliegenden Fall handelt es sich um eine Grenzfrage des öffentlichen und des privaten Rechtes. Auf diesem Gebiet vor allem ist die Gleichstellung der Volksgenossen vor dem Gesetz in besonderem Maße ein Gebot geläuterter Rechtsanschauung, und es geht nicht an, einen Volksgenossen innerhalb desselben Landes um deswillen schlechter zu stellen, weil er den Schaden im Gebiet des gemeinen Rechts erlitten hat und nicht im Gebiet des Preußischen Allgemeinen Landrechts oder des rheinisch-französischen Rechts. Damit ist der Inhalt und, wie noch zu zeigen sein wird, auch der Umfang der Ansprüche gekennzeichnet, die dem Kläger zustehen können. Sie können, das braucht nicht betont zu werden, im Rahmen des privaten Rechtes niemals auf die Unterlassung des Eingriffs gerichtet sein. Sie können aber auch nicht weiter reichen, als sie reichen würden, wenn der Eingriff nicht im Gebiete des gemeinen Rechts, sondern

*) In diesem Band S. 198/199.
**) In diesem Band S. 213/214.

in einem der sonstigen Rechtsgebiete des Landes Preußen erfolgt wäre.

In dieser Hinsicht besteht kein Unterschied zwischen den übrigen Rechtsgebieten in Preußen. Die Rechtsprechung des Reichsgerichts ist, der Natur des Anliegerrechts entsprechend, von vornherein auf eine Einengung und Umgrenzung des Anliegerrechts gerichtet gewesen. Eine große Anzahl von Urteilen des Reichsgerichts befaßt sich damit. Das Ergebnis kann dahin zusammengefaßt werden, daß nur das Recht des Anliegers auf Erhaltung des Zugangs von und zu der Straße zu Fuß und zu Wagen und auf Erhaltung der Möglichkeit des Zutritts von Luft und Licht zu den an der Straße errichteten Gebäuden gewahrt bleiben muß, nicht aber ein Recht darauf besteht, daß die freie Entwicklung des Straßenverkehrs nicht gehemmt werde, so daß z. B. etwa Ladenfenster eines Geschäftshauses von allen Seiten sichtbar bleiben müßten oder dgl.; überhaupt besteht kein Recht darauf, daß ein, wenn auch eingerichteter und in Betrieb befindlicher Gewerbebetrieb nicht in seiner Ertragsfähigkeit beeinträchtigt werde. Auf das Fortbestehen solcher Vorteile, die über die obenerwähnte grundsätzliche Gewährleistung der Zugänglichkeit zu Fuß und zu Wagen, des Licht- und Luftzutritts hinausgehen, hat der Anlieger kein Recht. Freilich ist dabei nicht ein „Normalhaus" zugrunde zu legen, das es nicht gibt, sondern das tatsächlich bestehende Haus in der Beschaffenheit, in der es an die vorhandene öffentliche Straße gebaut worden ist, und mit der Zweckbeschaffenheit, der es diente und dient. Soweit bei dieser Zweckbeschaffenheit die Möglichkeit des Verkehrs zu Fuß und zu Wagen (natürlich auch mit Kraftwagen) durch die Veränderung der Straße unmöglich gemacht oder wesentlich erschwert wird, besteht also ein Entschädigungsanspruch. Der Kläger hat aber weit darüber hinausgehend für jede Schädigung seines Gewerbebetriebes Ersatz verlangt.

. . .

Was nun in jenen, den übrigen preußischen Rechtsgebieten außerhalb des gemeinen Rechts entstammenden Entscheidungen für die Verletzung eines „Anliegerrechts" gesagt ist, das muß nach dem Ausgeführten entsprechend gelten, wenn zwar ein solches subjektives Recht („Anliegerrecht" als dingliches Recht) nach der Rechtslage nicht als entstanden angesehen werden kann, wenn aber die tatsächlichen Verhältnisse und die Belange der Beteiligten dieselben sind, die in jenen anderen Rechtsgebieten zur Annahme eines subjektiven bestimmten Rechts geführt haben.

Aus diesen Erwägungen ergibt sich, daß dem Kläger ein Entschädigungsanspruch insoweit nicht versagt werden kann, als er der Verkehrsmöglichkeit derart beraubt oder darin beschränkt worden ist, daß bei Anwendung der für die übrigen Rechtsgebiete des preußischen Staats nach der obenerwähnten Rechtsprechung geltenden

Grundsätze ein Anliegerrecht verletzt worden wäre. Das kann, nach dem bisherigen Vortrag des Klägers wenigstens, nur gelten für die Behauptung, er könne mit seinen Ackerwagen nicht mehr wie früher auf sein Grundstück fahren. Es kann aber nicht in Betracht kommen, soweit der Kläger behauptet, der Verkehr in seiner Gastwirtschaft sei durch die Veränderung der Lage des Grundstücks beeinträchtigt worden, es sei denn insoweit, als etwa auch hier die erforderlichen Verkehrsmöglichkeiten für den Kläger selbst und für sein Hausgrundstück (mit Pferde- oder Kraftwagen, z. B. etwa mit Bierwagen) sollten beeinträchtigt worden sein. In dieser Hinsicht fehlen noch die erforderlichen Feststellungen, die auch die Frage umfassen müssen, ob das Haus des Klägers schon zu der Zeit, als es an die vorhandene Straße gebaut wurde, in der jetzigen Weise für den Betrieb einer Gastwirtschaft eingerichtet gewesen oder wann und unter welchen Umständen dies geschehen ist. Die Parteien haben zu diesen Fragen noch nicht Stellung genommen. Schon aus diesem Grund ist — (vgl. auch unten zu 4) — die Aufhebung des angefochtenen Urteils und die Zurückverweisung der Sache an die Vorinstanz geboten.

2. Sie erweist sich aber noch aus einem weiteren Grund als erforderlich.

Das Berufungsgericht verneint Ansprüche des Klägers aus Schäden, die durch vermehrten Wasserzufluß infolge der Aufführung der gegenüber seinem Grundstück und der davor befindlichen Straße erhöhten Rampe entstanden sein könnten. Wohl schlage hier die Vorschrift des § 907 BGB. ein, aber diese gewähre dem Kläger nur den Anspruch auf Unterlassung weiterer Wasserzuführung; einen solchen habe er jedoch nicht erhoben. Einen Schadensersatzanspruch könne er nur aus §§ 823 ff. BGB. herleiten, insbesondere also aus § 823 Abs. 1 oder 2 BGB. In beiden Fällen müsse der Kläger Verschulden des Beklagten nachweisen; solches aber habe er nicht dargetan. Dies führt des Berufungsgericht im einzelnen aus. Seine Ausführungen hierzu sind aber nicht frei von Rechtsirrtum.

Das Recht des Eigentümers aus § 907 BGB. ist als dingliches aus dem Eigentum fließendes Recht als Recht im Sinn des § 823 Abs. 1 das. anzusehen; ferner ist die genannte Vorschrift auch ein Schutzgesetz im Sinne des Abs. 2. Dies ist nicht ohne Bedeutung für das Erfordernis des Verschuldens nach § 823 Abs. 2 BGB., bei dessen Erörterung der Berufungsrichter nur auf § 127 des preußischen Wassergesetzes abgestellt hat. . . . (Es folgen Ausführungen über die Voraussehbarkeit des Eintritts von Wasserschäden; das Urteil schließt diese wie folgt):

Zum mindesten gilt folgendes: Nachdem eine objektiv rechtswidrige (§ 907 BGB., § 197 preuß. WasserG.) Beeinträchtigung von

Rechten des Klägers teils festgestellt, teils zu unterstellen war und der eben erörterte vom Berufungsgericht festgestellte Sachverhalt vorlag (Erkennbarkeit des vermehrten Wasserzuflusses von der Rampe her in der Richtung auf das Grundstück des Klägers, Nichtwissen, ob vorhandene Abzugsvorrichtungen dem genügen würden), hätte das Berufungsgericht zunächst von einem Verschulden des Beklagten ausgehen müssen, und zwar nach den Grundsätzen über den Beweis nach dem ersten Anschein, da es sich um einen typischen Geschehensablauf handelte.

Zu diesem Ergebnis gelangt man aber noch auf Grund einer weiteren rechtlichen Erwägung.

Der Verschuldensbegriff ist für die Anwendung des § 823 Abs. 2 BGB. ein anderer als für diejenige des § 823 Abs. 1 das. Er erfordert nur die Voraussehbarkeit, daß ein Verstoß gegen ein Schutzgesetz eintreten könnte. Die Voraussehbarkeit des Erfolges (einer schädigenden Wirkung und deren Verursachung durch bestimmtes Handeln oder Unterlassen) kommt hier nicht in Frage. Als Schutzgesetze kommen § 907 BGB. und § 197 preuß. WasserG. in Betracht. Auch insofern gestaltet sich die Beweislast für ein Verschulden anders, als das Berufungsgericht annimmt.

Weiter: Nicht bloß die Unterlassung einer durch Polizeigesetz gebotenen Tätigkeit kehrt die Beweislast um. Auch die Herstellung eines objektiv widerrechtlichen, den Tatbestand der Verletzung eines Schutzgesetzes (hier § 907 BGB., § 197 preuß. WasserG.) begründenden Zustands schafft ein Beweisanzeichen dafür, daß diese objektive Verletzung des Schutzgesetzes auch schuldhaft erfolgt sei. Mit anderen Worten wäre zu sagen: Hat der Beklagte einen Zustand hergestellt, der einen Wasserablauf zur Folge hatte, den sich der Kläger auf Grund der beiden angeführten gesetzlichen Bestimmungen nicht gefallen zu lassen brauchte, so hatte der Beklagte zu beweisen, daß er insoweit nicht schuldhaft gehandelt habe; dazu mußte er dartun, weshalb er in seinem objektiven Handeln keinen Verstoß gegen eines der beiden Schutzgesetze habe zu sehen brauchen. Das ist im angefochtenen Urteil verkannt.

Der Berufungsrichter meint aber weiter, ein solches Verschulden könnte, wenn überhaupt, nur bei dem mit dem Entwurf des Baues der Rampe und mit der Leitung ihrer Ausführung betrauten Straßenbaumeister des Beklagten, nicht aber bei den Organen des Kreises angenommen werden. Der Beklagte brauche aber nicht für das Verschulden von Personen, die nicht seine Organe seien, einzustehen, abgesehen von den Voraussetzungen der §§ 831, 839 BGB., die nicht erfüllt seien. Bei dieser Würdigung hat das Berufungsgericht sowohl die Vorschriften des § 823 BGB. wie die des § 831 BGB. verkannt. Die Betrauung eines „anderen" mit einer „Verrichtung" im Sinne des

§ 831 BGB. erforderte im vorliegenden Fall keineswegs ein beamtenrechtliches Dienstverhältnis des Dritten (des Landesbauamtes) zu dem Beklagten, wie das Berufungsgericht an einer Stelle annimmt; irrigerweise stellt es dort die §§ 839 und 831 auf eine Stufe. Da nach der Feststellung des Oberlandesgerichts der Beklagte dem Landesbauamt in C. den Entwurf und die Ausführung des Baues der Rampe übertragen hatte, so waren das Landesbauamt und dessen entwerfende, bauausführende und leitende Beamte die Verrichtungsgehilfen des Beklagten. Es mag ohne weiteres auch in der Revisionsinstanz davon ausgegangen werden, daß ihre Auswahl sorgfältig erfolgt ist. Aber das Berufungsgericht hätte weiter prüfen sollen, ob der Beklagte, dessen Verschulden nicht bloß nach § 831 BGB. vermutet wird, sondern nach dem vorstehend Dargelegten hier auch unter dem Gesichtspunkt des § 823 Abs. 1 und 2 BGB. mindestens nach den Grundsätzen über den Beweis des ersten Anscheins zunächst anzunehmen ist, den vollen Entlastungsbeweis geführt oder doch (§ 823) den Beweisanschein beseitigt hat. Wenn der Kreis dem Landesbauamt C. wie ein Bauherr dem Unternehmer gegenüberstand (das ist nach der Feststellung des Berufungsgerichts anzunehmen), so hatte er sich um die Wahrung der Rechte, die dem Kläger ihm gegenüber zustanden, zu kümmern. Das war keine Angelegenheit, die den Verrichtungsgehilfen anging, jedenfalls nicht diesen allein. Der hatte, nach den Feststellungen des Berufungsgerichts, nur Entwurf und Ausführung zu besorgen. Alles andere blieb Sache des Beklagten als des Bauherrn. Er also hat es zu verantworten, wenn Rechte, die Dritten ihm gegenüber zustanden, nicht gewahrt worden sind. Nach dieser Richtung geht zu seinen Ungunsten die oben erörterte Vermutung sowie das aus den Grundsätzen über den Beweis des ersten Anscheins sich ergebende Beweisanzeichen. Der Berufungsrichter hat nicht festgestellt, daß der verklagte Kreis zu der hiernach gebotenen Prüfung bei Anwendung der im Verkehr erforderlichen Sorgfalt nicht imstande gewesen wäre und daß durch diese Prüfung die Verletzung der Rechte des Klägers nicht hätte verhindert werden können; dies ist auch dem Sachverhalt nicht zu entnehmen.

Zu dem gleichen Ergebnis muß man gelangen, wenn man in Anwendung der vom erkennenden Senat in RGZ. Bd. 130 S. 98*) erörterten, oben erwähnten Grundsätze ein auf dem Gebiet des Privatrechts liegendes schuldrechtliches Verhältnis des Beklagten zu dem Kläger annimmt des Inhalts, daß bei öffentlich-rechtlichen Maßnahmen allgemein der Schutz der davon Betroffenen ins Auge gefaßt werden muß. Denn dann bediente sich der Beklagte des Landes-

*) In diesem Band S. 213/214.

bauamts in C. und dessen ausführender Personen auch zur Erfüllung einer Verbindlichkeit (§ 278 BGB.) gegenüber dem Kläger und hatte für deren etwaiges Verschulden einzustehen.

3. Die Revisionsbeantwortung meint, dem vorstehend unter Nr. 1 und 2 Erörterten rechtlich den Boden zu entziehen durch den Hinweis, es handle sich nicht um eine städtische Straße, sondern um eine Kreisstraße. Deshalb entfalle die Anwendung der aus einem Anliegerrecht herzuleitenden Rechtsgrundsätze, die immer nur für Gemeinden aufgestellt worden seien. Auch sei zu berücksichtigen, daß die ganze Straßenveränderung nicht zum Besten des beklagten Kreises erfolgt, sondern diesem aufgezwungen worden sei.

Diese Einwendungen können nicht durchgreifen. Für die Anwendung der unter Nr. 1 erörterten Rechtsgrundsätze macht es keinen Unterschied, ob der Anlieger an eine Gemeindestraße oder an eine Kreisstraße gebaut hat. Dergleichen ist in der Rechtsprechung nirgends ausgesprochen worden. Voraussetzung des Anliegerrechts ist nur, daß es sich um eine öffentliche städtische oder Dorf-Straße, nicht um eine Landstraße handelt. Ebensowenig ist dafür von Bedeutung, ob die Veränderung dem eigenen Willen des Kommunalverbandes entsprach oder ob er sie vornehmen mußte. Das sind innere Verwaltungsangelegenheiten, die mit dem Verhältnis des Anliegers zum Eigentümer der öffentlichen Straße nichts zu tun haben. Ebensowenig können solche Erwägungen Einfluß haben auf die unter Nr. 2 erörterten Fragen; auch wenn der Beklagte nicht freiwillig, sondern auf höhere Anordnung hin den Umbau seiner Straße übernahm, wurde er dadurch nicht der Pflicht enthoben, die Rechte seiner Anlieger (um solche handelt es sich bei Nr. 2) soweit als möglich zu wahren und dabei jede im Verkehr erforderliche Sorgfalt aufzuwenden.

4. Der Senat hat nach dem zu Nr. 1 Ausgeführten erwogen, ob nicht der Anspruch des Klägers dem Grunde nach für gerechtfertigt zu erklären sei. Das konnte jedoch um deswillen nicht geschehen, weil bisher Feststellungen des Berufungsgerichts fehlen, aus denen sich ergäbe, daß dem Kläger jedenfalls ein nach den dort erörterten Gesichtspunkten zu ersetzender Schaden in irgendwelchem Umfang entstanden sei. Für die unter Nr. 2 erörterten Schadensersatzgründe kam ein Grundurteil nicht in Frage, da das Berufungsgericht erst auf Grund neuer tatsächlicher Prüfung zur Frage des Verschuldens wird Stellung nehmen können.

RGZ. 132, 69

Teilenteignung durch Festsetzung von Baufluchtlinien. Enteignung durch Gesetz, durch das ein Eingriff in das Eigentümerbelieben

(§ 903 BGB.) gegen einen einzelnen Eigentümer oder einen eng begrenzten Kreis von Eigentümern vorgenommen wird.

Alter Leitsatz:

1. Sind die §§ 29 und 30 der mecklenburg-schwerinschen Verordnung über die Enteignung von Grundeigentum in den Landstädten und deren Gebiet vom 21. Juli 1886 mit der Reichsverfassung vereinbar?

2. Liegt eine Enteignung vor, wenn die Festsetzung einer Baufluchtlinie den Charakter einer ortsgesetzlichen Regelung hat?

RVerf. Art. 153.

III. Zivilsenat. Urt. v. 3. März 1931 i. S. H. (Kl.) w. Hauptstadt Schwerin (Bekl.). III 165/30.

I. Landgericht Schwerin. — II. Oberlandesgericht Rostock.

Der Kläger ist Eigentümer eines in Schwerin belegenen Geschäfts- und Wohnhausgrundstücks. Er beabsichtigte, das Grundstück durch Einbau von Läden gewinnbringender auszunutzen, und reichte am 21. Juni 1927 bei der Baupolizeibehörde der verklagten Stadtgemeinde ein Baugesuch ein. Die Beklagte hatte einige Zeit vorher auf Grund der §§ 25 ff. der mecklenburg-schwerinschen Verordnung, betr. die Enteignung von Grundeigentum in den Landstädten und deren Gebiet, vom 21. Juli 1886 eine Baufluchtlinie aufgestellt, die durch das Grundstück des Klägers verläuft und gemäß § 29 der Verordnung den geplanten Umbau unzulässig machte. Auf das Baugesuch des Klägers wurde ihm von der Baupolizeibehörde erwidert, daß sie bereit sei, eine Ausnahme von dem Bauverbot zu befürworten, wenn sich der Kläger bindend verpflichte, daß der durch den Umbau entstandene Mehrwert seines Grundstücks bei einer späteren, auf Grund der Baufluchtlinie vorzunehmenden Enteignung nicht in Anrechnung komme. Der Kläger lehnte die Übernahme dieser Verpflichtung ab. Sein Antrag auf Baugenehmigung wurde nunmehr von der Beklagten zurückgewiesen.

Der Kläger verlangt Ersatz des Schadens, der ihm durch die Verweigerung der Genehmigung entstanden sei. Er macht u. a. geltend, die durch die Fluchtlinienziehung eingetretene Baubeschränkung stelle eine Enteignung dar, die gemäß Art. 153 WeimVerf. nur gegen angemessene Entschädigung erfolgen könne. Das Landgericht hat die Klage abgewiesen, das Oberlandesgericht die Berufung des Klägers zurückgewiesen. Dessen Revision führte zur Aufhebung und Zurückverweisung.

Gründe:

Der Berufungsrichter hat die auf Art. 153 RVerf. gestützte Klage für unbegründet erklärt. Er hat zwar die Ansicht des Landgerichts, daß eine Enteignung nur dann vorliege, wenn ein Recht dem Berechtigten völlig entzogen und gleichzeitig auf einen andern übertragen werde, zurückgewiesen und ausgeführt, eine Enteignung könne auch gefunden werden in einer Beschränkung des Eigentümers in seinem Recht, mit dem Grundstück nach Belieben zu verfahren. Gleichwohl hat er angenommen, daß hier keine Enteignung gegeben sei. Gemäß Art. 153 Abs. 1 RVerf. und Art. 111 EG. z. BGB. sei nicht nur die Reichsgesetzgebung, sondern auch die Landesgesetzgebung berechtigt, den Inhalt und die Grenzen des Eigentums allgemein zu regeln. Es könne deshalb nicht in jeder Beschränkung des Eigentümers in der tatsächlichen Verfügung über sein Eigentum eine Enteignung erblickt werden. Der Eingriff müsse vielmehr ein derartiger sein, daß die Verfügungsgewalt des Eigentümers, wenn auch nicht ganz ausgeschlossen, so doch in hohem Grade herabgemindert werde. Ferner müsse sich der Eingriff gegen einen oder vereinzelte Eigentümer richten. Im vorliegenden Falle handle es sich um eine entschädigungslose Baubeschränkung, die sich auf die Allgemeinheit beziehe und sich in derartigen Grenzen halte, daß ein besonderer Schutz des Eigentümers nicht erforderlich sei. Das Baufluchtliniengesetz und die auf Grund dieses Gesetzes festgesetzte Baufluchtlinie beträfen alle Eigentümer, deren Grundstücke in die Baufluchtlinie fielen, in ihrer Gesamtheit und nicht nur einzelne von ihnen. Sie beschränkten auch nicht das Eigentum derart wesentlich, daß dies mit seinem Begriff nicht mehr vereinbar sei.

Die Revision rügt, daß der Berufungsrichter von einer rechtsirrigen und zu engen Auffassung des Eigentumsbegriffs im Sinne des Art. 153 RVerf. ausgehe, und daß seine Entscheidung zur Frage des Einflusses von Art. 153 auf die bestehende Baufluchtlinien-Gesetzgebung auf der rechtsirrigen Meinung beruhe, diese sei trotz Art. 153 weiter bestehen geblieben. Die Festsetzung der Baufluchtlinie und die dadurch herbeigeführte Baubeschränkung stelle eine Belastung des Grundstücks mit einer Dienstbarkeit der Unbebaubarkeit zugunsten der Gemeinde dar und sei somit rechtlich eine Enteignung im Sinne des Art. 153. Diese Vorschrift finde auch gegenüber älteren Landesgesetzgebungen Anwendung; soweit durch sie kein angemessenes Antgelt gewährt werde, sei die Landesgesetzgebung verfassungswidrig.

Es ist der Revision zuzugeben, daß die Ausführungen des Berufungsrichters nicht frei von Rechtsirrtum sind und den reichsrechtlichen Begriff der Enteignung im Hinblick auf die mecklenburgische Baufluchtlinien-Gesetzgebung verkennen. Das Reichsgericht hat wiederholt ausgesprochen, daß eine Enteignung im Sinne des Art. 153 RVerf. schon dann anerkannt werden kann, wenn das Recht des Eigentümers, mit seiner Sache gemäß § 903 BGB. nach Belieben zu verfahren, zugunsten eines Dritten beeinträchtigt wird (RGZ. Bd. 108 S. 253*),

*) In diesem Band S. 77.

Bd. 112 S. 192*), Bd. 116 S. 272**). Eine derartige Beschränkung liegt aber vor, wenn ein Eigentümer infolge der Ziehung einer Baufluchtlinie gehindert wird, sein Grundstück in bestimmter Weise zu bebauen. Es kann dabei begrifflich keinen Unterschied machen, ob es sich um ein unbebautes Grundstück handelt, dessen Bebauung durch die Fluchtlinienziehung überhaupt ausgeschlossen ist, oder um ein bebautes Grundstück, dessen Umbau gehindert wird. Wie der erkennende Senat in RGZ. Bd. 128 S. 18 (28)***) ausgesprochen hat, liegt eine Enteignung allerdings in den Fällen nicht vor, wo der Eigentumsinhalt allgemein für eine unbeschränkte Zahl nach Lage und Umfang völlig unbestimmter Grundflächen durch Gesetz oder ein diesem *gleichzusetzendes Ortsgesetz eingeschränkt wird. Denn die Regelung* der Baubeschränkungen, die den Eigentümern im öffentlichen Interesse aufzuerlegen sind, ist Sache der Landesgesetzgebung (Art. 111 EG. z. BGB.).

Der Berufungsrichter nimmt nun freilich in Auslegung nicht revisibler landesrechtlicher Normen an, daß die Beschränkung durch die mecklenburgische Baufluchtlinien-Gesetzgebung und durch die nach ihr festgesetzte Baufluchtlinie die betreffenden Eigentümer in ihrer Gesamtheit treffe und daß somit eine allgemeine Baubeschränkung vorliege, die keine Enteignung darstelle. Er prüft aber nicht, ob die von ihm angewandten landesrechtlichen Bestimmungen, auf Grund deren die Zulässigkeit der entschädigungslosen Beschränkung des Eigentums bejaht wird, mit den Vorschriften des Art. 153 RVerf. im Einklang stehen. Dies muß für die vom Berufungsrichter angewandten §§ 29, 30 der mecklenb. VO. vom 21. Juli 1886 verneint werden. Sie lauten:

§ 29: Von dem Zeitpunkt der öffentlichen Bekanntmachung der Auslegung des Planes an sind Neubauten, Umbauten und Ausbauten über die Bau-Fluchtlinie hinaus unzulässig. Auch ist bei Neubauten der Eigentümer verpflichtet, in die Bau-Fluchtlinie einzurücken. Gleichzeitig erlangt die Stadt das Recht, die durch die festgesetzten Straßen-Fluchtlinien für Straßen und Plätze bestimmte Grundfläche — sofern dieselbe mit Gebäuden besetzt ist, jedoch erst nach Entfernung derselben — dem Eigentümer zu entziehen.

§ 30 Abs. 1: Eine Entschädigung kann wegen Entziehung oder Beschränkung des von der Festsetzung neuer Fluchtlinien betroffenen Grundeigentums nur gefordert werden, wenn

1. die zu Straßen und Plätzen bestimmten Grundflächen auf Verlangen des Magistrats für den öffentlichen Verkehr abgetreten werden;

*) In diesem Band S. 89 ff.
**) In diesem Band S. 93 ff.
***) In diesem Band S. 165 [S. 174].

2. wenn die Fluchtlinie vorhandene Gebäude trifft und bei einem Neubau die Freilassung der zwischen der Straßen- und der Baufluchtlinie liegenden Fläche gefordert wird.

§ 29 ordnet hiernach die Unzulässigkeit von Neubauten, Umbauten und Ausbauten nur insoweit an, als das bebaute Grundstück von der Baufluchtlinie betroffen wird und somit die Bauten über diese hinaus errichtet werden sollen. Damit wird keine generelle Einschränkung des Eigentums ausgesprochen und keine allgemeine, alle Eigentümer beim Vorliegen gewisser Voraussetzungen treffende Pflicht auferlegt; nur die von einer jeweilig festgesetzten Baufluchtlinie betroffenen Eigentümer werden in ihren Rechten beeinträchtigt, und außerdem nur für die Teile ihrer Grundstücke, die in die Fluchtlinie fallen. Es kann nun dahingestellt bleiben, ob die Festsetzung der Baufluchtlinie gemäß § 25 der Verordnung vom 21. Juli 1886 einen Verwaltungsakt darstellt oder ob sie im Hinblick auf die Festsetzung auf Grund von Rats- und Bürgerbeschluß den Charakter einer ortsgesetzlichen Rechtsnorm hat Denn es handelt sich nach der für diese Instanz als richtig zu unterstellenden Behauptung des Klägers um eine besondere Festsetzung der Fluchtlinie für die Grundstücke an der Schl.-straße. Es wurde sonach durch die Fluchtlinienziehung nur ein eng begrenzter Kreis von Eigentümern betroffen. Eine Enteignung liegt aber in einem solchen Fall auch dann vor, wenn der Eingriff durch Gesetz erfolgt und dieses sich nur gegen einen einzelnen Eigentümer oder einen eng begrenzten Kreis von Eigentümern richtet.

Maßgebend ist ferner, daß erst durch die Festsetzung und Offenlegung der Fluchtlinie, also durch den Einzeleingriff, die Beschränkung des Eigentums eintritt. Die Auferlegung dieser Beschränkung stellt sich somit rechtlich als eine Enteignung dar, wie der erkennende Senat in RGZ. Bd. 128 S. 29*) ausgesprochen hat. An diesem Standpunkt ist nach nochmaliger Prüfung auch gegenüber den im Schrifttum geäußerten Bedenken festzuhalten. Die Enteignung wird zur Vollenteignung, wenn die Gemeinde die in die festgesetzte Fluchtlinie fallende Grundfläche für ihre Zwecke in Anspruch nimmt. Es besteht aber schon vorher mit der Offenlegung des Planes eine Teilenteignung, indem das Grundstück bereits von diesem Augenblick an zugunsten der Gemeinde mit einer Dienstbarkeit der Unbebaubarkeit belastet erscheint (RGZ. a. a. O.). Eine Überführung des enteigneten Rechts in das Vermögen des Enteignenden hält der Senat in Übereinstimmung mit der Rechtsprechung des Reichsgerichts auf dem Gebiete der Wohnungszwangswirtschaft unter Ablehnung der Bedenken des Schrifttums nicht für erforderlich, zumal da es sich hier um Maßregeln handelt, die einen späteren Übergang der betroffenen

*) In diesem Band S. 175.

Flächen in das Eigentum der Gemeinde vorbereiten und erleichtern sollen.

Der Berufungsrichter verkennt in zu enger Auslegung des Enteignungsbegriffs im Sinne des Art. 153 RVerf. diese Bedeutung der Fluchtlinienziehung in Verbindung mit den §§ 29, 30 der Verordnung vom 21. Juli 1886; insbesondere verkennt er, daß die Festsetzung der Fluchtlinie eine Teilenteignung, d. h. eine Enteignung eines Teils der mit dem Eigentum verbundenen Rechte, gegenüber jedem einzelnen Eigentümer darstellt.

Zu Unrecht weist die Revisionsklage darauf hin, daß zwischen § 29 der mecklenb. Verordnung vom 21. Juli 1886 und der preußischen Fluchtliniengesetzgebung, über welche die Entscheidung des Senats RGZ. Bd. 128 S. 18*) ergangen ist, insoweit ein Unterschied bestehe, als nach der letzteren es Sache der Gemeinde sei, ob sie Ausnahmen zulassen wolle, während nach § 29 der Verordnung vom 21. Juli 1886 jeder Neu- oder Umbau überhaupt unzulässig ist. Dieser Umstand ist für die Bedeutung der infolge Beschlusses der Stadt erfolgten Fluchtlinienziehung als eines Eingriffs in die Rechte der betroffenen Eigentümer völlig unerheblich. Es kommt lediglich auf den Eingriff als solchen an; außerdem muß der Eingriff als eine um so schwerere Belastung erscheinen, je schärfer das Recht des Eigentümers betroffen wird.

Daß die Beschränkung die Eigentümer sämtlicher von der jeweiligen Festsetzung einer bestimmten Baufluchtlinie berührten Grundstücke trifft, steht der Annahme einer solchen Teilenteignung nicht entgegen. Denn hierdurch wird, wie schon angeführt, die Beschränkung nicht ihres Charakters als eines Einzeleingriffs in die Rechte des jeweils betroffenen Eigentümers entkleidet. Meistens werden nämlich mehrere Eigentümer gleichzeitig betroffen werden, sofern es sich nicht um die Einbeziehung einer einzelnen Parzelle handelt. Dies liegt in der Natur der Fluchtlinienziehung überhaupt begründet und kann keinen begrifflichen Unterschied für den Charakter der behördlichen Maßregel machen. Die Revisionsbeklagte übersieht, daß die Teilenteignung erst durch die Setzung der Fluchtlinie eintritt und die betroffenen Eigentümer, wie schon hervorgehoben, nur zu dem Teil ihres Eigentums in ihren Rechten beschränkt, der in die Fluchtlinie fällt. Von einer allgemeinen Einschränkung des Eigentums im Sinne einer schrankensetzenden Regelung nach Art. 153 Abs. 1 RVerf. kann daher keine Rede sein. Ob die Eingriffe bei den einzelnen Eigentümern noch als Beschränkung des Eigentums erscheinen, kann allerdings unter Umständen Tatfrage sein. Denkbar ist, daß ein Grundstück in so unbedeutendem Umfang von der Flucht-

*) In diesem Band S. 165.

linienfestsetzung berührt wird, daß eine nennenswerte derzeitige Schmälerung der Eigentumsrechte überhaupt nicht eintritt. Ferner ist zu beachten, daß ein Grundstück zwar in erheblichem Maße betroffen werden kann, daß aber der Eigentümer eine derzeitige Störung in seinem Besitz nicht zu erleiden braucht. Im ersteren Fall kann eine Teilenteignung wegen völliger Bedeutungslosigkeit des Eingriffs überhaupt entfallen; im letzteren Fall — der bei bebauten Grundstücken die Regel bilden wird — liegt zwar eine Teilenteignung vor, es kommt aber mangels eines nachweisbaren Schadens keine Entschädigungspflicht in Frage.

Im vorliegenden Fall muß von der Behauptung des Klägers ausgegangen werden, deren Richtigkeit für diese Instanz zu unterstellen ist, daß er in der Lage war, durch den Einbau von Läden das Grundstück in erheblichem Umfang gewinnbringender zu gestalten. Eine Enteignung im Sinne des Art. 153 RVerf. ist somit gegeben. Diese kann nach der geltendes Recht darstellenden Vorschrift des Art. 153 Abs. 2 RVerf. nur gegen angemessene Entschädigung erfolgen. Die §§ 29, 30 der Verordnung vom 21. Juli 1886 sehen jedoch nicht die Gewährung einer angemessenen Entschädigung vor. § 30 schließt eine derzeitige Entschädigung überhaupt aus und macht eine künftige Entschädigung von gewissen Bedingungen abhängig, deren Erfüllung nicht in der Macht des Klägers selbst liegt. Die Hinausschiebung der Entschädigung für den Fall der Übernahme der Grundfläche durch die Gemeinde stellt aber keine angemessene Entschädigung im Sinne des Art. 153 Abs. 2 RVerf. dar. Denn es bleibt für den betroffenen Eigentümer völlig ungewiß, ob und wann dieser Fall eintreten wird. Die vom Berufungsrichter angewandten §§ 29 und 30 der Verordnung stehen somit im Widerspruch zu der Regelung in Art. 153 Abs. 2, da eine entschädigungslose Enteignung nur durch ein Reichsgesetz angeordnet werden darf. Wie der Senat in der mehrerwähnten Entscheidung RGZ. Bd. 128 S. 31*) mit eingehender Begründung ausgesprochen hat, greift Art. 153 RVerf. als unmittelbar geltendes Recht auch gegenüber älteren Landesgesetzen Platz; nur vor Inkrafttreten der Verfassung bereits durchgeführte Enteignungen bleiben unberührt. An dieser Rechtsprechung ist nach Prüfung der im Schrifttum erhobenen Einwände ebenfalls festzuhalten.

Es mag noch hervorgehoben werden, daß, wenn auch Art. 153 Abs. 3 RVerf. hervorhebt, daß Eigentum verpflichtet und sein Gebrauch zugleich Dienst für das gemeine Beste sein soll, auf der anderen Seite die Reichsverfassung durch die positive, reichsrechtliche Regelung in Art. 153 Abs. 2 den Standpunkt des Eigentümers in Ansehung der Unverletzlichkeit seines Eigentums in erheblichem Maße gestärkt und unter Ausschaltung der Landes-

*) In diesem Band S. 176 unten.

gesetzgebung die Frage der entschädigungslosen Enteignung der Reichsgesetzgebung vorbehalten hat. Deshalb müssen alle erst nach Inkrafttreten der Reichsverfassung auf Grund einer älteren Landesgesetzgebung eintretenden Enteignungen diesem positivrechtlichen Schutz der Reichsverfassung unterliegen. Daß die ältere landesgesetzliche Fluchtlinien-Gesetzgebung im Sinne des § 29 der Verordnung vom 21. Juli 1886 bereits eine damals vorhandene, wenn auch erst in der Zukunft wirksam werdende polizeiliche Schranke darstellte, kann angesichts des dargelegten Umstands, daß sie keine allgemeine Einschränkung des Eigentums anordnete, nicht anerkannt werden.

RGZ. 137, 163

Enteignung. Aufopferungsanspruch. Fluchtlinienrecht. Ansiedlungsrecht.

Alter Leitsatz:

1. Ist das preußische Gesetz betreffend die Gründung neuer Ansiedlungen in der Provinz Hessen-Nassau vom 11. Juni 1890 revisibel?
2. Hat der Eigentümer, dem die nach § 1 Abs. 1 dieses Gesetzes erforderliche Ansiedlungsgenehmigung zunächst im Interesse der Stadtgemeinde vom Polizeipräsidenten versagt, dann aber auf die Klage im Verwaltungsstreitverfahren erteilt worden ist, gegen die Stadtgemeinde einen Anspruch auf Entschädigung wegen der Nachteile, die ihm aus der ursprünglichen Versagung der Genehmigung erwachsen sind?

Preuß. Gesetz betr. die Gründung neuer Ansiedlungen in der Provinz Hessen-Nassau v. 11. Juni 1890 (GS. S. 173). ZPO. § 549. Verordnung v. 28. September 1879 (RGBl. S. 299). RVerf. Art. 153. Preuß. ALR. Einl. § 75.

V. Zivilsenat. Urt. v. 25. Juni 1932 i. S. Stadtgemeinde Fr. (Bekl.) w. Ehel. K. (Kl.). V 125/32.

I. Landgericht Frankfurt a. M. II. Oberlandesgericht daselbst.

Im Jahre 1916 kauften die Kläger ein am sogenannten „Totenweg“ liegendes Grundstück und richteten es zum Betriebe einer Gärtnerei ein. Am 19. April 1921 beantragte der klagende Ehemann (im folgenden Kläger genannt) erstmals die Genehmigung zur Ansiedlung auf dem erworbenen Grundstück mit einem Wohnhause. Die Beklagte erhob gemäß §§ 2 und 3 des Ansiedlungsgesetzes für Hessen-Nassau vom 11. Juni 1890 Einspruch mit der Begründung, der Totenweg sei kein offener Weg im Sinne dieses Gesetzes, außerdem würden die Interessen der Gemeinde durch den Bau erheblich benachteiligt, da aus der erweiterten Benutzung Ansprüche gegen die

Stadt gestellt werden könnten. . . . Der Polizeipräsident lehnte daraufhin die Erteilung der Ansiedlungsgenehmigung aus den im Einspruch der Beklagten vorgebrachten Gründen ab. Die dagegen erhobene Klage wurde vom Bezirksausschuß mit derselben Begründung abgewiesen. Gegen das Urteil legte der Kläger keine Berufung beim Oberverwaltungsgericht ein.

. . .

Der Kläger beantragte am 25. Oktober 1925 erneut die Erteilung der Ansiedlungsgenehmigung. Durch Verfügung des Polizeipräsidenten wurde auch dieser Antrag unter Bezugnahme auf die früheren Bescheide abgelehnt. Dagegen erhob der Kläger Klage im Verwaltungsstreitverfahren. Der Bezirksausschuß wies die Klage ab. Auf die Berufung des Klägers hob das Oberverwaltungsgericht am 6. Okt. 1927 das Urteil des Bezirksausschusses auf und setzte den Bescheid des Polizeipräsidenten außer Kraft. Am 20. Januar 1928 wurde dem Kläger die Ansiedlungsgenehmigung erteilt.

. . .

Am 11. Juli 1927, also noch vor dem Erlaß des erwähnten Urteils des Oberverwaltungsgerichts, wurden durch Beschluß der Städtischen Körperschaften die Fluchtlinien für das Gebiet festgelegt, in dem sich das Grundstück des Klägers befindet. Die erste Offenlegung des Fluchtlinienplans geschah am 25. August 1927. . . . Auf Grund des Fluchtlinienplans wurde das Baugesuch des Klägers vom 21. Januar 1928 mit der Begründung abgelehnt, die in Aussicht genommenen Baulichkeiten überschritten die festgesetzte Fluchtlinie. . . .

. . .

Die Kläger behaupten, sie seien durch die Nichtgenehmigung der Ansiedlungsanträge nicht in der Lage gewesen, das Grundstück völlig auszunutzen. Die bestmögliche Ausnutzung habe den Bau eines Wohnhauses . . . zur Voraussetzung gehabt. Die Ausführung habe die Beklagte deswegen verhindert, um später nicht zu hohe Entschädigungen zahlen zu müssen. Durch ihr Verhalten habe die Beklagte sie genötigt, ihre besonderen Rechte und Vorteile „zum Wohl des gemeinsamen Wesens" aufzuopfern. Der ihnen dadurch erwachsene Schaden bestehe erstens in dem Minderwert der Gärtnerei gegenüber dem Zustande, in dem sie sich befunden hätte, wenn sie in der Ausnutzung ihres Eigentums nicht beschränkt worden wären, ferner darin, daß sie bis zum Zeitpunkte der Feststellung der Fluchtlinien ihren Betrieb nicht einträglich hätten gestalten können. Ersatz dieses Schadens begehren die Kläger auf Grund der Bestimmungen des § 75 Einl. ALR. und des Art. 153 Abs. 2 RVerf. . . .

. . .

Das Landgericht wies die Klage ab. Auf die Berufung der Kläger erklärte das Oberlandesgericht die Ansprüche dem Grunde nach für gerechtfertigt. Die Revision der Beklagten führte zur Wiederherstellung des ersten Urteils.

Gründe:

Gegenstand des Berufungsurteils bilden nur diejenigen Schadensersatzansprüche der Kläger, die aus § 75 Einl. ALR. und Art. 153 Abs. 2 RVerf. hergeleitet werden. Es handelt sich also hier nur um den Schaden, der bis zum 25. August 1927, dem Tage der ersten Offenlegung des Fluchtlinienplans, entstanden war. Für die spätere Zeit kommen lediglich die Bestimmungen der §§ 13, 14 des Fluchtliniengesetzes vom 2. Juli 1875 in Verbindung mit den §§ 24 ff. des Enteignungsgesetzes vom 11. Juni 1874 sowie § 6 des Gesetzes über ein vereinfachtes Enteignungsverfahren vom 26. Juli 1922 (GS. S. 211) in Frage. Da die Beklagte von ihrem Enteignungsrecht sofort Gebrauch gemacht hat, so trifft für die Zeit nach dem 24. August 1927 der § 13 Abs. 1 Nr. 1 FlLG. zu. Die Gültigkeit dieser Vorschrift ist von Art. 153 Abs. 2 RVerf. nicht berührt worden (RGZ. Bd. 128 S. 33/34)*).

Was die hier in Betracht kommende Zeit vor dem 25. August 1927 anbelangt, so setzt die Anwendung des § 75 Einl. ALR. ebenso wie die des Art. 153 Abs. 2 RVerf. voraus, daß durch einen staatlichen Hoheitsakt, der sich gegen eine bestimmte Person oder einen bestimmt begrenzten Personenkreis richtet, ein subjektives Recht zugunsten eines Dritten entzogen oder beschränkt wird. Und zwar muß es sich bei dem Eingriff in das subjektive Recht um einen rechtmäßigen staatlichen Akt handeln. Andernfalls käme der Tatbestand des Art. 131 RVerf. in Frage, worauf die Kläger ihren Anspruch jedoch nicht gründen wollen.

Bis zum 25. August 1927 waren die Kläger an dem von ihnen geplanten Bau eines Wohnhauses dadurch gehindert, daß ihnen die nach § 1 Abs. 1 des Gesetzes betreffend die Gründung neuer Ansiedlungen in der Provinz Hessen-Nassau vom 11. Juni 1890 erforderliche Ansiedlungsgenehmigung auf das erste Gesuch hin versagt und auf das zweite Gesuch nach zunächst erfolgter Ablehnung durch den Polizeipräsidenten und den Bezirksausschuß erst infolge des Urteils des Oberverwaltungsgerichts vom 6. Oktober 1927 am 20. Januar 1928 erteilt worden ist.

Das Oberlandesgericht meint, aus den Gründen des letzterwähnten Urteils ergebe sich, daß die Ansiedlungsgenehmigung auf Grund der Bestimmungen des Ansiedlungsgesetzes nicht hätte versagt werden dürfen. Wenn die Kläger trotzdem durch die Verfügungen des Polizeipräsidenten und die Urteile des Bezirksausschusses an der von

*) In diesem Band S. 177—179.

ihnen beabsichtigten Ansiedlung in der Zeit bis zum 20. Januar 1928 verhindert worden seien, so seien sie zur Aufopferung eines besonderen, subjektiven, wohlerworbenen Rechtes genötigt worden. Der Vorderrichter geht hiernach davon aus, daß der Eigentümer, soweit nicht nach dem genannten Ansiedlungsgesetze die Voraussetzungen für eine Versagung der Ansiedlungsgenehmigung gegeben sind, auf Grund seines Eigentums ein subjektives Recht auf die Ansiedlung habe, und zwar bereits vor der Erteilung der Ansiedlungsgenehmigung. Er gesteht dieser Genehmigung also keine konstitutive Wirkung zu, sondern mißt ihr nur die deklaratorische Bedeutung einer Feststellung dahin bei, daß ein Versagungsgrund gemäß den Bestimmungen des Ansiedlungsgesetzes nicht gegeben sei.

Es fragt sich zunächst, ob diese Auslegung, die das Berufungsgericht dem Gesetz vom 11. Juni 1890 gegeben hat, vom Revisionsgericht nachgeprüft werden kann oder ob dieses Gesetz gemäß § 549 ZPO. in Verbindung mit § 1 der Verordnung vom 28. September 1879 der Revision unzugänglich ist. Das Gesetz hat formell allerdings nur Geltung für die Provinz Hessen-Nassau. Materiell stimmt es jedoch mit Abschnitt II des Gesetzes betreffend die Verteilung der öffentlichen Lasten bei Grundstücksteilungen und die Gründung neuer Ansiedlungen in den Provinzen Preußen, Brandenburg, Pommern, Posen, Schlesien, Sachsen und Westfalen vom 25. August 1876 (GS. S. 405) in der Fassung vom 10. August 1904 (GS. S. 227) überein. Und zwar handelt es sich nicht um eine bloße Gleichheit zweier in verschiedenen Bezirken geltender Gesetze, sondern das Gesetz vom 11. Juni 1890 hat die preußische Ansiedlungsgesetzgebung in der Provinz Hessen-Nassau eingeführt, wie dies für die Provinz Hannover durch das Gesetz vom 4. Juli 1887 (GS. S. 324) und für die Provinz Schleswig-Holstein durch das Gesetz vom 13. Juni 1888 (GS. S. 243) geschehen war. Demgemäß sind auch diese sämtlichen Ansiedlungsgesetze einheitlich durch das Ergänzungsgesetz vom 16. September 1899 (GS. S. 497) ergänzt worden. Es liegt also eine einheitliche Regelung des Ansiedlungswesens für die genannten preußischen Provinzen vor, und es kann die Revisibilität der in Hessen-Nassau geltenden Bestimmungen nicht aus dem Grunde verneint werden, weil sie nicht durch einen einzigen Akt der Gesetzgebung für alle in Betracht kommenden Provinzen gleichzeitig zum Rechtssatz geworden sind.

Die hiernach zulässige und gebotene Nachprüfung der Auslegung des Gesetzes vom 11. Juni 1890 durch das Berufungsgericht ergibt aber, daß der Standpunkt des Oberlandesgerichts weder dem Wortlaut noch dem Sinne dieses Gesetzes gerecht wird. Schon die Fassung des § 1 weist darauf hin, daß erst durch die Erteilung der Genehmigung das Ansiedlungsrecht erworben wird. Der Zweck des

Gesetzes geht dahin, dem planlosen Bauen, namentlich auch in der Nähe von Großstädten, das nach den bisherigen Gesetzen nicht verhindert werden konnte und zu einer erheblichen Gefährdung der öffentlichen Interessen geführt hatte, Einhalt zu tun (vgl. die Begründung des Gesetzes, Drucks. des Herrenhauses Session 1890 Nr. 52, ferner OVG. Bd. 30 S. 396). Das Gesetz wollte also gerade den früheren Rechtszustand der schrankenlosen Ansiedlungsfreiheit beseitigen. Es gibt deshalb, abgesehen von den unbedingten Versagungsgründen des § 2, den Gemeinden und gewissen Beteiligten ein Einspruchsrecht, auf Grund dessen unter bestimmten Umständen nach dem pflichtmäßigen Ermessen der Genehmigungsbehörden die Genehmigung versagt werden k a n n (§ 3). Die Anerkennung dieser fakultativen Versagungsgründe läßt ebenfalls auf den Willen des Gesetzgebers schließen, daß das Ansiedlungsrecht erst durch die Erteilung der Genehmigung entstehen soll. Denn die bloße deklaratorische Feststellung eines bereits bestehenden Rechts kann nicht wohl von dem Ermessen einer Behörde abhängig gemacht werden. Es würde aber auch dem Sinne des Gesetzes, die öffentlichen Belange der Gemeinden zu schützen, geradezu widersprechen, wenn der Gemeinde aus der Tatsache, daß ein von der Genehmigungsbehörde angenommener unbedingter Versagungsgrund im Verwaltungsstreitverfahren nicht festgestellt wird oder daß sie mit einem von der Genehmigungsbehörde anerkannten Einspruch im Verwaltungsstreitverfahren nicht durchdringt, eine erhebliche Entschädigungslast aus dem Grunde erwachsen sollte, weil der Eigentümer bis zur Erteilung der Genehmigung zur Aufopferung eines Rechtes gezwungen worden wäre. Weiter kommt in Betracht, daß das Gesetz dem Eigentümer keinen Entschädigungsanspruch gegen den Eigentümer oder Nutzungsberechtigten eines benachbarten Grundstücks zubilligt, wenn lediglich zum Schutze der Nutzungen dieses Grundstücks die Ansiedlungsgenehmigung gemäß § 3 des Gesetzes versagt worden ist. Erst durch das Ergänzungsgesetz vom 16. September 1899 ist eine Ausnahme für den Fall bestimmt, daß die Ansiedlungsgenehmigung auf Grund des Einspruchs des Besitzers eines Bergwerks versagt worden ist; hier soll der Eigentümer nach den §§ 148 bis 151 des Allgemeinen Berggesetzes vom 24. Juni 1865 entschädigt werden (vgl. Begründung des Gesetzes vom 16. September 1899, Drucks. des Abgeordnetenhauses XIX. Legislatur-Periode I. Session 1899 Nr. 30 S. 14; OVG. Bd. 50 S. 230). Auch hieraus ergibt sich, daß vor Erteilung der Genehmigung das Gesetz kein subjektives Recht zur Ansiedlung anerkennt. Denn andernfalls müßte die Versagung der Genehmigung zum mindesten insoweit, als sie aus einem fakultativen Versagungsgrunde auf den Einspruch eines Einspruchsberechtigten hin erfolgt ist, als Eingriff in ein subjektives Recht des Eigentümers aufgefaßt werden, wodurch ein Entschädigungsanspruch gemäß § 75 Einl. ALR. begründet würde, und es hätte der vorgedachten besonderen Vorschrift für den Bergbau nicht bedurft.

So verstanden steht die Bestimmung des § 1 des Ansiedlungsgesetzes für Hessen-Nassau vom 11. Juni 1890 auch nicht im Widerspruch zu dem geltenden Reichsrecht. Die Freizügigkeit im Sinne des Art. 111 RVerf. wird durch das Erfordernis der Ansiedlungsgenehmigung nicht berührt. Denn das Recht, sich an jedem Orte des Reichs aufzuhalten und niederzulassen, begreift nicht das Recht in sich, schrankenlos eine Ansiedlung zu errichten. Zudem hat das Ansiedlungsgesetz Vorsorge getroffen, daß alle unnötigen Erschwerungen der Ansiedlung vermieden werden, indem die Ansiedlungsgenehmigung nur insoweit versagt werden darf, als wichtige Interessen dies erfordern. Ebensowenig ist Art. 153 RVerf. verletzt. Den Inhalt und die Schranken des Eigentums allgemein zu regeln, ist nach Abs. 1 das. dem Gesetzgeber ausdrücklich vorbehalten. Nach Art. 111 EG. z. BGB. bleiben die landesgesetzlichen Vorschriften unberührt, welche im öffentlichen Interesse das Eigentum in Ansehung tatsächlicher Verfügungen beschränken. Die im § 1 des Ansiedlungsgesetzes für Hessen-Nassau angeordnete Beschränkung betrifft die im Geltungsgebiet des Gesetzes befindlichen Grundstücke, soweit sie außerhalb einer im Zusammenhang gebauten Ortschaft liegen, also einen unbegrenzten Kreis von Grundstücken gleichmäßig; demnach ist mangels eines Einzeleingriffs keine Enteignung im Sinne des Art. 153 Abs. 2 RVerf. gegeben (vgl. RGZ. Bd. 128 S. 28)*)

Hiernach bestand bis zu der am 20. Januar 1928 erteilten Ansiedlungsgenehmigung für die Kläger überhaupt kein Recht zur Aufführung eines Wohnhauses. Vor der ersten Offenlegung des Fluchtlinienplans haben sie daher ein derartiges Recht nicht zugunsten der Beklagten „aufgeopfert".

Demgemäß erweist sich der Klaganspruch als unbegründet, ohne daß es weiter der Prüfung bedarf, ob dem Bauvorhaben der Kläger auch ein ortsstatutarisches, auf § 12 FlLG. beruhendes Bauverbot entgegengestanden hätte. . . .

RGZ. 128, 18

Enteignungs- und Fluchtlinienrecht.

Alter Leitsatz:

1. Zum Begriff der sog. historischen Straße im preußischen Fluchtlinienrecht.

2. Enthält

a) das ortsstatutarische Verbot der Errichtung von Wohngebäuden an noch nicht fertig hergestellten Straßen,

*) In diesem Band S. 174

b) die mit der Offenlegung des endgültig festgesetzten Fluchtlinienplans eintretende Beschränkung der Bebauung der in die Fluchtlinie fallenden Grundfläche
eine Enteignung?
3. Wie weit reicht die Befugnis der Landesgesetzgebung, den Anspruch des Eigentümers eines in eine Fluchtlinie fallenden Grundstücks auf angemessene Entschädigung für die mit der Fluchtlinienfestsetzung verbundene Bebauungsbeschränkung näher zu regeln? Ist insbesondere § 13 Abs. 1 des preuß. Fluchtliniengesetzes vom 2. Juli 1875 mit der Reichsverfassung vereinbar?

Preuß. Fluchtliniengesetz §§ 8, 11, 12, 13. RVerf. Art. 153.

III. Zivilsenat. Urt. v. 28. Februar 1930 i. S. M. als Verwalter im Konkurse B. (Kl.) w. Stadtgemeinde Berlin (Bekl.) III 87/29.

I. Landgericht I Berlin. II. Kammergericht daselbst.

Der ursprüngliche Kläger B. (im folgenden als Kläger bezeichnet) ist Eigentümer eines Grundstücks in Berlin-Wannsee, das zwischen dem kleinen Wannsee und dem Stölpchensee liegt und von dem diese beiden Seen verbindenden Prinz-Friedrich-Leopold-Kanal durchschnitten wird. Der südlich vom Kanal belegene Teil des Grundstücks stößt mit seiner Westseite in einer Breite von etwa 50 m an die Kohlhasenbrücker Straße. Im Südwesten wird er von dem der verklagten Stadt Berlin gehörigen Dauerwalde begrenzt. Die Stadt will den südlichen Teil des klägerischen Grundbesitzes ihrem Walde hinzuschlagen und betreibt deshalb seine Erklärung zur Freifläche. Sie hat einen Fluchtlinienplan aufgestellt, in dem jener Grundstücksteil als Freifläche ausgewiesen wird. Dem Plan haben das Bezirksamt Zehlendorf am 8. Dezember 1924, die Bezirksversammlung daselbst am 28. Januar 1925, der Magistrat Berlin am 17. Juli 1925 und endlich die Berliner Stadtverordnetenversammlung am 8. Oktober 1925 zugestimmt. Seine erste Offenlegung ist jedoch erst am 5. März 1928 erfolgt, als der gegenwärtige Rechtsstreit bereits schwebte.

Schon vor Aufstellung des neuen Fluchtlinienplanes beabsichtigte der Kläger, auf seinem Grundstück ein Wohnhaus mit der Front zur Kohlhasenbrücker Straße zu errichten. Am 19. Juni 1925 reichte der Kaufmann L. in Berlin-Schöneberg — wie der Kläger behauptet, in seinem Auftrag — ein Baugesuch ein. Die städtische Baupolizei des Bezirks Zehlendorf lehnte jedoch durch Schreiben vom 16. Juli 1925 ab, die baupolizeiliche Genehmigung zur Errichtung des geplanten Einfamilienhauses zu erteilen, da das Bezirksamt die Zustimmung auf Grund des zur Ausführung (des § 12) des Fluchtliniengesetzes vom 2. Juli 1875 (GS. S. 561) erlassenen Ortsgesetzes vom 30. April 1924 versagt habe. Ein weiteres im Namen des Klägers durch einen Architekten gestelltes Baugesuch wurde am 25. August 1925 gleichfalls unter Berufung auf das genannte Ortsgesetz ablehnend beschieden, da das Gebäude an die noch unregulierte Kohlhasenbrücker Straße zu stehen kommen würde. Der Kläger, der die erste Ablehnungsverfügung unangefochten gelassen hatte, beschwerte sich über die zweite am 15. September 1925 beim Oberpräsidenten. Dieser eröffnete ihm am 28. November 1925, daß nach einem Berichte des Magistrats Berlin vom 11. November die Stadtverordnetenversammlung nunmehr der Festsetzung des Fluchtlinienplanes für das Gelände Pohlesee und Stölpchensee und an der Chaussee von Kohlhasenbrück nach Wannsee zugestimmt habe; da hierdurch der Geländeteil an der Kohlhasenbrücker Straße südlich des Prinz-Friedrich-Leopold-Kanals in Wannsee als Freifläche ausgewiesen werde, vermöge die Gemeinde für das Bauvorhaben des Klägers eine Ausnahme von dem ortsstatutarischen Bauverbot nicht zuzulassen. Ein drittes Baugesuch des Klägers vom 25. Juli 1927 wurde am 4. August abgelehnt, weil das Grundstück zur Freifläche erklärt sei. Gegen diesen Bescheid hat der Kläger im Verwaltungsstreitverfahren Klage erhoben.

Der Kläger hält die Ablehnung seiner Baugesuche sowie die Erklärung seines Grundstücks zur Freifläche für rechtswidrig und verlangt deshalb von der Beklagten Schadensersatz vom Gesichtspunkt der unerlaubten Handlung und der Amtshaftung aus, hilfsweise auch Entschädigung wegen Eingriffs in sein Eigentum vom Gesichtspunkt der Enteignung aus. Zunächst macht er geltend, daß nicht das Bezirksamt Zehlendorf, sondern nur die Stadtgemeinde Berlin berufen sei, eine Bauerlaubnis auf Grund des Ortsstatuts vom 30. April 1924 zu versagen. Die Versagung durch das Bezirksamt sei daher kein rechtlich genügender Grund gewesen, seine Baugesuche abzulehnen. Das Ortsstatut habe aber auch überhaupt nicht angewendet werden dürfen, da die Kohlhasenbrücker Straße als sog. historische Straße nicht dem Bauverbot des § 12 des Fluchtliniengesetzes unterliege. Wenn sich die Beamten der Beklagten gleichwohl auf dieses Bauverbot berufen hätten, so hätten sie das nur getan, um Zeit für die Aufstellung des Fluchtlinienplans zu gewinnen, der dem Kläger jede Bebauung seines Grundstücks unmöglich machen solle. Ein solches Verfahren enthalte einen unzulässigen Eingriff in das Eigentum des Klägers und eine gegen ihn begangene Amtspflichtverletzung. Die eilige Durchsetzung des Freiflächen-Beschlusses, der übrigens nicht einmal in formeller Beziehung den gesetzlichen Vorschriften entspreche, sei nur zu dem Zweck erfolgt, das Bauvorhaben des Klägers zu vereiteln und ihn zu zwingen, das Grundstück für einen unangemessen niedrigen Preis der Stadt zu überlassen. Eine solche Benutzung öffentlicher Machtmittel verstoße gegen die guten Sitten, und zwar hier um so mehr, als man nachher die Auslegung des

Fluchtlinienplans ohne Grund jahrelang hinausgezögert habe. Dadurch sei der Kläger verhindert worden, seine Einwendungen gegen den Plan im vorgeschriebenen Verfahren geltend zu machen, wodurch gleichfalls auf ihn ein Druck habe ausgeübt werden sollen, um ihn zu einem für die Stadt günstigen Verkauf des Grundstückes zu bewegen. Auch abgesehen von jedem Verschulden sei die Beklagte zur Entschädigung des Klägers dafür verpflichtet, daß sie seine Baugesuche vor Offenlegung, zunächst sogar vor Aufstellung des neuen Fluchtlinienplans abgelehnt habe. Ebenso müsse sie ihn für die Eigentumsbeschränkung entschädigen, die der neue Plan für sein ganzes südliches Grundstück bedeute. Von dem ihm durch das Vorgehen der Beklagten angeblich erwachsenen Schaden hat der Kläger zunächst einen Teilbetrag von 100 000 RM. nebst Zinsen eingeklagt.

Die Beklagte hält den Rechtsweg für unzulässig, erklärt die Ansprüche des Klägers aber auch sachlich nach Grund und Höhe für ungerechtfertigt. Für die Erteilung von Befreiungen von dem Bauverbot des § 12 des Fluchtliniengesetzes seien nach den maßgebenden Grundsätzen die Bezirksämter zuständig. Das Bezirksamt Zehlendorf habe sich dem Kläger gegenüber mit Recht auf das nach § 12 erlassene Ortsstatut berufen, da die Kohlhasenbrücker Straße wenigstens dort, wo sie am Grundstück des Klägers vorbeiführe, noch nicht gemäß den baupolizeilichen Bestimmungen für den öffentlichen Verkehr und den Anbau fertiggestellt worden sei. Schadensersatz für die ersten beiden Versagungen der Baugenehmigung könne der Kläger außerdem deshalb nicht verlangen, weil er es unterlassen habe, das ihm offenstehende Verwaltungsstreitverfahren einzuleiten. Zur Feststellung des neuen Fluchtlinienplans, der den südlichen Grundstücksteil zur Freifläche mache, sei die Beklagte im Interesse der Allgemeinheit berechtigt, ja sogar verpflichtet gewesen, auch wenn dadurch Interessen eines einzelnen, des Klägers, verletzt worden seien. Die Auslegung des Fluchtlinienplans habe aus sachlichen Gründen nicht sofort erfolgen können. Das Verhalten der städtischen Behörde sei völlig einwandfrei und verstoße in keiner Weise gegen die guten Sitten. Eine Enteignungsentschädigung könne der Kläger nach den Vorschriften des Fluchtliniengesetzes erst bei Abtretung der fraglichen Fläche an die Stadt verlangen.

Beide Vorinstanzen haben die Klage abgewiesen. Der Kläger hat Revision eingelegt. Nach Einlegung des Rechtsmittels ist über sein Vermögen der Konkurs eröffnet worden. Der Konkursverwalter hat das unterbrochene Verfahren aufgenommen. Das Rechtsmittel führte zur Aufhebung und Zurückverweisung

Gründe:

...Das Berufungsgericht hat die Klage, ohne ihre verschiedenen Begründungen im übrigen zu prüfen, lediglich deshalb abgewiesen, weil allen Schadensersatz- und Entschädigungsansprüchen des Klägers, gleichgültig auf welcher Rechtsgrundlage sie aufgebaut seien, die Grundlage dadurch entzogen werde, daß dem Kläger keinerlei Schaden durch öffentlichrechtliche Maßnahmen entstanden sei. Er besitze das Eigentum an seinem Grundstück unverändert in der Form, wie er es erworben habe und ohne daß eine Wertminderung eingetreten sei. Die erste Grundlage für diese Annahme bildet die Feststellung, daß die Kohlhasenbrücker Straße dort, wo sie am südlichen Grundstücksteil des Klägers vorbeiführt, keine sog. historische Straße sei und deshalb dem Bauverbot des auf Grund des § 12 FlLG. erlassenen Ortsstatuts unterliege. Der Berufungsrichter folgert das allein und ausschließlich aus der Tatsache, daß es hier an einer geschlossenen Ortslage fehle; diese ende 180 m nördlich des Prinz-Friedrich-Leopold-Kanals beim Grundstück Zinnow auf der Westseite und bei der Fabrikanlage auf der Ostseite der Straße. Diese Begründung wird von der Revision mit Recht bemängelt. Es geht allerdings auf der anderen Seite zu weit, wenn sie ausführt, Zweifel darüber, ob eine Straße als historische Straße anzusehen sei, begännen regelmäßig erst dann, wenn sie nicht in der geschlossenen Ortslage liege. Keineswegs zählen alle Straßen innerhalb des Ortsberinges ohne weiteres zu den historischen. Ebensowenig kann aber umgekehrt gesagt werden, daß die Grenze der geschlossenen Bauweise einer Ortschaft stets zugleich die genaue Grenze für das Vorkommen von historischen Straßen bilde.

Nach § 12 Abs. 1 FlLG. kann durch Ortsstatut festgestellt werden, daß an Straßen oder Straßenteilen, die noch nicht gemäß den baupolizeilichen Bestimmungen des Orts für den öffentlichen Verkehr und den Anbau fertig hergestellt sind, keine Wohngebäude errichtet werden dürfen, die nach diesen Straßen einen Ausgang haben. Diese Vorschrift gilt aber nach der von den ordentlichen Gerichten gebilligten Rechtsprechung des Oberverwaltungsgerichts nicht für die bei Erlaß des ersten, auf Grund von § 12 FlLG. ergehenden Ortsstatuts bereits bestehenden älteren Straßen. Eine Straße unterliegt dem ortsstatutarischen Bauverbot nicht, wenn sie bereits bei seinem Inkrafttreten für den inneren Verkehr und den Anbau bestimmt und in ihrer Entwicklung als solche Ortsstraße in allen wesentlichen Beziehungen zum Abschluß gelangt war (vgl. OVG. Bd. 61 S. 404). Es kommt darauf an, ob die Straße schon in jenem Zeitpunkt mit Willen der Gemeinde als eine dem inneren Verkehr dienende Straße bestanden hat, ob sie damals in ihren — ausdrücklich oder stillschweigend auf den Willen der Gemeinde zurückzuführenden — Einrichtungen bereits so weit vorgeschritten war, daß sie nicht mehr als eine in der Anlage begriffene Straße anzusehen war (OVG. Bd. 55 S. 448, Bd. 62 S. 230, Bd. 65 S. 402). Da nur Ortsstraßen historische Straßen in diesem Sinne sein können, so rechnen zu ihnen nicht solche Straßen, die nicht für den inneren Ortsverkehr, den Verkehr von Haus zu Haus (OVG. Bd. 69 S. 378) bestimmt sind, sondern mehrere Ortschaften miteinander verbinden oder dem Durchgangsverkehr dienen. Insbesondere sind Chausseen keine Ortsstraßen. Trotzdem kann eine durch einen Ort führende Landstraße zugleich die Eigenschaft einer historischen Straße annehmen, sofern sie infolge der Entwicklung des Anbaus und des ihm folgenden inneren Verkehrs mit Willen der Ortsgemeinde zu einem den örtlichen Verhältnissen und Bedürfnissen entsprechenden Glied des Ortsstraßennetzes geworden ist (OVG. Bd. 29 S. 378 und Bd. 48 S. 99 Anm.).

Die Kohlhasenbrücker Straße war ursprünglich keine Ortsstraße, sondern ein Teil der Kreischaussee, die das Dorf Stolpe durchzog. Zu diesem Dorfe, das dann später in Wannsee eingemeindet und schließlich mit diesem zur Stadt Berlin gezogen worden ist, gehörte das jetzt im Eigentum des Klägers stehende Grundstück. Das erste Ortsstatut nach § 12 FlLG. ist hier am 18. November 1907 erlassen worden. Die Kohlhasenbrücker Straße ist also in dem hier in Frage kommenden Teile nur dann als historische Straße vom Bauverbot ausgenommen, wenn und soweit sie schon zu diesem Zeitpunkt trotz ihrer Eigenschaft als Chaussee mit Willen der Gemeinde durch Anbau und Ortsverkehr in allen wesentlichen Beziehungen zu einer Ortsstraße geworden war. Das kann, wie schon eingangs hervorgehoben worden ist, nicht allein deshalb verneint werden, weil dieser Teil der Straße außerhalb der geschlossenen Ortschaft liegt. Wenn auch die Zugehörigkeit zur eigentlichen Dorflage einen bedeutsamen Anhaltspunkt für die Eigenschaft einer Straße als Dorfstraße gibt (OVG. Bd. 29 S. 382), so genügt doch, daß sich bis zu ihr eine im wesentlichen abgeschlossene Bebauung erstreckt (OVG. Bd. 47 S. 389), wobei in Betracht zu ziehen ist, daß eine gegen den Dorfausgang zu eintretende Auflockerung der Bebauung keineswegs hindert, hier noch einen Ortsbering, eine zusammenhängend bebaute Ortslage anzunehmen. Für den vorliegenden Fall muß auch darauf hingewiesen werden, daß wenigstens nach der zunächst als wahr zu unterstellenden Behauptung des Klägers das bebaute Grundstück Zinnow, das der Berufungsrichter selbst noch zur geschlossenen Ortslage rechnet, dem Schul-, späteren Pfarrgrundstück, das nach seiner Ansicht schon außerhalb des Ortes liegt, unmittelbar benachbart sein soll, in welchem Falle bei Berücksichtigung ländlicher Verhältnisse nicht ohne weiteres eine die geschlossene Bauweise unterbrechende Baulücke vorhanden wäre. Auf der anderen Seite der Straße, auf dem jetzt dem Kläger gehörenden Grundbesitz, lagen, über die ganze Fläche verstreut, zu einem Unternehmen gehörende Fabrikgebäude. Der Berufungsrichter erklärt das für bedeutungslos, da sie, soweit sie sich auf dem für den gegenwärtigen Rechtstreit in Betracht kommenden südlichen Stück befunden haben würden, nicht mehr an der Straße gelegen hätten. Nach den von ihm in Bezug genommenen Karten ist das zwar insofern richtig, als die Baulichkeiten nicht unmittelbar an der Straße errichtet waren. Für den Anbau an einer Straße sind aber alle die Gebäude wesentlich, die einen Ausgang zu ihr haben (§ 12 Abs. 1 FlLG.), was für die fraglichen Fabrikgebäude nach jenen Karten anscheinend bejaht werden muß, zum mindesten vom Berufungsgericht nicht unzweideutig verneint worden ist.

Die Begründung, mit der das Kammergericht der Kohlhasenbrücker Straße auf der streitigen Strecke den Charakter als historische Straße abgesprochen hat, genügt also rechtlich nicht. Insbesondere rechtfertigt sie nicht die völlige Außerachtlassung aller übrigen vom Kläger für seinen gegenteiligen Standpunkt angeführten Gesichtspunkte, wie Fehlen von Chausseegräben, Nachtwächterdienst, Straßenbeleuchtung. Hervorgehoben werden mag auch noch, daß der Verkehr zur Schule, später zum Pfarrhaus, einem für das dörfliche Leben wichtigen Gebäude, in der Hauptsache doch dem örtlichen Verkehr zugehört haben wird, auf den es bei Beantwortung der Frage, ob eine Straße eine historische ist, gerade besonders ankommt.

Bedarf danach die Frage, ob die Kohlhasenbrücker Straße beim südlichen Teil des Grundstücks des Klägers eine historische Straße ist oder nicht, noch der erneuten Erörterung, so ist damit auch dem zweiten Teil der Urteilsgründe einstweilen der Boden entzogen. Hier geht das Berufungsgericht davon aus, daß, weil der fragliche Grundstücksteil dem Bauverbot des § 12 FlLG. unterlegen habe, der Kläger kein Bauland erworben habe, von dem man nur sprechen könne, wenn ein Grundstück tatsächlich baureif sei; das Gelände stelle vielmehr lediglich „merkantiles" Bauland dar. Da keine weiteren Gründe gegen die Bebauungsfähigkeit des Grundstücks angegeben sind, so muß angenommen werden, daß es wirkliches Bauland wäre, wenn es an einer anbaufähigen Straße läge. Gerade das muß aber nach dem Gesagten vom Tatrichter nochmals geprüft werden.

Indessen auch abgesehen hiervon können die Ausführungen des Berufungsgerichts über die Eigenschaft des fraglichen Geländes als merkantiles Bauland nicht gebilligt werden. Zum mindesten ungenau ist es schon, wenn im Eingang dieses Teils der Urteilsgründe Wert darauf gelegt wird, daß der Kläger beim Erwerb des Grundstücks kein Bauland erworben habe. Für die Frage, ob die Beklagte ihm entschädigungspflichtig ist, kommt es nicht auf den Zeitpunkt des Grundstückserwerbs, sondern auf den Zeitpunkt an, in dem der Eingriff in sein Eigentum, worauf er seine Ansprüche stützt, von der Beklagten vorgenommen ist. Die Entwicklung, die das Gelände während der Besitzzeit des Klägers genommen hat, kommt ihm zugute.

Sodann legt der Berufungsrichter — in fast wörtlichem Anschluß an den im Jahrbuch der Bodenreform Bd. 25 (1929) abgedruckten Aufsatz von Hamelbeck „Landesrechtliche Grundeigentumsbeschränkung ohne Entschädigung" S. 210 ff., insbes. S. 217 — dar, daß merkantiles Bauland abgesehen von seinem landwirtschaftlichen oder sonstigen Nutzwert keinen bestimmten wirtschaftlichen Wert, sondern nur eine wirtschaftliche „Chance" darstelle. Jeder Grundstücksspekulant wisse, daß er vor der Bekanntmachung des Fluchtlinienplans nur ein Spekulationsobjekt in Händen habe und daß er ein doppeltes Wagnis eingehe, einmal hinsichtlich der Richtigkeit seiner Berechnungen über die zukünftige Entwicklung der Bebauung und dann in bezug auf die Bestätigung seiner an sich richtigen Berechnungen durch den Fluchtlinienplan. Merkantiles Baugelände trage den Bauwert nicht in sich, sondern erhalte ihn allein durch einen günstigen Fluchtlinienplan. Wer sich an einer nicht geregelten Straße ankaufe, habe keinen Anspruch darauf, diese Wertsteigerung zu erhalten. Vielmehr stelle die eintretende Wertsteigerung einen ihm durch öffentlichrechtliche Maßnahmen zufließenden Eigentumsvorteil dar. Der ungünstige Fluchtlinienplan vermindere nicht den Wert der Grundstücke, sondern der günstige erhöhe ihn. Alle Berechnungen des Klägers beruhten auf der Annahme, daß das Grundstück einen Baustellenwert gehabt habe. Dieser Baustellenwert sei aber niemals wirklich vorhanden, sondern stets nur eine Hoffnung gewesen. Die Nichtverwirklichung seiner Berechnungen beruhe auf den Beschränkungen des Eigentums, denen auf Grund des Fluchtliniengesetzes alle die Grundstücke unterworfen seien, die, ohne bebaut zu sein, an nicht geregelten Straßen lägen. In der Festsetzung dieser Fluchtlinienpläne könne niemals eine Enteignung liegen.

Richtig an diesen Ausführungen ist allerdings die Unterscheidung zwischen Bauland, wirklichem Baustellenland, und erst werdendem, sog. merkantilem Bauland. Auch die Rechtsprechung des Reichsgerichts (z. B. Urteile: Recht 1909 Sp. 486 und Pr. Verw.Bl. Bd. 31 S. 262; JW. 1911 S. 726 Nr. 38, Gruchot Bd. 55 S. 1176 und Recht 1911 Sp. 524; Recht 1913 Sp. 809; Recht 1914 Sp. 114 und Recht 1915 Sp. 202) behandelt verschieden das eigentliche Bauland, das zur sofortigen Bebauung geeignet ist, und das merkantile Bauland, auf das sich zwar nach der Verkehrsauffassung die Bebauung erst in absehbarer Zeit erstrecken wird, dessen erhoffte Entwicklung zum Bauland aber im Grundstücksverkehr bereits preiserhöhend wirkt.

Das Berufungsgericht legt indessen diesem Unterschied eine ihm nicht zukommende Bedeutung bei, indem es annimmt, daß der Eigentümer keinen Anspruch auf die Werterhöhung seines Grundstücks habe, die sich auf die Erwartung seiner in nicht allzu ferner Zukunft eintretenden Bebauungsfähigkeit gründet, daß er ihm deshalb auf Grund der Vorschriften des Fluchtliniengesetzes ohne Entschädigung entzogen werden könne. Das ist unrichtig. § 12 FlLG. hat nur den Zweck, das vorzeitige Bauen an projektierten und zu projektierenden Straßen zu verhindern. Ein auf Grund dieser Vorschrift erlassenes ortsstatutarisches Bauverbot nimmt daher vorhandenem Bauland nicht diese Eigenschaft, hindert auch die durch das Verbot betroffenen Grundstücke nicht, Bauland zu werden. Es verschiebt lediglich den Zeitpunkt der Verwirklichung dieser Eigenschaft (Urteile des Reichsgerichts: JW. 1901 S. 267 Nr. 40 und des Oberverwaltungsgerichts: Pr. VerwBl. Bd. 32 S. 435). Auf die Wertbemessung bei der Enteignung des Grundstücks hat es keinen Einfluß.

Sollte das Berufungsgericht, was nicht ganz klar zutage tritt, bei seinen Ausführungen mehr das Bauverbot im Auge gehabt haben, das für die in eine Fluchtlinie fallenden Grundstücke und Grundstücksteile mit der Offenlegung des Planes nach § 7 FlLG. vorläufig, mit seiner zweiten Offenlegung gem. § 11 Abs. 1 das. endgültig eintritt, so könnte auch insoweit seiner Auffassung nicht zugestimmt werden. Mit Recht weist die Revision für den vorliegenden Fall darauf hin, daß für die Kohlhasenbrücker Straße bereits 1906, also ehe der Kläger das Grundstück erworben hatte, eine Fluchtlinie festgesetzt worden ist. Rechtlich bestand allerdings die Möglichkeit, sie durch eine für den Grundstückseigentümer ungünstigere zu ersetzen. Daß dieser damit hätte rechnen müssen, sein Grundstück werde durch eine es vollkommen umfassende Fluchtlinie als Platz (Freifläche) von der Bebauung ausgeschlossen werden, und daß er deshalb nur eine rechtlich unerhebliche Hoffnung auf eine Bebauungsmöglichkeit gehabt hätte, ist jedoch eine Annahme, die, von ihrer tatsächlichen Bedenklichkeit ganz abgesehen, jedenfalls in den genannten Vorschriften des Fluchtliniengesetzes keine Stütze findet.

Diese besondere Lage des zu entscheidenden Einzelfalles kann indessen ganz auf sich beruhen bleiben. Denn der Satz, in dem die Ausführungen des Berufungsrichters in ihrem zweiten Teile gipfeln, daß in der Festsetzung von Fluchtlinien niemals eine Enteignung liegen könne, trifft nicht zu. Sie ist vielmehr eine Enteignung, anders allerdings als das ortsstatutarische Bauverbot auf Grund von § 12 FlLG.

Wird nach § 12 ein Ortsstatut erlassen, das bestimmt, daß an Straßen oder Straßenteilen, die noch nicht gemäß den baupolizeilichen Bestimmungen des Ortes für den öffentlichen Verkehr und den Anbau fertig hergestellt sind, Wohngebäude, die nach dieser Straße einen Ausgang haben, nicht errichtet werden dürfen, so tritt damit eine Änderung des in der Gemeinde geltenden öffentlichen Baurechts ein, dessen Bestandteil Ortsstatute des gedachten Inhalts bilden. Ein solches Ortsstatut trägt nicht etwa den Charakter eines Verwaltungsakts, sondern ist Gesetz im weiteren Sinne (RG. Pr. VerwBl. Bd. 31 S. 363). Es regelt den Inhalt des Eigentums an allen Grundstücken, bei denen die in § 12 FlLG. aufgestellten Voraussetzungen vorliegen. Die dem Eigentümer eines derartigen Grundstücks an sich zustehende Befugnis, darauf nach seinem Belieben zu bauen, wird in gewisser Hinsicht eingeengt. Die Regelung der Baubeschränkungen, die dem Eigentümer im öffentlichen Interesse aufzuerlegen sind, ist Sache der Landesgesetzgebung (Art. 111 EG. z. BGB.). Preußen hat niemals ein völlig unbegrenztes Baurecht des Eigentümers gekannt (vgl. §§ 65 ff. ALR. I 8). Der Eigentumsinhalt hat in dieser Beziehung stets besonderer gesetzlicher Ordnung unterlegen. Glieder dieser Ordnung bilden nicht bloß § 12 FlLG., sondern ebenso die nach ihm erlassenen Ortsgesetze. Diese fallen auch nicht unter den Begriff der Enteignung im Sinne des Art. 153 RVerf. Ihre räumlich begrenzte Wirkung kann dafür nicht angeführt werden. Sie folgt aus der notwendig auf den eigenen Bezirk beschränkten Rechtsetzungsbefugnis der Gemeinden. Innerhalb dieses Bezirks trifft ein solches Ortsstatut aber sämtliche Grundstücke, die an einer unfertigen Straße liegen, nicht einzelne Grundstücke oder einen engen Kreis von ihnen, sondern eine unbeschränkte Zahl nach Lage und Umfang völlig unbestimmter Grundflächen. Ein solches Gesetz bringt eine allgemeine Regelung, enteignet nicht.

§ 13 Abs. 1 FlLG. versagt dem Eigentümer eine Entschädigung nicht bloß wegen der nach § 12 eintretenden Beschränkung der Baufreiheit, sondern auch wegen der Beschränkung des von der Festsetzung neuer Fluchtlinien betroffenen Grundeigentums, insoweit allerdings unter Festsetzung bestimmter, jedoch eng begrenzter Ausnahmefälle. Mit der Offenlegung eines Fluchtlinienplans gemäß § 8 FlLG. tritt nach § 11 das. die Beschränkung des Grundeigentums, daß Neubauten, Um- und Ausbauten über die Fluchtlinien hinaus versagt werden können, endgültig ein (vorläufig schon mit der ersten Offenlegung des Plans nach § 7). Die Auferlegung dieser Beschränkung ist — anders als die nach § 12 durch Ortsstatut erfolgende — rechtlich eine Enteignung.

Gegen diese Annahme scheint zu sprechen, daß § 13 Abs. 1 FlLG., wie schon bemerkt, beide Arten von Baubeschränkungen nebeneinander behandelt. Und aus den Vorarbeiten zum Fluchtliniengesetz ergibt sich auch, daß der preußische Gesetzgeber in der Verpflichtung des Eigentümers, gewisse künftighin zu Straßen und Plätzen bestimmte Flächen unbebaut zu lassen, ebenfalls eine gesetzliche Einschränkung des Eigentums gesehen hat, die deshalb keinen Entschädigungsanspruch auslösen dürfe (Motive zum Entwurf des Fluchtliniengesetzes in Drucks. des Abgeordnetenhauses 1875 Nr. 23 S. 12 ff., deren Standpunkt von der Kommission des Abgeordnetenhauses gebilligt worden ist, das. Nr. 279 S. 6 zu II). Die Rechtsprechung des Reichsgerichts hat sich diese Auffassung aber nicht zu eigen gemacht. Nach ihr ist das Verfahren zur Festsetzung von Fluchtlinien ein Enteignungsverfahren. Das Fluchtliniengesetz hat sämtlichen Gemeinden ein allgemeines Enteignungsrecht für die Anlegung und Veränderung von Straßen und Plätzen verliehen (RGZ. Bd. 69 S. 73, in dieser Auswahlsammlung abgedruckt unter „Fluchtlinienrecht"). Die Anwendung dieses allgemeinen Enteignungsrechts der Gemeinde auf einzelne bestimmte Grundstücke setzt deren Feststellung in einem besonderen Verfahren — eben dem Verfahren zur Festsetzung von Fluchtlinien — voraus (S. 76 das.). Die in die festgesetzte Fluchtlinie fallende Grundfläche kann die Gemeinde für sich in Anspruch nehmen (§ 13 Abs. 1 Nr. 1 FlLG.), d. h. sie kann sie dem Eigentümer enteignen. Dieser Vollenteignung voraus geht aber die schon mit der Offenlegung des endgültig festgesetzten Plans eintretende Baubeschränkung nach § 11 FlLG. Das Grundstück wird bereits in diesem Augenblick zugunsten der Gemeinde mit der Dienstbarkeit der Unbebaubarkeit belastet. Diese Belastung ist ihrem Wesen nach nichts anderes als eine Teilenteignung. Es handelt sich bei der Pflicht des Eigentümers, das in eine Fluchtlinie fallende Gelände nicht zu bebauen, nicht um eine allgemeine, alle Eigentümer beim Vorliegen gewisser Voraussetzungen treffende Pflicht. . . . Eine solche Belastung einzelner oder mehrerer einzelner bstimmter Grundstücke, die unmittelbar anknüpft an die Festsetzung des Fluchtlinienplans, also an einen Verwaltungsakt, und die für das öffentliche Unternehmen der Anlegung oder Änderung von Straßen und Plätzen erfolgt, ist vielmehr als Enteignung zu kennzeichnen. Dies galt schon vor Erlaß der Reichsverfassung nach dem damaligen preußischen Recht (ebenso D e r n b u r g Preußisches Privatrecht 5. Aufl. Bd. 1 § 218 Nr. 1b S. 514 und H o l s t e i n Enteignungsrecht an Friedhöfen? in Verwaltungsarchiv Bd. 35 S. 113), das übrigens, wie noch näher dargelegt werden wird, unerachtet der Vorschrift des § 13 FlLG. den Eigentümer keineswegs ohne Entschädigung für diese Beschränkung ließ. Aber auch eine Enteignung im Sinne von Art. 153 Abs. 2 RVerf. ist im Falle des § 11 FlLG. gegeben. Die Tragweite des Enteignungsbegriffs der Reichsverfassung ist zwar lebhaft umstritten. Daß sie aber mindestens Grundstücksbelastungen der vorstehend beschriebenen Art umfaßt, ist unzweifelhaft.

Nach Art. 153 Abs. 2 Satz 2 RVerf. erfolgt eine Enteignung gegen angemessene Entschädigung, soweit nicht ein Reichsgesetz etwas anderes bestimmt. Es fragt sich, ob § 13 Abs. 1 FlLG., der nur eine beschränkte Entschädigung des Grundstückseigentümers für die mit der Offenlegung des festgesetzten Fluchtlinienplans eintretende Teilenteignung kennt, mit dieser Verfassungsvorschrift vereinbar ist. Ihre Anwendung kann nicht schon deshalb abgelehnt werden, weil das Fluchtliniengesetz bei Erlaß der Reichsverfassung bereits in Geltung stand. Die Ansicht, daß der Schutz des Privateigentums durch Art. 153 RVerf. grundsätzlich nach der Rechtslage des Jahres 1919 zu bestimmen sei, entbehrt der gesetzlichen Unterlage. Der Art. 153 Abs. 2 RVerf. enthält unmittelbar anwendbares Recht und greift daher auch älteren Landesgesetzen gegenüber Platz. Nur bei Inkrafttreten der Reichsverfassung schon vollzogene Enteignungen bemessen sich in ihren Wirkungen ausschließlich nach altem Recht (WarnRspr. 1924 Nr. 182). Zu ihnen gehören Fluchtlinienfestsetzungen, die in Plänen enthalten sind, welche vor dem 14. August 1919 zur zweiten Auslegung nach § 11 FlLG. gelangt sind. Die infolge solcher Auslegung beim Inkrafttreten der Reichsverfassung bereits verhandenen Baubeschränkungen werden auch hinsichtlich der dafür zu zahlenden Entschädigung nicht mehr durch Art. 153 RVerf. berührt. Abs. 2 Satz 2 das. kann nur für spätere Fluchtlinienpläne in Frage kommen. Das trifft im vorliegenden Fall aber zu. Der Kläger stützt seine Ansprüche auf einen erst im Jahre 1925 aufgestellten Plan. . . .

Der Satz der Reichsverfassung, daß eine Enteignung gegen angemessene Entschädigung erfolgt, gilt nicht, soweit ein Reichsgesetz etwas anderes bestimmt. Die Beklagte will für diese Vorschrift Reichsgesetzen Landesgesetze gleichstellen, wenn ihnen die Regelung des einschlägigen Rechtsgebietes vom Reichsgesetzgeber überlassen worden ist, was für die Fluchtliniengesetzgebung durch Art. 109 EG. z. BGB. — und durch Art. 111 das. — geschehen sei. Diese Auffassung widerlegt sich schon dadurch, daß dann die Beschränkung der Zulassung anderweitiger Regelung durch R e i c h s gesetz in Art. 153 Abs. 1 Satz 2 Halbsatz 2 keinen Sinn hätte. Da die Landesgesetzgebung nur auf den ihr durch die Reichsgesetzgebung, insbesondere die Reichsverfassung, belassenen Gebieten überhaupt tätig werden kann, würde bei der von der Beklagten vertretenen Verfassungsauslegung „Reichsgesetz" an der angeführten Stelle dasselbe bedeuten wie „Gesetz". Wäre das gewollt, so würde dort zweifellos nicht von Reichsgesetz, sondern einfach von Gesetz gesprochen worden sein. Art. 153 enthält eben die reichsgesetzliche Regelung einzelner Punkte des nach Art. 7 Nr. 12 RVerf. überhaupt der Reichsgesetzgebung unterstehenden Enteignungsrechts, durch welche die den Ländern bis zum Erlaß eines umfassenden Enteignungsgesetzes des Reichs noch zustehende Gesetzgebungsbefugnis auf diesem Gebiete bereits eingeengt wird. . . .

Nach § 13 FlLG. wird eine Entschädigung wegen der Beschränkung des von der Festsetzung neuer Fluchtlinien betroffenen Grundeigentums nur unter bestimmten Voraussetzungen gewährt. Der nach dem Wortlaut dieser Vorschrift naheliegende Schluß, daß in anderen Fällen der Grundeigentümer für eine derartige Beschränkung überhaupt nicht entschädigt würde, ist indessen unrichtig. Die Entschädigung erfolgt auch sonst, aber erst mit der Abtretung der zu Straßen und Plätzen bestimmten Flächen an die Gemeinde. Unter Aufgabe seines früheren abweichenden Standpunkts hat das Reichsgericht (RGZ. Bd. 74 S. 20)*) ausgesprochen, daß bei einer Enteignung von Grundstücksteilen, die nach einem veröffentlichten Fluchtlinienplan zu Straßenland bestimmt waren und daher nach § 11 FlLG. nicht mehr bebaut werden dürften, ihre Eigenschaft als Bauland nach dem Wert zu bemessen sei, den sie zur Zeit der Enteignung gehabt haben würden, wenn keine Fluchtlinienfestsetzung erfolgt wäre. Die Entschädigung für die zu enteignenden Flächen wird in e i n e m Posten, der Enteignungsentschädigung, für das als unbelastet gedachte Grundstück gewährt (RGZ. Bd. 63 S. 300/301)**). Darin ist der Ersatz für die durch die Belastung mit der Unbebaubarkeit eingetretene Wertminderung mitenthalten. Die Ausgleichung dieses Nachteils wird dem Eigentümer also auch in den Fällen, die nicht zu den im Gesetz besonders genannten Ausnahmefällen gehören, nicht dauernd versagt. Sie wird aber hinausgeschoben bis zur Übernahme der Grundfläche selbst durch die Gemeinde. Eine solche Regelung tut indessen der Reichsverfassung nicht Genüge.

Art. 153 Abs. 2 Satz 2 RVerf. fordert die Gewährung einer angemessenen Enteignungsentschädigung. Die nähere Regelung der Angemessenheit liegt auf den der Landesgesetzgebung überlassenen Gebieten dieser ob. Ein gewisser Spielraum freien Ermessens muß ihr hierbei eingeräumt werden. Der Richter darf der landesrechtlichen Regelung nur dann die Gültigkeit versagen, wenn die Grenze solchen Ermessens offensichtlich überschritten ist, wenn das, was sie dem Enteigneten gewährt, unzweifelhaft nicht mehr als angemessenes Entgelt angesehen werden kann für das, was ihm genommen wird. Es ist deshalb nicht zu beanstanden, wenn der Grundstückseigentümer für die Beschränkung der Baufreiheit nur in der Art entschädigt wird, daß er sein Grundstück selbst hergeben muß, dessen Bewertung dann aber so erfolgt, als ob keine Fluchtlinie vorhanden wäre. Auch muß nicht schon jede Hinausschiebung der Zahlung der

*) In dieser Auswahlsammlung abgedruckt unter ‚Fluchtlinienrecht'.
**) In diesem Band S. 195/196.

Entschädigung als reichsverfasungswidrig gelten. Genügen würde jedenfalls, wenn der Enteignete es in der Hand hätte, die Fälligkeit der zunächst versagten Gewährung einer Entschädigung dadurch herbeizuführen, daß er von der Gemeinde die Übernahme der in ihrer Bebaubarkeit beschränkten Grundfläche gegen Ersatz ihres Werts verlangte. Dieses Recht hat der Grundstückseigentümer aber nach dem preußischen Fluchtliniengesetz grundsätzlich nicht, auch nicht nach Abs. 3 des § 13 das., der die Gemeinde nur unter gewissen Voraussetzungen zur Übernahme eines Restgrundstücks zwingt. Die Gemeinde ist lediglich in den Ausnahmefällen des Abs. 1 Nr. 2 und 3 des § 13 auf Verlangen des Eigentümers verpflichtet, ihm die zu Straßen und Plätzen bestimmte Grundfläche abzunehmen (RGZ. Bd. 63 S. 174)*). Im übrigen hängt es ausschließlich von ihrem Willen ab, ob sie sich eine derartige Fläche vom Eigentümer für die öffentliche Benutzung abtreten lassen will (§ 13 Abs. 1 Nr. 1). Von den erwähnten Ausnahmefällen abgesehen ist es ihrer eigenen Entschließung überlassen, ob sie den Eigentümer für die Dienstbarkeit der Unbebaubarkeit seines Grundstücks entschädigen will, welche Entschädigung sie erst mit der Entschädigung für die Grundfläche selbst zu zahlen braucht. Der Enteignete als Gläubiger ist regelmäßig völlig abhängig vom Belieben des Schuldners, der enteignenden Gemeinde. Er selbst hat in der weit überwiegenden Zahl der Fälle keine Möglichkeit, sie unabhängig von der in ihrer Hand liegenden Abtretung der Grundfläche zu zwingen, ihn wenigstens für deren Unbebaubarkeit zu entschädigen. Dieser Rechstzustand entspricht nicht der Reichsverfassung. Eine Entschädigung, deren Zahlungszeit vom freien Ermessen des Enteignenden abhängt, ist keine angemessene Entschädigung mehr. Als Grund für sie kann auch nicht das Wohl der Allgemeinheit angeführt werden, das nach Art. 153 RVerf. zwar eine Enteignung rechtfertigt, auf die Bemessung der Entschädigung dafür jedoch ohne Einfluß sein muß. Auch aus Art. 153 RVerf. läßt sich keine Rechtfertigung für die in § 13 FlLG. angeordnete Beschränkung der gemeindlichen Entschädigungspflicht gewinnen.

§ 13 FlLG. verstößt sonach deshalb gegen die Reichsverfassung, weil er dem Grundstückseigentümer in der Regel die Möglichkeit verschließt, für die mit der endgültigen Festsetzung der Fluchtlinie verknüpfte Belastung seines Grundstücks mit der Dienstbarkeit der Unbebaubarkeit, die eine Teilenteignung ist, eine Entschädigung zu erhalten, sei es auch nur auf dem Wege der Überlassung der belasteten Grundfläche an die Gemeinde. Im Umfang dieses Verstoßes ist die Vorschrift ungültig seit Inkrafttreten der Reichsverfassung, die für jede Enteignung die Gewährung einer angemessenen Entschädigung vorschreibt. Daraus folgt, daß der Eigentümer, sofern weder

*) In dieser Auswahlsammlung abgedruckt unter „Fluchtlinienrecht".

die Gemeinde die Abtretung der in die Fluchtlinie fallenden Fläche beansprucht noch einer der Ausnahmefälle vorliegt, in denen er diese Abtretung fordern kann, unmittelbar einen Anspruch auf Entschädigung für die eingetretene Unbebaubarkeit erwirbt. Dieser nicht unter § 14 Abs. 1 FlLG. fallende Anspruch ist auch nicht etwa im Verfahren nach dem Enteignungsgesetz vom 11. Juni 1874 geltend zu machen. Sollte es später zur Hergabe der Grundfläche an die Gemeinde selbst kommen, so erhält der Eigentümer nur noch ihren durch die Unbebaubarkeit geminderten Wert ersetzt, da er für ihre Folgen schon früher entschädigt worden ist. Die Entschädigung zerfällt dann in zwei Teile.

RGZ. 140, 276

Aufopferungsanspruch. Fluchtlinienrecht. Ausweisung von Freiflächen.

Alter Leitsatz:

1. Ist nach § 1 des preußischen Fluchtliniengesetzes vom 2. Juli 1875 in der Fassung des preußischen Wohnungsgesetzes vom 28. März 1918 die Ausweisung von Freiflächen zulässig?

2. Kann bei Eingriffen der Obrigkeit in die Rechte eines einzelnen Entschädigung auf Grund von § 75 Einl. z. Preuß. ALR. nur dann begehrt werden, wenn die Eingriffe rechtmäßig, oder auch dann, wenn sie rechtswidrig sind?

3. Zur Haftung preußischer Gemeinden bei unzulässiger Versagung einer Bauerlaubnis.

4. Wird, wenn ein Baugesuch auf Grund einer unzulässigen Freiflächenausweisung abgelehnt worden ist, die Entschädigungspflicht der Gemeinde beschränkt durch die Vorschriften in Kap. III des Sechsten Teils der Zweiten Notverordnung vom 5. Juni 1931?

5. Geht der Aufopferungsanspruch aus § 75 Einl. z. Preuß. ALR. auf vollen Schadensersatz oder kann mit ihm nur Wertersatz für das zum Nutzen der Allgemeinheit Aufgeopferte verlangt werden?

6. Beschränkt sich die Entschädigung, die nach § 75 Einl. z. Preuß. ALR. bei Versagung einer Bauerlaubnis zu gewähren ist, auf die nachteiligen Folgen der Nichtausführung des durch die Versagung vereitelten einzelnen Bauvorhabens oder kann unter Umständen auch die durch die Versagung veranlaßte Nichtausführung weiterer Bauvorhaben und die dadurch verursachte sonstige Beeinträchtigung der Verwertung des Grundstücks berücksichtigt werden?

Preuß. ALR. Einl. § 75. Preuß. Fluchtliniengesetz vom 2. Juli 1875 (GS. S. 561) in der Fassung von Art. 1 des preuß. Wohnungsgesetzes vom 28. März 1918 (GS. S. 23) §§ 1, 11, 12, 13. Zweite Notverordnung des Reichspräsidenten zur Sicherung von Wirtschaft und Finanzen vom 5. Juni 1931, Sechster Teil Kap. III (Enteignungen auf dem Gebiete des Städtebaues) §§ 1, 2, 3 ff. (RGBl. I S. 279, 309/310).

III. Zivilsenat. Urt. v. 11. April 1933 i. S. Stadtgemeinde Berlin (Bekl.) w. M. als Verwalter im Konkurs über das Vermögen des B. (Kl.) III 187/32.

I. Landgericht I Berlin. — II. Kammergericht daselbst.

. . .

Aus den Gründen:

1. Die beiden ersten Baugesuche des Klägers waren unter Berufung auf § 1 des Ortsstatuts vom 30. April 1924 mit der Begründung abgelehnt worden, das zu bebauende Grundstück liege an einer noch nicht fertiggestellten Straße. Das Ortsstatut beruhte auf § 12 Abs. 1 FlLG. Die Vorschrift des § 12 Abs. 1 gilt nicht für die älteren sog. historischen Straßen. Das Kammergericht hat darüber Beweis erhoben, ob die Kohlhasenbrücker Straße als historische Straße anzusehen sei. Auf Grund der Beweisaufnahme hat es diese Fragen mit einwandfreier Begründung bejaht. Das Oberverwaltungsgericht ist inzwischen in seinem Urteil vom 2. Juni 1932 (abgedr. OVG. Bd. 89 S. 376) zu der gleichen Ansicht gelangt. Daraus folgern das Kammergericht und das Oberverwaltungsgericht zutreffend, daß der Widerspruch des Bezirksamts gegen die beiden Bauvorhaben nicht auf § 12 FlLG. habe gestützt werden können und daß insoweit das Ortsstatut nicht anwendbar gewesen sei.

Das dritte Baugesuch des Klägers vom 25. Juli 1927 war am 4. August 1927 abgelehnt worden, weil das Grundstück in einem auf Grund des Fluchtliniengesetzes (§§ 7, 11) aufgestellten Fluchtlinienplan als Freifläche ausgewiesen war. Dem Plan hatten das Bezirksamt Zehlendorf am 8. Dezember 1924, die Bezirksversammlung daselbst am 28. Januar 1925, der Magistrat der Beklagten am 17. Juli 1925 und endlich die Stadtverordnetenversammlung am 8. Oktober 1925 zugestimmt. Seine erste Offenlegung war bei Ablehnung des dritten Baugesuchs noch nicht erfolgt; sie ist erst am 5. März 1928 geschehen, als der gegenwärtige Rechtsstreit bereits schwebte. Daß die Gemeinde als Baupolizeibehörde zur Sicherung einer in Aussicht genommenen Fluchtlinie ein Baugesuch vorsorglich auch dann ablehnen darf, wenn der beschlossene Fluchtlinienplan noch nicht zur ersten Auslegung gelangt ist, hat das Reichsgericht wiederholt anerkannt. Der Rechtsgrund für die Versagung der Bauerlaubnis liegt zwar in solchem Fall nicht im Fluchtliniengesetz, sondern in der allgemein der Polizei zustehenden vorbeugenden Machtbefugnis zur Wahrnehmung der öffentlichen Belange. Im vorliegenden Fall boten aber die gesetzlichen Bestimmungen des Fluchtliniengesetzes für die geplante Freiflächenerklärung keine Handhabe, wie sowohl das

Kammergericht als auch das Oberverwaltungsgericht mit Recht annehmen. Zu den Straßen und Plätzen (auch Gartenanlagen, Spiel- und Erholungsplätzen) nach § 1 FlLG. in der dieser Vorschrift durch Art. 1 des preußischen Wohnungsgesetzes vom 28. März 1918 gegebenen Fassung gehören nicht diejenigen sog. „Freiflächen", welche keine Straßenteile und damit keine polizeilichen Verkehrsanstalten, sondern kommunale Einrichtungen werden sollen. Hiernach konnte durch den Fluchtlinienplan, in den im Anschluß an Dauerwald große Geländeteile und ursprünglich auch Wasserflächen einbezogen worden waren, keine polizeiliche Verkehrsanstalt geschaffen werden. Das war auch nicht beabsichtigt gewesen, sondern für die Ausweisung als Freifläche waren, wie auch das Oberverwaltungsgericht im Urteil vom 2. Juni 1932 ausspricht, kommunale Gesichtspunkte maßgebend, nämlich das Bestreben, gegenüber gesundheitsschädlichen Wirkungen des öffentlichen Verkehrs eine Stelle der Erholung und der Wiederherstellung zerrütteter Nerven zu schaffen. Auch das Kammergericht nimmt ohne Rechtsverstoß an, daß die Freiflächenausweisung nicht zum Zweck der Anlegung öffentlicher Straßen und Plätze (§ 1 FlLG.), sondern nur deshalb vorgenommen worden sei, um das Grundstück des Klägers der Allgemeinheit als Erholungsanlage zur Verfügung zu stellen. Damit aber überschritt der Fluchtlinienplan den Rahmen, den das Fluchtliniengesetz auch in seiner ihm durch das Wohnungsgesetz gegebenen Fassung für solche Maßnahmen gezogen hat. . . . Der mit der Aufstellung des Fluchtlinienplans verfolgte Zweck hätte also nur im Wege des Enteignungsverfahrens erreicht werden können. Dieses Verfahren ist aber von der Beklagten nicht eingeleitet worden. Daraus folgt, daß der Fluchtlinienplan und der Beschluß der Stadtverordnetenversammlung vom 8. Oktober 1925 keine Rechtsgrundlage für die Ablehnung des dritten Baugesuchs abgeben konnten.

Die Ablehnung aller drei Baugesuche war also objektiv rechtswidrig. . . .

2. Zur Erstattung des dem Kläger durch die Verweigerung der Baugesuche erwachsenen Schadens in voller Höhe wäre die Beklagte verpflichtet, wenn die Beamten des Bezirksamts Zehlendorf oder der Stadtgemeinde Berlin schuldhaft gehandelt hätten (§ 839 BGB., Art. 131 RVerf.). Dies behauptet der Kläger. Das Kammergericht hat aber ein solches Verschulden mit einwandfreier Begründung verneint. Zur Ablehnung der beiden ersten Baugesuche erwägt es, daß die Frage, ob die Kohlhasenbrücker Straße eine sog. historische Straße sei und daher das Ortsstatut sie nicht habe erfassen können, eine schwierige Rechtsfrage gewesen sei, und daß sich die Beamten der Baupolizei bei ihrer unrichtigen Beantwortung in einem entschuldbaren (tatsächlichen und rechtlichen) Irrtum befunden hätten. Ein Verschulden

dieser Beamten sei um so weniger anzunehmen, als auch das Landgericht und das Kammergericht, an das die Sache im Wege der Zurückverweisung durch das RG. erneut gelangt war, in ihren früheren Entscheidungen die Ansicht der Baupolizeibehörde gebilligt hätten, die Kohlhasenbrücker Straße sei keine historische Straße und unterliege daher dem Bauverbot. Gegen die Ablehnung des zweiten Baugesuchs hatte der Kläger die Entscheidung des Oberpräsidenten angerufen. Dieser hat die Beschwerde am 28. November 1925 mit der Begründung zurückgewiesen, das Grundstück sei inzwischen als Freifläche ausgewiesen worden, daher könne keine Befreiung von dem Bauverbot erteilt werden. Diese Stellungnahme war rechtlich verfehlt, weil — wie dargelegt — die Freiflächenausweisung nach den Bestimmungen des Fluchtliniengesetzes unzulässig war. Aber das Berufungsgericht sagt zutreffend, daß für Versehen des Oberpräsidenten die Beklagte nicht aufzukommen braucht. Zur Ablehnung des dritten Baugesuchs hat das Kammergericht ausgeführt, bei der Aufstellung des Freiflächenplans treffe die Baupolizeibeamten deshalb kein Verschulden, weil nach der bisher allgemein ausgeübten „Freiflächenausweisungspraxis" die Größe des Grundstücks nicht als Hindernis für die Freiflächenausweisung angesehen worden sei. Auch diese Annahme begegnet mit Rücksicht auf die Stellungnahme des Oberpräsidenten und auf die weitere Begründung des Kammergerichts keinen rechtlichen Bedenken.

Damit entfällt die Amtshaftung der Beklagten für den dem Kläger durch die Ablehnung der Baugesuche erwachsenen Schaden.

3. Unter dem Gesichtspunkt der Haftung aus § 75 Einl.z.ALR. hat das Kammergericht dagegen den Klaganspruch wegen der rechtswidrigen, wenn auch nicht schuldhaften Ablehnung der Baugesuche in der geltend gemachten Höhe für begründet erachtet. Die Anwendbarkeit dieser Gesetzesbestimmung auf den festgestellten Sachverhalt folgt aus ihrem Wortlaut und Zweck. Nach § 75 ist der Staat „denjenigen zu entschädigen gehalten, welcher seine besonderen Rechte und Vorteile dem Wohle des gemeinen Wesens aufzuopfern genötigt wird". Die Bestimmung schließt sich an § 74 Einl.z.ALR. an, wonach einzelne Rechte und Vorteile der Mitglieder des Staats den Rechten und Pflichten zur Beförderung des gemeinschaftlichen Wohls nachzustehen haben, wenn zwischen beiden ein wirklicher Widerspruch eintritt. Durch die Allerhöchste Kabinettsorder, betreffend die genauere Beobachtung der Grenzen zwischen landeshoheitlichen und fiskalischen Rechtsverhältnissen, vom 4. Dezember 1831 (GS. S. 255) ist die im § 75 Einl.z.ALR. bestimmte Entschädigungspflicht für solche Fälle eingeschränkt worden, in denen durch einen Akt der Gesetzgebung in das Eigentum eingegriffen wird. In solchen Fällen ist dem

betreffenden Gesetz selbst zu entnehmen, ob und in welcher Höhe eine Entschädigung zu leisten ist. Hier lag kein Gesetz vor, das die Eingriffe in das Privateigentum des Klägers zuließ. Sachlich waren sie ungerechtfertigt, aber die Baupolizeibehörde hat sich zu ihnen ohne Verschulden für berechtigt gehalten. Sie hat in Ausübung der ihr anvertrauten Gewalt gehandelt, so daß eine Haftung für Handlungen, die auf privatrechtlichem Gebiet liegen (§§ 31, 89 BGB.), nicht in Frage kommt. Der Kläger hat jene hoheitsrechtlichen Eingriffe der Polizeiverwaltung zunächst dulden müssen. Diese sind, wie dargelegt, zum Besten der Beklagten erfolgt. Soweit sie ihr zugute gekommen sind, hat sie die im § 75 a. a. O. vorgesehene Entschädigung zu leisten. Für den Entschädigungsanspruch aus der erzwungenen Aufopferung von Rechten zum Besten der Allgemeinheit kann es aber nicht von entscheidender Bedeutung sein, ob sich die zuständige Behörde bei ihrem Eingriff von zutreffenden Erwägungen hat leiten lassen oder ob sie dabei von einem entschuldbaren Irrtum über die Auslegung und Tragweite gesetzlicher Bestimmungen oder von einem entschuldbaren tatsächlichen Irrtum beeinflußt gewesen ist. Wesentlich für den Anspruch aus § 75 Einl.z.ALR. ist nur, daß die Gemeinde in Ausübung der polizeilichen Gewalt wegen eines bestehenden oder vermeintlichen Widerspruchs zwischen dem gemeinen Wohl und den besonderen Rechten und Vorteilen des Geschädigten diesen mit Erfolg zu einer Aufopferung genötigt hat. Beruhen die Eingriffe nicht auf einer allgemeinen gesetzlichen Norm oder auf besonderen Akten der Gesetzgebung, die unmittelbar in die Rechte vieler oder einzelner eingreifen, so ist nach der Kabinettsorder die Entschädigung nach § 75 Einl.z.ALR. zu gewähren.

Demgemäß hat das Reichsgericht auch ständig daran festgehalten, daß die ordentlichen Gerichte insoweit die Gesetzmäßigkeit, Notwendigkeit und Zweckmäßigkeit einer polizeilichen Anordnung nicht nachzuprüfen haben. Sie haben sie so lange als bestehend und wirksam hinzunehmen, als sie nicht auf Verwaltungsbeschwerde oder im Verwaltungsstreitverfahren aufgehoben ist. Zwar müssen die Gerichte, die über den Entschädigungsanspruch zu entscheiden haben, notwendigerweise nachprüfen, ob die polizeiliche Anordnung der Gemeinde solchen Gesetzesvorschriften unterzuordnen ist, welche eine Entschädigung versagen oder einschränken. Soweit solche Vorschriften nicht in Frage kommen, ist Entschädigung nach § 75 zu leisten. Demgemäß ist Entschädigung in einem Fall zugebilligt worden, wo der offengelegte Fluchtlinienplan nicht der Vorschrift des § 4 FlLG. entsprochen hatte und deshalb vom Bezirksausschuß für unverbindlich erklärt worden war (RG. in JW. 1898 S. 98 Nr. 100).

Allerdings hat § 75 Einl.z.ALR. die Entschädigungspflicht gerade für solche Fälle eingeführt, in denen das Gemeinwohl einen Eingriff in die Rechte des einzelnen erfordert, der Eingriff also nach dem öffentlichen Recht zulässig ist. Aber es würde zu einem widersinnigen Ergebnis führen, dem Geschädigten, der von der Obrigkeit zufolge ihrer Machtbefugnis zur Aufopferung von Rechten zum Wohl der Allgemeinheit gezwungen worden ist, die im § 75 vorgesehene Entschädigung dann zu versagen, wenn sich die Obrigkeit über ihre gesetzlichen Befugnisse geirrt hat, die von ihr vorgenommene Handlung aber dem Staat oder dem sonstigen öffentlich-rechtlichen Verband den erstrebten Vorteil gebracht hat. Der Staat oder die Gemeinde, die ein solches Ergebnis herbeigeführt haben, können also insoweit den Aufopferungsanspruch nicht durch nachträgliche Berufung auf einen tatsächlichen oder rechtlichen Irrtum zu Fall bringen.

. . .

Es ist also nicht einzusehen, was der Anwendung des § 75 auf den vorliegenden Fall entgegenstehen könnte. . . . Dem Wortlaut wie dem Sinn und Zweck des § 75 Einl.z.ALR. wird nur die Auffassung gerecht, daß dem rechtmäßigen Eingriff in die Rechte des einzelnen zum allgemeinen Wohl der unrechtmäßige so lange gleich zu achten ist, als er von dem Betroffenen hingenommen werden muß, dieser also gezwungen worden ist, etwas aus seinem Vermögen zum Besten des gemeinen Wohles aufzuopfern. Es ist hier auf den grundsätzlichen Unterschied hinzuweisen, der zwischen dem Aufopferungsanspruch aus § 75 Einl.z.ALR. und dem Schadensersatzanspruch aus Amtspflichtverletzungen besteht. Bei diesem bildet die vorsätzliche oder fahrlässige Verletzung einer einem Dritten gegenüber bestehenden Amtspflicht, also die schuldhaft rechtswidrige Handlung, die Rechtsgrundlage für den Anspruch, der ohne Rücksicht darauf, ob die Handlung dem Staat oder der Gemeinde einen Vorteil gebracht hat, zum vollen Schadensersatz verpflichtet. Der Aufopferungsanspruch dagegen findet seine Rechtsgrundlage darin, daß der Betroffene von der Obrigkeit gezwungen worden ist, zum Besten des gemeinen Wesens — hier der verklagten Gemeinde — Privatrechte aufzugeben oder nicht auszuüben; er geht auf Ersatz für das Aufgeopferte. Falls diese Voraussetzungen erfüllt sind, hat Kläger Anspruch auf solchen Ersatz.

Die Revision . . . macht geltend, daß die Verfolgung des Anspruchs durch die Bestimmungen der Zweiten Notverordnung des Reichspräsidenten zur Sicherung von Wirtschaft und Finanzen vom 5. Juni 1931, Sechster Teil Kap. III (Enteignungen auf dem Gebiete des Städtebaues) ausgeschlossen sei. . . . Der Einwand ist bereits vom Berufungsgericht beschieden worden. Das Kammergericht folgert in erster Linie aus § 2 der Zweiten Notverordnung a. a. O., daß der

Anspruch aus § 75 Einl.z.ALR. aufrechterhalten sei. Hilfsweise nimmt es an, daß die Notverordnung nur für solche Fälle gelte, in denen eine Enteignung nach den in § 1 a. a. O. angeführten Gesetzen erfolgt sei. Letzterer Ansicht ist jedenfalls für den hier gegebenen Fall beizupflichten, daß für den Eingriff in das Eigentumsrecht keine Rechtsgrundlage in Gesetzen der angegebenen Art vorlag. § 1 setzt nach seinem Wortlaut voraus, daß Enteignungen gemäß landesrechtlichen Vorschriften auf dem Gebiet des Städtebaues vollzogen worden sind. Daß davon auch solche Fälle ergriffen sein sollten, bei denen es an einer objektiven gesetzlichen Grundlage fehlte und nur subjektiv zu Unrecht angenommen wurde, daß ein Landesgesetz den Eingriff gestatte, ist der Vorschrift nicht zu entnehmen. Für Preußen fiel also die Ausweisung eines Grundstücks als Freifläche zu der hier fraglichen Zeit nicht unter § 1 von Teil VI Kap. III der Zweiten Notverordnung. Daraus folgt für den vorliegenden Fall, daß die §§ 3 ff. das., die sich besonders mit der Freiflächenausweisung beschäftigen, nicht anwendbar sind, aber auch nicht § 2, der nur für die im § 1 bezeichneten Enteignungen gilt. Der Umstand, daß die Verweigerung des dritten Baugesuchs als städtebauliche Maßnahme gewollt war, rechtfertigt für sich allein nicht die Anwendung der Bestimmungen der Notverordnung. Übrigens ist der Aufopferungsanspruch der §§ 74, 75 Einl.z.ALR. kein Enteignungsanspruch im eigentlichen Sinne. Er ist durch Art. 153 RVerf. nicht beseitigt worden, sondern die Bestimmungen der §§ 74, 75 gelten neben Art. 153 weiter.

Die Ablehnung der Baugesuche hat zur Folge gehabt, daß der Kläger sein Grundstück nicht in der beabsichtigten, an sich zulässigen Weise benutzen konnte. Ohne Rechtsirrtum nimmt das Kammergericht auch an, daß er dadurch in seinen Rechten zum Vorteil der Beklagten geschädigt worden ist. Der Aufopferungsanspruch ist also dem Grunde nach berechtigt. Daß er dann gegeben ist, wenn in Verkennung des Bestehens einer sog. historischen Straße ein Baugesuch unter Berufung auf ein Ortsstatut abgelehnt worden ist, hat das Reichsgericht angenommen (Urt. in PrVerwBl. Bd. 8 S. 415 und bei Bolze Bd. 4 Nr. 987; vgl. auch JW. 1898 S. 98 Nr. 101). Nicht minder aber entspricht es der ständigen Rechtsprechung des Reichsgerichts, den Anspruch dann uneingeschränkt zuzulassen, wenn — wie es hier bei Ablehnung des dritten Baugesuchs geschehen ist — nur im Hinblick auf eine zwar beschlossene, aber noch nicht zur ersten Offenlegung gelangte Fluchtlinienfestsetzung ein Baugesuch durch vorsorgliche Anordnung der Polizeibehörde abgelehnt worden ist. Nur dann, wenn bei Versagung der Bauerlaubnis der dem Bauvorhaben entgegenstehende Fluchtlinienplan bereits nach § 7 FlLG. ausgelegt war und demnächst die endgültige förmliche Feststellung des Plans und ihre Offenlegung (§§ 8, 11 FlLG.) die Versagung rechtfertigen, soll der Eigentümer Entschädigung bloß nach § 13 FlLG. fordern können (Nachweise bei Friedrichs Straßen- und Baufluchtgesetz, 6. Aufl. von v. Strauß u. Torney-Saß, Bem. 3 zu §§ 13 bis 14a, S. 180). In beiden Richtungen kommt diese Einschränkung im vorliegenden Fall nicht in Frage. Insbesondere ist keine gesetzliche, endgültige Baubeschränkung eingetreten, sondern die Versagung der Bauerlaubnis nunmehr durch die Entscheidung des Oberverwaltungsgerichts rechtswirksam beseitigt worden. Bis dahin aber hat der Kläger infolge der Versagung der nachgesuchten Bauerlaubnisse seine Rechte zum Nutzen der Allgemeinheit aufopfern müssen. Die geplanten Bauten haben unterbleiben müssen, günstige Verkaufsmöglichkeiten sind weggefallen.

Bei Bemessung der hiernach zu gewährenden Entschädigung nimmt das Kammergericht an, daß der Kläger vollständig schadlos zu halten sei. . . . Demgemäß billigt es dem Kläger den vollen Schadensersatz einschließlich des entgangenen Gewinnes zu.

Der Rechtsansicht des Kammergerichts kann nicht beigepflichtet werden. Sie verkennt das Wesen und das Ziel des durch § 75 Einl.z.ALR. gegebenen Anspruchs und den bereits oben hervorgehobenen Unterschied, der zwischen diesem Aufopferungsanspruch und dem Schadensersatzanspruch des § 839 BGB. in Verbindung mit Art. 131 RVerf. besteht. Aus letzteren Bestimmungen folgt, daß grundsätzlich für Fehlgriffe bei der Ausübung von Hoheitsrechten nur bei Verschulden gehaftet wird. Von diesem Grundsatz macht u. a. § 75 Einl.z.ALR. aus Billigkeitserwägungen eine Ausnahme. Aber dieser Anspruch geht nur auf einen Ausgleich für das von dem einzelnen bei vorhandenem oder vermeintlichem Interessenwiderstreit zum Nutzen der Allgemeinheit Aufgeopferte. Es ist also nur Wertersatz für das zu leisten, was infolge der obrigkeitlichen Anordnung hat aufgeopfert werden müssen. Die Ansicht des Kammergerichts, daß der volle Schaden einschließlich des entgangenen Gewinns zu ersetzen sei, würde zu dem unhaltbaren Ergebnis führen, daß auch ohne Verschulden in gleicher Weise und gleicher Höhe Schadensersatz geleistet werden müßte, wie dies bei schuldhaften Amtpflichtverletzungen zutrifft, ja die Ersatzpflicht würde sogar noch weiter gehen, weil bei dem Aufopferungsanspruch die Berufung auf Mitverschulden des Berechtigten an der Entstehung des Schadens nicht möglich ist.

. . .

Die §§ 74, 75 a. a. O. müssen aus dem Zusammenhang mit § 70 das. und der Zeit ihrer Entstehung verstanden werden. Es handelt sich dabei nicht um rein privatrechtliche Ansprüche, sondern um eine öffentlich-rechtliche Entschädigung für hoheitsrechtliche Eingriffe. Der

Gesetzesausdruck, daß für das Aufzuopfernde Entschädigung gewährt werden soll, weist deutlich darauf hin, daß es sich nicht um einen eigentlichen Schadensersatz handelt. Auch die von Anschütz Der Ersatzanspruch aus Vermögensbeschädigungen durch rechtmäßige Handhabung der Staatsgewalt (Verwaltungsarchiv Bd. 5 S. 1, insbesondere S. 126 ff.) dargelegte Entstehungsgeschichte läßt erkennen, daß nur der Verlust und Nachteil zu entschädigen ist, der aus der Aufhebung der besonderen Rechte und Vorteile im gegenwärtigen Vermögenszustand erwächst. Es handelt sich eben um eine Beschränkung des Eigentümers, mit seiner Sache gemäß § 903 BGB. nach Belieben zu verfahren, zugunsten eines Dritten. Daß in solchen Fällen nur Wertersatz als angemessene Entschädigung in Frage kommen kann, ist auch sonst vom Reichsgericht wiederholt ausgesprochen worden. Der Eigentümer soll durch die Aufopferung der konkreten Sache keinen Wertverlust an seinem Vermögen erleiden. Daß darunter u. a. auch eine Entschädigung für die aufgegebene Nutzung fallen kann, liegt auf der Hand (JW. 1900 S. 626 Nr. 14). Dies trifft insbesondere dann zu, wenn es nicht zur endgültigen Aufopferung eines Rechts kommt, sondern nur zeitweilig — z. B. wie hier durch Bauverbote — der Eigentümer gehindert wurde, eine sonst mögliche Benutzungsart auszunutzen und beabsichtigte Bauten auszuführen.

Kann hiernach dem Berufungsgericht in seiner grundsätzlichen Einstellung zur Höhe der Entschädigung nicht beigepflichtet werden, so wird doch seine Entscheidung hierzu dadurch getragen, daß es hilfsweise auch bei Anwendung der Grundsätze des erkennenden Senats den Schaden mindestens in der festgestellten Höhe für dargetan erachtet. Dabei nimmt es allerdings an, daß die ganze Landfläche (nur unter Ausschluß gewisser, anderweit veräußerter Grundstücksteile) zu berücksichtigen sei. Gegen diese Annahme wendet sich die Revision. Sie macht geltend, daß sich jedes der abgelehnten Baugesuche ausschließlich auf ein einzelnes Einfamilienhaus bezogen habe und daher nur der Schaden in Frage kommen könne, der dem Grundstück aus dem Verbot des einzelnen Bauvorhabens entstanden sei. . . .

Im gegenwärtigen Fall hatte die Beklagte die Versagung der Baugesuche zunächst auf das Ortsgesetz gestützt und nachträglich die Fluchtlinienfestsetzung, wonach das gesamte Grundstück Freifläche wurde, beschlossen und unter Hinweis auf diesen Beschluß das dritte Baugesuch des Klägers abgelehnt. Damit war nicht nur für den Kläger, sondern nach der Annahme des Berufungsgerichts allgemein zum Ausdruck gebracht worden, daß auch weitere Baugesuche dem gleichen Schicksal anheimfallen würden wie die bisher vom Kläger gestellten.

Gerade um deswillen hat die Ablehnung des dritten Baugesuchs mit der rechtsirrigen Begründung, daß das gesamte Grundstück Freifläche werden solle, so nachteilig gewirkt, daß niemand von den Interessenten das Grundstück in seinen Teilen zur Errichtung von Landhäusern noch für geeignet hielt und hoffen durfte, dort die Erlaubnis zu künftigen Bauten zu erhalten. Es trifft hier die Erwägung zu, die das Oberverwaltungsgericht in seiner Entscheidung vom 2. Juni 1932 angestellt hat zur Begründung des fortbestehenden Interesses an der Feststellung, daß die Versagung der Bauerlaubnis auch in der Vergangenheit nicht gesetzmäßig gewesen sei. Der Kläger war durch die Verfügung der Beklagten gezwungen worden, den beabsichtigten Bau zu unterlassen. Die Versagung der Erlaubnis ist vom Oberbürgermeister erst am 24. Februar 1931 für die Zukunft zurückgenommen worden, nicht aber für die Vergangenheit. Eine Beschwerung des Klägers für die Vergangenheit bestand danach weiter fort, weil unter den besonderen Umständen seine Vermögensrechte in weiterem Umfang betroffen waren. Die sachliche Versagung einer Baugenehmigung wirft, wie das Oberverwaltungsgericht mit Recht ausführt, gleichsam einen Schatten auf das gesamte betroffene Grundstück und verhindert nicht allein den beabsichtigten Bau, sondern beeinträchtigt darüber hinaus auch die sonstige vermögensrechtliche Verwertung des Grundstücks, insbesondere den Verkauf, die Besiedlung und die Beleihung. Gerade im Hinblick darauf hat das Oberverwaltungsgericht das rechtliche Interesse des Grundstückseigentümers an der Feststellung anerkannt, daß die aus sachlichen Gründen ausgespochene Versagung der Baugenehmigung, die mit unmittelbaren vermögensrechtlichen Nachteilen für den Eigentümer verbunden war, nicht berechtigt gewesen sei.

Unter diesen besonderen Umständen ist also das Berufungsgericht mit Recht zu dem Ergebnis gelangt, daß durch die Ablehnung der Baugesuche ein weitergehender Schaden verursacht worden sei als durch die Unausführbarkeit des besonderen jeweils geplanten Baues. Nach der Feststellung des Berufungsgerichts wäre ohne die Ablehnung der Baugesuche das ganze Grundstück spätestens bis Ende 1927 vollständig zu Bebauungszwecken für einen so günstigen Preis verkauft worden, wie er jetzt nicht mehr zu erzielen ist. Die Ablehnung der Baugesuche hat also schon insoweit, als verkannt worden war, daß die Kohlhasenbrücker Straße eine historische Straße war, sodann aber auch durch die Berufung auf die beschlossene Freiflächenerklärung derart nachteilig gewirkt, daß vorläufig überhaupt keine Bebauung mehr in Frage kommen konnte, und zwar für das gesamte Grundstück. Der Kläger und alle an dem Erwerb von Teilen des Grundstücks Interessierten waren vor diese Sachlage gestellt.

Bei der für die Ablehnung der Baugesuche gegebenen Begründung mußten sie damit rechnen, daß mit der gleichen Begründung auch weitere Baugesuche für das Grundstück dem gleichen Schicksal unterliegen würden. Wie es nach der Rechtsprechung zulässig ist, die Frage der Bebauungsfähigkeit vorher durch Einreichung eines Gesuchs für einen vielleicht auch nicht ernstlich beabsichtigten Bau zu klären, so muß anderseits anerkannt werden, daß es eine überflüssige Förmlichkeit wäre, wenn man in einem Fall, wo die Baupolizeibehörde grundsätzlich Baugesuche mit der Begründung zurückweist, daß das ganze Grundstück als Freifläche in Aussicht genommen sei und für Bauzwecke nicht mehr in Frage komme, für das ganze Grundstück Baugesuche noch weiter einreichte, um erst damit die Grundlage für den vollen Entschädigungsanspruch zu schaffen. Im vorliegenden Fall wirkte die Versagung der drei Baugesuche hinsichtlich der Kohlhasenbrücker Straße wie eine dauernde Baubeschränkung, die Ablehnung des dritten Baugesuchs insbesondere aber dahin, daß schon bis zur Offenlegung des Freiflächenplans Bauvorhaben nicht ausgeführt werden konnten, die Grundstücke daher auch in ihrer Beleihungsfähigkeit litten und somit der Kläger auch für seinen Gewerbebetrieb Nachteile hatte.

. . .

RGZ. 34, 294

Aufopferungsanspruch gem. § 75 Einl. ALR. nur bei wirklicher oder zumindest nach Auffassung der Behörde vermeintlicher Aufopferung privater Rechte für das öffentliche Wohl, nicht in Fällen beliebiger Rechtswidrigkeit behördlicher Eingriffe in private Vermögensrechte.

Alter Leitsatz:
1. Haftet eine Stadtgemeinde für die von ihrer Baudeputation bei der Abgabe von Gutachten begangenen Versehen?
2. Steht dem Eigentümer eines Grundstücks, welches die Polizeibehörde auf Grund der §§ 37—56 ALR. I 8 hat abbrechen lassen, ein Entschädigungsanspruch aus den §§ 74, 75 Einl. zum ALR. zu? Ist ihm ein solcher Anspruch auch dann versagt, wenn die gesetzlichen Voraussetzungen für den Abbruch nicht vorgelegen hatten, sondern von der Polizeibehörde irrtümlich als vorhanden angenommen waren?

VI. Civilsenat. Urt. v. 24. Januar 1895 i. S. P. u. Gen. (Kl.) w. Stadtgemeinde Breslau (Bekl.). Rep. VI 296/94.

I. Landgericht Breslau. II. Oberlandesgericht daselbst.

Die Revision ist zurückgewiesen worden u. a. aus folgenden

Gründen:

„Das Polizeipräsidium zu B. gab auf Grund eines Gutachtens der B.er Stadtbaudeputation mittels Verfügung vom 24. Dezember 1889 dem Mitkläger P. auf, die Scheune, die damals in B. auf einem den Klägern gehörigen Grundstücke stand, wegen ihrer Baufälligkeit zur Verhütung von Unglücksfällen abzubrechen. Im Februar 1890 ließ sodann das Polizeipräsidium die Scheune der Kläger im Zwangswege abbrechen, obgleich P. inzwischen gegen die gedachte Verfügung die Klage im Verwaltungsstreitverfahren angestellt hatte. In diesem Verfahren setzte das Oberverwaltungsgericht die Verfügung vom 24. Dezember 1889, soweit sie dem P. den Abbruch der Scheune aufgegeben hatte, außer Kraft, indem es nach stattgehabter Beweisaufnahme annahm, daß die aus der Baufälligkeit drohende Gefahr durch Vornahme von Reparaturen hätte beseitigt werden können, und daß das den Abbruch für notwendig erklärende Gutachten der Stadtbaudeputation unzutreffend sei und lediglich auf einer nur äußerlichen Besichtigung der Scheune durch den Stadtbaurat a. D. M. beruhe. Gegenwärtig beanspruchen die Kläger von der Beklagten Ersatz des ihnen durch den Abbruch der Scheune erwachsenen Schadens. Sie stützten diesen Anspruch darauf, daß sie infolge einer polizeilichen Verfügung genötigt gewesen seien, Privatrechte im Interesse der Beklagten aufzuopfern.

Die Vorinstanzen haben jedoch, dem Antrage der Beklagten entsprechend, auf Abweisung der Klage erkannt, und auch die jetzt noch vorliegende Revision muß ohne Erfolg bleiben.

. . .

Das Berufungsurteil beruht u. a. auf folgender Ausführung: Das Vorgehen des Polizeipräsidiums sei von dem Gesichtspunkte der §§ 37, 38, 56 ALR. I 8 aus ins Werk gesetzt worden, aber mangels der erforderlichen tatsächlichen Voraussetzung ungerechtfertigt gewesen; ob danach das Vorgehen als eine Nötigung im Sinne des § 75 Einl. z. ALR. aufzufassen sein möchte, könne dahingestellt bleiben; denn bejahendenfalls wäre die Beklagte für den Anspruch aus § 75 a.a.O. passiv nicht legitimiert, da die fragliche Maßregel nicht sowohl im Interesse der Beklagten als im Interesse des allgemeinen Verkehres, also der Allgemeinheit, getroffen worden sei. Von der Revision wird hiergegen geltend gemacht, daß es sich um eine Maßregel handele, die von der örtlichen Polizeibehörde zum Schutze des öffentlichen Verkehres in der Stadt B. angeordnet sei, und die jedenfalls in erster Reihe das Interesse der Beklagten betreffe. Allein selbst wenn dies richtig und danach nicht der Fiskus, sondern die Stadtgemeinde passiv legitimiert wäre, müßte es bei der Abweisung des auf § 75 Einl. ALR. gestützten Anspruches verbleiben, weil diese Gesetzesvorschrift hier überhaupt nicht zur Anwendung kommen kann.

Ein Entschädigungsanspruch aus den §§ 74, 75 Einl. z. ALR. steht demjenigen zu, der durch Anordnungen der Behörden genötigt wird, seine besonderen Rechte und Vorteile dem Wohle des gemeinen Wesens aufzuopfern. Von einer derartigen Aufopferung kann da nicht die Rede sein, wo die Anordnung der Behörde auf einer gesetzlichen Einschränkung des Eigentums, namentlich auf den durch die §§ 36 ff. ALR. I 8 den Eigentümern städtischer Gebäude auferlegten Eigentumsbeschränkungen, beruht. . . . Zweifellos wäre danach den Klägern der Entschädigungsanspruch aus § 75 Einl. ALR. zu versagen, wenn die in den §§ 39—56 ALR. I 8 bezeichneten Voraussetzungen für den Abbruch der Scheune vorgelegen hätten. Denn alsdann würden die Kläger besondere Rechte und Vorteile nicht aufgeopfert, vielmehr den erlittenen Schaden lediglich der gesetzlichen Einschränkung ihres Eigentums zuzuschreiben haben. Es könnte sich also nur fragen, ob der § 75 Einl. ALR. hier deshalb Anwendung finden darf, weil die gesetzlichen Voraussetzungen für den Abbruch der Scheune nicht gegeben waren, der Abbruch mithin sich als eine ungerechtfertigte Maßregel des Polizeipräsidiums darstellt. Diese Frage ist indessen zu verneinen. Denn nur auf Eingriffe in Privatrechte zum Wohle des gemeinen Wesens bezieht sich der § 75 a.a.O. Zwar liegen solche Eingriffe nicht bloß dann vor, wenn eine Kollision zwischen den Privatrechten einzelner und den Pflichten zur Beförderung des allgemeinen Wohles in Wirklichkeit bestanden hat, vielmehr unter Umständen schon dann, wenn die zuständigen Verwaltungsbehörden eine Kollision, wie sie der § 74 Einl. ALR. voraussetzt, unrichtigerweise als vorhanden angenommen und auf Grund dieser Annahme die Aufopferung besonderer Rechte und Vorteile zum Wohle des gemeinen Wesens angeordnet haben. Anders gestaltet sich aber die Sachlage im gegenwärtigen Falle. Nach den Feststellungen der Vorinstanz und dem eigenen Vortrage der Kläger hatte die Anordnung des Abbruches nicht darin ihren Grund, daß das Polizeipräsidium einen Widerspruch zwischen den Rechten oder Vorteilen der Kläger und den Pflichten zur Beförderung des gemeinschaftlichen Wohles zu erkennen meinte, sondern nur darin, daß das Polizeipräsidium irrtümlicherweise die gesetzlichen Voraussetzungen der §§ 39—56 ALR. I 8 für den Abbruch der Scheune als gegeben ansah, daß es also eine aus der gesetzlichen Einschränkung des Eigentumes folgende Verpflichtung der Kläger, nicht eine Aufopferung ihrer besonderen Rechte und Vorteile, erzwingen zu dürfen glaubte. Ein derartiger Irrtum kann einen Entschädigungsanspruch auf Grund des § 75 Einl. ALR. gegen den Staat oder die Gemeinde, in deren Interesse das Polizeipräsidium weder gehandelt hat noch hat handeln wollen, niemals begründen." (Für die Annahme einer Körperschaftshaftung der Bekl. wegen Amtspflichtverletzung ihrer Beamten fehlte es damals noch an den erst später ergangenen Staatshaftungsvorschriften.)

RGZ. 57, 217

Aufopferungsanspruch. — Für ihn genügt es, daß die Behörde in der — wenn auch irrtümlichen — Annahme eines Widerstreites zwischen dem Einzel- und dem Allgemeininteresse die Aufopferung eines privaten Vermögensrechtes verlangt hat.

Alter Leitsatz:

Ist der Entschädigungsanspruch desjenigen, der zum gemeinen Wohl ein Recht aufgeopfert hat, davon abhängig, daß dem Gemeinwesen in dessen Interesse das Opfer verlangt wurde, ein Vorteil erwachsen ist?

A.L.R. Einl. §§ 74, 75.

VII. Zivilsenat. Urt. v. 29. März 1904 i. S. Gem. W. (Bekl.) w. R. (Kl.). Rep. VII. 287/03.

I. Landgericht II Berlin. II. Kammergericht daselbst.

Dem Kläger, der im Bezirk der verklagten Dorfgemeinde ein Wohnwesen besaß, wurde von dem zuständigen Amtsvorsteher die Erlaubnis zur Herstellung eines Anbaus versagt. Nachdem er im Verwaltungsstreitverfahren eine endgültige Entscheidung dahin erzielt hatte, daß jene Verfügung außer Kraft gesetzt wurde, worauf die Genehmigung zum Bau erteilt wurde, verlangte er von der Beklagten in der erhobenen Klage, daß ihm für das Entbehren der Bauerlaubnis während eines Zeitraums von drei Jahren Entschädigung gewährt werde. Dieser Anspruch wurde von dem Berufungsgericht für dem Grunde nach gerechtfertigt erachtet, indem ausgeführt wurde, daß die Versagung der Bauerlaubnis im Interesse der verklagten Gemeinde erfolgt sei, die dadurch davor habe geschützt werden sollen, eine im Falle der Ausführung des Baus erforderliche Straße auf ihre Kosten herzustellen. Dem Anspruche stehe nicht entgegen, daß, wie nach den in dem Verwaltungsstreitverfahren ergangenen Entscheidungen feststehe, seitens des Amtsvorstehers irrtümlich jene Verpflichtung als vorliegend angenommen sei.

Die Revision ist zurückgewiesen worden aus folgenden

Gründen:

Von der Beklagten ist zur Begründung der Revision in erster Linie geltend gemacht, es sei für den in Frage stehenden Anspruch Voraussetzung, daß durch die ungerechtfertigte Versagung der Bauerlaubnis sich für die Gemeinde ein entsprechender Vorteil ergeben habe.

Dem ist nicht beizutreten. Die §§ 74, 75 Einl. zum A.L.R. statuieren, daß die Rechte und Vorteile eines Mitgliedes des Staates den Rechten und Pflichten zur Beförderung des gemeinschaftlichen Wohls, wenn zwischen beiden eine Kollision entsteht, nachstehen müssen, und stellen fest, daß in solchem Falle der Staat den einzelnen für die Aufopferung des Vorteils zu entschädigen habe. Demnach genügt es für das Vorliegen dieser Entschädigungspflicht, daß die der Hingabe des Vorteils zugrunde liegende Aufforderung in der Tendenz erfolgt sei, dem Gesamtinteresse zu nützen. Schon unter dieser Voraussetzung liegt das in der Entscheidung des vormaligen Obertribunals bei Striethorst Archiv Bd. 86 S. 97 aufgestellte Requisit vor, „daß das Staatswohl und die Entschädigung des einzelnen in einem Kausalzusammenhange stehen, und daß ersteres die letztere notwendig gemacht habe". So heißt es auch in dem von der Revision angezogenen Reichsgerichtsurteil Bd. 26 S. 265*), welches den Punkt, ob die verklagte Gemeinde einen entsprechenden Vorteil erlangt, nur für die Beurteilung der Klage aus dem Gesichtspunkte der Bereicherung für erheblich erachtet, folgendermaßen: „Nach dem Inhalte der §§ 74, 75 in ihrem Zusammenhange muß der Entschädigungsanspruch der Kläger schon dann begründet erscheinen, wenn die zuständigen Verwaltungsbehörden eine Kollision, wie sie der § 74 voraussetzt, als vorhanden angenommen und auf Grund dieser Annahme, mochte dieselbe richtig oder unrichtig sein, den verstorbenen Kläger genötigt haben, seine besonderen Rechte und Vorteile dem Wohle und Interesse der verklagten Stadtgemeinde aufzuopfern."

Die vorstehenden Ausführungen ergeben zugleich, daß auch der fernere Revisionsangriff hinfällig erscheint, wonach vorliegend die Entschädigungsberechtigung deshalb zessieren soll, weil die Verfügung des Amtsvorstehers auf einem Irrtum beruht habe.

RGZ. 63, 298 Aufopferungsanspruch. —
Entschädigungsrechtliche Vorwirkungen eines noch nicht veröffentlichten Bebauungsplanes. Berücksichtigung von Wertsteigerungen des betroffenen Grundstücks.

Alter Leitsatz:
Inwieweit ist die tatsächliche Existenz und Wirkung eines nicht veröffentlichten Bebauungsplans, auf Grund dessen eine nachgesuchte Bauerlaubnis versagt wird, bei Feststellung der Entschädigung für diese Versagung zu berücksichtigen?

ALR. Einl. § 75.

VII. Zivilsenat. Urt. v. 11. Mai 1906 i. S. Stadtg. B. (Bekl.) w. J. u. Gen. (Kl.). Rep. VII. 419/05.

I. Landgericht I Berlin. — II. Kammergericht daselbst.

*) In dieser Sammlung nicht abgedruckt.

Die Kläger sind Eigentümer eines vor dem Schlesischen Tore in Berlin gelegenen Grundstücks, das nach dem genehmigten, aber nicht veröffentlichten Bebauungsplane für die Stadt Berlin von 1862 zur Anlegung eines öffentlichen Platzes bestimmt ist. Als im Jahre 1881 die damalige Eigentümerin das Grundstück bebauen wollte, wurde ihr die Erlaubnis hierzu wegen der Bestimmung des Grundstücks zu einem öffentlichen Platz versagt. Im jetzigen Rechtsstreite verlangt die Eigentümerin, an deren Stelle im Laufe des Verfahrens die Kläger als ihre Erben getreten sind, eine Entschädigung von 100 000 M als den durch die Belastung mit der Servitut der Unbebaubarkeit herbeigeführten Minderwert des Grundstücks. Beide Vorinstanzen erkannten nach dem Klagantrage. Die Revision der Beklagten ist zurückgewiesen.

Aus den Gründen:

„Der Revision mußte der Erfolg versagt werden. Kein Bedenken besteht zunächst gegen die Annahme des Berufungsgerichts, daß der Bebauungsplan von 1862 erst durch die im Jahre 1881 erfolgte Versagung der Bauerlaubnis auf das Grundstück der Kläger zur Anwendung gebracht worden ist. Erst hierdurch ist dem Grundstück die öffentlich-rechtliche Dienstbarkeit der Unbebaubarkeit auferlegt worden. . . . Hiervon ausgehend hat das Berufungsgericht im Anschluß an das Gutachten des Sachverständigen H. die Wertminderung, die das Grundstück durch die Belastung erlitt, auf 100 000 M festgestellt. Hierbei ist angenommen, daß das Grundstück, das nicht nur von der Straße vor dem Schlesischen Tore, sondern auch von der Schleusenuferstraße begrenzt ist, im Jahre 1881 ohne die durch den Bebauungsplan geschaffene Beschränkung mit Gebäuden jeder Art hätte bebaut werden können, da die Schleusenuferstraße bereits vor Erlaß des Gesetzes vom 2. Juli 1875 zum Anbau fertiggestellt gewesen sei.

Hiergegen macht die Revision geltend: Wenn auch nicht amtlich veröffentlicht, so sei doch der Bebauungsplan von 1862 längst allgemein bekannt gewesen. Aus den im Buchhandel käuflichen Karten und Stadtplänen sei jedermann ersichtlich gewesen, daß das klägerische Grundstück zu einem öffentlichen Platze bestimmt und daher nicht unbeschränkt bebauungsfähig sei. Diese tatsächliche Unmöglichkeit der Bebauung habe schon seit 1862 bestanden, und deshalb habe das Grundstück an der seitdem eingetretenen allgemeinen Wertsteigerung nicht mehr teilnehmen können. Durch die Nichtbeachtung dieses Gesichtspunktes verletze das Berufungsurteil die in der Rechtsprechung des Reichsgerichts (Jurist. Wochenschr. 1897 S. 648) entwickelten Rechtsgrundsätze. Dieser Angriff ist jedoch unbegründet.

Es kann davon ausgegangen werden, daß der Bebauungsplan von 1862 alsbald allgemein bekannt wurde, so daß jedermann wissen konnte, das Grundstück werde früher oder später behufs Anlegung eines öffentlichen Platzes enteignet werden, und die Polizei werde schon von jetzt ab die Erlaubnis zur Bebauung des Grundstücks versagen oder nur unter Wahrung seiner künftigen Bestimmung erteilen. Tatsächlich war also das Grundstück allerdings schon seit 1862 unbebaubar oder nur beschränkt bebaubar. Aber schlechthin unerfindlich ist es, wie dieser Umstand geeignet sein sollte, den Wert des Grundstücks zu beeinflussen. Die Kenntnis von einem sicher bevorstehenden Ereignisse, das den Wert des Grundstücks vermindert, wird freilich den Wert schon vor dem Eintritt des Ereignisses beeinflussen, aber doch nur dann, wenn der Schade droht, ohne daß dem *Eigentümer in irgendeiner Weise Ersatz geleistet* wird. Bei einer in Aussicht stehenden Enteignung ist es aber ganz sicher, daß dem Eigentümer voller Ersatz geleistet wird. Die Kenntnis davon, daß ein Grundstück, wenn auch erst nach Jahren, zu öffentlichen Zwecken enteignet werden wird, kann deshalb den Wert des Grundstücks niemals mindern, sondern eher erhöhen, insofern nämlich, als erfahrungsgemäß im Enteignungsverfahren die Entschädigung reichlich bemessen wird. Die erwähnte Tatsache und ihre Kenntnis kann auch nicht hindern, daß das künftig zu enteignende Grundstück an der inzwischen eintretenden allgemeinen Wertsteigerung teilnimmt. Denn maßgebend für die Entschädigung ist der Wert zur Zeit der Enteignung, und nicht der Wert zur Zeit der Fluchtlinienfestsetzung. Wenn demnach selbst eine nach Maßgabe des Gesetzes vom 2. Juli 1875 festgesetzte und bekanntgemachte Fluchtlinie dem Grundstück die Teilnahme an der nachträglichen Wertsteigerung nicht zu entziehen vermag, so kann eine nicht bekanntgemachte ältere Fluchtlinie diese Wirkung gleichfalls nicht haben. Richtig ist nur soviel, daß diejenige Wertsteigerung außer Betracht bleiben muß, die als Folge gerade der Fluchtlinienfestsetzung der geplanten neuen Anlage eintritt. Maßgebend ist der Wert, den das Grundstück zur Zeit der Enteignung haben würde, wenn die Fluchtlinie (oder der Bebauungsplan) überhaupt nicht bestände. Von diesem Grundsatze geht das Berufungsurteil aus. Was von der Enteignung gilt, muß naturgemäß auch von der Belastung des Grundstücks mit der Servitut der Unbebaubarkeit gelten. Denn die letztere ist ihrem Wesen nach nichts anderes als eine Teilenteignung. Während bei der Herstellung der auf Grund des Gesetzes vom 2. Juli 1875 geplanten Straßen und Plätze die Entschädigung für die zu enteignenden Flächen in einem Posten, eben der Enteignungsentschädigung für das als unbelastet gedachte Grundstück, gewährt wird, kann sie bei der Ausführung älterer Bebauungspläne in zwei Teile zerfallen, und sie muß dies, wenn die Belastung des Grundstücks mit der Servitut früher als die Enteignung, und gesondert von dieser eintritt. Hier liegt der Gemeinde die Pflicht ob, dem Eigentümer schon wegen der Belastung des Grundstücks auf Grund des § 75 Einl. A.L.R. Entschädigung zu leisten, wogegen sie ihm bei der künftigen Enteignung nur den Wert des belasteten Grundstücks zu ersetzen hat. Für jeden der beiden Entschädigungsposten aber ist der Zeitpunkt maßgebend, zu welchem die Schädigung eingetreten ist und demzufolge die Entschädigung gefordert werden kann.

Diese vom Berufungsgericht richtig angewandten Grundsätze stehen mit den von der Revision angeführten Urteilen des Reichsgerichts keineswegs im Widerspruch. Dort handelte es sich um Grundstücke, die auch ohne die Fluchtlinienfestsetzung nicht bebaubar waren. Der Kern jener Entscheidungen ist in der Darlegung zu finden, man könne nicht sagen, einer Grundfläche werde durch die Fluchtlinie die Bebaubarkeit entzogen, wenn sie auch ohne die Existenz dieser Fluchtlinie nicht bebaubar wäre, eine Darlegung, die unzweifelhaft richtig ist, während es im übrigen dahingestellt bleiben kann, ob allen Sätzen jener Urteile beizutreten wäre. Hier dagegen handelt es sich um ein Grundstück, dessen Bebauung ohne die Belastung durch den Bebauungsplan weder rechtliche noch tatsächliche Hindernisse entgegenstehen würden, dem also die Baulandseigenschaft nur durch den Bebauungsplan, oder vielmehr durch die Inkraftsetzung des Bebauungsplans entzogen worden ist. . . .

RGZ. 64, 183

Aufopferung privater Rechte für das öffentliche Wohl. Ausgleichspflicht der Allgemeinheit. Territoriale Geltung des § 75 Einl. ALR. Passivlegitimation beim Aufopferungsanspruch.

Alter Leitsatz:

Findet im früher französischrechtlichen Teile der preußischen Rheinprovinz, wenn die Polizei innerhalb ihrer Zuständigkeit zur Förderung des öffentlichen Wohles in Privatrechte einzelner eingreift, ein Anspruch der letzteren auf Ersatz des entstandenen Schadens gegen den Staat, bzw., wenn die getroffene Maßregel nicht dem Vorteile des Staates in seiner Gesamtheit, sondern nur dem einer Gemeinde diente, gegen diese statt?

VII. Zivilsenat. Urt. v. 16. Oktober 1906 i. S. Stadtg. T. (Bekl.) w. K. (Kl.). Rep. VII. 640/05.

I. Landgericht Trier. — II. Oberlandesgericht Köln.

Als die Beklagte eine Kanalisierung vornehmen ließ, fand sich im April 1902 unter der Brodstraße vor dem Hause des Klägers ein als Keller ausgebauter Hohlraum, der mit dem Keller unter dem Hause des Klägers in Verbindung stand und vom Kläger zum Aufbewahren von Gegenständen benutzt wurde. Die Beklagte verlangte Räumung, soweit das Mauerwerk in den Straßenkörper hineinragte. Der Kläger lehnte dies ab. Nunmehr erließ der Bürgermeister der Stadt eine polizeiliche Verfügung, durch welche er dem Kläger Räumung des Kellers oder Hohlraums, Entfernung des Mauerwerks aus dem Straßenkörper und Abschließung des Zuganges zu dem Keller unter Androhung zwangsweiser Ausführung aufgab. Als Kläger keine Folge leistete, wurde der Raum von der Stadt an der Grenze des klägerischen Grundstückes zugemauert und so der Benutzung des Klägers entzogen. Dieser verlangte mit der Behauptung, er habe mit seinem Hause auch das Eigentum oder ein anderes dingliches Recht an dem Keller erworben, Schadensersatz. Von der Beklagten wurde jedes Recht des Klägers am Keller bestritten. Der erste Richter wies die Klage ab. Durch Urteil des Berufungsgerichts wurde unter Abänderung des Urteils der ersten Instanz der Klaganspruch dem Grunde nach für gerechtfertigt erklärt und die Sache zur Verhandlung und Entscheidung über dessen Höhe an das Landgericht zurückverwiesen. Die Revision ist erfolglos geblieben.

Aus den G r ü n d e n :

(Diese beschäftigen sich zuerst mit der Frage, ob ein Recht des Klägers am Keller ohne Gesetzesverletzung angenommen ist. Nach Bejahung dieser Frage fahren sie fort):

. . . „Nicht speziell angefochten ist die Annahme des Berufungsgerichts, daß Kläger für den Eingriff in sein Recht Entschädigung zu beanspruchen hat. Sie muß auch als zutreffend erscheinen. Der Eingriff erfolgte durch die zuständige Behörde zu dem Zwecke, die Herstellung einer gemeinnützigen Anlage zu ermöglichen, also im Interesse des öffentlichen Wohles. . . . Wenn das öffentliche Wohl erfordert, daß den Behörden im Interesse der Allgemeinheit die rechtliche Macht verliehen wird, in Privatrechte einzugreifen, so liegt darin nicht zugleich, daß mit dem Eingriff in das Recht auch ein Eingriff in das Vermögen sich zu verbinden hätte, daß also der einzelne nicht bloß die Entziehung oder Schmälerung seines Rechtes in dessen konkreter individueller Gestalt dulden, sondern auch ein finanzielles Opfer bringen müßte; im Gegenteil bleibt das öffentliche Wohl in seinem Verhältnisse zu dem Interesse des einzelnen genügend gewahrt, wenn die erforderliche Maßregel gegen den einzelnen zur Durchführung gebracht, der entstehende Nachteil aber von der Allgemeinheit, welche den Vorteil hat, zu tragen ist. . . . In Preußen ist durch § 75 Einl. zum ALR. bestimmt, daß der Staat denjenigen, welcher seine besonderen Rechte und Vorteile dem Wohle des gemeinen Wesens aufzuopfern genötigt wird, zu entschädigen gehalten ist. Diese Vorschrift entspricht völlig jenem Gedanken. Sie ist zwar über das Gebiet des Landrechts hinaus nicht ausgedehnt, doch aber von unmittelbarer Bedeutung für das Gesamtgebiet des preußischen Staates; denn obwohl der in ihr gewährte Anspruch auf Entschädigung dem Privatrecht angehört, ist die ihn schaffende Gesetzesvorschrift doch nicht rein privatrechtlicher, sondern in ihrem Grunde staatsrechtlicher Art, und es läßt sich nicht vermuten, daß die Gesetzgebung eines Staates auf diesem Gebiete für seine verschiedenen Territorien verschiedene Normen geben will. . . . Als völlig ausreichend muß es hiernach erscheinen, wenn auch für diejenigen Teile des preußischen Staatsgebietes, in denen das Allgemeine Landrecht nicht gilt, keinerlei Anzeichen dafür vorliegen, daß hier der gesetzgeberische Wille ein anderer wäre, als er in § 75 Einl. zum ALR. Ausdruck gefunden hat. Für das rheinische Recht wurde bisher in dem Art. 545 Code civil eine unmittelbare Grundlage für einen Entschädigungsanspruch gefunden. Diese Gesetzesbestimmung ist durch Art. 89 Nr. 2 preuß. Ausf.-Ges. zum BGB. aufgehoben, aber lediglich in der formellen Erwägung, daß der Grundsatz auch in Art. 9 der preußischen Verfassung Ausdruck gefunden habe. Der Annahme, daß im bisherigen Gebiete des rheinischen Rechts ein Entschädigungsanspruch nicht Platz greifen solle, kann mithin die Aufhebung des Art. 545 Code civil nicht zur Stütze gereichen; ihre Begründung ergibt sogar eine gewisse Bestätigung für den gegenteiligen gesetzgeberischen Standpunkt. . . . Demgemäß kommen also die oben für Fälle solcher Art entwickelten allgemeinen Gesichtspunkte zur Geltung. Beim Mangel jedweder für das Gegenteil sprechenden Momente muß deshalb die Gewährung einer Entschädigung auch im bezeichneten Gebiete als dem staatlichen Rechtswillen entsprechend angesehen werden.

Zutreffend und in Übereinstimmung mit der Judikatur nimmt endlich das Berufungsgericht an, daß, weil im gegenwärtigen Falle die polizeiliche Maßregel nicht dem Vorteile des Staates in seiner Gesamtheit, sondern nur dem einer Stadtgemeinde diente, auch nur diese Schuldnerin der Entschädigung ist."

RGZ. 102, 390 Aufopferungsanspruch. —

Auch bei widerrechtlich erzwungener Aufopferung subjektiver Rechte ist § 75 EinlALR. — wenn auch entsprechend — anwendbar. Die geschuldete Entschädigung umfaßt den entgangenen Gewinn.

Alter Leitsatz:

Wie ist die Entschädigung des Patentinhabers zu bemessen, wenn das Reich ohne eine Bestimmung des Reichskanzlers (§ 5 Abs. 2 PatG.) die Erfindung eines Patents in Benutzung genommen hat?

I. Zivilsenat. Urt. v. 28. September 1921 i. S. Reichsmilitärfiskus (Bekl.) w. H. (Kl.). I 46/21.

I. Landgericht I Berlin. — II. Kammergericht daselbst.

Die Klägerin ist Inhaberin des Patents 255 823 und des Zusatzpatents 255 826. Diese Patente schützen eine Kompressionsfederbinde. Der Beklagte hat die Erfindung der Patente in den Jahren 1916 bis 1918 in Benutzung genommen und danach für das Heer Kompressionsbinden in großem Umfange hergestellt. Die Klägerin fordert Entschädigung. Beide Vorinstanzen gaben der Klage teilweise statt. Die Revision des Beklagten wurde zurückgewiesen.

Aus den Gründen:

Das Kammergericht hat die als Entschädigung zugebilligten Beträge für gerechtfertigt erachtet auf Grund der Feststellung, daß, wenn der Beklagte die in Betracht kommenden Binden (151 302 Stück) nicht selbst unter Benutzung der Erfindung der Patente der Klägerin hergestellt hätte, diese dem Beklagten die Binden geliefert und alsdann die zuerkannten Beträge als angemessenen Gewinn erzielt haben würde. Die Revision ist der Ansicht, daß nicht der entgangene Gewinn gefordert werden könne, vielmehr nur eine angemessene Lizenzgebühr gemäß § 5 Abs. 2 PatG. Dem kann nicht beigetreten werden. Es handelt sich nicht um den in § 5 Abs. 2 besonders geregelten Fall der Zwangslizenz auf Grund einer Bestimmung des Reichskanzlers, vielmehr hat hier die Heeresverwaltung, ohne sich um den ihr bekannten Patentschutz zu kümmern und ohne eine Bestimmung des Reichskanzlers über die Zwangslizenz gemäß § 5 Abs. 2 herbeizuführen, die Erfindung für das Heer in Benutzung genommen, wogegen der Klägerin, abgesehen von der nachträglichen Entschädigungsklage, ein Rechtsmittel, insbesondere eine Unterlassungsklage, nicht gewährt war. In solchem Falle, der im Patentgesetz nicht geregelt ist, entspricht es der Billigkeit, daß für die nachträgliche Entschädigung der allgemeine Rechtsgrundsatz Platz greift, wie er z. B. im § 75 Einl. ALR. zum Ausdruck gebracht ist, wonach in dem Maße, in welchem jemand seine privaten Rechte dem allgemeinen Wohl aufzuopfern gezwungen wurde, er zu entschädigen ist. Zu einer solchen Entschädigung gehört auch der entgangene Gewinn. . . .

RGZ. 2, 63

Die Behördeneinrichtungen des Staates und die Einteilung seiner Gemeinden gehören zu den Instituten des geltenden Rechtes. Es gibt daher hierfür keine Beweislast der Prozeßparteien, vielmehr gilt auch insoweit der Grundsatz „iura novit curia".

Alter Leitsatz:

Darf das Gericht wegen Nichtbefolgung der Vorschrift des § 108 (120a) Abs. 1. 2 der Gewerbeordung vom 21. Juni 1869 von Amts wegen seine Unzuständigkeit aussprechen? Begriff der Gemeindebehörde. Anwendung des Grundsatzes, daß die Gerichte das Recht kennen müssen, auf die Kenntnis der Gemeindebezirke und der Behördeneinrichtungen.

III. Zivilsenat. Urt. v. 24. September 1880 i. S. S. (Kl.) w. S. (Bekl.) Rep. III. 414/80.

I. Kreisgericht Marburg. — II. Oberlandesgericht Kassel.

Auf die Klage erklärte die erste Instanz von Amts wegen sich für zur Zeit unzuständig, weil die Vorschrift, daß zunächst bei der für dergleichen Streitigkeiten eingesetzten besonderen Behörde und in Ermangelung einer solchen bei der Gemeindebehörde Klage erhoben werden müsse, nicht befolgt sei. Hiergegen legte der Kläger Berufung ein, indem er ausführte, daß die Befolgung der Vorschrift für ihn unmöglich sei, weil es an den gedachten besonderen Behörden mangele und der Wohnort des Beklagten, das Klostergut Haina, einem Gemeindeverbande nicht zugeteilt sei, daher keine Gemeindebehörde habe. Zum Beweise hierfür brachte er eine Bescheinigung des Ortsverwalters zu Haina bei, laut welcher derselbe die inzwischen bei ihm eingereichte Klage mit der Bemerkung zurückgegeben hatte, daß in Haina eine Gemeindebehörde nicht existiere. Die zweite Instanz erkannte bestätigend, indem sie bemerkte, daß das Nichtvorhandensein einer zuständigen Gemeindebehörde nicht erwiesen sei. Dieses Erkenntnis wurde aufgehoben aus folgenden

Gründen:

. . . Die Vorschrift, daß vor dem Beschreiten des Rechtsweges die bezeichneten besonderen Behörden, eventuell die Gemeindebehörden anzugehen sind, ist als ein zwingendes Gesetz zu verstehen, dessen Befolgung nicht durch Übereinkunft der Parteien ausgeschlossen werden kann. . . .

Demnach ist die Zuständigkeit der Gerichte durch die vorgängige Anrufung jener Behörden bedingt, und da den Gerichten von Amts wegen obliegt, ihre Zuständigkeit zu prüfen, so folgt weiter, daß auch die Nichtbefolgung der fraglichen Vorschrift von Amts wegen beachtet werden muß.

Letztere setzt aber selbstredend das Vorhandensein einer vorgängig anzurufenden Behörde, also einer hierfür eingesetzten besonderen Behörde oder eventuell einer Gemeindebehörde, voraus; es kann daher in der Nichtbefolgung dieser Vorschrift ein Hindernis der grichtlichen Zuständigkeit da nicht gefunden werden, wo es an einer für die Vorentscheidung zuständigen Behörde gänzlich fehlt. Dies ist auch von der Vorinstanz nicht verkannt worden. Sie hat aber den von dem Kläger erhobenen Einwand, daß für Haina eine Gemeindebehörde nicht existiere, aus dem Grunde verworfen, weil der hierfür beigebrachte Beweis nicht ausreichend und somit die Unmöglichkeit, die bezeichneten Behörden anzugehen, nicht dargetan sei. Diesem Entscheidungsgrunde ist mit Recht die Verletzung des Rechtsgrundsatzes, daß die Gerichte das geltende Recht kennen müssen, vorgeworfen. Denn auch die Behördeneinrichtungen des Staates und die Einteilung seiner Gemeinden gehören zu den Instituten des geltenden Rechtes — des öffentlichen Rechtes —, das Gericht muß daher auch hierüber, sowohl im ganzen, wie in allem einzelnen, Kenntnis haben oder, falls es ihm daran fehlt, sich dieselbe durch von Amts wegen einzuziehende Erkundigungen verschaffen.

. . .

RGZ. 118, 94

Recht des Ministers, in Prozessen seines Geschäftsbereichs an Stelle der an sich berufenen nachgeordneten Behörden die gesetzliche Vertretung des Staates als Prozeßpartei zu übernehmen. Ressortzugehörigkeit von Amtshaftungssachen. Rechtsstellung des Regierungspräsidenten. — Bei Ausübung der Staatsaufsicht ist auch auf die Belange des Beaufsichtigten gebührend Rücksicht zu nehmen und er vor Schädigungen zu bewahren.

Alter Leitsatz:

1. *Welche Behörde vertritt den preußischen Staat gegenüber Ansprüchen die auf Grund der Vorschriften über die Staatshaftung gegen ihn erhoben werden?*
2. *Inwieweit sind die Minister befugt, in Rechtsstreitigkeiten des preußischen Staates als seine gesetzlichen Vertreter zu handeln?*
3. *Liegen den staatlichen Beamten, die mit der Kommunalaufsicht* betraut sind, bei ihrer Ausübung auch Amtspflichten gegenüber den *Gemeinden ob? Können sie diese Amtspflichten nur durch bindende* Anweisungen, die sie den Gemeinden erteilen, oder auch schon durch andere Aufsichtsmaßnahmen verletzen?

ZPO. § 51. RVerf. Art. 131. Preußisches Staatshaftungsgesetz vom 1. August 1909 § 1.

III. Zivilsenat. Urt. v. 23. September 1927 i. S. Stadtgemeinde R. u. Gen. (Kl.) w. Preuß. Staat (Bekl.). III 25/27.

I. Landgericht I Berlin. II. Kammergericht daselbst.

Am Nachmittag des 11. Oktober 1923 erhielt die Stadtgemeinde R., die Klägerin zu 1, folgendes Schreiben des stellvertretenden Regierungspräsidenten in Düsseldorf:

„Ich bin damit einverstanden, daß an die bei dem Arbeitsamt in Unterstützung stehenden Erwerbslosen, an die Notstandsarbeiter und die Lohngesicherten eine einmalige Zahlung von 50 Milliarden erfolgt. Ich habe diese Zusicherung nur deshalb gegeben, weil der Brotpreis in den nächsten Tagen erheblich erhöht wird.

Aus der Versammlung, welche die Anträge hier vorbrachte, wurde angeregt, daß, falls die Stadt bzw. Gemeinde bare Mittel nicht zur Verfügung hat, Gutscheine ausgegeben werden, die von der Geschäftswelt in Zahlung zu nehmen wären. Die Art der Einlösung der Gutscheine soll durch eine Veröffentlichung in den Tageszeitungen bekannt gegeben werden.

In Vertretung:
gez. M."

Zu diesem Schreiben hatte sich der Stellvertreter des ausgewiesenen Regierungspräsidenten unter dem Druck einer Zusammenrottung von Arbeitslosen veranlaßt gesehen. Es wurde der Klägerin zu 1 auch durch einen Arbeitslosen überbracht. Sie wartete noch einige Stunden mit der Vornahme der in dem Schreiben genehmigten Auszahlung, da sie einen Widerruf der Verfügung mit Rücksicht darauf für möglich hielt, daß am 6. Oktober eine ähnliche Verfügung alsbald zurückgenommen worden war. Als sie aber keine andere Nachricht erhielt, gab sie am Abend des 11. und am Vormittag des 12. Oktober 1923 an die Erwerbslosen und die sonst noch in dem Schreiben genannten Personen Gutscheine aus, die auf je 10 Milliarden Mark lauteten. Dasselbe tat die Bürgermeisterei E., die Klägerin zu 2, deren Verwaltung ebenfalls in R. ihren Sitz hat und die sich mit der Klägerin zu 1 über ein gemeinsames Vorgehen geeinigt hatte. Im Laufe des 12. Oktober verbot dann der Regierungspräsident fernmündlich die weiteren Zahlungen.

Die Klägerinnen haben die von ihnen in den Verkehr gegegebenen Gutscheine einlösen müssen. Die dafür aufgewandten Beträge sind ihnen nicht aus Mitteln der Erwerbslosenfürsorge erstattet worden. Den ihnen so entstandenen Schaden verlangen sie mit der gegenwärtigen Klage vom Preußischen Staat erstattet. Sie behaupten, der Erlaß der Verfügung vom 11. Oktober 1923, durch den sie zur Ausgabe der Gutscheine veranlaßt worden seien, enthalte ihnen gegenüber eine schuldhafte Amtspflichtverletzung des stellvertretenden Regierungspräsidenten. Er habe sich zuvor darüber vergewissern müssen, ob die von ihm angeordnete außerordentliche Beihilfe durch die Erwerbslosenfürsorge übernommen werde; andernfalls sei er verpflichtet gewesen, die Verfügung alsbald zurückzuziehen und die Klägerinnen davon in Kenntnis zu setzen, was in wenigen Stunden möglich gewesen wäre.

Der Beklagte wendet ein, daß die Klägerinnen aus eigener Entschließung gehandelt hätten, da das Schreiben des stellvertretenden Regierungspräsidenten keine bindende Anweisung für sie enthalten habe. Ein Verschulden treffe den stellvertretenden Regierungspräsidenten nach der ganzen Sachlage nicht. Im Laufe des Rechtsstreits hat der Beklagte außerdem noch die Vertretungsbefugnis des Ministers für Volkswohlfahrt bestritten, da die Beamtenhaftung zum Geschäftsbereich des Ministers des Innern gehöre.

Die Vorinstanzen haben die Klage abgewiesen. Auf die Revision der Klägerinnen wurde das Berufungsurteil aufgehoben und die Sache an das Berufungsgericht zurückverwiesen.

Gründe:

1. Die Vorinstanzen haben mit Recht angenommen, daß der Beklagte im gegenwärtigen Rechtsstreit durch den Minister für Volkswohlfahrt gesetzlich vertreten wird. Ob die Prozeßvertretung auch durch den Regierungspräsidenten in Düsseldorf hätte erfolgen können, kann dahingestellt bleiben. Denn die Klage ist von vornherein gegen den Preußischen Staat, vertreten durch den Minister für Volkswohlfahrt, erhoben worden. Und dieser Minister hat sich — das ist das Entscheidende — auf den Prozeß sachlich eingelassen. Er hat damit von der den Ministern, den höchsten Verwaltungsstellen, zustehenden Befugnis Gebrauch gemacht, in staatlichen Prozessen ihres Geschäftsbereichs an Stelle der an sich berufenen nachgeordneten Behörde selbst als gesetzlicher Vertreter aufzutreten; er hat sich selbst zum gesetzlichen Vertreter für diesen Rechtsstreit bestellt. Hieran war er gebunden und konnte daher nicht mehr im späteren Verlauf des Prozesses die Einrede der mangelnden gesetzlichen Vertretung (§ 274 Abs. 2 Nr. 7 ZPO.) erheben. Er war mit ihr nicht etwa verfahrensrechtlich ausgeschlossen, da es sich um eine unverzichtbare Einrede handelt; wohl aber war ihr durch seine Einlassung auf den Prozeß die sachliche Grundlage entzogen worden.

. . .

Die Klage war von vornherein auf Beamtenverschulden gestützt, hatte also stets einen Anspruch aus Art. 131 RVerf. in Verbindung mit § 839 BGB. und § 1 des Staatshaftungsgesetzes zum Gegenstand. Nicht richtig ist die Ansicht des Beklagten, daß für die Frage der Beamtenhaftung stets das Ressort des Ministers des Innern zuständig sei. Es kommt vielmehr darauf an, in welchem Geschäftsbereich der Beamte angestellt ist, dem eine schuldhafte Amtspflichtverletzung zur Last gelegt wird. Der Regierungspräsident ist Organ sämtlicher Minister mit Ausnahme des Justizministers (vgl. § 11 der Verordnung wegen verbesserter Einrichtung der Provinzialbehörden vom 30. April 1815 GS. S. 85). Die Verfügung des stellvertretenden Regierungspräsidenten, für deren Folgen die Klägerinnen den Beklagten ersatzpflichtig machen, betrifft die Erwerbslosenfürsorge. Sie gehört zum Geschäftsbereich des Ministers für Volkswohlfahrt, dem in Preußen in Angelegenheiten der Erwerbslosenfürsorge die oberste Verwaltung zusteht (vgl. Beschluß der Preußischen Staatsregierung, betr. die Zuständigkeit des Ministeriums für Volkswohlfahrt, vom 7. November 1919, GS. S. 173 Nr. 1 r). Er war also befugt, die Vertretung des Staates im gegenwärtigen Rechtsstreit zu übernehmen.

2. Das Kammergericht vertritt in Übereinstimmung mit dem Landgericht die Auffassung, daß eine fahrlässige Amtspflichtverletzung des stellvertretenden Regierungspräsidenten nur dann in Frage kommen könne, wenn sein Schreiben vom 11. Oktober 1923 einen bindenden Befehl zur Auszahlung der Erhöhungen an die Erwerbslosen und sonstigen Unterstützungsempfänger enthalten hätte. Aus der ganzen Art der Abfassung des Schreibens und aus seiner Überbringung durch einen Erwerbslosen müsse jedoch entnommen werden, daß der stellvertretende Regierungspräsident die Klägerinnen überhaupt nicht zur Ausführung habe verpflichten, sondern ihnen die Entscheidung über die erwähnten Maßnahmen selbst habe überlassen wollen. Unzweifelhaft hätten die Klägerinnen diesen Charakter des Schreibens erkannt und hätten deshalb auch unter dem Druck der Erwerbslosen nicht zur Ausstellung von Gutscheinen schreiten dürfen. Sie könnten daher vom Beklagten keinen Ersatz des ihnen durch ihr eigenes Verhalten entstandenen Schadens verlangen.

Den Ausgangspunkt dieser Ausführungen beanstandet die Revision mit Recht. Es ist nicht richtig, daß der stellvertretende Regierungspräsident auf dem Gebiet der Erwerbslosenfürsorge seine Amtspflichten gegenüber den Gemeinden des Bezirks nur durch eine bindende Anweisung verletzen konnte. Die Erwerbslosenfürsorge war nach der im Oktober 1923, wenngleich mit Änderungen, noch in Kraft befindlichen Verordnung über Erwerbslosenfürsorge vom 1. November 1921 (RGBl. S. 1337) eine Angelegenheit der Gemeinden. Sie waren verpflichtet, soweit ein Bedürfnis dazu bestand, eine Fürsorge für Erwerbslose einzurichten (§ 2), deren Aufwand ihnen vom Reiche zu $^{6}/_{12}$, vom Lande (hier Preußen) zu $^{4}/_{12}$ ersetzt wurde (§ 4 Abs. 1). Die Kommunalaufsichtsbehörde hatte die Gemeinden, die trotz eines vorhandenen Bedürfnisses keine oder keine genügende Erwerbslosenfürsorge einrichteten, hierzu anzuhalten; sie konnte die dazu notwendigen Anordnungen für Rechnung der Gemeinde treffen, konnte auch bestimmen, daß ein weiterer Gemeindeverband eine Gemeinde im Falle ihrer Leistungsfähigkeit zu unterstützen oder die Fürsorge zu übernehmen habe (§ 3). Auf diese in der Verordnung beispielsweise aufgeführten Maßnahmen war die Kommunalaufsichtsbehörde aber nicht beschränkt, sie konnte vielmehr nicht bloß bei der Einrichtung, sondern auch bei der Handhabung der Erwerbslosenfürsorge durch die Gemeinden, kurzum in allen Angelegenheiten der gemeindlichen Erwerbslosenfürsorge die Maßnahmen ergreifen, in denen sich die Kommunalaufsicht überhaupt zu betätigen pflegt. Mittel der Kommunalaufsicht sind aber nicht bloß bindende Anordnungen oder sonstige Zwangsmaßregeln; auch mit bloßer Raterteilung oder mit der Genehmigung gemeindlichen Vorgehens kann sie sich begnügen. Sonach stellt sich das Schreiben des stellvertretenden Regierungspräsidenten vom 11. Oktober 1923, mag ihm auch der Zwangscharakter gefehlt haben, als eine Maßnahme der staatlichen Kommunalaufsicht auf dem Gebiet der Erwerbslosenfürsorge dar. Es ist nicht ersichtlich, weshalb grundsätzlich ausgeschlossen sein soll, daß es eine schuldhafte Amtspflichtverletzung des mehrgenannten Beamten den Gemeinden gegenüber enthalte.

Die Beaufsichtigung der Selbstverwaltungskörper durch staatliche Behörden soll sicherstellen, daß die Verwaltung der Gemeindeangelegenheiten den Vorschriften der Gesetze gemäß geführt wird und stets in geordnetem Gange bleibt (OVG. Bd. 25 S. 49, Bd. 54 S. 472). Trotz dieses Zweckes der Kommunalaufsicht haben die mit ihr betrauten Beamten bei ihrer Ausübung auch auf die Belange der Gemeinden die gebührende Rücksicht zu nehmen und sie vor Schädigungen zu bewahren. Sie verletzen, wenn sie es nicht tun, die ihnen den Gemeinden gegenüber obliegende Amtspflicht. Das gilt nicht bloß für Zwangsmaßnahmen im Aufsichtswege, sondern für jede Art von Betätigung der Kommunalaufsicht. Eine bloße Raterteilung an eine Gemeinde, eine ihr erteilte Genehmigung, Maßnahmen, die auf die Entschließungen der Gemeinden von erheblichem Einfluß zu sein pflegen, können schon eine Amtspflichtverletzung ihnen gegenüber enthalten. Die von den Vorinstanzen vorgenommene Beschränkung der Staatshaftung den Gemeinden gegenüber auf Befehle, die ihnen von den Kommunalaufsichtsinstanzen erteilt werden, entbehrt der rechtlichen Grundlage. . . .

RGZ. 130, 169

Entstehung juristischer Personen des öffentl. Rechts. Haftung des Muttergebildes für Verbindlichkeiten des öffentlich-rechtlichen Tochtergebildes nach dessen Auflösung.

Alter Leitsatz:

1. Sind die Außenhandelsstellen juristische Personen des öffentlichen Rechts?

2. Haftet das Reich nach ihrer Auflösung für ihre schuldrechtlichen Verbindlichkeiten?

Verordnung über die Außenhandelskontrolle v. 20. Dezember 1919. Ausführungsbestimmungen dazu v. 8. April 1920.

IV. Zivilsenat. Urt. v. 30. Oktober 1930 i. S. Deutsches Reich (Bekl.) w. G. (Kl.). IV 475/29.

I. Landgericht I Berlin. II. Kammergericht daselbst.

Für die Klägerin waren auf einem Hausgrundstück in B. zwei Vorkriegshypotheken von 50 000 M. und 300 000 M. eingetragen. Das Grundstück ging am 12. Mai 1922 durch Kauf und Auflassung in das Eigentum der Außenhandelsstelle für die holzbearbeitende Industrie über, welche die Hypothekenforderungen in Anrechnung auf den Kaufpreis übernahm, am 21. Juni 1922 zum Nennbetrag zurückzahlte und am 17. März 1924 löschen ließ. Durch Bekanntmachung des Reichswirtschaftsministers vom 12. Dezember 1924 wurde die Außenhandelsstelle aufgelöst. Die Klägerin meldete später die Hypotheken bei der Aufwertungsstelle zur Aufwertung an und bezeichnete dabei den verklagten Reichsfiskus als Schuldner. Dieser bestritt seine persönliche Haftung, weil die Außenhandelsstelle selbständige juristische Person und als solche persönliche Schuldnerin gewesen sei. Nach Aussetzung des Verfahrens durch die Aufwertungsstelle hat die Klägerin Klage erhoben mit dem Antrag, festzustellen, daß die Hypotheken der Aufwertung nach den Vorschriften des Aufwertungsgesetzes unterlägen und daß der Beklagte für die Aufwertungsforderungen unbeschränkt hafte. Die Klägerin steht auf dem Standpunkt, daß die Außenhandelsstelle keine selbständige juristische Person, sondern nur eine Verwaltungsabteilung und ein Hilfsorgan des Reichs gewesen sei, daß aber auch, wenn sie als juristische Person angesehen werden müsse, der Beklagte entweder als ihr Rechtsnachfolger oder aus anderen, besonderen Rechtsgründen hafte. Die Vorinstanzen haben dem Antrag der Klage entsprochen. Die Revision des Beklagten wurde zurückgewiesen aus folgenden

Gründen:

Nach § 3 der Verordnung über die Außenhandelskontrolle vom 20. Dezember 1919 (RGBl. S. 2128) kann der Reichskommissar für Aus- und Einfuhrbewilligung die ihm wegen dieser Bewilligung zustehenden Befugnisse auf Außenhandelsstellen übertragen. Diese sollen nach § 1 Abs. 1 der Ausführungsbestimmungen vom 8. April 1920 (RGBl. S. 500), die auf Grund der Verordnung mit Zustimmung des Reichsrats vom Reichswirtschaftsminister erlassen sind, als fachliche Selbstverwaltungsorgane der verschiedenen Wirtschaftsgruppen mit räumlicher Zuständigkeit für das ganze Reich gebildet werden. Im § 1 Abs. 3 das. ist vorgesehen, daß der Reichswirtschaftsminister ihnen Rechtsfähigkeit verleihen kann und zu ihrer Auflösung ermächtigt ist. Auf Grund dieser Bestimmungen wurde u. a. die Außenhandelsstelle für die holzverarbeitende Industrie gebildet und ihr die Rechtsfähigkeit verliehen.

Die Parteien streiten in erster Linie darüber, ob die Außenhandelsstelle als juristische Person des öffentlichen Rechts, also als ein dem Reiche gegenüber selbständiges Rechtssubjekt anzusehen ist. Wäre das nicht der Fall, so könnte es sich nur um ein Organ oder um eine abhängige Verwaltungsstelle des Reichs handeln, und dieses würde dann aus dem der Klage zugrunde liegenden Schuldverhältnis unmittelbar haften. Hätte dagegen die Außenhandelsstelle selbständige Rechtspersönlichkeit besessen, wäre sie also zunächst allein berechtigt und verpflichtet gewesen, so entstände die weitere Frage, ob und aus welchen Gründen nach ihrer inzwischen erfolgten Auflösung das Reich eine schuldrechtliche Haftung trifft.

Die Vorinstanzen stehen auf dem Standpunkt, daß die Außenhandelsstelle nicht als juristische Person des öffentlichen Rechts anerkannt werden könne.... Das wird mit Recht von der Revision bekämpft. Es ist davon auszugehen, daß die Daseinsordnung einer juristischen Person des öffentlichen Rechts durch dieses geschaffen wird. Durch den Akt der Verleihung der Rechtsfähigkeit wird ihr Dasein zwar äußerlich gekennzeichnet. Die Verleihung allein befähigt indessen eine juristische Person noch nicht, sich vor der Rechtsordnung und im Verkehr zur selbständigen Geltung zu bringen. Hierzu bedarf es, wie der Berufungsrichter zutreffend annimmt, einer Organisation (Verfassung), durch die sie in den Stand gesetzt wird, eine selbständige Willensfunktion auszuüben. Das gilt grundsätzlich auch für die juristischen Personen des öffentlichen Rechts, vor allem insoweit, als sie am Privatrechtsverkehr teilnehmen. Zwar hat das bürgerliche Recht das vom öffentlichen Recht geschaffene Rechtssubjekt der juristischen Person als solches anzuerkennen. Vorausgesetzt ist dabei aber immer eine solche Gestaltung ihrer Verfassung, daß sie befähigt wird, ihre Teilnahme am Privatrechtsverkehr zu betätigen. Andernfalls ist ihre Rechtsfähigkeit trotz der Verleihung nur unvollkommen (Prot. der 2. Lesung des BGB. Bd. 2 S. 608; O. Mayer Verwaltungsrecht Bd. 2 S. 326).

Es fragt sich hiernach, ob die Außenhandelsstellen vermöge ihrer Organisation in ihrer Willensbildung vom Reiche unabhängig und Träger selbständiger Rechte und Pflichten sind. Sie werden in § 1 der Ausführungsbestimmungen als fachliche Selbstverwaltungsorgane der einzelnen Wirtschaftsgruppen bezeichnet. Danach wäre die Wirtschaftsgruppe oder ihr Ausschuß Träger der Selbstverwaltung, die Außenhandelsstelle nur ihr Organ. Dem steht aber entgegen, daß den Außenhandelsstellen die Rechtsfähigkeit verliehen werden kann. Mit der Verleihung jedenfalls werden sie zu Hauptträgern der Organisation gestempelt; sie bilden auf der Grundlage und im Rahmen der einzelnen Wirtschaftsgruppen den Selbstverwaltungskörper, als dessen Organe dann der Reichsbevollmächtigte und der Ausschuß ercheinen. Der erstere hat die Außenhandelsstelle zu leiten und ist ihr gesetzlicher Vertreter (§ 2 a. a. O.), also das eigentliche Willensorgan. Er entscheidet auf Grund seiner Vertretungsmacht zunächst über die Anträge auf Ein- und Ausfuhrbewilligung. Der Außenhandelsausschuß, der für jede Außenhandelsstelle zu bilden ist und sich aus Vertretern der Erzeugung, des Handels und des Verbrauchs zusammensetzt (§ 3 a. a. O.), soll nach der Begründung zum Entwurf der Außenhandelskontrolle-Verordnung im Verhältnis zum Reichsbevollmächtigten etwa die Stellung eines Aufsichtsrats gegenüber dem Vorstand einer Gesellschaft haben. Seine Aufgaben sind in § 3 Abs. 2 der Ausführungsbestimmungen dahin geregelt, daß er Richtlinien für die Handhabung der Kontrolle aufzustellen, den Geschäftsgang zu überwachen und den Reichskommissar zu beraten hat. Alle diese Bestimmungen fügen sich zunächst in den Rahmen einer eigenen, auf der Grundlage der Selbstverwaltung beruhenden Organisation ein, die nach außen im wesentlichen selbständig handelt.

Ob allerdings diese Selbständigkeit in vollem Maße, nämlich auch dem Reiche gegenüber besteht, kann im Hinblick auf andere Vorschriften zweifelhaft sein. Nach § 2 der Ausführungsbestimmungen unterstehen die Außenhandelsstellen der Aufsicht und den Weisungen des Reichskommissars, der über Beschwerden entscheidet und für die einheitliche und den öffentlichen Interessen sowie den Belangen der Gesamtwirtschaft entsprechende Handhabung der Außenhandelskontrolle zu sorgen hat. Nach § 5 Abs. 1 erläßt er ferner die erforderlichen allgemeinen Vorschriften und Weisungen über die Bedingungen der Ein- und Ausfuhrbewilligungen. Er bestellt nach Anhörung der beteiligten Kreise den Reichsbevollmächtigten. Die Einrichtung besonderer Abgaben oder Beiträge sowie die von den Außenhandelsstellen aufzustellende Gebührenordnung bedürfen seiner Genehmigung (§ 5 Abs. 2, § 8 Abs. 1 das.), ebenso die vom Ausschuß zu beschließende Satzung und Geschäftsordnung (§ 4 Abs. 1). In allen diesen Bestimmungen ist indessen nichts enthalten, was sich nicht mit dem Recht einer gewissen staatlichen Mitwirkung bei der Verwaltung der Stellen und mit der allgemeinen staatlichen Aufsicht vereinigen ließe. Es ist zu beachten, daß das Reich selbst die Außenhandelsstellen zur Erreichung bestimmter gemeinwirtschaftlicher Zwecke im öffentlichen Interesse geschaffen hat. Wenn es sich, als es ihre Entstehung und Verfassung gesetzlich regelte, vorbehielt, in einzelnen Beziehungen an der Erfüllung dieser Aufgaben teilzunehmen und die Tätigkeit der Stellen in gewissen Richtungen kraft öffentlicher Gewalt zu beaufsichtigen, so enthält dies noch nicht notwendig einen Eingriff in ihre Selbständigkeit mit der Folge, daß das Recht der Selbstverwaltung und Selbstbestimmung damit im wesentlichen beseitigt würde. Was in dieser Hinsicht von den juristischen Personen des bürgerlichen Rechts gelten mag, z. B. von Vereinen, kann hier nicht ohne weiteres maßgebend sein. Daß der vom Reichswirtschaftsminister delegierte Reichskommissar die erforderlichen allgemeinen Vorschriften und Weisungen für die Ein- und Ausfuhr erlassen kann, um eine verständnisvolle Zusammenarbeit zu ermöglichen, bedeutet nur, daß die Außenhandelsstelle insoweit an gesetzliche oder gesetzesgleiche Vorschriften gebunden ist. Wenn, wie aus § 2 der Ausführungsbestimmungen zu entnehmen ist, der Reichskommissar in Einzelfällen durch Weisungen einschreiten darf, so soll dies doch nur geschehen, um eine dem öffentlichen Interesse entsprechende Handhabung der Kontrolle zu gewährleisten; es handelt sich insofern um das allgemein anerkannte Recht staatlicher Aufsicht. Auch die Befugnis zur Bestellung des Reichsbevollmächtigten berührt die Selbstverwaltung grundsätzlich nicht, ebensowenig wie dies z. B. im Falle der Ernennung des Landrats für die Selbstverwaltung der Kreise zutrifft. Bei den dem Reichskommissar vorbehaltenen Genehmigungen handelt es sich ebenfalls um die Ausübung staatlicher Aufsichtsbefugnisse, um die Außenhandelskontrolle in der Bahn des Rechts zu halten (vgl. O. Mayer Verwaltungsrecht Bd. 2 § 61).

Richtig ist, daß der Zweck der Errichtung von Außenhandelsstellen zunächst nicht die Bildung eines Sondervermögens war. Sie sollten vielmehr der Regelung der Ausfuhr, also wirtschaftspolitischen Zwecken der Allgemeinheit dienen. Das Vorhandensein eines gesonderten Vermögens ist aber auch nicht die Voraussetzung für die Entstehung einer juristischen Person. Es genügt, wenn sie durch ihre Verfassung in den Stand gesetzt wird, selbständig Vermögen zu erwerben und Verpflichtungen einzugehen. Das muß bei den Außenhandelsstellen gerade mit Rücksicht auf ihre Organisation nach dem vorher Gesagten ohne weiteres angenommen werden, ist aber auch in den Ausführungsbestimmungen besonders vorgesehen. Denn wenn auch die nach § 6 der Verordnung und § 7 Abs. 1 der Ausführungsbestimmungen für die Erteilung der Ausfuhrbewilligungen zu erhebenden Abgaben und Gebühren der Reichskasse unmittelbar zufließen, so kann daneben nach § 7 Abs. 2 der Ausführungsbestimmungen die Außenhandelsstelle eigene Gebühren erheben. Diese Gebühren jedenfalls unterliegen ihrer selbständigen

Verwaltung und ermöglichen die Bildung eines eigenen Vermögens.

Sinn und Inhalt der ergangenen Vorschriften nötigen hiernach zu der Annahme, daß durch die Verleihung der Rechtsfähigkeit an die Außenhandelsstellen in Verbindung mit ihrer näher geregelten Organisation eine juristische Person des öffentichen Rechts geschaffen werden wollte und geschaffen worden ist, die als solche auch im Privatrechtsverkehr selbständig aufzutreten befähigt war. Um eine bloß formelle oder unvollkommene Rechtsfähigkeit — vgl. hierzu Meurer Jur. Personen S. 72 ff., dagegen O. Mayer in der Festgabe für Laband S. 15, 16 — handelt es sich nicht. Keinenfalls war angesichts der während des Krieges gemachten Erfahrungen die Schaffung einer Behörde gewollt. Es darf nicht übersehen werden, daß die Gesetzgebung der Nachkriegszeit bei der Fülle namentlich ihrer öffentlichrechtlichen Aufgaben die juristischen Begriffe nicht immer mit der erforderlichen Schärfe entwickelt hat, ohne daß man ihr deshalb den Vorwurf mangelnder Folgerichtigkeit machen kann. Etwaige Zweifel sind hier durch eine verständnisvolle Gesetzesauslegung zu beseitigen. Die weitgehende Einwirkung des Reiches auf die Außenhandelskontrolle erklärt sich eben daraus, daß es das von ihm geschaffene Unternehmen möglichst in seiner Hand behalten wollte, um die einheitliche Verwirklichung seiner Absichten damit zu sichern. Über die Tatsache der vom Reichswirtschaftsminister auf Grund der Ausführungsbestimmungen ausgesprochenen, vom Verkehr als maßgebend erachteten Verleihung der Rechtsfähigkeit dürfte man sich jedenfalls nur dann hinwegsetzen, wenn einwandfrei das Fehlen jeder Grundlage der Rechtsfähigkeit dargetan wäre. Davon kann aber nach den obigen Ausführungen keine Rede sein. Demgemäß werden die Außenhandelsstellen in der Wissenschaft durchgehend als juristische Personen des öffentlichen Rechts anerkannt (Giehler in JW. 1921 S. 887; Dittmar in JW. 1922 S. 357; Goldschmidt Reichswirtschaftsrecht S. 63, 64; Giesecke Rechtsverhältnisse der gemeinwirtschaftlichen Organisationen S. 17, 75, 103; Nußbaum Neues deutsches Wirtschaftsrecht S. 39; Baum Gesetzgebung über Ein- und Ausfuhr S. 88 Anm. 2).

Die Eigenschaft der Außenhandelsstellen als juristischer Personen des öffentlichen Rechts schließt indessen eine Haftung des Reichs für ihre privatrechtichen Verbindlichkeiten nach ihrer Auflösung nicht aus. Von einer solchen Haftung ist allerdings weder in der Außenhandelsverordnung noch in den Ausführungsbestimmungen die Rede. Es muß daher in dieser Hinsicht auf allgemeine Grundsätze zurückgegriffen werden, zunächst auf solche des öffentlichen Rechts, sofern sie sich dem Gedankenkreise der für die Außenhandelskontrolle getroffenen Regelung anpassen lassen. Der Berufungsrichter folgt hier der Lehre von O. Mayer (Verwaltungsrecht Bd. 2 § 55, Bd. 3 Abt. 2 § 56 I 1 und III), wonach, wenn Anstalten des öffentlichen Rechts durch Abzweigung aus der Fülle der Zuständigkeiten des beteiligten Gemeinwesens entstanden sind und nach ihrer Auflösung an dieses zurückfallen, die Muttergemeinschaft die Verbindlichkeiten der Anstalt zu tragen verpflichtet ist. Diese rechtliche Gestaltung trifft hier zu, da das Reich, das ursprünglich allein berechtigt war, die Außenhandelskontrolle auszuüben, zu diesem Zwecke aus eigner Machtvollkommenheit die Außenhandelsstellen geschaffen und sich ihre Auflösung vorbehalten hat. Mit der Auflösung fiel aber das getrennt gewesene Stück öffentlicher Verwaltung mit allem Zubehör, also mit dem vorhandenen Aktiv- und Passivvermögen, an das Reich zurück. Die Revision wendet hiergegen ein, daß es sich bei der Außenhandelsstelle nicht um eine Anstalt, sondern um eine Genossenschaft des öffentlichen Rechts handle, und daß bei dieser auch nach Mayer (a. a. O. S. 347, 351) das Muttergemeinwesen nicht heimfallberechtigt sei. Dem kann nicht beigepflichtet werden. Die Anstalt des öffentlichen Rechts stellt einen Bestand von persönlichen und sachlichen Mitteln dar, die zur Erreichung eines öffentlichen Zweckes einheitlich zusammengefaßt sind, während die Genossenschaft auf dem körperschaftlichen Zusammenschluß einer Vielheit von Mitgliedern beruht (Mayer a. a. O. S. 268; Fleiner Institutionen S. 322; Jellinek Verwaltungsrecht S. 494; Hatschek Verwaltungsrecht S. 454). Die Außenhandelsstelle ist keine Körperschaft. Nirgends ist gesagt, daß die Mitglieder der betreffenden Wirtschaftsgruppe einen Verein nach Art einer Genossenschaft bilden. Nicht ihr Interesse, sondern das der Allgemeinheit steht im Vordergrund. Die Außenhandelsstelle dient nicht oder doch nicht ausschließlich den besonderen Zwecken gerade der wirtschaftlich beteiligten Kreise. Auch die selbständige Anstalt kann ein Selbstverwaltungskörper sein. Daß die Außenhandelsstelle in gewisser Hinsicht körperschaftliche Züge aufweisen mag, ändert nichts an ihrer Rechtsnatur. Entscheidend ist, daß sachliche Mittel (die Gebühren als Entgelt für die Sachnutzung der Anstalt, nämlich für die Ausfuhrbewilligungen) und persönliche Mittel (der Reichsbevollmächtigte als Leiter und der Ausschuß als Vertreter der Wirtschaftsgruppe) als Einheit zusammengefaßt sind, um einen öffentlichen Zweck (die Regelung der Ausfuhr) zu erreichen. Als Anstalten öffentlichen Rechts werden demzufolge die Außenhandelsstellen z. B. von Goldschmidt a. a. O. und von Nußbaum a. a. O. bezeichnet.

Von dieser auf verwaltungsrechtlicher Grundlage beruhenden Betrachtungsweise abgesehen, muß aber auch der allgemeine Gesichtspunkt der Rechtsnachfolge zu einer Haftung des Reiches führen.

Das Reich, das die Außenhandelsstellen aus sich heraus und zu seinen Zwecken gegründet hat, tritt nach der in seinem Belieben stehenden Auflösung in allen Beziehungen an ihre Stelle. Es entspricht allgemeinen Rechtsgrundsätzen, daß der Fiskus, dem das Vermögen einer juristischen Person anfällt, für deren Schulden aufzukommen hat. Dieser Rechtsgedanke ist in §§ 192, 201 ALR. II 6 wie auch in § 304 HGB. und in § 46 BGB. zum Ausdruck gelangt. Er muß in Fällen der vorliegenden Art um so eher gelten, als das Reich die Außenhandelsstellen nicht zur Förderung des Erwerbs der beteiligten Kreise, sondern für Zwecke der Allgemeinheit geschaffen hat. Daß das Vermögen der aufgelösten Stelle dem Reich anfallen soll, ergibt sich aus § 8 Abs. 3 der *Ausführungsbestimmungen. Das Reich, nicht* die Außenhandelsstelle, verfügt danach über das bei der Auflösung vorhandene Vermögen, nämlich über die aus den Gebühren als dem hauptsächlichen Vermögen sich ergebenden Überschüsse, die es entsprechend den bisherigen Aufgaben der Außenhandelskontrolle zu gemeinwirtschaftlichen Zwecken verwenden soll. Aus § 6 der Verordnung kann nicht durch Umkehrschluß das Gegenteil gefolgert werden. Ob das Reich bei der Auflösung tatsächlich Überschüsse erhalten hat, ist unerheblich. Denn es handelt sich nicht um die Übernahme des Aktivvermögens wie im Falle des § 419 BGB., der auf öffentlich-rechtliche Verhältnisse überhaupt nicht anwendbar ist, sondern um die Rechtsnachfolge in das Gesamtvermögen, also auch in die etwa allein vorhandenen Schulden. . .

Öffentliches Recht. Allgemeines.

RGZ. 130, 97

Behördliche Schutzpflicht gegenüber den von öffentlich-rechtlichen Maßnahmen Betroffenen. Landverschickung von Kindern.

Alter Leitsatz:

Können auf öffentlich-rechtlichem Gebiet auch ohne einen privatrechtlichen Vertrag schuldrechtliche Verpflichtungen entstehen, die nach privatrechtlichen Grundsätzen zu behandeln sind, und gehört zu ihnen auch die Pflicht, bei öffentlich-rechtlichen Maßnahmen dem Schutz der von ihnen Betroffenen Rechnung zu tragen?

BGB. §§ 276, 278.

VII. Zivilsenat. Urt. v. 7. Oktober 1930 i. S. St. (Kl.) w. Landkreis D. (Bekl.). VII 73/30.

I. Landgericht Duisburg. — II. Oberlandesgericht Düsseldorf.

Am 15. März 1923 gab der Landrat des verklagten rheinischen Kreises „Merksätze für die Aufnahme der Kinder der städtischen und Industriebevölkerung in ländlichen Familien" bekannt, wonach erholungsbedürftige und unterernährte Kinder aufs Land verschickt werden sollten. Nach Nr. 6 dieser Merksätze durften die Kinder ihrem Alter und ihren Kräften entsprechend zu häuslichen und landwirtschaftlichen Hilfeleistungen herangezogen werden. Eine solche Heranziehung wurde als im Interesse der Kinder liegend bezeichnet, weil sie ihre Beschäftigung und Beaufsichtigung sichere. Alle Überanstrengung und ungeeignete Beschäftigung der Kinder sollte jedoch unbedingt unterlassen werden. Eine gewissenhafte Aufsicht über sie war ausdrücklich zugesagt.

Auf Grund dieser Unternehmung wurde auch der damals noch nicht ganz zehn Jahre alte Kläger für den Sommer 1923 aufs Land geschickt und bei dem Landwirt T. in N. (Vorpommern) untergebracht. Dort erlitt er im August 1923 einen Unfall. Beim Sturz von einem Pferde brach er den linken Arm, der trotz mehrfacher Operationen steif geblieben ist. Der Kläger, vertreten durch seinen Vater, nimmt den Beklagten auf Schadensersatz in Anspruch. Er behauptet, daß die übernommene Aufsichtspflicht und besonders die erforderliche Sorge für angemessene Arbeitsverwendung ihm gegenüber vernachlässigt worden sei und daß, soweit dem Landwirt T. in dieser Beziehung eine Fahrlässigkeit zur Last falle, der Beklagte für dessen Verschulden einstehen müsse. Er hält eine Vertragsverletzung für vorliegend, den Beklagten aber auch aus dem öffentlich-rechtlichen Verhältnis für schadensersatzpflichtig. Der Beklagte lehnt jede Haftung ab, da er lediglich auf Grund der Richtlinien des „Vereins Landaufenthalt für Kinder e. V." und auf Grund eines Erlasses des preußischen Ministers für Volkswohlfahrt vom 18. Januar 1923 für die Auswahl und Entsendung der Kinder Sorge getragen habe. Eine vertragliche Bindung, so wendet er ein, habe auf seiner Seite nicht bestanden, nur ein Akt der Wohltätigkeit habe vorgelegen. Seine Aufgabe habe sich damit erschöpft, daß er die Versendung der Kinder in die Wege geleitet habe. Daß die Beschäftigung und Beaufsichtigung des Klägers sorglos gewesen sei, bestreitet er.

In den Vorinstanzen wurde die Klage abgewiesen. Die Revision des Klägers führte zur Aufhebung und Zurückverweisung.

Aus den Gründen:

... Ein den Beklagten verpflichtender Vertrag, der auch der Form des § 81 Abs. 3 der Kreisordnung für die Rheinprovinz bedurft hätte, ist, wie das Berufungsgericht zutreffend annimmt, zwischen den Parteien nicht zustande gekommen. Aber auf öffentlich-rechtlichem Gebiet können auch ohne privatrechtlichen Vertrag schuldrechtliche Verpflichtungen entstehen, die nach privatrechtlichen Grundsätzen zu behandeln sind. Zu ihnen gehört auch die Pflicht, bei öffentlich-rechtlichen Maßnahmen dem Schutz der davon Betroffenen Rechnung zu tragen. Im gegebenen Fall bestand diese Pflicht um so mehr, als die fragliche Veranstaltung ausgesprochenermaßen auf das leibliche Wohl der betreuten Kinder abgestellt war. Und zwar bestand die Verpflichtung gegenüber den Kindern selbst. . . . Die Schutzpflicht erstreckte sich insbesondere auf die Beaufsichtigung der Kinder und angesichts ihrer Jugend und städtischen Herkunft auch auf die Fernhaltung vom Umgang mit dem in der Landwirtschaft verwendeten Vieh. Wurde sie schuldhaft verletzt und dadurch dem untergebrachten Kinde Schaden zugefügt, so gewann dieses auch dann Schadensersatzansprüche gegen den öffentlichen Veranstalter, wenn es sich bei der Veranstaltung um einen Wohltätigkeitsakt handelte. Und zwar muß der Veranstalter auch für das schuldhafte Verhalten seiner Hilfspersonen — hier also namentlich des Landwirts T. — aufkommen; denn der Rechtsgedanke, der im § 278 BGB. für das private Vertragsrecht seinen Niederschlag gefunden hat, gilt auch für öffentlich-rechtliche Verhältnisse, soweit die aus ihnen entspringenden Verpflichtungen nach privatrechtlichen Gesichtspunkten zu beurteilen sind.

Der Beklagte sucht die bezeichnete Pflicht und demgemäß auch die sich aus ihrer Verletzung ergebenden Ansprüche des Klägers von sich abzuwehren, indem er behauptet, er sei nur Vermittler für den „Verein Landaufenthalt" gewesen, in dessen Hand allein die Unterbringung der Kinder gelegen habe. Der Vater des Klägers hat indessen behauptet, daß ihm von dem Verein erst im Rechtsstreit etwas bekannt geworden sei. Die Richtigkeit dieser Behauptung ist im gegenwärtigen Rechtszuge zu unterstellen. Hat man aber von ihr auszugehen, dann konnte der Vater des Klägers als dessen gesetzlicher Vertreter auf Grund der „Merksätze" der Meinung sein, daß tatsächlich der Beklagte die Verschickung der Kinder besorge. Der Umstand, daß ihm nach der Feststellung des Berufungsgerichts bekannt war, es handle sich um eine allgemeine, keineswegs auf den verklagten Kreis beschränkte Hilfeleistung, schloß diese Annahme nicht aus. Denn es ist ein Fehlschluß des Berufungsgerichts, wenn es ausführt, wegen der Allgemeinheit der in Frage stehenden Fürsorgemaßnahme habe der Vater des Klägers nicht damit rechnen können, daß er es lediglich mit dem Beklagten zu tun habe. Die Verschickung der Kinder mag sich allerdings nicht auf Kinder aus dem Kreise D. beschränkt haben; aber für die in ihm beheimateten Kinder kam doch nur er in Betracht. Es wäre deshalb Sache des Beklagten gewesen, den Beteiligten bekanntzugeben, daß die Unterbringung durch den „Verein Landaufenthalt" erfolge und daß er — Beklagter — nur zu dessen Unterstützung tätig sei. Ob er sich mangels dieser Bekanntgabe in entsprechender Anwendung des § 164

Abs. 2 BGB. als Veranstalter der Kinderunterbringung behandeln lassen muß, stößt zwar auf Bedenken. Aber es bedarf der Zuhilfenahme dieser Vorschrift nicht; denn nach Treu und Glauben muß auch auf dem Gebiet des öffentlichen Rechts jeder seine Handlungen und Erklärungen so gelten lassen, wie der andere sie auffassen durfte. Dies berechtigte aber im gegebenen Fall auch den Vater des Klägers, mangels näherer Angaben über den Aufbau des Unternehmens den Beklagten als Veranstalter zu betrachten, um so mehr, als die Richtlinien und Merksätze anscheinend von behördlicher Seite verfaßt und die letzteren auch vom Landrat des verklagten Kreises als dem Vorsitzenden des Kreisausschusses (Kreiswohlfahrtsamt) unterzeichnet waren. Im übrigen würden die Maßnahmen des Beklagten auch dann als selbständige gelten können, wenn sie ihrem Zwecke nach der Unterstützung des Vereins dienten und dieser die tatsächliche Unterbringung der Kinder auf dem Lande allein in seiner Hand hatte. Darum kommt es auch nicht darauf an, ob — wie die Revision angibt — mit der tatsächlichen Unterbringung der Kinder behördlich der pommersche Kreis F. befaßt gewesen ist, in den der Kläger verschickt wurde. Denn welche Stellen neben dem Beklagten noch bei der Durchführung der Veranstaltung mitwirkten, ist ohne Belang, wenn dem Vater des Klägers lediglich der Beklagte als Veranstalter gegenübergetreten war. . . .

RGZ. 169. 122

Der Sachzusammenhang mit einem öffentlich-rechtlichen Tatbestand allein ordnet hierauf bezügliche Verpflichtungsgeschäfte nicht dem öffentlichen Recht zu.

Alter Leitsatz:

Welche Bedeutung kommt der im Einbürgerungsverfahren von einem Dritten zur Erfüllung der Voraussetzungen des § 8 des Reichs- und Staatsangehörigkeitsgesetzes abgegebenen schriftlichen Erklärung zu, daß er für die die Einbürgerung beantragende Person stets sorgen werde?

Reichs- und Staatsangehörigkeitsgesetz vom 22. Juli 1913 § 8.
BGB. §§ 133, 157.

VII. Zivilsenat. Urt. v. 5. Mai 1942 i. S. St. (Bekl.) w. Landesfürsorgeverband der Provinz Brandenburg (Kl.). VII 4/42.

I. Landgericht Potsdam. — II. Kammergericht Berlin.

Die am 12. Juli 1899 geborene Anna E., eine Tochter des Bruders der Ehefrau des Beklagten, wurde von diesem im Jahre 1928 als Wirtschafterin in sein Haus aufgenommen. Im März 1929 stellte Anna E., die nach dem Verlust ihrer früheren amerikanischen Staatsangehörigkeit staatenlos war, den Antrag auf Einbürgerung. Sie übergab hierzu eine vom 18. März 1929 datierte schriftliche Erklärung des Beklagten des Inhalts:

„Hierdurch erkläre ich, daß ich für den Lebensunterhalt meiner Nichte, Fräulein Anna E., die bei mir wohnhaft ist, stets sorgen werde." Der Beklagte erkannte am 21. März 1929 seine Unterschrift unter dieser Erklärung vor dem Amtsvorsteher in N. zum Zwecke der Beglaubigung an. Dem Einbürgerungsantrage wurde in der Folge stattgegeben. Im Jahre 1933 wurde Anna E. geisteskrank und in einer Heilanstalt untergebracht. Nach zeitweiser Entlassung aus der Anstaltspflege wegen vorübergehender Besserung ihres Zustandes erkrankte sie im Jahre 1937 von neuem. Sie wurde im Wege der öffentlichen Fürsorge wiederum in einer Heilanstalt untergebracht, zunächst auf Kosten des Bezirksfürsorgeverbandes der Stadt P., auf dessen Klage der Beklagte rechtskräftig zur Erstattung eines Kostenbetrages verurteilt wurde. Nach amtsärztlichem Gutachten ist Anna E. nunmehr unheilbar geisteskrank; sie ist auf Kosten des klagenden Landesfürsorgeverbandes in der B. Landesanstalt in E. dauernd untergebracht.

Der Kläger hält den Beklagten auf Grund seiner Erklärung vom 18. März 1929 für verpflichtet, die zur Fürsorge für Anna E. gemachten Aufwendungen zu erstatten, und verlangt nach einem monatlichen Pflegesatz von 90 RM für die Zeit vom 13. November 1939 bis zum 28. Februar 1941 Zahlung von 1404 RM nebst 4 v. H. Zinsen seit der Klagezustellung und von je 90 RM an jedem Monatsersten vom 1. März bis zum 31. Dezember 1941. Der Beklagte hat den geltend gemachten Anspruch nach Grund und Höhe bestritten. Das Landgericht hat nach dem Klageantrag erkannt. Im Berufungsverfahren hat der Beklagte den Antrag auf Abweisung der Klage aufrechterhalten und mit der Widerklage um die Feststellung gebeten, daß dem Kläger auch für die Zeit bis zum 30. September 1945 einschließlich keine Ansprüche zuständen. Das Kammergericht hat die Berufung unter Abweisung der Widerklage zurückgewiesen. Die Revision des Beklagten blieb erfolglos aus folgenden

Gründen:

Das Berufungsgericht hält den Rechtsweg mit Recht für zulässig. Die vertragliche Verpflichtung, die der Beklagte nach der Darstellung des Klägers übernommen hat, ist in der Tat bürgerlich-rechtlicher Art, mag sie auch im Zusammenhange mit einem öffentlich-rechtlichen Vorgange, der Einbürgerung der Anna E., und zu dessen Ermöglichung begründet worden sein. Der Meinung der Revision, daß der Rechtsvorgang, aus dem die Verpflichtung des Beklagten hergeleitet werde, überwiegend öffentlich-rechtliche Züge trage, und daß das nach der

Behauptung des Klägers sowie nach der Auffassung des Berufungsgerichts dadurch erzeugte, den Klageanspruch begründende Rechtsverhältnis als ein rein öffentlich-rechtliches angesprochen werden müsse, kann nicht beigetreten werden. Der Beklagte stand außerhalb der öffentlich-rechtlichen Beziehungen zwischen der Einbürgerungsbehörde und der um die Einbürgerung nachsuchenden Anna E. Sofern durch seine zur Unterstützung des Gesuchs abgegebene Erklärung und durch die Entscheidung der Einbürgerungsbehörde unmittelbare Rechtsbeziehungen zwischen ihm und dem durch jene Behörde vertretenen Land Preußen entstehen konnten, liegen sie nach der zutreffenden Meinung des Berufungsrichters ausschließlich auf dem Gebiete des bürgerlichen Rechts.

Das Berufungsgericht prüft zunächst, ob auf Seiten des Beklagten und des durch die Einbürgerungsbehörde — den Regierungspräsidenten in P. — vertretenen Landes Erklärungen vorliegen, die auf den Abschluß eines Vertrages gerichtet und zur Begründung eines solchen geeignet gewesen seien. Es bejaht diese Frage, indem es die beiderseitigen Willensäußerungen einer Auslegung mit dem Ergebnis unterwirft, daß der Beklagte durch die Aushändigung seiner schriftlichen Verpflichtungserklärung an die Einbürgerungsbehörde die Eingehung einer entsprechenden vertraglichen Verpflichtung gegenüber dem Staat für den Fall der Verleihung der Staatsangehörigkeit an die Anna E. angeboten und der Staat die Annahme dieses Angebots durch die Vornahme der Einbürgerung schlüssig erklärt habe. Diese Auslegung kann im Revisionsverfahren nur in beschränktem Umfang, und zwar nur daraufhin nachgeprüft werden, ob sie denk- und erfahrungsgesetzlich möglich ist, den gesetzlichen Auslegungsregeln nicht widerspricht und alle wesentlichen Tatsachen berücksichtigt. Durchgreifende Bedenken ergeben sich nach keiner Richtung. Der Revision ist zwar zuzugeben, daß zur Herstellung der Voraussetzungen des § 8 Nr. 3 und 4 des Staatsangehörigkeitsgesetzes vom 22. Juli 1913 — wonach der die Einbürgerung beantragende Ausländer an dem Orte seiner Niederlassung eine eigene Wohnung oder ein Unterkommen gefunden haben und imstande sein muß, an diesem Orte sich und seine Angehörigen zu ernähren — die Begründung einer Verpflichtung der hier in Frage stehenden Art nicht geboten und ungewöhnlich ist. Das Gesetz verlangt den Nachweis eines stetigen, zum Unterhalte des Antragstellers und seiner Angehörigen ausreichenden Einkommens, um eine Einbürgerung zu verhüten, durch welche später die öffentliche Fürsorge belastet werden könnte (von Keller-Trautmann Reichs- und Staatsangehörigkeitsgesetz Bem. 5 zu § 8). Wenn statt dieses in der Regel durch Bescheinigungen geeigneter Art geführten Nachweises der Beklagte der Einbürgerungsbehörde die im Tatbestande mitgeteilte Erklärung zugehen ließ, so braucht dieses Verhalten allerdings nicht notwendig dahin gedeutet zu werden, daß er sich dem Staate gegenüber gemäß dem Inhalte der Erklärung habe vertraglich verpflichten wollen. Er kann sich auch darauf beschränkt haben, der Antragstellerin den Nachweis ermöglichen zu wollen, daß sie vermöge der ihr von ihm versprochenen ständigen Versorgung den gesetzlichen Anforderungen Genüge leiste. Bei der Auslegung einer Willenserklärung im Rahmen des § 133 BGB. kommt es indessen nicht darauf an, was der Erklärende innerlich gewollt hat; entscheidend ist vielmehr, wie seine Erklärung von der ihm gegenüberstehenden Partei nach Treu und Glauben und nach der allgemeinen Auffassung des Verkehrs verstanden werden konnte. Wenn sich der Vorderrichter unter offensichtlicher Beachtung dieses Grundsatzes für die zuerst angegebene Deutung der Erklärungshandlung des Beklagten entschieden und in der Vollziehung der Einbürgerung die Annahme des darin gefundenen Vertragsangebots erblickt hat, so kann ihm aus Rechtsgründen nicht entgegengetreten werden. An der Ermächtigung der Einbürgerungsbehörde, einen Vertrag dieser Art im Rahmen des Einbürgerungsverfahrens einzugehen, kann nicht gezweifelt werden (§ 155 des Preuß. Gesetzes über die Zuständigkeit der Verwaltungs- und Verwaltungsgerichtsbehörden vom 1. August 1883).

Hat danach der Vorderrichter rechtlich einwandfrei die Begründung eines Vertragsverhältnisses zwischen dem Beklagten und dem durch die Einbürgerungsbehörde vertretenen Lande Preußen festgestellt, so begegnet auch die Ermittelung des Inhalts dieses Vertrags keinen rechtlichen Bedenken. Auch insoweit sind der Nachprüfung des Revisionsgerichts, da es sich wiederum um das Ergebnis einer Auslegung handelt, in der bereits bezeichneten Weise Schranken gezogen. Die Annahme des Berufungsrichters, daß der Beklagte sich zugunsten derjenigen öffentlichen Körperschaften, die in der Folge auf Grund ihrer öffentlichen Fürsorgeaufgabe für die Eingebürgerte Aufwendungen zu machen hätten, zum Ersatze dieser Aufwendungen verpflichtet habe, ist rechtlich möglich. Sie trägt auch dem Wortlaute der Erklärung vom 18. März 1929 sowie dem Zwecke des Abkommens in jeder Weise Rechnung.

Die sonstigen Einwendungen des Beklagten — Anfechtung wegen Irrtums, Einrede der unzulässigen Rechtsausübung wegen Wegfalls der Geschäftsgrundlage, Nichtigkeit wegen Unsittlichkeit, Vergleich — sind vom Vorderrichter ebenfalls rechtsbedenkenfrei beschieden worden. Soweit die Revision von ihrem Standpunkt aus, daß der Kläger äußerstenfalls nur Ansprüche der Anna E. geltend machen könne, auf diese Einwendungen zurückkommt, braucht hierzu keine Stellung genommen zu werden. Mit zutreffender rechtlicher Begründung verneint der Berufungsrichter auch die Frage, ob die von ihm festgestellte Verpflichtung ein Schenkungsversprechen enthalte und deshalb gemäß § 518 BGB. der notarischen Beurkundung bedurft hätte.

RGZ. 169, 341

Unterscheidung zwischen dem bürgerlich-rechtlichen Geschäftskreis öffentlicher Körperschaften und Ausübung öffentlich-rechtlicher Gewalt.

Alter Leitsatz:

1. Zur Frage der Haftung einer Gemeinde für eine Maßnahme ihres Bürgermeisters zur Förderung einer amtlich angeordneten Alteisensammlung.

*2. . . . *)*

WeimVerf. Art. 131. BGB. § 823 Abs. 1, § 839.

Großer Senat für Zivilsachen. Beschl. v. 29. August 1942 i. S. Firma B. (Kl.) w. Gemeinde H. (Bekl.). GSE 16/42.

I. Amtsgericht Altlandsberg. — II. Kammergericht Berlin.

Durch Runderlaß des Reichs- und Preußischen Ministers des Innern vom 5. Februar 1937 (RMBliV. S. 240a) wurde die Erfassung des in der Landwirtschaft abgängigen Alteisens angeordnet. Die Bürgermeister der Gemeinden wurden in dem Erlaß ersucht, die Sammlung des Alteisens nach Kräften zu fördern und zu unterstützen. Bei Beginn der Sammlung lagerte auf der Feldmark eines im Bezirke der verklagten Gemeinde gelegenen Gutes ein zu einem Dampfpfluge gehöriges Sechsscharpfluggerät, das seit einer Reihe von Jahren nicht benutzt worden war. Der örtliche Gendarmeriebeamte machte hiervon dem Bürgermeister von H. unter Hinweis auf die im Gange befindliche Alteisensammlung Meldung. Der darauf um nähere Auskunft ersuchte Verwalter des Gutes berichtete dem Bürgermeister, daß Eigentümerin des Pfluges, der seit etwa 8 Jahren unbenutzt dastehe, die Firma B. in M. sei. Der Bürgermeister wandte sich mit einem Schreiben an den Polizeipräsidenten in M., worin er unter Schilderung des Sachverhalts um weitere Angaben über die Firma bat und erklärte, er wolle das Gerät bei entsprechender Auskunft der Alteisensammlung zuweisen. Diese Anfrage wurde am 8. März 1937 vom Oberbürgermeister in M. dahin beantwortet, der Dampfpflugbetrieb der Firma B. befinde sich in W.; ihr Inhaber W. B. in M. werde sich persönlich mit dem Bürgermeister in Verbindung setzen. Als sich bis zum 9. November 1938 der Inhaber der Firma nicht gemeldet hatte, überwies der Bürgermeister den als „herrenlos anzusehenden Pflug" der Alteisensammlung.

---

*) Geringere Bedeutung.

Die Klägerin erhob im Juni 1940 gegen die Gemeinde H. und ihren Bürgermeister Klage mit dem Antrage, sie gesamtschuldnerisch zur Zahlung von 900 RM nebst Zinsen zu verurteilen. Sie erblickte in dem Verhalten des Bürgermeisters eine Amtspflichtverletzung, durch die sie um den genannten Betrag als den Kaufpreis geschädigt worden sei, den sie im Februar 1940 mit dem Dampfpflugunternehmer O. in P. als Käufer des Pfluges vereinbart habe. Das Amtsgericht in A. wies durch Urteil vom 16. August 1940 die Klage ab. Die Abweisung der Klage gegen die Gemeinde wurde von der Klägerin mit Berufung angegriffen. Das Kammergericht erklärte durch Urteil vom 8. April 1941 den Klageanspruch dem Grunde nach für gerechtfertigt und verwies den Rechtsstreit zur Verhandlung und Entscheidung über die Höhe des Anspruchs an das Amtsgericht zurück. Durch dessen Erkenntnis vom 6. Januar 1942 wurde die verklagte Gemeinde zur Zahlung von 900 RM nebst 4 v. H. Zinsen seit dem 15. April 1940 verurteilt.

Der Oberreichsanwalt hat am 4. Juni 1942 die Wiederaufnahme des Verfahrens gemäß § 2 des Gesetzes vom 15. Juli 1941 beantragt. Der Antrag ist zulässig und auch sachlich begründet, da das dem Schlußurteil des Amtsgerichts vom 6. Januar 1942 zugrunde liegende Zwischenurteil des Kammergerichts vom 8. April 1941 durchgreifenden rechtlichen Bedenken unterliegt.

Das Kammergericht nimmt an, der Bürgermeister habe als verfassungsmäßiger Vertreter der Gemeinde, indem er den für herrenlos erachteten Pflug für sie in Eigenbesitz genommen und darüber verfügt habe, eine Angelegenheit gemeindlicher Vermögensverwaltung wahrgenommen, also im bürgerlich-rechtlichen Geschäftskreise der von ihm vertretenen Körperschaft gehandelt. Es zieht daraus die Folgerung, daß sich die Haftung der Gemeinde nach den Bestimmungen der §§ 823, 31, 89 BGB. beurteile. Danach sei die Gemeinde der Klägerin schadensersatzpflichtig, weil der Bürgermeister deren Eigentum widerrechtlich und schuldhaft verletzt, also den Tatbestand des § 823 Abs. 1 BGB. verwirklicht habe.

Die Auffassung des Kammergerichts, daß der Bürgermeister im bürgerlich-rechtlichen Geschäftskreise der Gemeinde gehandelt habe, widerspricht den tatsächlichen Verhältnissen. Er wurde tätig im Rahmen des Runderlasses des Reichs- und Preußischen Ministers des Innern vom 5. Februar 1937, der es ihm in seiner amtlichen Eigenschaft zur Pflicht machte, die Erfassung des Alteisens in seinem Amtsbezirk nach Kräften zu fördern und zu unterstützen. Wenn er in Erfüllung der ihm von der obersten Aufsichtsbehörde auferlegten amtlichen Obliegenheit den Pflug der Alteisensammlung zuführte, so hat es ihm fern gelegen, das Gerät als herrenlos zunächst für die Gemeinde in Eigenbesitz zu nehmen und darüber nunmehr als über einen Bestandteil des gemeindlichen Vermögens privatrechtlich zu verfügen. Er handelte vielmehr in Ausübung öffentlich-rechtlicher Gewalt. Die Gemeinde hat also der Klägerin für einen ihr dabei zugefügten Schaden nach Art. 131 WeimVerf. in Verbindung mit § 839 BGB., mithin nur dann aufzukommen, wenn sich die schädigende Handlung als schuldhafte Verletzung einer Amtspflicht darstellt, die dem Bürgermeister gegenüber der Klägerin oblag. § 839 BGB. schließt indessen die §§ 823 ff. BGB. insofern ein, als eine Amtspflichtverletzung jedenfalls immer dann als vorliegend angesehen werden muß, wenn von dem Beamten bei der Ausübung der ihm anvertrauten öffentlichen Gewalt der Tatbestand der unerlaubten Handlung im Sinne dieser Vorschriften verwirklicht worden ist. Da im gegebenen Fall eine Amtspflichtverletzung nur in einer Beeinträchtigung des klägerischen Eigentums im Sinne des § 823 Abs. 1 BGB. bestanden haben kann und Haftungsbeschränkungen, die sich aus § 839 Abs. 1 Satz 2, Abs. 3 BGB. ergeben könnten, soweit ersichtlich, nicht in Betracht kommen, bleibt zwar die erste Vorschrift für die Beurteilung des von der Klägerin erhobenen Schadensersatzanspruchs allein maßgebend. Für die danach entscheidende Frage, ob der Bürgermeister durch seine Anordnung das Eigentum der Klägerin schuldhaft verletzt hat, ist aber der vom Kammergericht verkannte Umstand, daß er in Erfüllung einer ihm auferlegten öffentlich-rechtlichen Obliegenheit gehandelt hat, nicht ohne Bedeutung.

Es kommt bei der Beurteilung dieser Frage nicht darauf an, ob der Bürgermeister ausreichenden Grund zu der Annahme hatte, die Klägerin habe das Eigentum an dem Pflug aufgegeben und dieser sei dadurch herrenlos geworden. Er ist bereits dann frei von Verschulden, wenn er ohne Fahrlässigkeit annehmen konnte, die Klägerin sei mit der Überantwortung des Geräts zur Alteisensammlung einverstanden. Für diese Annahme hatte er aber hinreichende, eine Fahrlässigkeit ausschließende Gründe. Die Klägerin hatte den Pflug jahrelang auf der letzten Arbeitsstätte, den Witterungseinflüssen ausgesetzt, liegen lassen und Mahnungen des Gutsverwalters, ihn wegzuschaffen, nicht beachtet. Durch ihr späteres erfolgloses Angebot an den im Ort ansässigen Schlosser, den Pflug auszuschlachten, hatte sie zum Ausdruck gebracht, daß sie andere Verwertungsmöglichkeiten nicht mehr in Betracht ziehe und dem Gerät nur noch Schrottwert beimesse. Damit steht nicht im Widerspruch, daß sie im Jahre 1940 die Möglichkeit hatte, es für 900 RM zu verkaufen. Diese Möglichkeit ergab sich als Folge der durch die Verhältnisse des Krieges hervorgerufenen und damals nicht voraussehbaren Nachfrage nach alten Dampfpflügen. Wenn der Bürgermeister in Kenntnis jener die derzeitige Bewertung des Pfluges kennzeichnenden Umstände das

Schweigen der Klägerin ihm gegenüber nach dem Eingange der Antwort des Oberbürgermeisters in M. auf seine Anfrage als Zustimmung zu der dort in Aussicht gestellten Verwertung des Geräts für die Alteisensammlung aufgefaßt hat, so kann ihm hieraus bei der Besonderheit der Sachlage der Vorwurf der Fahrlässigkeit nicht gemacht werden. Die Alteisensammlung, für deren Erfolg er sich von Amts wegen einzusetzen hatte, diente den allgemeinen Belangen. Davon, daß die Klägerin hierüber unterrichtet war und für den Zweck der Sammlung Verständnis zeigen werde, konnte der Bürgermeister ausgehen. Er durfte deshalb erwarten, daß sie, falls sie mit seiner Absicht nicht einverstanden sei, dies ihm alsbald und in unmißverständlicher Weise zum Ausdruck bringen werde. Ihr Schweigen berechtigte ihn zu der Annahme, daß sie, wenn sie auch anfänglich Bedenken getragen haben mochte, sich mit der angekündigten Verwertung des Pfluges unbedingt einverstanden zu erklären, diese Bedenken später fallen gelassen habe.

Ist danach ein Verschulden des Bürgermeisters zu verneinen, so hat das Kammergericht in seinem Zwischenurteil den Schadensersatzanspruch der Klägerin zu Unrecht dem Grunde nach für gerechtfertigt erklärt. Dieses Urteil ist daher, ebenso wie das auf ihm beruhende Schlußurteil des Amtsgerichts, aufzuheben.

. . .

RGZ. 105, 35

Bußgeldverträge an Stelle zuständigkeitsgemäßen behördlichen Einschreitens.

Alter Leitsatz:

Ist der Rechtsweg zulässig für die Rückforderung einer Geldbuße die an die Behörde auf Grund eines angeblich erzwungenen Vertrags gezahlt worden ist?

VII. Zivilsenat. Urt. v. 16. Juni 1922 i. S. B. (Kl.) w. Deutsches Reich (Bekl.). VII 591/21.

I. Landgericht II Berlin. — II. Kammergericht daselbst.

Der Kläger ist Direktor der Konservenfabrik A., die im Jahre 1918 mit ihrem Betriebe der Kontrollabteilung der Reichsstelle für Gemüse und Obst unterstellt war. Diese hatte nach Angabe des Beklagten bei amtlichen Revisionen Unregelmäßigkeiten, nämlich den Verkauf vieler Waggons von Konserven, festgestellt, für den die erforderliche Genehmigung nicht eingeholt worden war. Es wurden daraufhin drei Strafverfahren anhängig gemacht, die aber später durch Amnestie ihre Erledigung fanden, und es wurde auch die Schließung der Konservenfabrik in Erwägung gezogen, davon aber Abstand genommen und von dem Kläger außer einer verschärften Kontrolle eine Buße von 10 000 M verlangt. Der Kläger unterwarf sich dem und schloß mit dem Kommissar der Reichsstelle für Gemüse und Obst, vorbehaltlich der Genehmigung des Vorsitzenden der Reichsstelle, ein am 18. Mai 1918 auf dem Landratsamte protokolliertes Abkommen folgenden Inhalts: § 1: Das Abkommen betrifft nicht die strafgerichtliche Seite der Verfehlung, das Strafverfahren geht vielmehr seinen Gang. Auch Verfehlungen, die künftig noch aufgedeckt werden sollten, werden durch Strafanzeige verfolgt werden. § 2: Das Abkommen betrifft lediglich die Frage, ob der Fabrikbetrieb in A. geschlossen, ob ihm das Kontingent entzogen und ob die Großhandelserlaubnis zurückgenommen werden soll oder nicht. § 3: Um den Folgen unter § 2 zu entgehen, verpflichtet sich Fabrikdirektor B. a) an die Reichsstelle für Gemüse und Obst . . . binnen 2 Wochen nach besonderer Aufforderung eine Buße von 10 000 M zu zahlen . . .

Der Kläger will lediglich gezwungen, weil ihm zufolge der Drohung mit der Schließung der Fabrik nichts anderes übrig geblieben sei, sich zur Unterzeichnung dieses Abkommens verstanden und die Buße dann unter dem Einfluß des Zwanges bezahlt haben.

Im Juni 1920 hat der Kläger dann, nachdem er am 28. August 1919, nach Beseitigung der Zwangslage, das Abkommen angefochten hatte, gegen den Beklagten auf Rückzahlung der 10 000 M Klage erhoben. Er stützte die Klage auf Bereicherung, weil das Abkommen wegen Zwanges, aber auch wegen Verstoßes gegen die guten Sitten nichtig gewesen sei, und auf unerlaubte Handlung, begangen durch Nötigung und Verstoß gegen § 826 BGB.

Der Beklagte bestritt die ihm zur Last gelegten rechtswidrigen Handlungen. Der ausgeübte Zwang sei nicht widerrechtlich gewesen, ein Sittenverstoß liege nicht vor.

Das Landgericht wies die Klage wegen Unzulässigkeit des Rechtswegs ab, die vom Kläger eingelegte Berufung wurde vom Kammergericht zurückgewiesen, der Revision des Klägers aber ist stattgegeben und der Rechtsweg für zulässig erklärt worden.

Aus den Gründen:

Das Berufungsgericht hat ebenso wie das Landgericht den Rechtsweg für ausgeschlossen erachtet, weil es sich um die Rechtmäßigkeit einer dem Rechtsweg entzogenen obrigkeitlichen Maßnahme handle. Die Verwaltungsabteilung der Reichsstelle für Gemüse und Obst sei nach § 2 der Bekanntm. vom 18. Mai 1916 (RGBl. S. 391) eine Behörde mit der Aufgabe, die Erzeugung, Verwertung und Haltbarmachung von Gemüse und Obst zu fördern. Sie habe Betriebe schließen und ihnen das Kontingent und die Großhandelserlaubnis entziehen können, falls sie gegen die Kriegsgesetze verstießen; und wenn sie von diesen Mitteln Gebrauch gemacht, habe sie eine obrigkeitliche Funktion ausgeübt, gegen die im ordentlichen Rechtswege nicht angekämpft werden könne. Sie sei aber nicht genötigt gewesen, die äußersten Maßnahmen zu ergreifen, sondern es sei ihr unbenommen gewesen, den erstrebten Zweck in anderer Weise zu erreichen, und so habe es durchaus im Rahmen ihrer Befugnisse gelegen, wenn sie unter der Bedingung der Zahlung einer Geldbuße von der Anwendung schwererer Maßregeln Abstand genommen habe. Die Zahlung der Geldbuße sei dann an die Stelle dieser Maßregeln getreten, und ebensowenig, wie die Rechtmäßigkeit dieser Maßregeln im Rechtswege nachgeprüft werden könne, sei der Rechtsweg über die Rechtmäßigkeit der vom Kläger anerkannten Geldbuße zuzulassen. Der Kläger habe lediglich das kleinere Übel gewählt und damit schlimmere Maßregeln abgewendet.

Diese Ausführungen sind nicht frei von Rechtsirrtum. Unrichtig ist zunächst der Ausgangspunkt, von dem der Berufungsrichter bei seinen Betrachtungen ausgegangen ist, daß nämlich Ansprüche, auch solche vertraglicher Natur, sofern sie im öffentlichen Recht „wurzeln", darin ihre „Grundlage" haben, stets als öffentlich-rechtlich und dem Rechtsweg entzogen zu betrachten sind. Vielmehr zählen nach ständiger Rechtsprechung des Reichsgerichts zu den bürgerlichen Rechtsstreitigkeiten, die nach § 13 GVG. in Ermangelung besonderer Vorschriften dem Rechtsweg unterliegen, zahlreiche Ansprüche, die im öffentlichen Rechte ihren Ursprung haben, unter Umständen selbst dann, wenn sie nicht in herkömmlicher Weise als Privatrechte, sondern als öffentlich-rechtlich bezeichnet werden müssen. . . . Im vorliegenden Falle hatte die Reichsstelle für Gemüse und Obst keinerlei Befugnis, für angebliche Verfehlungen an Stelle der ihr gesetzlich gegebenen Befugnisse „Bußen" zu erheben. Sie konnte sich das Recht dazu nur durch Vertrag sichern und den Vertrag, abgesehen von indirekten Zwangsmaßnahmen, auch nicht im Verwaltungswege vollstrecken lassen. Es handelte sich um eine freiwillige Leistung, um eine Art von Vertragsstrafe, deren Rechtsbeständigkeit, nachdem sie gezahlt worden ist, nicht nach öffentlich-rechtlichen Grundsätzen, die dafür keine Handhabe bieten, sondern nur nach den Vorschriften des bürgerlichen Rechts beurteilt werden kann. Für die Rückforderung dieser Leistung, sei es aus dem Gesichtspunkt des Zwanges und der Bereicherung, oder aus dem der unsittlichen Handlung und des Schadensersatzes, ist der Rechtsweg durch keinerlei Vorschrift ausgeschlossen. Ob der angebliche Anspruch begründet ist, darüber ist vorliegend nicht zu entscheiden, die Entscheidung darüber bleibt vielmehr dem im Rechtswege ergehenden Urteil vorbehalten. . . .

RGZ. 167, 281

Rechtsnatur von Verträgen, die unter obrigkeitlicher Einwirkung und Mitwirkung abgeschlossen sind. Zulässigkeit des Rechtswegs? Reichsleistungsgesetz.

Alter Leitsatz:

1. Ist für die Klage auf Zahlung des Mietzinses und auf Schadensersatz wegen Beschädigung der Mietsache auf Grund eines Mietvertrages, den der Leistungspflichtige auf Verlangen der Bedarfsstelle mit einem Dritten über eine bewegliche Sache gemäß § 3 b Nr. 1 des Reichsleistungsgesetzes abgeschlossen hat, der Rechtsweg zulässig?

2. Steht, falls dieser Mietvertrag nichtig ist, dem Leistungspflichtigen gegen den Dritten wegen des Gebrauchs der Sache ein im ordentlichen Rechtswege verfolgbarer Anspruch wegen ungerechtfertigter Bereicherung zu?

GVG. § 13. Gesetz über Sachleistungen für Reichsaufgaben (Reichsleistungsgesetz) vom 1. September 1939 (RGBl. I S. 1645) — RLG. — § 3b Nr. 1, §§ 26, 27. BGB. §§ 535, 812.

V. Zivilsenat. Urt. v. 2. Oktober 1941 i. S. Fa. J. K. (Bekl.) w. Fa. H. & Sohn GmbH. (Kl.). V 62/41.

I. Landgericht Duisburg. — II. Oberlandesgericht Düsseldorf.

Am 28. August 1939 wurde bei der Klägerin von der Militärkraftfahrzeug-Beschaffungskommission für die Wehrersatzinspektion ein Lastkraftwagen beschlagnahmt und mit Schreiben vom selben Tage der Beklagten zugewiesen.

. . .

Am 12. September 1939 schlossen die Parteien sodann gemäß entsprechender Aufforderung der Kommission schriftlich folgenden Mietvertrag:

„Die Firma H. & Sohn vermietet der Firma J. K. den LKW ... mit Anhänger so wie er liegt und steht zu folgenden frei vereinbarten Sätzen. Tagessatz 45 RM. Die Taxe des Fahrzeuges betrug bei Übernahme 2550 RM. Die Mieten sind wöchentlich an den Vermieter abzuführen. Falls der Mieter den Vertrag kündigt, hat der Vermieter das Fahrzeug zurückzunehmen und dem zuständigen Fahrbereitschaftsleiter zum Einsatz zur Verfügung zu stellen. Im übrigen gelten die Vorschriften des BGB. und des Kraftfahrzeuggesetzes.

Das Kfz. wurde am 28. 8. 1939 von Fa. K. übernommen."

Der Vertrag trägt die Unterschrift beider Parteien sowie am Schluß den Sichtvermerk des leitenden Offiziers der Beschaffungskommission. Die Beklagte fügte ihrer Unterschrift folgenden Zusatz bei:

„Wir schließen den Mietvertrag unter allem Vorbehalt ab, da wir uns in einer Zwangslage befinden."

Die Beklagte hatte das Fahrzeug vom 28. August 1939 bis zum 2. Februar 1940 in Besitz. Die Klägerin berechnet für 133 Tage je 45 RM = 5985 RM, abzüglich der von der Beklagten gezahlten 1350 RM = 4635 RM. Sie behauptet außerdem, die Beklagte habe den Wagen nicht pfleglich behandelt, so daß eine Ausbesserung, die zunächst auf etwa 1000 RM geschätzt werde, erforderlich sei. Sie hat beantragt, die Beklagte zu verurteilen, an sie 4635 RM nebst Zinsen abzüglich des von der Beklagten für Kraftfahrzeugsteuer ausgelegten Betrages von 534,60 RM zu zahlen und ihr allen Schaden zu ersetzen, der ihr dadurch entstanden sei und noch entstehen werde, daß die Beklagte den Lastkraftwagen unpfleglich behandelt habe.

Die Beklagte hat beantragt, die Klage abzuweisen. Sie hat ausgeführt, nach den §§ 26, 27 RLG. sei der Rechtsweg unzulässig. Die unter Zwang abgegebene Erklärung fechte sie an; der Vertrag sei zudem gemäß § 138 BGB. nichtig. Außerdem bestreitet sie die Höhe der Forderung. Sie sei nur zur Zahlung von täglich 25 RM bereit gewesen. Das entspreche auch etwa der Schätzung von 2550 RM.

Das Landgericht hat die Klage wegen Unzulässigkeit des Rechtswegs abgewiesen. Auf die Berufung der Klägerin hat das Oberlandesgericht das Urteil des Landgerichts aufgehoben und den Rechtsstreit zur sachlichen Entscheidung an das erste Gericht zurückverwiesen. Die Revision der Beklagten hatte keinen Erfolg.

Gründe:

Die Frage, ob der Rechtsstreit zulässig ist, hängt nach § 13 GVG. in erster Linie davon ab, ob es sich um einen bürgerlichen Rechtsstreit handelt. Bürgerliche Rechtsstreitigkeiten betreffen Verhältnisse, in denen sich die Parteien als Einzelpersonen gleichberechtigt gegenüberstehen, im Gegensatz zu den öffentlich-rechtlichen Verhältnissen, wo der Staat oder ein anderer Hoheitsträger kraft seines Hoheitsrechts in den Rechtsbereich einer Person eingreift. Maßgebend für die Beurteilung, ob es sich um einen bürgerlichen Rechtsstreit handelt, ist das tatsächliche Klagevorbringen, aus dem sich Wesen und Zweck des Klageantrags ergibt. Im gegebenen Falle gründet sich die Klage auf einen Mietvertrag. Die Rechtsbeziehungen aus einem solchen Vertrage sind regelmäßig bürgerlich-rechtlicher Natur. Hier besteht jedoch die Besonderheit, daß der Mietvertrag unter obrigkeitlicher Einwirkung und Mitwirkung abgeschlossen ist, und zwar auf Grund der Bestimmung des § 3b Nr. 1 RLG. Danach können die hierfür bestimmten Bedarfsstellen zur Deckung besonderer wirtschaftlicher Bedürfnisse vom Leistungspflichtigen, soweit er Inhaber eines gewerblichen, landwirtschaftlichen oder forstwirtschaftlichen

Betriebes oder eines Verkehrsunternehmens ist, verlangen, daß er über bewegliche Sachen und Rechte, deren Eigentümer, Besitzer oder Inhaber er ist, bestimmte Rechtsgeschäfte abschließt. Es fragt sich, ob ein derartiges Rechtsgeschäft, zu dessen Abschluß die eine Partei durch obrigkeitliche Anordnung gezwungen wird, noch die Natur eines bürgerlich-rechtlichen Vertrages hat. Diese Frage ist zu bejahen. Zum Abschluß des Vertrages wird der Leistungspflichtige allerdings auf Grund seines im öffentlichen Recht begründeten Unterwerfungsverhältnisses gegenüber der anfordernden Bedarfsstelle veranlaßt. Ist aber der Vertrag geschlossen, so bestimmt sich das Verhältnis des Leistungspflichtigen zu dem Vertragsgegner lediglich nach bürgerlich-rechtlichen Grundsätzen, da diesem irgendwelche Hoheitsrechte nicht zur Seite stehen. Rechte und Pflichten der Vertragsteile gegeneinander ergeben sich aus dem Vertrage, der rein bürgerlich-rechtlichen Inhalt hat. So hatte auch der unter der Herrschaft des Wohnungsmangelgesetzes zustande gekommene Zwangsmietvertrag das Wesen eines echten bürgerlich-rechtlichen Mietvertrags (vgl. KG. in JW. 1923 S. 765 Nr. 6). In dem hier zwischen den Parteien abgeschlossenen Vertrag ist sogar ausdrücklich darauf hingewiesen, daß die Vorschriften des Bürgerlichen Gesetzbuches gelten sollen. In einem Schreiben vom 6. September 1939 hatte die Militärbehörde verlangt, daß in freier Vereinbarung ein Mietvertrag abgeschlossen werden sollte. Das bedeutete, wenn ein solcher Mietvertrag zustande kam, eine bewußte Ausschaltung der Behörde im Verhältnis der Vertragschließenden zueinander. Gegen die Annahme eines bürgerlich-rechtlichen Mietvertrags spricht auch nicht die in diesem enthaltene Bestimmung, daß nach Beendigung des Mietverhältnisses der Vermieter das Fahrzeug zurückzunehmen und dem zuständigen Fahrbereitschaftsleiter zum Einsatz zur Verfügung zu stellen habe. Diese Bestimmung beruht darauf, daß die Beschlagnahme des Fahrzeuges bestehen geblieben ist. Aber auch über beschlagnahmte Gegenstände können mit Zustimmung der Bedarfsstelle bürgerliche Rechtsgeschäfte abgeschlossen werden (§ 25 RLG.).

Handelt es sich hiernach bei dem Streit um die Verpflichtung der Beklagten aus dem Vertrag um einen bürgerlichen Rechtsstreit, so ist der Rechtsweg zulässig, falls nicht durch eine besondere Bestimmung die Zuständigkeit von Verwaltungsbehörden oder Verwaltungsgerichten begründet ist. Die Beklagte beruft sich in dieser Beziehung auf den § 27 RLG. . . .

Dem Oberlandesgericht ist im Ergebnis beizutreten, wenn es verneint, daß die Vorschrift des § 27 Abs. 3 letzter Satz RLG. auf den gegebenen Fall zutrifft. Der § 27 bestimmt das Verfahren, in dem ein Anspruch auf Vergütung oder Entschädigung für eine in Anspruch genommene Leistung geltend zu machen ist. Er hat aber, wie der Zusammenhang, namentlich der Absatz 2, ergibt, nur die Fälle im Auge, in denen ein öffentlich-rechtlicher Anspruch auf Grund des § 26, also auf eine nach dem Gesetz zu gewährende Vergütung oder Entschädigung erhoben wird. Um einen solchen Anspruch handelt es sich hier nicht. Die Klägerin verlangt ihre Vergütung und den Schadensersatz wegen unpfleglicher Behandlung des Fahrzeugs nicht auf Grund des § 26 RLG., sondern auf Grund des mit der Beklagten abgeschlossenen Mietvertrags. Mit Recht verweist das Berufungsgericht auf § 26 Abs. 1, wonach ein Anspruch auf Vergütung nicht besteht, soweit der Leistungspflichtige in den Fällen des § 3b auf Grund anderer Rechtsbestimmungen einen Anspruch auf Entgelt gegen einen Dritten erhält. Ebenso ist in Absatz 3 das. ein Anspruch auf Entschädigung nur insoweit anerkannt, als ein Ersatz von anderer Stelle nicht zu erlangen ist. Auf den Absatz 4 Satz 2 des § 26 beruft sich die Beklagte zu Unrecht. Hier ist dem Leistungspflichtigen das Recht eingeräumt, bei Säumnis des Dritten, für den die Bedarfsstelle die Leistung in Anspruch genommen hat, den Vergütungs- oder Entschädigungsbetrag unmittelbar von der Bedarfsstelle zu verlangen, wenn der Betrag unter Beteiligung der Bedarfsstelle entweder von dem Leistungspflichtigen mit dem Dritten vereinbart oder nach § 27 festgelegt worden ist. Es handelt sich also um eine Haftung der Bedarfsstelle, die hilfsweise aus Billigkeitsgründen angeordnet worden ist. Da ein im bürgerlichen Rechtsstreit erwirktes Urteil des Leistungspflichtigen gegen den Dritten die Bedarfsstelle in keiner Weise bindet, so liegen die Erwägungen, welche das landgerichtliche Urteil anstellt, neben der Sache. Ob der Anspruch aus der hilfsweise eintretenden Haftung der Bedarfsstelle im ordentlichen Rechtswege verfolgt werden kann, ist hier nicht zu entscheiden, da kein solcher Anspruch erhoben ist. Hier handelt es sich lediglich um Ansprüche aus dem zwischen den Parteien abgeschlossenen Mietvertrage. Die Frage, ob dieser etwa anfechtbar oder nichtig ist, unterliegt der Beurteilung des Gerichts, ebenso ob etwa der vereinbarte Mietzins gegen die Verordnung über das Verbot von Preiserhöhungen vom 26. November 1936 (RGBl. I S. 955) verstößt und welche Folgen sich hieraus ergeben.

Nicht beigetreten werden kann der Ansicht des Berufungsgerichts, daß die Klägerin, falls der Mietvertrag von vornherein oder infolge Anfechtung nichtig sei, einen Anspruch aus ungerechtfertigter Bereicherung gegen die Beklagte im ordentlichen Rechtswege geltend machen könne. Denn die Beklagte hat das Fahrzeug nicht ohne Rechtsgrund gebraucht. Dieser ist vielmehr in der Überweisung des Fahrzeugs durch die Militärbehörde zu erblicken. Wenn daher die

Rechtswirksamkeit des Mietvertrags zu verneinen wäre, so wäre die Klägerin auf die Geltendmachung der Ansprüche aus § 26 RLG. angewiesen, für welche der ordentliche Rechtsweg ausgeschlossen ist.

RGZ. 123, 327

Zeitpunkt des Wirksamwerdens verwaltungsbehördlicher Genehmigungen bürgerlich-rechtlicher Rechtsgeschäfte.

Alter Leitsatz:

Wirkt die Entschließung der Verwaltungsbehörde über Erteilung oder Versagung der Erwerbsgenehmigung nach der Bekanntmachung des Reichskanzlers vom 15. März 1918 (RGBl. S. 123) und nach dem preußischen Grundstücksverkehrsgesetz vom 10. Februar 1923 auf den Tag der Vornahme des Rechtsgeschäfts zurück?

VI. Zivilsenat. Urt. v. 21. Februar 1929 i. S. Sch. (Bekl.) w. F. (Kl.). VI 80/29.

I. Landgericht Breslau. — II. Oberlandesgericht daselbst.

Aus den Gründen:

. . .

Der Revision ist zuzugeben, daß Zweifel über die Frage bestehen können, ob der Entschließung der Verwaltungsbehörde über Erteilung oder Versagung der Genehmigung eines genehmigungspflichtigen Rechtsgeschäfts rückwirkende Kraft innewohnt. Die für die privatrechtliche Genehmigung dritter Personen geltenden Vorschriften der §§ 182 ff., insbesondere des § 184 Abs. 1 BGB., sind auf behördliche Zustimmungserklärungen als Staatshoheitsakte zum mindesten nicht unmittelbar anwendbar, wie in der Rechtsprechung des Reichsgerichts anerkannt ist. Die Entscheidung ist aus der Zweckbestimmung zu entnehmen, die der Gesetzgeber mit der Einführung der behördlichen Genehmigung verfolgt hat. Dieser Zweck aber ist der, daß vom Standpunkt der öffentlichen Belange aus geprüft werden soll, ob die von den Beteiligten beabsichtigte Änderung in den Verhältnissen mit dem gemeinen Wohle vereinbar ist. Die Wahrnehmung der privaten Belange der Parteien, soweit sie nicht etwa, wie z. B. die Unangemessenheit des Entgelts, die öffentlichen Belange berühren, hat dem Gesetzgeber ferngelegen. Die Entschließung der Behörde über Erteilung oder Versagung der Genehmigung ist daher für die Vollendung der privatrechtlichen Bindung als solcher nicht von Bedeutung; sie enthält nur die Feststellung, ob vom Standpunkt des Gemeinwohls aus Bedenken gegen das Rechtsgeschäft bestehen. Ist durch Versagung der Genehmigung die Gemeinschädlichkeit des Geschäfts festgestellt, so ist es als von Anfang an nichtig anzusehen; denn der Gesetzgeber kann nicht gewollt haben, daß ein gemeinschädliches Geschäft für die Zwischenzeit, die bis zur behördlichen

Entschließung vergangen ist, Rechtswirkungen ausüben soll. Ist dagegen durch Erteilung der Genehmigung die Verträglichkeit der Parteivereinbarungen mit den Anforderungen des Gemeinwohls festgestellt, so besteht für den Staat kein Interesse daran, den Willen der Parteien nicht so zur Durchführung kommen zu lassen, wie diese es vereinbart hatten; der Parteiwille aber wird regelmäßig dahin gehen, daß das Rechtsgeschäft vom Zeitpunkt seines Abschlusses ab wirken soll. In einem rechtsähnlich liegenden Falle, der Erforderlichkeit staatlicher Genehmigung zu einem Erwerb von Todes wegen, ist die Rückbeziehung der staatlichen Entschließung ausdrücklich angeordnet (Art. 86 S. 2 EG. z. BGB., vgl. Art. 6, auch Art. 7 Preuß. AG. z. BGB.). In dieser Vorschrift darf die Einzelanwendung eines allgemeinen Rechtsgedankens erblickt werden. . . .

RGZ. 169, 324

Vertrauensschutz der Bürger im rechtsgeschäftlichen Verkehr mit Behörden. Anforderungen an die Kenntnis Außenstehender hinsichtlich der Bestimmungen über die rechtsgeschäftliche Vertetungsmacht und die Zuständigkeitsregelungen der Behörden.

Alter Leitsatz:

Zur Anwendung der Grundsätze von Treu und Glauben auf eine Auskunft, die eine staatliche Baubehörde einer Bank darüber erteilt, ob Baulieferungsforderungen eines Unternehmers gegen diese Behörde als Sicherung für die Bevorschussung des Unternehmers durch die Bank geeignet seien.

BGB. § 242.

VII. Zivilsenat. Urt. v. 7. August 1942 i. S. Volksbank Schw. (Kl.) w. Deutsches Reich (Bekl.). VII 25/42.

I. Landgericht Schwerin. — II. Oberlandesgericht Rostock.

Die Firma W. K. hat Sammelheizungsanlagen für Baustellen der Luftwaffe an deren Bauleitung P. geliefert. Zum Zwecke der Kreditbeschaffung hatte sie ihre sämtlichen Forderungen gegen diese Bauleitung der Klägerin abgetreten. Die Klägerin hatte der Bauleitung die Abtretung mitgeteilt; die Bauleitung hatte ihr mit zwei Schreiben ihre Kenntnisnahme von der Abtretung bestätigt, jedoch ohne Gewähr für das Bestehen der abgetretenen Forderungen zu übernehmen. Als K. später eine Reihe von Rechnungen bei der Bauleitung der Luftwaffe P. zur Prüfung eingereicht hatte, richtete diese an die Klägerin ein Schreiben, wonach sie die Rechnungen im Betrage von 7818,20 RM anerkannte und erklärte, sie würden demnächst angewiesen werden. In der Folgezeit teilte die Klägerin der Bauleitung mit, daß K. genötigt sei, bei ihr, der Klägerin, Kredit in Anspruch zu nehmen, daß sie aber Vorschüsse an ihn zu zahlen nur in der

Lage sei, wenn ihr die Ordnungsmäßigkeit weiterer Rechnungsabschriften in Höhe von 4009,22 RM, die ihr K. vorgelegt habe, bestätigt würde. Die Bauleitung erwiderte, die Rechnungen würden in diesem Betrag anerkannt, und einer Bevorschussung stehe nichts im Wege. Die Klägerin hat dann der Firma K. Kredit gewährt. Daraus hat sie noch 10 640,13 RM zu fordern. Da sich die Bauleitung weigerte, ihr diesen Betrag auszubezahlen, hat die Klägerin Verurteilung des Beklagten zur Zahlung dieses Betrages nebst Zinsen begehrt. Der Beklagte hat behauptet, ihm stehe gegen K. eine Forderung von fast 50 000 RM aus unerlaubter Handlung und ungerechtfertigter Bereicherung zu, die sich aus umfangreichen, von K. gemeinsam mit einem Angestellten der Bauleitung P. begangenen Betrügereien zum Nachteil des Reichsfiskus (Luftwaffe) herleiteten, wegen deren beide zu je 6 Jahren Zuchthaus verurteilt worden seien. Mit dieser Forderung werde gegen die Klageforderung aufgerechnet. Die Klägerin hält diese Aufrechnung für unstatthaft.

Das Landgericht hat der Klage stattgegeben; das Berufungsgericht hat sie abgewiesen. Die Revision der Klägerin führte zur Wiederherstellung des landgerichtlichen Urteils.

Aus den Gründen:

Das Berufungsgericht stellt fest, das Anerkenntnis der Bauleitung habe den Verzicht auf alle aus den Lieferungen K.s erwachsenen und im Rahmen des Betriebs der Bauleitung entstandenen Einwendungen einschließlich des Rechts auf Aufrechnung bedeutet. . . .

Dem Vorderrichter kann nicht zugegeben werden, daß die Klägerin die Erklärung der innerhalb ihres Geschäftsbereichs zur Vertretung des Reichs befugten Bauleitung nur mit dem Vorbehalt habe verstehen dürfen, daß das Reich doch jederzeit mit Forderungen aufrechnen könne, die nicht gerade im Geschäftsbetriebe dieser Bauleitung ihren Ursprung hätten. . . . Der Zweck der Anfrage der Klägerin und der Antwort der Bauleitung war, der Klägerin Beruhigung zu verschaffen über die Eignung der abgetretenen Forderungen als Kreditunterlage. Dieses Ziel konnte aber schlechterdings nicht erreicht werden, wenn die zu diesem Zweck abgegebene Erklärung einem derartigen Vorbehalt unterlag; dann war eine solche Erklärung nahezu zwecklos. Die vom Berufungsrichter vertretene Auffassung würde den Anforderungen der Sicherheit im rechtsgeschäftlichen Verkehr, also den Grundsätzen von Treu und Glauben in diesem Verkehr, aufs schwerste widersprechen. . . . Denn auch eine Anfrage der Klägerin beim zuständigen Luftgaukommando hätte ihr keineswegs Sicherheit verschaffen können, weil ja immer noch die Möglichkeit verblieben wäre, daß Forderungen des Beklagten aus dem Bereich eines anderen Luftgaukommandos oder überhaupt einer anderen Reichsverwaltung bestanden hätten, mit denen trotz einer beruhigenden Erklärung jenes Luftgaukommandos das Reich dann doch hätte aufrechnen können. Die Klägerin hätte sich an sämtliche Reichsministerien, mindestens an den Reichsfinanzminister, wenden müssen, um Sicherheit zu erlangen, ein Verfahren, das zumal in Kriegszeiten als wirtschaftlich unmöglich bezeichnet werden muß.

... Auf den hier zu entscheidenden Vorgang sind die Grundsätze ohne Einschränkung anzuwenden, die das Preußische Oberverwaltungsgericht in der Entscheidung OVG. Bd. 104 S. 6 flg. über das Vertrauen dargelegt hat, das der Bürger den Behörden im rechtsgeschäftlichen Verkehr müsse entgegenbringen können. Auch wenn unterstellt werden müßte, daß die Bauleitung nicht befugt gewesen sei, auf die Aufrechnung mit solchen Forderungen des Reichs zu verzichten, die nicht ihrem eigenen Geschäftsbereich entstammten, könnte sich deshalb der Beklagte der Klägerin gegenüber darauf nicht berufen.

Indessen muß vermerkt werden, daß die Erwägungen, auf welche der Vorderrichter die Verneinung einer solchen Befugnis stützt, auf ungenügender Rechtsgrundlage beruhen. Er hat ... die Befugnisse einer Bauleitung der Luftwaffenverwaltung nicht geprüft. Seine Auffassung, daß der Mangel der Befugnis einer solchen Bauleitung, über Forderungen aus fremden Verwaltungsbezirken des Reichs zu verfügen, ohne weiteres auch den Mangel der Befugnis in sich schließen müsse, auf die Aufrechnung mit solchen Forderungen gegenüber Ansprüchen der Klägerin aus dem Bereiche der Bauleitung zu verzichten, ist rechtsirrig. Er hat weiter aus der bloßen Feststellung, jene Gegenforderungen des Reiches entstammten unerlaubten, strafbaren Handlungen des K. zum Nachteil des Reiches, herleiten zu können geglaubt, sie entstammten um deswillen „offensichtlich" nicht dem Geschäftsbereiche der Bauleitung. Auch das ist rechtsirrig. Sie konnten trotz ihrer Eigenschaft als Schadensersatzansprüche nach §§ 823 flg. BGB. sehr wohl jenem Geschäftsbereich entstammen, ja, sie konnten sich sogar gleichzeitig als Ansprüche aus Vertragsverletzungen erweisen. ...

RGZ. 92, 34

Wirkung einer behördlichen Beschlagnahme.

Alter Leitsatz:

Wird durch eine Beschlagnahme die nachträgliche Eigentumsübertragung auf Grund eines vor der Beschlagnahme abgeschlossenen Kaufes gehindert?

I. Zivilsenat. Urt. v. 15. Dezember 1917 i. S. F. W. Nachf. (Bekl.) w. H. St. (Kl.) Rep. I 146/17.

I. Landgericht Mannheim. II. Oberlandesgericht Karlsruhe

Die Klägerin hatte der Beklagten 3000 kg weißen Faden verkauft. Die Beklagte hatte die bei ihr angekommene Ware der Klägerin als nicht probemäßig zur Verfügung gestellt, sich jedoch nach mehrfachen Verhandlungen damit einverstanden erklärt, die Ware zu einem ermäßigten Preise zu behalten. Durch Telegramm vom 1. April 1916 erklärte sich die Klägerin mit dem Vorschlage der Beklagten einverstanden. Mit Wirkung vom gleichen Tage an wurde jedoch die Beschlagnahme baumwollner Spinnstoffe und Garne angeordnet. Nunmehr lehnte die Beklagte die Bezahlung mit der Begründung ab, daß infolge der Beschlagnahme das Eigentum an der von ihr beanstandet gewesenen Ware nicht mehr auf sie übergehen könne.

Das Landgericht verurteilte die Beklagte zur Zahlung, weil die Ware von ihr zu Unrecht zur Verfügung gestellt sei. Ohne auf diese Frage einzugehen, wies das Oberlandesgericht die Berufung der Beklagten mit der Begründung zurück, die Beschlagnahme habe keine Bedeutung für die Parteien gehabt, weil die Besitzübertragung an der Ware auf die Beklagte schon vor der Beschlagnahme geschehen sei und das Veräußerungsverbot sich lediglich auf das obligatorische Kaufgeschäft beziehe, nicht aber auch die Eigentumsübertragung auf Grund eines vor der Beschlagnahme erfolgten Verkaufs untersage. Das Reichsgericht hat auf die Berufung der Beklagten das Berufungsurteil aufgehoben und die Sache an die Vorinstanz zurückverwiesen aus folgenden

. . . Gründen:

Das angefochtene Urteil verstößt gegen die Verordnung des Bundesrates vom 24. Juni 1915 über die Sicherstellung von Kriegsbedarf. Nach § 4 dieser Verordnung sind die im § 1 bezeichneten Behörden befugt, Gegenstände, die der Inanspruchnahme unterliegen können, zu beschlagnahmen. Die Beschlagnahme hat die Wirkung, daß die Vornahme von Veränderungen an den von ihr berührten Gegenständen verboten ist und rechtsgeschäftliche Verfügungen über sie nichtig sind. Auch wird nach § 6 der Verordnung bestraft, wer unbefugt einen beschlagnahmten Gegenstand . . . verkauft oder kauft oder ein anderes Veräußerungs- oder Erwerbsgeschäft über ihn abschließt.

Nach dem Sprachgebrauche des Bürgerlichen Gesetzbuchs, der sich seither so eingebürgert hat, daß er auch bei der Auslegung der vom Bundesrat erlassenen Bekanntmachung mit herangezogen werden muß, . . . versteht man unter Verfügungen diejenigen Rechtsgeschäfte, durch die unmittelbar ein Recht übertragen, belastet, geändert oder aufgehoben wird. Im Verhältnis zum Begriff der Veräußerung — Übertragung des Eigentums oder eines sonstigen Rechtes — und der Belastung — Begründung eines dinglichen Rechtes an einem Gegenstande — ist der Begriff der Verfügung der umfassendere, indem er auch die Änderung und Aufhebung eines Rechtes in sich schließt. Schuldrechtliche Geschäfte als solche stellen keine Verfügung dar, sondern begründen nur eine Verpflichtung zur Vornahme einer solchen. Mit diesem Sprachgebrauche steht auch der Begiff des Veräußerungsverbots des § 135 BGB. im Einklange.

Diese Auffassung vom Begriffe der rechtsgeschäftlichen Verfügung findet auch in der Verordnung selbst sowie in ihrer Begründung eine Stütze. Die Anordnung enthält nach der Begründung einen Eingriff in die persönlichen Eigentumsverhältnisse im höheren Interesse der Gesamtheit; aus dieser Tatsache folgert Hagelberg in Gruchots Beitr. Bd. 60 S. 89 mit Recht, daß von der Beschlagnahme in erster Linie der Eigentümer betroffen wird, dessen Verfügungsrecht und tatsächliches Schaltungsrecht (§ 903 BGB.) aufgehoben wird, wofür Hagelberg sich mit guten Gründen auch auf den Wortlaut der Bekanntmachung stützt. Weil sich die Beschlagnahme gegen den Eigentümer wendet, ist grundsätzlich nunmehr die Erfüllung eines bereits vor der Beschlagnahme abgeschlossenen Lieferungsvertrags unmöglich (Lehmann in Recht und Wirtschaft Bd. 15 S. 237). Zwar ist die Beschlagnahme nach § 1 Abs. 2 an den Besitzer der Gegenstände zu richten, und dieser ist nach § 4 Abs. 2 zu ihrer pfleglichen Behandlung und Verwahrung verpflichtet. Der Zweck der Anordnung besteht jedoch in dem Eigentumsübergang auf die in der Anordnung bezeichnete Person, und die Ereichung dieses Zweckes soll die Beschlagnahme durch Verhinderung eines Eigentumswechsels vom Zeitpunkte der Beschlagnahme an vorbereiten; letzteres aber kann wirksam nur dadurch geschehen, daß rechtsgeschäftliche Verfügungen der Zwischenzeit nichtig sind. . . . Das Berufungsgericht hat also unter allen Umständen gegen die Verordnung des Bundesrats verstoßen, denn es hat für die Wirkung der Beschlagnahme nicht die dieser Verordnung zu entnehmenden Folgen berücksichtigt.

Das Berufungsgericht wird nun zu der Frage, ob die ursprüngliche Mängelrüge begründet und rechtzeitig erfolgt ist, Stellung nehmen müssen. Ist dies nämlich zu bejahen und deshalb das Eigentum an den übersandten Waren vor dem 1. April 1916 nicht auf die Beklagte übergegangen, so kann die Klägerin ihre durch den Kaufabschluß begründete Verpflichtung zur Eigentumsübertragung nach der am 1. April 1916 eingetretenen Beschlagnahme der Ware nicht mehr erfüllen und ist deshalb mit ihrem Anspruch auf Zahlung des Kaufpreises abzuweisen. War die Ware jedoch probemäßig, dann hatte die Klägerin bereits vor dem 1. April 1916 alles getan, was ihr vertraglich oblag; die Rechtsfolgen ergeben sich dann aus § 300 Abs. 2 in Verbindung mit § 324 Abs. 2 BGB.

RGZ. 104, 242

Wesen der behördlichen Beschlagnahme.

Alter Leitsatz:

Ist der Rechtsweg für Ansprüche gegen eine Stadtgemeinde zulässig, die auf die Behauptung gestützt werden, ihre Beamten hätten widerrechtlich Vieh beschlagnahmt und pflichtwidrig so schnell schlachten lassen, daß eine Aufhebung der Beschlagnahme im Beschwerdewege nicht mehr zu erreichen gewesen wäre?

III. Zivilsenat. Urt. v. 31. März 1922 i. S. R. (Kl.) w. Stadtgemeinde T. (Bekl.) III 313/21.

I. Landgericht Tilsit. — II. Oberlandesgericht Königsberg.

. . .

. . . Aus den Gründen:

Beschlagnahme ist die amtliche Inbesitznahme fremder Sachen zu Sicherungszwecken. Ihr weiteres Schicksal kann ein sehr verschiedenes sein. Mit der Beschlagnahme geht zunächst die Pflicht zur ordnungsgemäßen Verwahrung, soweit die Sachen dem Besitze des Eigentümers entzogen werden, auf die beschlagnahmende Behörde über. Das bisherige Eigentum dessen, der von der Beschlagnahme betroffen wird, erlischt nicht ohne weiteres, sondern erst infolge strafrechtlicher Einziehung ohne Entschädigung oder durch Enteignung gegen Entgelt. Die eine oder die andere Maßnahme ist nur auf Grund besonderer gesetzlicher Vorschriften statthaft und vollzieht sich in der Regel in bestimmten gleichfalls gesetzlich geregelten Formen.

. . .

RGZ. 104, 18

Haftung für Schäden an beschlagnahmtem Gut ohne Nachweis des Verschuldens des Ersatzpflichtigen.

Alter Leitsatz:

1. Ist für Schadensersatzansprüche, die der Eigentümer eines für militärische Zwecke beschlagnahmten Grundstücks gegen das Deutsche Reich wegen willkürlicher Beschädigungen und Entwendungen durch Militärpersonen erhebt, der Rechtsweg zulässig?

2. Bedarf es zur Begründung eines solchen Schadensersatzanspruchs des Nachweises eines Verschuldens des Ersatzpflichtigen?

III. Zivilsenat. Urt. v. 27. Januar 1922 i. S. Deutsches Reich (Bekl.) w. P. (Kl.). III 306/21.

I. Landgericht Münster. — II. Oberlandesgericht Hamm.

Der dem Kläger gehörige Gasthof in D. wurde am 20. November 1918 auf Grund des Gesetzes über die Kriegsleistungen vom 13. Juni

1873 (KLG.) für militärische Zwecke beschlagnahmt und bis zur Freigabe am 6. März 1919 zur Unterbringung der Geschäftsbüros eines aktiven Füsilierregiments verwendet. Die nach § 14 KLG. zu zahlende Vergütung wurde auf 16 300 M. festgesetzt. Mit der Klage verlangte der Kläger Schadensersatz für mutwillige Beschädigungen und Entwendungen, die während der Dauer der Beschlagnahme durch Militärpersonen verübt worden sein sollen, die im Gasthof dienstlich untergebracht worden oder zu dienstlichen Zwecken oder selbst ohne Berechtigung dorthin gekommen waren. Der Klaganspruch wurde dem Grunde nach für gerechtfertigt erklärt. Die Berufung des Beklagten wurde zurückgewiesen. Ebenso seine Revision.

Aus den Gründen:

Dem Berufungsgericht ist zunächst darin beizutreten, daß für den Schadensersatzanspruch des Klägers, gleichviel, ob er auf das Reichsgesetz vom 22. Mai 1910 in Verbindung mit § 839 BGB., auf § 823 BGB. oder auf das durch die Beschlagnahme begründete vertragsähnliche Rechtsverhältnis gestützt wird, der Rechtsweg zulässig ist. Abweichende Bestimmungen des Kriegsleistungsgesetzes sind hier nicht anzuwenden. Nach § 14 KLG. wird, abgesehen von einer Entschädigung für entzogene Nutzung (Abs. 2), bei Überweisung von Gebäuden zu Kriegszwecken eine Vergütung nur gewährt für die durch die Benutzung herbeigeführte Beschädigung und außerordentliche Abnutzung (Abs. 1). Hier aber handelt es sich nach der Begründung der Klage um willkürliche Beschädigungen und Entwendungen, die nicht durch die militärische Benutzung, sondern nur gelegentlich dieser, wenn auch durch Militärpersonen, verursacht worden sind. Der Ersatz eines solchen Schadens ist, gleichviel ob es sich um bewegliche Sachen oder um Beschädigungen des Grundstücks handelt, nicht durch das Kriegsleistungsgesetz geregelt und kann im Rechtswege geltend gemacht werden.

In der Sache selbst führt das Berufungsgericht aus: Durch die Beschlagnahme des Gasthofs sei dem Kläger die Möglichkeit genommen worden, sein Eigentum zu überwachen. Hätte es sich um einen Mietvertrag gehandelt, so würde der Kläger als Vermieter bei solchen Bedrohungen und Beschädigungen seines Eigentums zur fristlosen Kündigung berechtigt gewesen sein. Infolge der Beschlagnahme habe er weder das Verhältnis auflösen noch die Maßregeln ergreifen können, die geeignet gewesen wären, Beschädigungen und Entwendungen zu verhüten. Es könne daher in Betracht kommen, ob nicht der Kläger ohne den Nachweis eines Verschuldens die Schadensersatzklage habe nach dem Grundsatze, daß dem Eigentümer, dem das Recht, Eingriffe in sein Eigentum abzuwehren, entzogen sei, als Ersatz die durch Verschuldensnachweis nicht bedingte Klage auf

Schadensersatz gewährt werden müsse. Indessen brauche dazu nicht endgültig Stellung genommen zu werden, da sich die Haftung des Beklagten schon aus anderen Erwägungen ergebe. Durch die Beschlagnahme sei ein der Miete ähnliches Verhältnis geschaffen worden. Der Beklagte habe die ihm überlassenen Räume nicht in einem dem ordnungsmäßigen Gebrauch entsprechenden Zustande, sondern mit Verschlechterungen und Beschädigungen zurückgegeben, für die er entsprechend den Grundsätzen über Miete so lange hafte, als er nicht darlege und beweise, daß der Schaden auf einen von ihm nicht zu vertretenden Umstand zurückzuführen sei. Daran fehle es aber. Es müsse vielmehr davon ausgegangen werden, daß die Leitung der Truppe versagt habe.

Es braucht jedoch auf diesen an sich zutreffenden Entscheidungsgrund nicht eingegangen zu werden, da schon der erste Gesichtspunkt, zu dem das Berufungsgericht nicht endgültig Stellung genommen hat, seine Entscheidung rechtfertigt, ohne daß es auf ein Verschulden auf der Seite des Beklagten ankommt. Wenn auch im allgemeinen daran festgehalten werden muß und auch vom Bürgerlichen Gesetzbuch als Regel festgehalten worden ist, daß eine Schadensersatzpflicht nicht ohne ein Verschulden des Ersatzpflichtigen besteht, so hat doch das Bedürfnis des Rechtslebens dazu geführt, eine Ersatzpflicht ohne solches Verschulden ausnahmsweise da anzuerkennen, wo dem Eigentümer gegenüber Eingriffen Dritter aus überwiegendem privatem oder öffentlichem Interesse die Abwehr versagt ist. Die Rechtsprechung hat diesen Grundsatz namentlich in den Fällen des § 26 GewO. angewendet, wonach dann, wenn eine mit obrigkeitlicher Bewilligung errichtete gewerbliche Anlage ein benachbartes Grundstück benachteiligt, nicht auf Einstellung des Gewerbebetriebs, und selbst auf Herstellung schützender Einrichtungen dann nicht geklagt werden kann, wenn solche untunlich oder mit dem Gewerbebetrieb nicht vereinbar sind. Seine Anwendung ist aber nicht auf diese Fälle beschränkt, sondern allgemein anerkannt worden. Gerechtfertigt wird der Grundsatz durch die Erwägung, daß es unbillig wäre, den Eigentümer, der sich eine Beschränkung seiner Verfügungsfreiheit gefallen lassen muß, für den Fall einer von ihm nicht abzuwehrenden Schädigung auf den oft schwierigen oder unmöglichen Nachweis eines Verschuldens zu verweisen, weshalb ihm als Ersatz für die entzogene Möglichkeit, Eingriffe in sein Eigentum abzuwehren, die durch einen Verschuldensnachweis nicht bedingte Klage auf Schadensersatz gewährt wird. Um einen Fall dieser Art handelt es sich aber auch hier. Dem Kläger ist nicht etwa nur die Gewährung von Naturalquartier auferlegt, sondern das ganze Grundstück zur Verwendung für militärische Zwecke weggenommen worden. Er konnte weder das durch die Beschlagnahme begründete Verhältnis auflösen, noch seinerseits die Maßregeln ergreifen, die geeignet gewesen wären, Beschädigungen und Entwendungen zu verhüten. Er konnte sich höchstens durch Vorstellungen an die zuständigen Militärbehörden wenden. Der Erfolg solcher Vorstellungen blieb aber völlig ungewiß, und die hierdurch gegebene Möglichkeit konnte jedenfalls keinen Ersatz für die entzogene Befugnis geben, die zur Abwendung der Gefahr erforderlichen Verfügungen selbst zu treffen. Der Schadensersatzanspruch des Klägers ist daher auch ohne den Nachweis eines Verschuldens auf seiten des Beklagten dem Grunde nach gerechtfertigt.

RGZ. 115, 419

Haftung aus öffentlich-rechtlichen Verwahrungsverhältnissen. —

Alter Leitsatz:

1. Zur Haftung des Reichs bei Niederlegung von Zollgut auf einer öffentlichen Niederlage.

2. Beweislast bei Ansprüchen wegen Verlustes.

3. Kann ein Spediteur solche Ansprüche als Niederleger für Rechnung seines Auftraggebers geltend machen? Kann bei ausländischen Auftraggebern § 7 des Reichsbeamtenhaftungs-Gesetzes solchen Ansprüchen entgegengehalten werden?

Vereinszollgesetz § 102. HGB. § 407. Gesetz über die Haftung des Reichs für seine Beamten vom 22. Mai 1910 § 7.

I. Zivilsenat. Urt. v. 15. Januar 1927 i. S. Deutsches Reich (Bekl.) w. G. & H. (Kl.). I 171/26.

I. Landgericht I Berlin. — II. Kammergericht daselbst.

Die Klägerin, die in Berlin ein Speditionsgeschäft betreibt, erhielt im Jahre 1922 von einer englischen Firma 44 Ballen mit Haarnetzen zugesandt, die sie an eine Berliner Firma abliefern sollte. Letztere verweigerte die Annahme. Die Ballen wurden darauf am 11. November 1922 für die Klägerin von der Zollverwaltung in der Zollpackhofniederlage gegen die tarifmäßige Gebühr in Aufbewahrung genommen. Als die Klägerin am 17. Juli 1923 die Herausgabe forderte, fehlten 12 Ballen; Ermittlungen nach ihnen blieben erfolglos. Die Klägerin fordert Ersatz des Wertes.

Während das Landgericht die Klage abwies, entsprach ihr das Berufungsgericht. Die Revision des Beklagten blieb erfolglos.

Gründe:

Das Berufungsgericht hat den Beklagten für haftpflichtig erklärt. Es hat angenommen, durch die Einlagerung der Pakete auf dem Packhof sei zwischen den Parteien ein Rechtsverhältnis entstanden, das öffentlich-rechtliche und schuldrechtliche Bestandteile in sich vereinige, das unbeschadet seines öffentlich-rechtlichen Charakters als „Quasikontrakt" zu bezeichnen sei und einen Anspruch der Klägerin auf Herausgabe der Güter begründet habe. Das angefochtene Urteil geht weiter davon aus, daß der Beklagte für ein Verschulden seiner Erfüllungsgehilfen im Rahmen des § 278 BGB. einzustehen habe, daß aber seine Haftung für Verlust von niedergelegten Gütern gegenüber den bürgerlich- und handelsrechtlichen Vorschriften in dem Umfang begrenzt sei, wie er sich ergebe aus § 102 des Vereinszollgesetzes (VZG.) in Verbindung mit §§ 16, 17 der Niederlage-Ordnung vom 5. Juli 1888 und § 7 der Zollhof-Ordnung vom 25. Juli 1923. Das Berufungsurteil gelangt dann zu dem Ergebnis, daß die Klägerin den ihr danach zur Begründung der Haftung des Beklagten obliegenden Nachweis für Vernachlässigung des sicheren Verschlusses der Waren ausreichend geführt habe.

Die Revision vertritt den Standpunkt, es handle sich bei Ausübung der Niederlageberechtigung gemäß §§ 97 bis 106 VZG. um eine vom Staat in Ausübung der Zollhoheit dem Handelsverkehr eingeräumte Vergünstigung und daher überhaupt nicht um ein Vertragsverhältnis oder ein vertragsähnliches Verhältnis des öffentlichen oder des bürgerlichen Rechts, sondern um ein einseitig vom Staat geordnetes öffentlich-rechtliches Gewaltverhältnis. Sie entnimmt hieraus, daß der Staat für die in § 102 VZG. erschöpfend aufgezählten Amtspflichten seiner Beamten nur auf Grund von Art. 131 RVerf. einzustehen habe. Daraus folgert sie, es handle sich nicht um Verletzung von Vertragspflichten und die Klägerin sei nicht zur Geltendmachung eines Ersatzanspruchs der Eigentümerin befugt; der Eigentümerin sei außerdem als Angehöriger eines ausländischen Staates nach § 7 des Reichsbeamtenhaftungs-Gesetzes vom 22. Mai 1910 mangels gehörig bekanntgemachter Verbürgung der Gegenseitigkeit ein Ersatzanspruch überhaupt nicht erwachsen.

... Die neuere Rechtsprechung des Reichsgerichts hat den Satz entwickelt, daß, wenn eine Behörde in Verfolgung staatlicher Belange Sachen einer Privatperson in Verwahrung nimmt, lediglich ein nach öffentlichem Recht zu beurteilendes Rechtsverhältnis entsteht, kraft dessen für den Staat und seine Organe die Verpflichtung zur Obhut über die in Verwahrung genommenen Sachen und zu ihrer Rückgabe in unversehrtem Zustande erwächst, soweit dem nicht öffentliche Belange entgegenstehen. In entsprechender Anwendung dieses Satzes ist angenommen worden, daß für den Staat durch die in Ausübung der Zollhoheit erfolgende Inbesitznahme von Zollgut Pflichten gleicher Art entstehen, auf die, soweit es mit dem öffentlichen Interesse vereinbar ist, den Grundsätzen des bürgerlich-rechtlichen Verwahrungsvertrags entsprechende öffentlich-rechtliche Rechtsgrundsätze anzuwenden sind. Die in früheren Entscheidungen vertretene Anschauung, wonach bei einem solchen Rechtsverhältnis neben den öffentlich-rechtlichen Beziehungen bürgerlich-rechtliche herlaufen, ist noch von der älteren Rechtsauffassung beherrscht, die in größerem Maße, als es den jetzigen Anschauungen entspricht, Rechtsgebiete dem bürgerlichen Recht zuwies . . .

Vorliegendenfalls handelt es sich um die Rechtsbeziehungen, welche durch die Niederlegung von Zollgut auf einer öffentlichen Niederlage gemäß §§ 97 bis 106 VZG. zwischen dem Niederleger und der Zollverwaltung entstehen. Im Gegensatz zu anderen Fällen, in denen es in der Regel an *besonderen Vorschriften über die Haftung* des Staates für die in Verwahrung genommenen Sachen fehlt, trifft hier § 102 VZG. Bestimmungen über diesen Punkt. Die Haftung des Beklagten bestimmt sich daher in erster Reihe nach dieser Rechtsnorm. Es kann aber keinem Bedenken unterliegen, zu ihrer Ergänzung die oben dargelegten Rechtsgrundsätze heranzuziehen, wie sie für ähnlich liegende Rechtsverhältnisse entwickelt worden sind, soweit sie nicht zu den besonderen Vorschriften des Vereinszollgesetzes in Widerspruch stehen. Insbesondere zeigen die Rechtsbeziehungen der Parteien, wie sie durch die Vorschriften der §§ 97 bis 106 VZG. geregelt sind, so viel Übereinstimmung mit den bei einem Verwahrungsvertrag sich ergebenden Rechten und Pflichten, daß es als das Gegebene erscheint, auch hier die beim Verwahrungsvertrag maßgebenden Grundsätze entsprechend anzuwenden. Dem steht nicht entgegen, daß es sich, wie der Revision zuzugeben ist, bei der Niederlegung von zollpflichtigen Gütern auf einer öffentlichen Zollniederlage um ein einseitig durch die Staatsgewalt geordnetes Gewaltverhältnis handelt, das sich aus der Gestellungspflichtigkeit des Zollguts ergibt. Auch bei den vorher erwähnten Rechtsverhältnissen, bei denen sich entsprechende Grundsätze bereits gebildet haben, bestehen zwischen den Beteiligten lediglich Rechtsbeziehungen öffentlich-rechtlicher Art. Dem öffentlichen Interesse wird dadurch ausreichend Genüge getan, daß ihm bei einem Widerstreit mit den in Frage stehenden Rechtsgrundsätzen der Vorrang gebührt.

Das Berufungsgericht hat die Bestimmungen der Niederlageordnung vom 5. Juli 1888 und der Zollhof-Ordnung als Ergänzung des § 102 VZG. herangezogen. Gegen die Heranziehung der ersteren ist nichts einzuwenden (§ 106 VZG.). Es kommt jedoch im wesentlichen nur die Bestimmung des § 16 in Frage, welche die bereits in § 102 ausgesprochene Sicherungsverpflichtung der Niederlageverwaltung nur wiederholt. (Es wird dargetan, daß die Zollhof-Ordnung von 1923 hier nicht maßgebend ist.) In Frage kommt vielmehr die am 2. Dezember 1911 von der Oberzolldirektion bekanntgegebene Zollhof-Ordnung (Amtsblatt für den Reg.-Bez. Potsdam und die Stadt Berlin 1911 S. 1087). Es handelt sich bei ihr um die Ordnung einer öffentlichen Anstalt, und dieser hat sich der Kläger durch die Benutzung der Anstaltseinrichtungen unterworfen. Wirksamkeit gegenüber dem Benutzer ist ihr jedoch nur insoweit beizulegen, als sie seine Rechtslage gegenüber bestehenden Rechtsgrundsätzen nicht verschlechtert. Es wird somit in erster Reihe zu prüfen sein, ob der Beklagte für den Verlust der Güter nach den Bestimmungen des § 102 VZG. und den zu seiner Ergänzung heranzuziehenden Vorschriften und Rechtsgrundsätzen zu haften hat.

Der Auffassung des Berufungsgerichts, daß § 102 VZG. nicht nur die Haftung für Beschädigung von niedergelegten Gütern, sondern auch die für ihren Verlust habe regeln wollen, ist beizutreten. Wollte man übrigens annehmen, daß die Haftung für Verlust in § 102 VZG. nicht hinreichend zum Ausdruck gelangt sei, so würde die Obhuts- und Rückgabepflicht auch aus allgemeinen Rechtsgrundsätzen zu entnehmen sein, da die Bestimmungen des Vereinszollgesetzes eine solche Haftung keinesfalls ausschließen.

Der Beklagte hat somit für den Verlust von niedergelegten Gütern in den Grenzen des § 102 VZG. einzustehen. In Betracht kommt hier offenbar nur die Bestimmung, wonach die Zollverwaltung für sicheren Verschluß der Niederlageräume sowie Aufrechterhaltung der Ruhe und Ordnung unter den dort beschäftigten Personen einzustehen hat. Ergänzend ist aus § 278 BGB. als allgemeinem Rechtsgrundsatz zu entnehmen, daß die Zollverwaltung auch ein Versehen der Personen zu vertreten hat, die sie mit der Ausübung der ihr obliegenden Fürsorge betraut hat. Es bedarf daher insoweit nicht einer Heranziehung des Artikels 131 RVerf., um eine Haftung des Beklagten für die für ihn tätig werdenden Personen zu begründen.

Die Zollverwaltung beruft sich darauf, daß die unstreitig bestehende Unmöglichkeit, ihrer Auslieferungspflicht im vollen Umfang nachzukommen, nicht auf einem von ihr nach § 102 VZG. zu vertretenden Umstande beruhe. Es kann keinem Bedenken unterliegen, auf die Rechtsbeziehungen der Parteien auch den in § 282 BGB. niedergelegten Rechtsgedanken anzuwenden und dem Beklagten die Beweislast dafür aufzuerlegen, daß diese Unmöglichkeit nicht auf einem von ihm nach § 102 VZG. zu vertretenden Umstand beruhe. Aus der Fassung des § 102 VZG. ist nichts zu entnehmen, was die Anwendung dieses Grundsatzes ausschlösse. Allerdings legt § 36 der Zollhof-Ordnung, welcher im übrigen der Sache nach nur die in § 102 VZG. niedergelegte Haftungsregelung wiederholt, ausdrücklich dem

Ersatzfordernden die Beweislast für ein Verschulden des Beklagten auf. Soweit aber danach die Rechtslage im Widerspruch mit den bestehenden Rechtsgrundsätzen zuungunsten des Benutzers geändert wird, ist ihm, wie ausgeführt, die Wirksamkeit zu versagen. Aus der Art der durch die Niederlegung geschaffenen Rechtsbeziehungen läßt sich ebenfalls nichts entnehmen, was der Anwendung jenes für bürgerlich-rechtliche Vertragsverhältnisse stets anerkannten Satzes auf dieses Rechtsverhältnis entgegenstünde, das in vielen Beziehungen einem Verwahrungsvertrag ähnelt. Bereits in der Entscheidung vom 30. Januar 1920 VII 426/19, wo es sich ebenfalls um eine zollamtliche Verwahrung handelte, hat das Reichsgericht die Beweislast ebenso verteilt. Die Anforderungen an die Beweispflicht des Beklagten dürfen allerdings nicht überspannt werden. Genügen wird der Nachweis der Wahrscheinlichkeit, daß das Gut ohne Verletzung der Sorgfaltspflicht abhanden gekommen sei, wenn nicht besondere Umstände entgegenstehen. Der Beklagte hat es jedoch an einer ausreichenden Darlegung in dieser Hinsicht fehlen lassen. Irgendwelche Anhaltspunkte dafür, wie der Verlust tatsächlich eingetreten ist, hat er nicht gegeben. Bei dem, was er als Erklärung für das Abhandenkommen der Güter angeführt hat, handelt es sich um reine Vermutungen. Die Ursachen des Verlustes sind also unaufgeklärt geblieben. Das geht nach dem Rechtsgedanken des § 282 BGB. zu Lasten des Beklagten.

Aber auch wenn man mit dem Berufungsgericht die Beweispflicht der Klägerin für ein Verschulden des Beklagten nach § 102 VZG. annimmt, ist das Ergebnis des angefochtenen Urteils nicht zu beanstanden. Das Berufungsgericht hat erwogen: Es könne bei dem Umfang der Ballen der Regel nach nicht angenommen werden, daß 12 Ballen aus der Niederlage verschwänden, ohne daß eine Verletzung der dem Beklagten obliegenden Sorgfalt in Frage komme, möge es nun an der gehörigen Ordnung gefehlt haben oder sei es, daß man die Ausgänge nicht ordnungsmäßig bewacht habe oder daß sonst die Verpflichtung sicheren Verschlusses verletzt worden sei. (Wird näher ausgeführt.) Diese Darlegungen enthalten keinen Rechtsirrtum. Aus den §§ 16 bis 40 der Niederlage-Ordnung ergibt sich, daß jede Behandlung der niedergelegten Güter sowie ihre Verabfolgung aus der Niederlage nur unter Aufsicht und Mitwirkung der Zollbehörde erfolgen darf. Es liegt insoweit nicht nur eine Berechtigung vor, sondern auch eine Verpflichtung der Niederlageverwaltung, die von der Pflicht sicheren Verschlusses nach § 102 VZG. mit umfaßt wird. Bei dieser Sachlage widerspricht es nicht der allgemeinen Erfahrung, wenn das Berufungsgericht annimmt, daß nach dem regelmäßigen Verlauf der Dinge beim Abhandenkommen der Ballen eine

Vernachlässigung der Sorgfaltspflicht des Beklagten mitgewirkt habe. Wenn es dann den der Klägerin obliegenden Verschuldensbeweis zunächst als geführt erachtet, setzt es sich nicht in Widerspruch zu geltenden Rechtsgrundsätzen.

Somit hat das Berufungsgericht ohne Rechtsirrtum angenommen, daß den Beklagten die Haftung für den eingetretenen Verlust nach § 102 VZG. treffe. Die Zollbehörde tritt in Rechtsbeziehungen zu dem Niederleger, wie sich aus dem Vereinszollgesetz und der Niederlage-Ordnung in ihrem Zusammenhalt ergibt. Dem Niederleger wird der Niederlageschein zugestellt, dessen rechtmäßiger Besitz zur Rückforderung des Gutes berechtigt (§ 12 der Niederlage-Ordnung). Als Niederleger sieht die Zollbehörde denjenigen an, den sie für befugt erachtet zur Verfügung über die niedergelegten Waren (§ 1 der Niederlage-Ordnung). Auch im übrigen werden in den Bestimmungen Eigentümer und „Disponent" nebeneinander genannt (vgl. §§ 101, 104 VZG.; §§ 21, 40 der Niederlage-Ordnung). Danach kann es keinem Zweifel unterliegen, daß der Niederleger, mag er auch nicht Eigentümer des beschädigten oder verlorengegangenen Gutes sein, zur Geltendmachung der Ersatzforderung nach § 102 VZG. berechtigt ist. Der Schaden, den die Klägerin geltend macht, ist allerdings der Schaden eines Dritten, nämlich der englischen Firma, für welche die Klägerin als Spediteur tätig geworden ist. Ihre Befugnis zur Geltendmachung dieses Schadens folgt jedoch aus entsprechender Anwendung des anerkannten Rechtsgrundsatzes, daß der Spediteur berechtigt ist, das Interesse seines Auftraggebers im Klagewege zu verfolgen, wenn er den Vertrag, aus dem sich ein Schaden des Auftraggebers ergibt, für dessen Rechnung eingegangen ist. Vorliegendenfalls hat die klagende Spediteurfirma das Gut, dessen Annahme der Empfänger verweigert hatte, für Rechnung und im Interesse der englischen Eigentümerin und Absenderin niedergelegt. Die Klägerin ist daher für Rechnung und im Interesse der Eigentümerin durch Niederlage des Zollguts in Rechtsbeziehungen zur Zollbehörde getreten. Wenn es sich hierbei auch nicht um einen Vertrag im eigentlichen Sinne handelt so entspricht doch die Sach- und Rechtslage völlig derjenigen, die sich bei Eingehung eines Vertrags im Interesse und für Rechnung der Absenderin ergeben hätte. Es kann daher kein Bedenken bestehen, auch der Klägerin die Befugnis einzuräumen, die Belange ihres Auftraggebers zu verfolgen. Allerdings könnte gegen diesen Anspruch eingewendet werden, daß die Auftraggeberin der Klägerin die Ablieferung des Erstrittenen nicht verlange und die Klägerin daher ungerechtfertigt bereichert werden würde. Eine solche Behauptung ist aber vom Beklagten nicht aufgestellt worden. Der Angriff der Revision, der sich gegen die Befugnis der Klägerin zur Verfolgung des Klaganspruchs richtet, ist daher unbegründet.

Dem Schadensersatzanspruch kann auch nicht § 7 des Gesetzes über die Haftung des Reichs für seine Beamten vom 22. Mai 1910 entgegengesetzt werden, der neben Art. 131 RVerf. aufrechterhalten geblieben ist. Die Haftung des Beklagten für den eingetretenen Verlust ergibt sich im vorliegenden Falle bereits auf § 102 VZG. Die Heranziehung des Art. 131 RVerf. zur Begründung des Klaganspruchs erübrigt sich daher. Damit scheidet auch die Anwendung von § 7 des Reichsbeamtenhaftungs-Gesetzes aus. . . .

RGZ. 108, 391

Öffentlich-rechtliche Gechäftsbesorgung. Aufwendungsersatz. Öffentlich-rechtliche Rechtsverhältnisse als Grundlage privatrechtlicher Ansprüche. —

Alter Leitsatz:

Darf eine Person des öffentlichen Rechts, welche für eine andere Person des öffentlichen Rechts deren öffentlich-rechtliche Geschäfte besorgt hat, einen ihr etwa zustehenden Anspruch auf Erstattung von Aufwendungen im ordentlichen Rechtswege verfolgen?

VI. Zivilsenat. Urt. v. 23. September 1924 i. S. Landwirtschaftskammer für die Provinz H. (Kl.) w. die Stadtgemeinde L. (Bekl.).

VII 756/23.

I. Landgericht Lüneburg. — II. Oberlandesgericht Celle.

Die Beklagte ist nach § 18 des Gesetzes über die Landwirtschaftskammern vom 30. Juni 1894 (GS. S. 126) verpflichtet, in ihrem Stadtbezirk die Kammerbeiträge einzuziehen und an die Klägerin abzuführen. Sie beansprucht dafür aber eine Vergütung. Dies Verlangen hält die Klägerin für ungerechtfertigt. Sie klagte auf Feststellung, daß die Beklagte die Kammerbeiträge ohne Vergütung zu erheben und abzuführen habe. Das Landgericht wies die Klage wegen Unzulässigkeit des Rechtswegs ab. In der von ihr beschrittenen Berufungsinstanz beantragte die Klägerin in erster Linie festzustellen, daß die Beklagte keine Ansprüche auf Vergütung für die ihr obliegende Erhebung und Abführung der Kammerbeiträge habe. In zweiter Linie stellte sie den Klagantrag erster Instanz. Das Oberlandesgericht wies die Berufung zurück. Die Revision hatte Erfolg.

Gründe:

Die Landwirtschaftskammern sind in Preußen nach § 1 des Gesetzes über Landwirtschaftskammern vom 30. Juni 1894 „zum Zweck der korporativen Organisation des landwirtschaftlichen Berufsstandes" errichtet worden. Sie wurden durch Königliche Verordnung, also durch einen öffentlich-rechtlichen Akt, geschaffen und sind Korporationen des öffentlichen Rechts. Deshalb sind die von ihnen erhobenen Beiträge den gemeinen öffentlichen Lasten gleichzuachten, deshalb werden Rückstände in derselben Weise wie Gemeindeabgaben eingezogen, § 18 Abs. 3 a. a. O. Die Novelle vom 16. Dezember 1920 (GS. 1921 S. 41) hat hieran nichts geändert. Verblieben ist es auch bei der Vorschrift des § 18 Abs. 1 des Gesetzes, nach welcher die Beiträge von den Gemeinden und Gutsbezirken auf Anweisung des Regierungspräsidenten erhoben und durch Vermittelung der Kreis-(Steuer-)Kassen an die Landwirtschaftskammern abgeführt werden. Den Gemeinden und Gutsbezirken wird also die Pflicht auferlegt, gewisse Geschäfte der Landwirtschaftskammern zu besorgen. Diese Pflicht wurzelt im öffentlichen Recht; auf ihre Erfüllung besteht deshalb kein privatrechtlicher Anspruch, der vor den ordentlichen Gerichten geltend gemacht werden könnte. Danach war der in erster Instanz gestellte Klagantrag vielleicht nicht unbedenklich, denn er forderte die Feststellung, daß die Beklagte verpflichtet sei, die Beiträge ohne Vergütung zu erheben und abzuführen. Es war also formell die Pflicht zum Erheben und Abführen der Beiträge zum Streitgegenstand gemacht worden, indessen der Ton des Antrages lag so unverkennbar auf den Worten „ohne Vergütung", daß ernstliche Zweifel über den Sinn des Antrages nicht wohl aufkommen konnten. Alle etwaigen Bedenken der eben erwähnten Art sind inzwischen durch den in zweiter Instanz neugefaßten Antrag ausgeräumt worden. Er ist zwar nur als Hauptantrag gestellt worden, neben ihm kann aber der formell als Hilfsantrag aufrechterhaltene ursprüngliche Antrag nicht mehr in Betracht kommen.

Gegen den nunmehrigen Hauptantrag hat der Berufungsrichter das Bedenken, daß danach über das Maß der öffentlich-rechtlichen Verpflichtung gestritten wird, welche das Gesetz der Beklagten auferlegt hat. Das ist nicht richtig. Die Beklagte hat die ihr obliegende Pflicht in vollem Umfang anerkannt und erfüllt. Das Maß einer Pflicht oder Leistung wird von der Frage nicht berührt, ob der Verpflichtete seinerseits eine Gegenleistung verlangen kann. Man kann auch nicht sagen, daß über die Bedingungen oder die Voraussetzungen gestritten wird, unter denen die Beklagte die ihr obliegende Pflicht zu erfüllen hat. Sie macht ihre Leistung von Bedingungen oder Voraussetzungen nicht abhängig, hat vielmehr vollständig selbständig eine Vergütung für ihre Tätigkeit verlangt. Das Recht auf diese Vergütung soll der Beklagten abgesprochen werden, zu diesem Zweck hat die Klägerin die negative Feststellungsklage angestrengt. Für diese Klage ist der Rechtsweg zulässig, wenn für die entsprechende positive Leistungsklage der Beklagten der Rechtsweg offen stehen würde. Diese Frage aber ist zu bejahen.

In der reichsgerichtlichen Rechtsprechung ist schon vielfach anerkannt worden, daß aus an sich öffentlich-rechtlichen Verhältnissen privatrechtliche Ansprüche hervorgehen können. Das ist z. B. angenommen worden bei der Obhutspflicht des Staates über amtlich in Verwahrung genommene Sachen. Die Grundsätze des bürgerlichen Rechts über den Verwahrungsvertrag sind hier für maßgebend erklärt worden, soweit sie mit der öffentlich-rechtlichen Grundlage des ganzen Verhältnisses vereinbar sind. Mit derselben Einschränkung sind auf die Rechtsbeziehungen von Personen des öffentlichen Rechts die Vorschriften des Bürgerlichen Gesetzbuchs über die Geschäftsbesorgung ohne Auftrag angewendet worden. In diese Richtung weist namentlich der § 679 BGB., wenn er von einer Geschäftsführung spricht, durch welche eine Pflicht des Geschäftsherrn erfüllt wird, deren Erfüllung im öffentlichen Interesse liegt. Solche Pflichten sind vornehmlich die öffentlich-rechtlichen Pflichten, und Träger dieser Pflichten sind vorzugsweise die Personen des öffentlichen Rechts. . . .

Im vorliegenden Fall läßt sich zwar nicht sagen, daß die Beklagte die Geschäfte der Klägerin ohne Auftrag besorgt hat; denn sie hat sie auf Grund gesetzlicher Vorschrift besorgt. Das ist aber nicht entscheidend. Der aus der oben wiedergegebenen Rechtsprechung abzuleitende allgemeine Rechtsgrundsatz geht dahin, daß eine Person des öffentlichen Rechts, welche für eine andere Person des öffentlichen Rechts deren öffentlich-rechtliche Geschäfte besorgt hat, einen ihr etwa zustehenden Anspruch auf Erstattung von Aufwendungen im ordentlichen Rechtswege verfolgen darf. Dieser Satz trifft auch auf die von der Beklagten erhobenen Ansprüche zu. . . .

Nach alledem ist der Rechtsweg auch für die von der Klägerin erhobene Feststellungsklage gegeben.

RGZ. 166, 218

Öffentlich-rechtliche Verwahrung als selbständiger Rechtstitel. —

Alter Leitsatz:

1. Kann der Ersatzanspruch gegen den Staat wegen Verlustes beschlagnahmter Sachen nur auf Art. 131 WeimVerf. in Verbindung mit § 839 BGB. oder auch auf das öffentlich-rechtliche Verwahrungsverhältnis gestützt werden?

2. Kann der auf das öffentlich-rechtliche Verwahrungsverhältnis gestützte Ersatzanspruch im ordentlichen Rechtswege verfolgt werden?

3. Steht der Ersatzanspruch aus dem öffentlich-rechtlichen Verwahrungsverhältnis dem Eigentümer der beschlagnahmten Sachen zu, auch wenn sich die Beschlagnahmeverfügung nicht gegen ihn richtete?

V. Zivilsenat. Urt. v. 10. März 1941 i. S. Deutsches Reich (Bekl.) w. St. (Kl.). V 35/40.

I. Landgericht Ratibor. — II. Oberlandesgericht Breslau.

Im Jahre 1921 wurden in E. im Besitze des Bäckermeisters M. aus Ry. von der Kriminalpolizei folgende Wertsachen beschlagnahmt und in amtliche Verwahrung genommen: zwei schwere goldene Herrenuhren — die eine reich mit Brillanten und Rubinen besetzt und mit einer goldenen Uhrkette versehen, die andere mit kunstvollem Schlagwerk ausgestattet —, ferner ein Paar Platinohrringe mit je einem 1½karätigen Brillanten. M. bezeichnete als Eigentümer der Schmucksachen den damals in R. bei Ry. wohnenden Viehhändler P. K. (Dieser, der ursprüngliche Kläger, ist im Laufe des Rechtsstreits verstorben. Seine Erbin Ch. St. führt den Rechtsstreit fort. Doch wird K. im folgenden der Einfachheit halber weiter als Kläger bezeichnet.) Der Bericht der Kriminalpolizei und später auch die beschlagnahmten Schmucksachen gelangten an die Staatsanwaltschaft in Ra., die unter dem Aktenzeichen 4 J 267/21 ein Ermittelungsverfahren „gegen W. M. u. Gen." wegen Diebstahls und Hehlerei einleitete. Die mit Schlagwerk versehene goldene Uhr und die Brillantohrringe wurden von der Staatsanwaltschaft im Juli 1922 bei dem Amtsgericht in Ra. hinterlegt; die mit Brillanten besetzte Uhr nebst Kette wurde im Januar 1923 bei der Saatsanwaltschaft in Büroverwahrung genommen. Sachbearbeiter war der inzwischen verstorbene Staatsanwaltschaftsrat J. Auf ein von ihm unterzeichnetes Ersuchen wurden am 30. August 1923 die Uhr mit dem Schlagwerk und die Ohrringe vom Amtsgericht (Hinterlegungsstelle) zu seinen Händen an den Oberstaatsanwalt in Ra. herausgegeben. Am gleichen Tage entnahm er gegen Quittung die andere Uhr nebst Kette „zwecks Aushändigung" der Büroverwahrung. Das Ermittlungsverfahren wurde am 3. September 1923 eingestellt. An wen und auf welchem Wege die Wertsachen ausgehändigt worden sind, läßt sich urkundlich nicht mehr feststellen. Die Akten 4 J 267/21 sind inzwischen vernichtet worden.

Der Kläger behauptet, Eigentümer der Wertsachen zu sein, und trägt vor: Er habe seinen Freund M. mit den Wertsachen nach H. entsandt, um sie von einem dort wohnenden Bekannten beleihen zu lassen. M. habe sich aber auftragswidrig zunächst zum Besuch eines Kriegskameraden nach E. begeben und diesem in einer Gastwirtschaft die Wertsachen gezeigt. Der Anblick der auffallend wertvollen Schmucksachen habe bei anwesenden Kriminalbeamten den Verdacht beabsichtigten Schmuggels erweckt und zur Beschlagnahme geführt. Bei seiner (des Klägers) polizeilicher Vernehmung in R. habe er den wahren Sachverhalt aufklären, insbesondere sein Eigentum nachweisen können und darauf von der Staatsanwaltschaft in Ra. die schriftliche Zusage erhalten, daß ihm die Wertsachen demnächst ausgehändigt werden würden. Dabei sei es aber geblieben. Trotz vielfacher schriftlicher und einiger mündlicher Vorstellungen in den Jahren 1923 bis 1936 habe er bei der Staatsanwaltschaft die Herausgabe der Wertsachen nicht erwirken können. Auf die meisten schriftlichen Anfragen habe er keine Antwort bekommen und im übrigen den Bescheid erhalten, daß über die Angelegenheit amtlich nichts bekanntgeworden sei. Unstreitig ist der Kläger noch im August 1934 von der Staatsanwaltschaft dahin beschieden worden, daß irgendwelche Vorgänge bei ihr nicht zu ermitteln seien und daß auch die Beamten sich einer derartigen Sache nicht zu erinnern vermöchten. Erst als es dem Kläger im August 1936 gelang, aus den Akten der Hinterlegungsstelle die zeitweilige Verwahrung eines Teiles der beschlagnahmten Wertsachen nachzuweisen, wurden von dem langjährigen leitenden Bürobeamten der Staatsanwaltschaft, dem inzwischen in den Ruhestand getretenen Justizoberinspektor R., der nach seiner Äußerung die Wertgegenstände seinerzeit monatelang verwahrt hat und sich der Vorgänge noch sehr gut erinnert, die eingangs mitgeteilten Tatsachen festgestellt.

Die Klage wird sowohl auf Art. 131 WeimVerf. in Verbindung mit § 839 BGB. (Amtspflichtverletzung des für gehörige Herausgabe der Wertsachen an den Berechtigten verantwortlichen Justizbeamten), als auch auf ein durch die Verwahrung zwischen den Parteien entstandenes öffentlich-rechtliches Schuldverhältnis gegründet. Sie geht auf Herausgabe der Wertsachen, hilfsweise auf Wertersatz. Nach Behauptung des Klägers sind die Sachen 50 000 RM. wert. Da ihm aber zur Verfolgung des Hilfsanspruchs das Armenrecht in den früheren Rechtsgängen vorerst nur in Höhe von 1000 RM. nebst 4 v. H. Prozeßzinsen bewilligt worden ist, hat er den Hilfsantrag entsprechend beschränkt. Der Beklagte bestreitet den Klageanspruch dem Grunde, den Hilfsanspruch auch der Höhe nach und führt hierzu aus: Die Wertgegenstände seien dem Berechtigten, nämlich M., ausgeantwortet worden, der auch die Kostenrechnung der Hinterlegungsstelle beglichen habe. Zur Aushändigung der Wertsachen an den Kläger habe kein Anlaß bestanden, da dieser sein Eigentum damals nicht geltend gemacht und übrigens bis zur Gegenwart nicht nachgewiesen habe. Heute sei die Herausgabe an den Kläger nicht mehr möglich. Ein Ersatzanspruch des Klägers bestehe nicht, weil Verschulden eines Justizbeamten nicht nachzuweisen sei. Auch soweit die Klage auf ein öffentlich-rechtliches Verwahrungsverhältnis gestützt werde, falle der Schuldbeweis dem Kläger zu und gehe die Unaufklärbarkeit des Verbleibes der Wertsachen zu seinen Lasten; denn wenn er sich rechtzeitig und nicht erst im Jahre 1934 um die Angelegenheit gekümmert hätte, würde die Staatsanwaltschaft sich den Beweis der gehörigen Aushändigung der Wertsachen gesichert haben. Weiter beruft der Beklagte sich auf Verjährung und auf Verwirkung des Klageanspruchs. . . . Die Kostenrechnung der Hinterlegungsstelle über 2 400 000 M ist nach den Akten am 30. August 1923 für den „Kaufmann M. in P." (d. h. nach Behauptung des Beklagten für den „Beschuldigten W. M.") ausgestellt und am 1. September 1923 abgesandt worden. Ausweislich des Kostenregisters für 1923 ist der genannte Betrag am 30. August von einem M. gezahlt worden.

Das Landgericht hat dem Hilfsantrage der Klage stattgegeben, das Oberlandesgericht die Berufung des Beklagten zurückgewiesen. Seine Revision blieb ohne Erfolg.

Gründe:

I. Das Berufungsgericht stellt fest, daß die — einen Wert von mindestens 1000 RM darstellenden — Schmucksachen dem Kläger gehört hätten, gleichwohl aber nach Aufhebung der Beschlagnahme weder ihm noch seinem Beauftragten M. ausgehändigt worden seien. Die Verantwortung für die heute unstreitig bestehende Unmöglichkeit der Rückgabe an den Kläger weist das Berufungsgericht dem Beklagten zu, weil dieser einen ihn entlastenden Grund für den Verlust der Sachen nicht nachweisen könne. Die Auffassung des Beklagten, daß die Unaufklärbarkeit des Verbleibes zu Lasten des Klägers gehe, wird mit der Feststellung zurückgewiesen, daß der Kläger schon vor August 1923 sein Eigentum bei der Staatsanwaltschaft in Ra. angemeldet, auch seitdem wiederholt — und zwar nicht erst im Jahre 1934 — Rückgabe gefordert und damit das seinige getan habe, um eine Verdunkelung des Tatbestandes zu verhüten. Auf Grund dieser Feststellungen hat das Berufungsgericht dem Kläger aus dem Rechtsgrund eines zwischen den Parteien entstandenen öffentlich-rechtlichen Verwahrungsverhältnisses einen weder für verjährt noch für verwirkt erachteten Schadensersatzanspruch in Höhe des hilfsweise geforderten Geldbetrages zuerkannt. Daß für diesen Anspruch der Rechtsweg offenstehe, wird in dem angefochtenen Urteil mit dem Hinweise bejaht, daß die Verfolgbarkeit derartiger Ansprüche vor den ordentlichen Gerichten zwar nicht ausdrücklich von Gesetzes wegen bestimmt, aber von jeher in der Rechtsprechung stillschweigend anerkannt worden sei.

II. Demgegenüber hält die Revision den Rechtsweg für unzulässig. In ausführlicher, auf die geschichtliche Entwicklung zurückgreifender Darstellung führt sie aus, daß die vom Berufungsgericht angezogene Rechtsprechung nur in dem vom Reichsgericht herausgebildeten, sog. historischen Begriff der bürgerlichen Rechtsstreitigkeit eine Stütze finde, eine stillschweigende Zulassung des Rechtsweges aus der Überlieferung heraus aber seit dem Umbruch des Jahres 1933 nicht mehr anerkannt werden könne. Bei Nachprüfung der Rechtslage ergibt sich indessen, daß der vom Berufungsgericht dem Kläger zuerkannte Anspruch im Rechtswege verfolgbar ist.

1. Die Beschlagnahme bedeutete, daß die Sachen kraft staatshoheitlichen Zwanges in amtlichen Gewahrsam genommen wurden, um für die eingeleitete strafverfahrensrechtliche Untersuchung als Beweismittel zu dienen oder um ihre etwa zulässige spätere Einziehung sicherzustellen (§ 94 StPO.). Die Beschlagnahme war also nur eine vorläufige Maßnahme. Bis zu einer (im Streitfall nicht verfügten und auch nicht mehr in Betracht kommenden) Einziehung blieben die in der bürgerlichen Rechtsordnung begründeten Rechte an den beschlagnahmten Sachen bestehen, und mit der im August 1923 von der Staatsanwaltschaft angeordneten Aufhebung der Beschlagnahme fiel die dadurch geschaffene Rechtsbeschränkung fort. Aus der Beschlagnahme erwuchs für den Staat und seine Organe die Pflicht zur Obhut sowie — nach Erledigung des Zweckes der Beschlagnahme und vorbehaltlich entgegenstehender staatlicher Belange — zur Rückgabe der beschlagnahmten Gegenstände in unversehrtem Zustand an den Berechtigten. Bei Beratung des Entwurfs der Strafprozeßordnung ist zwar abgelehnt worden, in das Gesetz eine Vorschrift des Inhalts aufzunehmen, daß bei Verletzung der Obhut- und Rückgabepflicht die Staatskasse für den dem Eigentümer entstandenen Schaden schlechthin oder nach den für die gerichtliche Hinterlegung geltenden Rechtsnormen haften solle. Das geschah aber nur, weil man den in den Ländern geltenden Rechtszustand insoweit für ausreichend erachtete, auch nicht für angezeigt hielt, der Strafprozeßordnung eine in das Zivilrecht einschneidende Haftungsvorschrift einzufügen (H a h n Materialien zur Strafprozeßordnung 2.Abt. S. 1819/36). An dem bestehenden Rechtszustande sollte also nichts geändert werden. Auf diesem Rechtsboden aber wird bei Verletzung der Obhut- und Rückgabepflicht, wie sie auch in anderen Fällen amtlicher Ingewahrsamnahme besteht, dem Berechtigten in Schrifttum und Rechtsprechung ein von den gesetzlichen Voraussetzungen des Art. 131 WeimVerf. unabhängiger Ersatzanspruch aus einem Verwahrungsverhältnis zuerkannt, das, wie seit der Entscheidung RGZ. Bd.115 S.419*) in der Rechtsprechung feststeht, nirgends als bürgerlich-rechtlich zu bewerten, sondern allenthalben lediglich nach öffentlichem Recht zu beurteilen ist (vgl. S c h a c k in RVerwBl. 1935 S. 189 und in DtschGemeinWirtschRecht 1939 S. 17, W e i g e r t in Gruch. Bd. 69 S. 303, S p r o t t e in Fischers Zeitschrift f. VerwRecht Bd. 61 S. 68).

Diese Rechtsauffassung ist allerdings nicht unwidersprochen geblieben. So nehmen F l e i n e r (Institutionen des deutschen Verwaltungsrechts 8. Aufl. 1928 S. 338) und — mit ausführlicher Begründung — v o n A r n s w a l d t (in Gruch. Bd. 73 S. 459) an, daß beim Mangel

*) In diesem Band S. 238

einer besonderen Haftungsvorschrift, wie sie z. B. § 102 des Vereinszollgesetzes enthält (vgl. RGZ. Bd. 115 a.a.O.)*) auch im Fall eines kraft öffentlicher Gewalt begründeten Verwahrungsverhältnisses ein Ersatzanspruch nur aus Art. 131 WeimVerf. herzuleiten sei. Nach von Arnswaldt behält aber für diesen Ersatzanspruch der Begriff der öffentlich-rechtlichen Verwahrung insofern seine Bedeutung, als aus ihm Inhalt und Umfang der mit der Inverwahrnahme entstehenden Amtspflichten durch Anwendung der in §§ 688ff., 278, 282 BGB. ausgeprägten und in der Rechtsprechung hierzu entwickelten Rechtsgedanken zu bestimmen seien.

Der Meinungsstreit hat seine Bedeutung, weil der Anspruch aus dem *öffentlich-rechtlichen Verwahrungsverhältnis dem Berechtigten* günstiger ist als der Staatshaftungsanspruch aus Art. 131 WeimVerf. So besteht der öffentlich-rechtliche Anspruch nicht nur hilfsweise (§ 839 Abs. 1 Satz 2 BGB.), geht bei Versäumung eines Rechtsmittels nicht unbedingt verloren (§ 839 Abs. 3), hängt bei Ausländern nicht von Verbürgung der Gegenseitigkeit ab (§ 7 des Reichshaftungsgesetzes vom 22. Mai 1910 [RGBl. S. 798]) und unterliegt nicht der kurzen Verjährung nach § 852 BGB. (vgl. das auch im folgenden mehrfach angezogene Reichsgerichtsurteil III 1/35 vom 24. September 1935, in verschiedenen Auszügen abgedruckt in JW. 1936 S. 383 Nr. 9, HRR. 1936 Nr. 188, DRZ. 1935 Nr. 658, SeuffArch. Bd. 90 Nr. 22, RVerwBl. 1936 S. 257).

Aus der von ihm dargestellten Entwicklung der Rechtsprechung gewinnt von Arnswaldt die Überzeugung, daß die Gerichte den Staat aus öffentlich-rechtlicher Verwahrung nur deshalb und nur dort für verantwortlich erachtet haben, weil und wo eine Haftung für ein auf hoheitsrechtlichem Gebiete liegendes schadenstiftendes Beamtenversehen nach der jeweiligen Rechtslage anders nicht zu begründen war. Er folgert daraus, daß für einen selbständigen Ersatzanspruch aus einem öffentlich-rechtlichen Verwahrungsverhältnis kein Raum mehr sei, seitdem Art. 131 WeimVerf. dem Geschädigten allgemein einen im Rechtswege verfolgbaren Ersatzanspruch gebe, und sucht die Richtigkeit dieses Satzes durch eine Zusammenstellung einschlägiger neuerer Entscheidungen zu beweisen. Diese Beweisführung ermangelt jedoch der Überzeugungskraft. Als Art. 131 geschaffen wurde, lag bereits eine jahrzehntelange, feste, zwar nicht einheitlich begründete und fast ausnahmslos noch in überkommenen bürgerlich-rechtlichen Anschauungen sich bewegende, aber im Ziele klare Rechtsprechung vor, laut welcher der Staat nach eigenen Rechtsregeln für Verlust oder Beschädigung beschlagnahmter Sachen dem Berechtigten einzustehen hat. Wenn diese Haftung hätte beseitigt

*) In diesem Band S. 238

und durch die dem Geschädigten weniger günstige Regelung in Art. 131 hätte ersetzt werden sollen, wäre ein Ausspruch hierüber in der genannten Vorschrift erforderlich gewesen. Daran fehlt es. Durch Art. 131 ist lediglich die nach § 839 BGB. einen Beamten treffende Verantwortung für eine bei Ausübung öffentlicher Gewalt begangene Amtspflichtverletzung von Reichs wegen dem Staat oder der Körperschaft auferlegt worden, in deren Dienst der Beamte steht. Dagegen ist dort über eine schon anderweit begründete Verantwortlichkeit des Staates nichts bestimmt. Die Entstehungsgeschichte der Vorschrift gibt denn auch keinen Anhalt dafür, daß mit ihr der bisher geltende Rechtszustand auf dem Gebiete derartiger öffentlich-rechtlicher Verwahrungsverhältnisse geändert werden sollte (Verhandlungen der Verfassunggebenden deutschen Nationalversammlung Bd. 328 S. 1637/41). Dieses Gebiet hebt sich aus dem größeren Kreise der Staatsverantwortung für Amtspflichtverletzungen deutlich ab. Die Vergleichung (nicht: Gleichsetzung) mit einer Verwahrung des täglichen Lebens ist durchaus sinnfällig. Deshalb ist an der Auffassung festzuhalten, daß — zunächst dem sachlichen Rechte nach — neben der in Art. 131 geordneten Staatshaftung eine selbständig zu begründende Verantwortung des Staates auf Grund eines öffentlich-rechtlichen Verwahrungsverhältnisses bestehen kann. Hiergegen hat auch die Revision, die lediglich die Verfolgbarkeit eines so erwachsenden Anspruchs im ordentlichen Rechtsweg in Abrede stellt, nichts vorgebracht.

2. Mit der Klarstellung, daß das durch amtliche Ingewahrsamnahme entstehende Rechtsverhältnis zwischen dem Staat und dem Betroffenen lediglich öffentlichen Rechtsregeln unterliegt, ist über die Zulässigkeit des Rechtsweges für einen Anspruch auf Schadloshaltung wegen verschuldeter Unmöglichkeit der Rückgabe noch nichts Entscheidendes gesagt. Denn in § 13 GVG., der von der Zulässigkeit des Rechtsweges handelt, ist keineswegs bestimmt, daß vor die ordentlichen Gerichte außer den (dem öffentlichen Recht zugehörenden) Strafsachen nur bürgerliche Rechtsstreitigkeiten (im unten noch zu erörternden sachlichen Sinne) zu bringen sind. Mit der bezeichneten Vorschrift hat, wie ihre Entstehungsgeschichte ergibt (H a h n Materialien zu dem Gerichtsverfassungsgesetz 1. Abt. S. 47), im Verhältnis zwischen Justiz und Verwaltung die Zuständigkeit zur Entscheidung von Rechtsstreitigkeiten aller Art weder erschöpfend noch in erster Reihe geordnet werden sollen. Beim Erlaß der Reichsjustizgesetze (1877) fand der Gesetzgeber einen sehr unübersichtlichen Rechtszustand in den einzelnen deutschen Staaten vor. Wegen der unvermeidlichen Rückwirkung, welche die Abgrenzung zwischen Justiz und Verwaltung auf die innere Verfassung der einzelnen Bundesstaaten und das in ihnen geltende Recht haben mußte, ver-

zichtete der Reichsgesetzgeber darauf, einen eigenen Begriff der bürgerlichen Rechtsstreitigkeit aufzustellen. Er setzte statt dessen diesen Begriff als gegeben voraus, weil und wie er ihn ungeachtet seiner Verschiedenheit in den einzelnen Reichsgebieten überall gesetzlich — sei es im geschriebenen, sei es im ungeschriebenen Recht — bereits „fixiert" vorfand. Demnach wurde die damals bestehende Grenze zwischen Justiz und Verwaltung mit vollem Bedacht aufrechterhalten.

Diese Grenze verlief weder damals noch verläuft sie heute so, daß alle Rechtsstreitigkeiten aus bürgerlich-rechtlichen Tatbeständen vor die ordentlichen Gerichte und alle Rechtsstreitigkeiten aus öffentlich-rechtlichen Tatbeständen vor Verwaltungsbehörden oder Verwaltungsgerichte gehören. Bürgerliche Rechtsstreitigkeiten sind solche über Rechtsfolgen des Privatrechts, und privatrechtlich ist ein Rechtsverhältnis der Volksgenossen zueinander, soweit es nicht von ihrer Zugehörigkeit zu einem öffentlichen Gemeinwesen unmittelbar beeinflußt wird. Öffentlich-rechtlich ist das Verhältnis, in dem der einzelne Volksgenosse kraft seiner Unterwerfung unter die Gewalt des Staates (oder einer sonstigen öffentlichen Gemeinschaft) zu dieser öffentlichen Gewalt oder ihren Trägern oder den der gleichen Gewalt Unterworfenen steht. . . .

Der im vorstehenden umschriebene Begriff der bürgerlichen Rechtsstreitigkeit ist dem Wesen der Sache entnommen und gibt ein „materielles" Unterscheidungsmerkmal. In diesem Sinne wird der Begriff auch in § 13 GVG. gefaßt. Daneben gibt es den Begriff der bürgerlichen Rechtsstreitigkeit im „formellen" Sinne (Justizsache, Zivilprozeßsache). Darunter fallen erstens die bürgerlichen Rechtsstreitigkeiten im sachlichen Sinne, soweit sie nicht trotz ihrer privatrechtlichen Natur durch Reichs- oder Landesgesetz den ordentlichen Gerichten entzogen und in ein Verwaltungsverfahren verwiesen sind, und zweitens diejenigen Rechtsstreitigkeiten, für die ungeachtet der öffentlich-rechtlichen Natur des anspruchbegründenden Tatbestandes nach geltendem Reichs- oder Landesrecht der ordentliche Rechtsweg eröffnet ist. Von diesem förmlichen Begriffe geht § 71 GVG. aus, da er zu den bürgerlichen Rechtsstreitigkeiten auch Prozeßsachen über Ansprüche rechnet, die, wie die auf Grund des Reichsbeamtengesetzes gegen den Reichsfiskus erhobenen Ansprüche, zweifellos nicht bürgerliche Rechtsstreitigkeiten im sachlichen Sinne sind. Die Vorschrift in § 13 GVG. enthält insofern keine erschöpfende Zuständigkeitsabgrenzung, als sie über die sogenannten „bürgerlichen Rechtsstreitigkeiten kraft Zuweisung" völlig schweigt. Ferner gilt die Vorschrift erst in zweiter Reihe. Nur wenn das geltende Reichs- oder Landesrecht auf die Frage nach der Zulässigkeit des Rechtsweges im Einzelfalle weder eine bejahende noch eine verneinende Antwort gibt, ist auf die Rechtsnatur des anspruchbegründenden Tatbestandes zurückzugehen und je nachdem, ob er als bürgerlich-rechtlich oder öffentlich-rechtlich zu erkennen ist, die Zulässigkeit des Rechtsweges zu bejahen oder zu verneinen.

Bei der danach gebotenen Entscheidung ist in jedem Falle die Rechtslage zur Zeit des Schlusses der mündlichen Verhandlung maßgebend, auf die das Urteil ergeht. Mithin kommt es, wenn erst aus der Natur des anspruchbegründenden Rechtsverhältnisses die Lösung zu gewinnen ist, auf die in dem genannten Zeitpunkte zutreffende Beurteilung an; ob das Rechtsverhältnis dem bürgerlichen oder dem öffentlichen Recht angehört, ist unzweifelhaft von der Rechtsauffassung der Gegenwart und nicht von derjenigen des Jahres 1877 her zu bestimmen. Ebenso ist, wenn schon das Reichs- oder Landesrecht eine gewisse Norm oder eine sonstige Unterlage für die Entscheidung gibt, das bei Abgabe der Entscheidung geltende Recht anzuwenden. Dagegen bleibt, wenn insofern keine Änderung der Rechtslage gegenüber derjenigen des Jahres 1877 festzustellen ist, einem Anspruch, der zu jener Zeit im Rechtswege verfolgbar gewesen wäre, heute nicht deshalb der Rechtsweg verschlossen, weil inzwischen die Anschauung von der bürgerlich-rechtlichen Natur des zugrunde liegenden Rechtsverhältnisses verlassen worden ist. Eine einmal geschaffene Rechtsordnung verliert nicht schon dadurch ihre Geltung, daß die Rechtsanschauung, aus der sie erwuchs, sich im Laufe der Zeiten gewandelt hat. Ein solcher Wandel kann ein die Rechtslage änderndes Eingreifen des Gesetzgebers hervorrufen, auch unter Voraussetzungen, die hier indessen nicht gegeben sind, zur Bildung entgegenstehenden Gewohnheitsrechts führen. Selbst ohne Rechtsänderung können ferner die Gerichte einer Änderung der Rechtsanschauung bei Anwendung sogenannter Generalklauseln Rechnung tragen. Auch das kommt hier nicht in Betracht. Jenseits dieser Grenzen aber ändern sich mit den Rechtsanschauungen nicht ohne weiteres die Rechtseinrichtungen. Diese behalten vielmehr, wie es ohne Gefährdung der Rechtssicherheit auch nicht wohl anders sein könnte, über den Wechsel stets wandelbarer Rechtsansichten hinaus ihre Geltung so lange, bis an ihre Stelle im Wege geschriebener oder ungeschriebener Rechtsetzung eine neue Rechtseinrichtung tritt.

Es ist im Grunde nur ein Anwendungsfall dieses allgemeingültigen Satzes, daß das Reichsgericht in ständiger Rechtsprechung zu den bürgerlichen Rechtsstreitigkeiten im förmlichen Sinne diejenigen Streitsachen gerechnet hat, die — ohne Rücksicht auf die nach heutiger Rechtsanschauung öffentlich-rechtliche Natur des anspruchbegründenden Rechtsverhältnisses — nach dem bei Verkündung des Gerichtsverfassungsgesetzes geltenden Rechtszustande von den ordentlichen Gerichten entschieden werden sollten, und daß es hiervon nur abgegangen ist, wenn einem im Einzelfall eingreifenden jüngeren Reichs- oder Landesgesetz der Ausschluß des Rechtsweges zu entnehmen war. Nachdem einmal erkannt war, daß § 13 GVG. nur vorbehaltlich einer entgegenstehenden Ordnung die Grenze zwischen Justiz und Verwaltung nach einem sachlichen Unterscheidungsmerkmal (bürgerlich-rechtliche Natur des Anspruchs) gezogen wissen will, ließ sich der Schluß nicht abweisen, daß alle Streitsachen, für die nach dem Rechtszustande des Jahres 1877 der Rechtsweg zugelassen war, ohne Rücksicht auf einen Wandel in der Anschauung über die Abgrenzung zwischen öffentlichem und privatem Recht bis zu abweichender gesetzlicher Regelung den ordentlichen Gerichten belassen bleiben sollten. So gesehen ergibt die bezeichnete Rechtsprechung durchaus nichts Regelwidriges. „Historisch" wie der von ihr geprägte Begriff der bürgerlichen Rechtsstreitigkeit im förmlichen Sinn ist jedes Rechtsgebilde, das durch gesetzliche „Fixierung" ein vom Fortbestande der formenden Rechtsanschauung unabhängiges Dasein erlangt hat. Nur scheint die Kennzeichnung des aufgestellten Begriffes als eines historischen gelegentlich zu der irrigen Vorstellung geführt zu haben, als solle für das Urteil über das (erst in zweiter Reihe entscheidende) Wesen einer bürgerlichen Rechtsstreitigkeit im sachlichen Sinne die Rechtsanschauung einer längst verflossenen Zeit maßgebend sein. Wie zur Klarstellung nochmals hervorgehoben werden mag, ist geschichtlich zu verstehen nur der Begriff der bürgerlichen Rechtsstreitigkeit im förmlichen Sinne; dieser umfaßt außer den nach der gegenwärtigen Rechtsanschauung zu bestimmenden bürgerlichen Rechtsstreitigkeiten im sachlichen Sinne auch solche Streitsachen, die unabhängig von der rechtlichen Natur des anspruchbegründenden Rechtsverhältnisses nach der gegenwärtigen Rechtslage vor die ordentlichen Gerichte gehören, und diese Rechtslage ist, wenn sie sich seitdem nicht geändert hat, noch diejenige des Jahres 1877. . . .

An der bisherigen Rechtsprechung ist auch gegenüber den von der Revision vorgebrachten Bedenken festzuhalten. Die im Schrifttum (Schelcher Ergänzungsheft zu Fischers Zeitschrift für Praxis und Gesetzgebung der Verwaltung Bd. 50 S. 1; Hofacker ArchZivPrax. Bd. 118 S. 281) geübte Kritik aus den Jahren 1919/20 steht noch unter dem Einfluß der staatsrechtlichen Lehre von der Gewaltenteilung, die schließlich die drei Gewalten (Gesetzgebung, Verwaltung, Justiz) zu eigenständigen, hier und da die Dinge gewissermaßen vom Stande der eigenen Hausmacht aus betrachtenden, staatlichen Machtbereichen werden ließ. . . .

Otto Mayer, auf dessen Meinung in der 2. Auflage seines Lehrbuches „Deutsches Verwaltungsrecht" die Revision sich beruft, lehnt dort (Bd. 1 S. 180) freilich den historischen Begriff der bürgerlichen

Rechtsstreitigkeit für die Zeit nach dem Inkrafttreten des Bürgerlichen Gesetzbuches ab, jedoch mit dem Zusatze, daß der Gesetzgeber sich aufraffen und den obdachlos gewordenen öffentlich-rechtlichen Sachen ihren Platz anweisen müsse. Danach teilte Otto Mayer die vom Reichsgericht vertretene Auffassung, daß ein Wechsel der Anschauung über die Grenze zwischen öffentlichem und privatem Recht eine nunmehr als öffentlich-rechtlich erkannte Streitsache nicht ohne weiteres dem ihr bislang geöffnet gewesenen Rechtsweg entziehe, sondern daß es hier einer gesetzgeberischen Maßnahme bedürfe. Nicht unerwähnt soll bleiben, daß in der dritten und letzten Auflage des bezeichneten Werkes (1924) von der dort (Bd. 1 S. 175) des näheren zustimmend gewürdigten Rechtsprechung des Reichsgerichts zu § 13 GVG. zusammenfassend gesagt wird, daß mit ihr „die Sache wohlgeordnet sei, wie einerseits das Bedürfnis des Lebens und andererseits die geistige Durchdringung des Verwaltungsrechtes es verlange". Auf die Meinung dieses Rechtslehrers kann sich also die Revision nicht wohl berufen.

Die Revision macht sich die Ausführungen Weigerts (a.a.O.) zu eigen, daß innerer Grund für die Zulassung des Rechtsweges bei Verletzung einer staatlichen Obhutpflicht das offensichtliche Bestreben der Gerichte gewesen sei, ein Übergreifen der Staatsgewalt über die zweckbestimmten Grenzen zu verhindern und den einzelnen nicht ohne Rechtsschutz gegenüber der Staatsgewalt zu lassen. . . . Dieser Einwand trifft wohl eine heute als rechtsirrig erkennbare Überdehnung des historischen Begriffs der bürgerlichen Rechtsstreitigkeit, kann aber nicht zur Aufgabe der Begriffsbestimmung selber führen. . . . Der historische Begriff der bürgerlichen Rechtstreitigkeit ist unmittelbar dem aus der amtlichen Begründung erschlossenen Inhalt des Gesetzes selber (§ 13 GVG.) entnommen worden, und es würde der Richtigkeit dieser Begriffsbestimmung wie den bei Anwendung im Einzelfalle zu gewinnenden Ergebnissen nicht abträglich sein, wenn der gesetzgeberische Wille jener Zeit einer damals und auch später noch vorhandenen Grundeinstellung der Gerichte, wie Weigert sie annimmt, entgegengekommen sein sollte. Richtungweisend bei Handhabung der Gerichtsgewalt ist jedenfalls heute nicht mehr eine innere, der Erforschung unzugängliche Grundeinstellung dieser Art, sondern die aus der Rechtslage mit darstellbarer und nachzuprüfender Begründung gewonnene Überzeugung, daß bis zu abweichender gesetzlicher Ordnung das 1877 vorhandene Gebiet der ordentlichen Gerichtsbarkeit allein durch einen Wandel in der Anschauung über die Abgrenzung zwischen öffentlichem und privatem Recht nicht verkleinert werden sollte. . . .

Hiernach bedarf es nur noch der Prüfung, ob ein Rechtsstreit von der Art des vorliegenden nach dem Rechtsstande des Jahres 1877 zu den bürgerlichen Rechtsstreitigkeiten (im förmlichen Sinne) gehört und auch inzwischen nicht durch eine Änderung dieses Rechtszustandes (im Gegensatz zur Änderung der Anschauung über die Natur des anspruchbegründenden Rechtsverhältnisses) dem Rechtsweg entzogen worden ist. Eine den Rechtsweg ausschließende Norm ist nicht vorhanden. Andererseits fehlt eine ihn ausdrücklich eröffnende Gesetzesbestimmung. Zu bejahen ist aber eine stillschweigende Zuweisung derartiger Rechtsstreitigkeiten an die ordentlichen Gerichte. Solche stillschweigende Zuweisung ist möglich und kommt häufig vor. Für zahlreiche Streitigkeiten, die inzwischen als dem öffentlichen Recht zugehörig erkannt sind, und zwar vornehmlich gerade für vermögensrechtliche Ansprüche gegen den Fiskus, ergibt sich die Zulässigkeit des Rechtswegs aus der in den anzuwendenden Vorschriften zum Ausdruck gelangten Rechtsauffassung, wie sie durch Auslegung zu erschließen oder an ständiger Rechtsübung zu erkennen ist. Daß bei Verkündung des Gerichtsverfassungsgesetzes für Schadensersatzansprüche wegen Abhandenkommens polizeilich oder gerichtlich beschlagnahmter Sachen in den deutschen Bundesstaaten der Rechtsweg gegeben war, will die Revision voraussetzen. Der von ihr für die Zeit vor der Jahrhundertwende vermißte Nachweis eines solchen Rechtszustandes ist an Hand älterer Entscheidungssammlungen im Schrifttum bereits geführt worden (W e i g e r t und ferner S p r o t t a.a.O.). Es genügt, auf die Urteile der Oberappellationsgerichte in Kassel, Dresden und Berlin aus den Jahren 1847, 1851 und 1871 zu verweisen, die abgedruckt sind in SeuffArch. Bd. 3 Nr. 327, Bd. 5 Nr. 135 und Bd. 26 Nr. 34. Gegenteilige Entscheidungen aus jener Zeit liegen nicht vor. Danach galt im Jahre 1877 in weiten Teilen des damaligen Reichsgebietes und namentlich in Preußen kraft einer auf innerer Rechtsüberzeugung beruhenden gleichmäßigen Übung von langer Dauer ein Rechtssatz des Inhalts, daß in derartigen Schadensfällen gegenüber dem Staate bei den ordentlichen Gerichten Recht gesucht werden könne. Dieser auf Gewohnheitsrecht gegründete Rechtszustand ist bei Schaffung des § 13 GVG. aufrechterhalten und seitdem nicht geändert worden. Er gilt deshalb auch heute noch.

Richtig ist, daß dem Kläger, wenn ihm der Rechtsschutz der ordentlichen Gerichtsbarkeit versagt wäre, immer noch die Dienstaufsichtsbeschwerde zu Gebote stünde. Bei der bestehenden Rechtslage ist dies indessen ebensowenig ein Grund, die Zulässigkeit des ordentlichen Rechtsweges zu verneinen, wie umgekehrt die Tatsache, daß eben nur eine solche Beschwerde und kein verwaltungsgerichtliches oder gleichgeartetes Verfahren bliebe, für sich allein zur Bejahung führen könnte*). Immerhin ist das Fehlen eines anderen geordneten

*) Vgl. dazu jetzt aber Art. 19 Abs. 4 GG. (D. S.).

Rechtsschutzverfahrens in Fällen, in denen seit langer Zeit in fester Rechtsprechung die Zulässigkeit des Rechtsweges angenommen wurde, ein Anzeichen dafür, daß der Gesetzgeber, der inzwischen auf anderen Rechtsgebieten nicht selten den Rechtsweg ausdrücklich ausgeschlossen oder die Bindung der Gerichte an Entscheidungen der Verwaltungsbehörden bestimmt hat, den Rechtsweg für Ansprüche von der Art des vorliegenden weiter für gegeben erachtet. Dies gilt um so mehr, als ein Rechtsuchender auf eine Dienstaufsichtsbeschwerde nur da beschränkt zu sein pflegt, wo es sich um reine Billigkeits- oder Ermessensentscheidungen handelt, wie sie hier, wo um ein Recht auf Entschädigung wegen schuldhafter Eigentumsverletzung gestritten wird, unzweifelhaft nicht in Frage stehen.

III. Die von Amts wegen gebotene Nachprüfung des angefochtenen Urteils auf richtige Anwendung des sachlichen Rechts erweist keinen den Urteilsbestand gefährdenden Rechtsfehler.

1. Ob der erhobene Anspruch in der Person des Klägers begründet ist, hat das Berufungsgericht nach der Richtung hin geprüft, ob das durch die Beschlagnahme begründete öffentlich-rechtliche Verwahrungsverhältnis dem Kläger gegenüber bestand.

Die Fragestellung ergibt sich aus der Tatsache, daß die Beschlagnahmeverfügung sich nicht gegen den Kläger persönlich, sondern gegen den Bäckermeister M. richtete. Der Beklagte hat daraus gefolgert, daß er aus dem durch die Beschlagnahme begründeten, „nach den Vorschriften über den Verwahrungsvertrag" zu beurteilenden Rechtsverhältnis doch nicht dem Kläger hafte. Denn solchenfalls würde, so hat er ausgeführt, der Kläger vermöge einer gegen den Besitzer M. gerichteten Beschlagnahme seiner Habe besser stehen, als wenn M. sie vertraglich in Verwahrung gegeben hätte, da er aus einem von M. abgeschlossenen Verwahrungsvertrag unzweifelhaft keinen Anspruch erheben könnte. Eine Besserstellung des Klägers sei aber nicht der Sinn der vom Berufungsgericht angewendeten Rechtssätze über eine durch staatshoheitliche Ingewahrsamnahme begründete Obhutpflicht. Dieser Rechtsauffassung des Beklagten ist das Berufungsgericht mit Recht nicht gefolgt. Die ältere Rechtsanschauung, daß die durch eine Beschlagnahme begründeten Rechtsbeziehungen des Betroffenen zum Staate vertraglicher oder vertragsähnlicher Art seien, ist seit langem überwunden und darf auch die Entscheidung darüber nicht mehr beeinflussen, wem auf Grund dieser Rechtsbeziehungen ein Ersatzanspruch (im Gegensatz zu einem Herausgabeanspruch; vgl. RG. III 1/35) erwächst. Zugrunde liegt dem vom Berufungsgericht bejahten Haftungstatbestande die oben bereits berührte Erwägung, daß eine Beschlagnahme die in der bürgerlichen Rechtsordnung begründeten Rechte an den beschlagnahmten Sachen bestehen läßt und, weil es sich bei ihr um eine vorläufige Maßnahme handelt, den Staat und seine Organe verpflichtet, durch sorgsame Behandlung die nach Erledigung des Zweckes der Beschlagnahme demnächst etwa zu verfügende Rückgabe der Sachen im unversehrten Zustand an den Berechtigten zu gewährleisten. Zu den Rechten, auf deren Erhaltung — vorbehaltlich entgegenstehender, im Streitfall aber nicht mehr in Betracht kommender öffentlicher Belange — danach Rücksicht zu nehmen ist, gehört in jedem Fall und vornehmlich das Eigentum. Freilich vermitteln die neben einer Beschlagnahme gewöhnlich einhergehenden amtlichen Erhebungen der zuständigen Behörde nicht immer eine sichere Kenntnis, wem die beschlagnahmten Sachen gehören. Deshalb wird der Staat in der Regel durch Herausgabe an denjenigen entlastet, in dessen Gewahrsam sich die Sache bei der Beschlagnahme befand. Ohne dessen Zustimmung ist die zuständige Behörde im allgemeinen nicht einmal befugt, die Sache an einen anderen, und sei es die das Eigentum daran in Anspruch nehmende Person, herauszugeben. Es ist nicht Aufgabe einer Strafverfolgungsbehörde, den Besitzstand an einer durch Beschlagnahme vorübergehend in ihren amtlichen Machtbereich gelangten Sache unter den Beteiligten zu ordnen. Das haben die Beteiligten unter sich auszumachen und dazu erforderlichenfalls die Gerichte anzurufen (Gündel-Hartung StPO. 19. Aufl. Bem. 1 zu § 111; vgl. ferner die AV. d. RJM., betr. Richtlinien für das Strafverfahren, vom 13. April/7. August 1935 [Amtl. Sonderveröffentlichung der DJ. Nr. 7] Nr. 103 bis 105). Ein Sonderfall ist nach § 111 StPO. dann gegeben, wenn es sich um Gegenstände handelt, die durch eine strafbare Handlung dem Verletzten entzogen worden sind. So lag die Sache hier nicht. Grundsätzlich war demnach der Beklagte auch dem Kläger gegenüber befugt, die beschlagnahmten Wertsachen an M. herauszugeben. Ob anders zu entscheiden wäre, wenn die Staatsanwaltschaft in Ra., wie der Kläger behauptet, das Berufungsgericht aber nicht festgestellt hat, dem Kläger in Anerkennung seiner Eigentumsrechte die Herausgabe an ihn zuvor zugesagt haben sollte, kann unerörtert bleiben. Denn nach den Feststellungen des Berufungsgerichts sind die Sachen auch an M. nicht herausgegeben worden, sondern auf eine heute nicht mehr aufklärbare Weise ohne Zutun des Klägers oder seines genannten Beauftragten in unrechte Hände geraten. Bei dieser Sachlage kann der Beklagte eine Ersatzpflicht gegenüber dem Kläger nicht deshalb ablehnen, weil er sich durch Herausgabe an M. hätte befreien können. Die Frage, wer zum Rückempfang berechtigt gewesen wäre, hat sich mit der Feststellung erledigt, daß die Rückgabe an irgendeinen Empfangsberechtigten unmöglich geworden ist. Die Rechtsfolge der Ersatzpflicht des Staates tritt (bei sonst gegebenen Voraussetzungen) dem gegenüber ein, der durch den Verlust der Sachen geschädigt ist. Das ist der Kläger als

Inhaber des Rechts, auf dessen Erhaltung bei Verwahrung der beschlagnahmten Sachen vornehmlich zu achten war. Er hat sein Eigentum verloren und bleibt, da er auf die Vorschriften in §§ 989, 990, 992 BGB. einen Ersatzanspruch nicht gründen könnte (RG. III 1/35), auf die öffentlich-rechtliche Ersatzpflicht des Beklagten angewiesen. Dagegen hat M. durch das Abhandenkommen der Sachen keine Rechte an diesen eingebüßt. Der Frage, ob er etwa durch auftragswidriges Verhalten dem Kläger ersatzpflichtig geworden ist und insofern ebenfalls einen Schaden erlitten hat, brauchte nicht nachgegangen zu werden. Denn damit wäre der Beklagte, da der Kläger unstreitig von M. nicht entschädigt worden ist, von seiner eigenen Verantwortung gegenüber dem Kläger nicht entlastet, und die Haftung aus öffentlich-rechtlicher Verwahrung besteht nicht gleich derjenigen aus Art. 131 WeimVerf. in Verb. mit § 839 Abs. 1 Satz 2 BGB. erst in zweiter Reihe. . . .

2. Das Recht der förmlichen Hinterlegung ist, wie das Berufungsgericht zutreffend ausführt, für den Streitfall nicht von Belang. Die Wertsachen sind, soweit sie überhaupt hinterlegt waren, nicht durch Maßnahmen der Hinterlegungsstelle dem Machtbereiche der Staatsanwaltschaft entzogen, sondern dieser gerade „zwecks Aushändigung" an den Berechtigten zurückgegeben worden. Rechtsgrund der Haftung des Beklagten ist die durch die Beschlagnahme begründete Pflicht zur Obhut über die in Verwahrung genommenen Sachen und die zu ihrem Verlust führende Verletzung dieser Pflicht. Der in der Rechtsprechung des Reichsgerichts vereinzelt vertretenen Meinung, daß dem durch die Beschlagnahme an der Obhut selber verhinderten Eigentümer bei Verlust oder Beschädigung der Sache während des amtlichen Gewahrsams ein an Verschulden nicht geknüpfter Ersatzanspruch zuzuerkennen sei (so — unter Heranziehung bürgerlich-rechtlicher Gesichtspunkte — RGZ. Bd. 104 S. 18*), kann jedenfalls für Fälle von der Art des vorliegenden nicht gefolgt werden. Ein vom Verschuldensnachweis unabhängiger Ersatzanspruch käme etwa in Betracht, wenn der Kläger durch die Beschlagnahme zur Aufopferung privater Rechte für das allgemeine Wohl genötigt worden wäre (§ 75 Einl. z. ALR.) oder wenn durch die Beschlagnahme rechtswidrig in sein Eigentum eingegriffen worden und er an einer nach den Regeln des bürgerlichen Rechts an sich zu begründenden Abwehrklage durch eine Sonderbestimmung oder aus besonderen Rücksichten, namentlich solchen des Gemeinwohls, gehindert gewesen wäre. Keiner dieser Fälle ist gegeben. Die Beschlagnahme als solche nahm dem Kläger sein Eigentum nicht. Sie war ferner rechtmäßig und schon nach ihrem Wesen als Staatshoheitsakt eine mit Rechtsbehelfen des Privat-

*) In diesem Band S. 235 ff.

rechts im bürgerlichen Streitverfahren von vornherein nicht abzuwehrende Maßnahme. Auch hat nicht sie, sondern erst die Verletzung der aus ihr für den Staat sich ergebenden Obhutpflicht dem Kläger Schaden zugefügt. Dafür, daß in einem solchen Falle kraft öffentlichen Rechts ohne Verschulden auf Ersatz gehaftet werde, gibt es keine Rechtsgrundlage. Bei Beratung des Entwurfs der Strafprozeßordnung hat der Kommissar des Bundesrats eine Haftung der Staatskasse für zufälligen Verlust der verwahrten Sache ausdrücklich verneint (Hahn, Materialien zur StPO. 2. Abt. S. 1825). Auch die allgemein gebilligte Vergleichung des öffentlich-rechtlichen Verwahrungsverhältnisses mit einem bürgerlich-rechtlichen Verwahrungsvertrage, der (außer im Falle des Verzuges [§ 287 Satz 2 BGB.]) keine Haftung des Verwahrers ohne Verschulden kennt, will zu der hier abgelehnten Meinung nicht stimmen.

Also kam es auf Verschulden der zuständigen Beamten an. Zugunsten des Klägers greift aber der in § 282 BGB. ausgedrückte, auch dem öffentlichen Recht angehörende allgemeine Rechtsgedanke ein, wonach der Beklagte beweisen muß, daß die Unmöglichkeit der Rückgabe nicht die Folge eines von ihm zu vertretenden Umstandes ist. Das Berufungsgericht hat diesen Nachweis, obwohl es die Anforderungen an ihn mit Recht nicht streng bemessen hat, für nicht geführt erachtet. Die dazu gegebene Begründung liegt auf dem Tatsachengebiete, wird übrigens von der Revision nicht beanstandet.

3. Auch bei Zurückweisung der sonstigen Verteidigung des Beklagten bleibt das angefochtene Urteil überall im Rahmen des geltenden Rechts. Der zuerkannte Klageanspruch ist kein bürgerlich-rechtlicher Anspruch aus unerlaubter Handlung (§ 839 BGB.) und unterliegt mithin nicht der in § 852 BGB. vorgeschriebenen dreijährigen Verjährung (RG. III 1/35 a. a. O.). Auch enthält das hier anzuwendende öffentliche Recht keine dieser Vorschrift entsprechende Norm über eine kurzfristige Verjährung. Für den Klageanspruch gilt die regelmäßige, dreißigjährige Verjährungsfrist (Fleiner a. a. O. S. 58). Verwirkung des Klageanspruchs scheidet schon deshalb aus, weil der Kläger, wie festgestellt ist, vor Aufhebung der Beschlagnahme sein Eigentum angemeldet und seitdem sein Recht auf Rückgabe oder Schadensersatz wiederholt geltend gemacht hat. Diese Feststellungen des Berufungsgerichts stehen endlich auch der Annahme eines mitursächlichen Mitverschuldens des Klägers an dem Verlust der Wertsachen (§ 254 BGB.) entgegen.

RGZ. 110, 293

Öffentlich-rechtliche Verträge. Auf sie finden die Vorschriften des bürgerlichen Rechts weder unmittelbare noch entsprechende oder

sinngemäße Anwendung. Nur diejenigen Rechtsgedanken, die sich sowohl im bürgerlichen wie im öffentlichen Recht finden und in ersterem eine auch auf das letztere anwendbare Fassung gefunden haben, leiden im öffentlichen Recht — dann aber nur als ein zu diesem gehöriger Rechtssatz — Anwendung.

Alter Leitsatz:

Haften Körperschaften des preußischen öffentlichen Rechts bei öffentlich-rechtlichen Verträgen für das sogenannte Vertrauensinteresse?

III. Zivilsenat. Urt. v. 13. März 1925 i. S. Kommunalverband Landkreis M. (Kl.) w. M. (Bekl.). III 61/24.

I. Landgericht Kassel. — II. Oberlandesgericht daselbst.

Der Beklagte war bei dem Kommunalverband Kreis M. als Kreisausschußsekretär angestellt. Auf sein Ansuchen wurde er verabschiedet, und es wurde ihm dabei vom Kreisausschuß ein Ruhegehaltszuschuß zugesagt. An diese Zusage hält sich der Kommunalverband nicht mehr gebunden. Er hat Klage auf Rückzahlung erhoben und Antrag auch auf Feststellung gestellt, daß er nicht verpflichtet sei, dem Beklagten Zuschußzahlungen zu seinem ihm aus der Pensionskasse zustehenden Ruhegehalt zu leisten. Diesem Feststellungsantrag ist im ersten Rechtszug stattgegeben, vom Berufungsgericht ist jedoch die Klage überhaupt abgewiesen worden. Der Kommunalverband hat Revision eingelegt, die zur Aufhebung der angefochtenen Entscheidung und zur Zurückverweisung an das Berufungsgericht geführt hat.

Gründe:

Das angefochtene Urteil geht davon aus, daß der den Zuschuß bewilligende Beschluß des Kreisausschusses der Rechtswirksamkeit entbehre; diese Annahme beruht lediglich auf Auslegung eines durch § 6 EG. zur ZPO., VO. vom 28. September 1879 (RGBl. S. 299) und § 549 Abs. 1 ZPO. der Erörterung in diesem Rechtszug entzogenen Gesetzes. Trotzdem hält das Berufungsgericht den Kläger dem Beklagten gegenüber für gebunden, denn das Verhalten des Kreisausschusses gegenüber dem Beklagten sei ein schuldhaftes; der Kläger habe daher den Beklagten so zu stellen, als ob der Beschluß des Kreisausschusses rechtswirksam sei und ihn, den Kläger, binde. Das Berufungsgericht läßt also den Kläger für das sogenannte Vertrauensinteresse haften. Mit Recht wird das von der Revision beanstandet.

Grundsätzlich kann eine öffentlich-rechtliche Körperschaft nur durch ordnungsmäßiges Handeln ihrer gesetzlich berufenen Organe in rechtsverbindlicher Weise vertraglich verpflichtet werden. Haben ihre Organe bei Vertragsabschlüssen ordnungswidrig gehandelt, so ist zu unterscheiden, ob das in Ausübung privatrechtlicher Vertretungsmacht oder in Ausübung öffentlicher Gewalt geschah. Im ersten Falle haftet die Körperschaft gemäß §§ 31, 89 BGB., in letzterem entfällt zwar grundsätzlich eine Haftung, jedoch greift gegebenenfalls Art. 77 EG. z. BGB. Platz. Hier, wo es sich um die Pensionierung eines Beamten handelt, steht ein Privatrechtsverhältnis überhaupt nicht in Frage, wenn es sich auch um vermögensrechtliche und auf dem Rechtsweg zu entscheidende Ansprüche handelt. Demnach könnte hier nur Art. 77 EG. z. BGB. Anwendung finden, der auf das einschlägige Landesrecht verweist. Dieses ist für Preußen vorab im Gesetz vom 1. August 1909 (GS. S. 691) niedergelegt, das jedoch lediglich die in Art. 131 der Reichsverfassung gewährleistete Deliktshaftung (§ 839 BGB.) regelt, die in diesem Zusammenhang nicht in Frage steht und deshalb hier nicht zu erörtern ist, wo es sich einzig um die Rechtsgültigkeit eines Vertragsverhältnisses öffentlichen Rechtes handelt. Auf ein solches finden die Vorschriften des bürgerlichen Rechtes weder unmittelbare noch entsprechende oder sinngemäße Anwendung. Nur diejenigen Rechtsgedanken, die sich sowohl im bürgerlichen wie im öffentlichen Recht finden und in ersterem eine auch auf das letztere anwendbare Fassung gefunden haben, leiden im öffentlichen Recht — dann aber nur als ein zu diesem gehöriger Rechtssatz — Anwendung. Nun hat aber der Gedanke, daß ein vom unberechtigten Vertreter abgeschlossener, der Rechtsgültigkeit ermangelnder Vertrag öffentlichen Rechtes die betreffende Körperschaft zwar an sich nicht binde, ihr aber im Hinblick auf das — im bürgerlichen Recht anzuerkennende — Vertrauensinteresse dennoch eine entsprechende Verpflichtung auferlegen könne, im preußischen Recht keinen Niederschlag gefunden und ist abzulehnen. Die angefochtene Entscheidung ist demnach rechtlich nicht zu halten. Wenn nun aber auch die Unwirksamkeit des fraglichen Beschlusses festgestellt worden und die Haftung des Klägers auf das Vertrauensinteresse abzulehnen ist, so bleibt noch zu prüfen, ob der Zahlungsanspruch des Klägers gerechtfertigt und, wenn dies der Fall, ob neben ihm überhaupt noch Raum für eine besondere Feststellung ist. Hinsichtlich des Zahlungsanspruchs wird auch zu prüfen sein, ob er selbst dann noch durchgreifen kann, wenn das vom Berufungsgericht bereits als schuldhaft angesehene Verhalten des Kreisausschusses als eine Amtspflichtverletzung seiner Mitglieder aufgefaßt werden sollte, was, wie oben angeführt, hier nicht zu erörtern war.

RGZ. 125, 396

Verträge anläßlich eines Planfeststellungsverfahrens für ein öffentliches Unternehmen zwischen dem Unternehmer und einem Dritten zur Beseitigung von Einwendungen des Dritten gehören dem Privat-

recht an. Die privatrechtliche Natur der darin vereinbarten Leistungen bleibt unberührt davon, daß diese dem Unternehmer im Planfeststellungs-Beschluß auch noch öffentlich-rechtlich auferlegt worden sind.

Alter Leitsatz:
Ist der Rechtsweg zulässig für die Klage einer Stadtgemeinde gegen die Reichsbahn-Gesellschaft auf Ausführung von Wegeanlagen, die in einem Beihilfevertrag der Stadt mit dem ehemaligen preußischen Eisenbahnfiskus beim Planfeststellungs-Verfahren über den Umbau einer Eisenbahnstrecke vereinbart worden sind?

Preuß. Ges. über die Eisenbahnunternehmungen v. 3. November 1838 § 4; GVG. § 13; Staatsvertrag v. 31. März 1920 (RGBl. S. 773) § 1 Abs. 2, §§ 17, 18; Reichsbahngesetz v. 30. August 1924 (RGBl. II S. 272) § 5 Abs. 4, §§ 43 bis 45.

VII. Zivilsenat. Urt. v. 11. Oktober 1929 i. S. Stadtgemeinde F. (Kl.) w. Deutsche Reichsbahn-Gesellschaft (Bekl.). VII 75/29.

I. Landgericht Frankfurt a. M. — II. Oberlandesgericht daselbst.

Die preußische Eisenbahndirektion Frankfurt a. M. hatte einen Plan zur selbständigen Einführung der Homburger Eisenbahnlinie in den Frankfurter Hauptbahnhof eingereicht; bei seiner landespolizeilichen Prüfung hatte die Klägerin Einspruch erhoben, weil die beabsichtigte Art der Ausführung die Gestaltung der Zufuhrstraßen zu einem für die Stadterweiterung in Betracht kommenden Gelände erschwere. Da im Termin vom 12. September 1911 dem Einspruch nur zum Teil stattgegeben wurde, stellte die Landespolizeibehörde den Parteien anheim, sich über die übrigen Anstände im Wege der Aufstellung eines neuen Planes zu einigen. Nachdem diese Einigung erzielt und auch über den von der Klägerin wegen der Mehrkosten zu leistenden Zuschuß Einverständnis erreicht worden war, wurde der neue Plan von der Landespolizeibehörde am 2. Februar 1913 mit Prüfungsvermerk versehen und die getroffene Vereinbarung in einem schriftlichen Vertrag vom 23. Juli/30. August 1913 zwischen der Klägerin und der Eisenbahndirektion niedergelegt. Dieser Vertrag wurde vom Minister der öffentlichen Arbeiten am 8. Juni 1914 zugleich mit der Feststellung des Planes genehmigt. Laut §§ 2 und 3 des Vertrags verpflichtete sich die Eisenbahnverwaltung, den neuen Entwurf gemäß der — dem Vertrag angehefteten — Nachweisung der Bauwerke auszuführen. Dagegen verpflichtete sich die Stadt, die auf 748 000 M festgestellten Mehrkosten in drei Teilzahlungen, und zwar die erste beim Baubeginn, die zweite und dritte ein und zwei Jahre danach, zu zahlen. Die Bauausführung ist begonnen und der Zuschuß gezahlt worden; die Herstellung eines großen Teiles der in der Nachweisung bezeichneten Bauwerke, insbesondere die Unterführung des Biegwegs unter der alten Homburger Strecke, ist aber bisher unterblieben.

Da eine Mitte 1926 an die Beklagte gerichtete Aufforderung der Klägerin zur Herstellung des letzterwähnten Bauwerks erfolglos blieb, verlangte die Klägerin mit der im Februar 1928 erhobenen Klage Verurteilung zur Herstellung des Weges. Die Beklagte machte in erster Linie die Unzulässigkeit des Rechtswegs, in zweiter Linie sachliche Einwendungen geltend. Das Landgericht erklärte durch Zwischenurteil den Rechtsweg für zulässig. Dagegen erkannte das Oberlandesgericht auf Abweisung der Klage wegen Unzulässigkeit des Rechtswegs. Die Revision der Klägerin führte zur Wiederherstellung des landgerichtlichen Urteils.

Gründe:

Das Berufungsgericht nimmt an, daß das Eisenbahnunternehmungsrecht seiner Natur nach dem öffentlichen Rechte angehöre, daß insbesondere das Verfahren zur Feststellung des Planes einer Eisenbahnanlage eine öffentlich-rechtliche Angelegenheit sei und daß daher auch der Vertrag vom 23. Juli/30. August 1913 zunächst als eine solche gewertet werden müsse, weil er innerhalb eines Planfeststellungsverfahrens zur Beseitigung eines Widerstreits zwischen öffentlich-rechtlichen Interessen der Parteien geschlossen worden sei und die Grundlage der Planfeststellung bilde. Umstände, welche geeignet wären, die hiernach für den öffentlich-rechtlichen Charakter des Klaganspruchs sprechende Vermutung zu entkräften, seien von der Klägerin nicht dargetan. Die jetzt streitige Vereinbarung beruhe auf einer gemeinschaftlichen Unterordnung der Parteien unter die gemeinschaftliche Obergewalt des Staates, und ihre Form und Fassung sprächen ebensowenig gegen ihre öffentlich-rechtliche Natur wie die Aufnahme von Bestimmungen über die Ausführung von Arbeiten für die Klägerin durch die Beklagte oder über die Zuschußverpflichtung der Klägerin. Bürgerlich-rechtliche Verpflichtungen, wie die zur Ausführung von Arbeiten für den Vertragsgegner, könnten mit öffentlich-rechtlichen in demselben Vertrage bedungen werden, und die Zuschußverpflichtung sei ihrem Grunde nach als öffentlich-rechtlich anzusehen; ihre Einklagbarkeit vor den ordentlichen Gerichten sei damit wohl vereinbar. Es spreche auch nichts dafür, daß die Beklagte die streitige Verpflichtung zweimal, einmal als öffentlich-rechtliche und dann als privat-rechtliche Verpflichtung, habe übernehmen wollen; denn der Vertrag sei nur der Niederschlag der Verhandlungen, auf Grund deren der Entwurf aufgestellt worden sei, wie denn auch Plan und Vertrag gleichzeitig genehmigt worden seien.

Diese Ausführungen werden von der Revision mit Recht in mehrfacher Hinsicht angegriffen. Wohl bedarf der Eisenbahnunternehmer zur Anlage und zum Betrieb der Bahn öffentlich-rechtlicher Befugnisse, er muß aber doch täglich auch zahlreiche Privatrechtsgeschäfte vornehmen; und wenn auch das Planfeststellungs-Verfahren die Vorbereitung des öffentlich-rechtlichen Aktes der Erlaubnis zur Anlage der Eisenbahn bezweckt, so schließt dies keineswegs aus, daß zur Beseitigung von Einwendungen Dritter gegen das Unternehmen privatrechtliche Verträge mit jenen Dritten geschlossen werden. Das Reichsgericht hat zwar wiederholt entschieden, daß, wenn die Eisenbahnverwaltung bei der landespolizeilichen Erörterung ihres Planes die Berücksichtigung eines Einspruchs zusagt oder sich zur Herstellung gewisser Einrichtungen bereit erklärt, hierdurch keine privatrechtlichen Ansprüche begründet werden, weil eine solche Erklärung lediglich das Einverständnis damit bekundet, daß in den Feststellungsbeschluß jene Verpflichtungen aufgenommen werden. Dabei wurde aber stets hervorgehoben, daß ein privates Recht angenommen werden müßte, wenn die Erklärung den Willen ausgedrückt hätte, sich auch gegenüber dem Dritten privatrechtlich zu binden, ihm ein dingliches oder schuldrechtliches Recht einzuräumen. Diese Entscheidungen betreffen allerdings nicht ein Planfeststellungs-Verfahren, wie es im Eisenbahngesetz von 1838 vorgesehen ist, sondern solche nach dem Enteignungsgesetz von 1874. Dieses letztere Verfahren bewegt sich aber ebenso wie jenes auf öffentlich-rechtlichem Boden. Wenn in ihm privatrechtliche Abmachungen getroffen werden können, so muß dasselbe auch für das Verfahren nach dem Eisenbahngesetz gelten. Im Sinne jener Rechtsprechung kann also, gleichviel ob es sich um ein eisenbahngesetzliches oder um ein enteignungsrechtliches Planfeststellungs-Verfahren handelt, der Annahme eines privaten Rechtes nicht entgegengehalten werden, daß der mit dem Dritten geschlossene Vertrag zugleich dem Beschluß über die Feststellung des Planes zur Grundlage dient, durch welchen die im Vertrag bezeichneten Leistungen dem Unternehmer auch von seiten der Staatsbehörde als öffentlich-rechtliche Pflichten auferlegt werden.

Wenn der Berufungsrichter nun meint, daß die Klägerin nichts dargetan habe, was die für die öffentlich-rechtliche Natur des Verhältnisses streitende Vermutung entkräften könnte, so verkennt er, daß es für die Entscheidung über die Zulässigkeit des Rechtswegs überhaupt nicht auf den Beweis von Tatsachen ankommt, sondern ausschließlich auf die rechtliche Würdigung der Klagebehauptungen und des Klagebegehrens. Denn für die Zulässigkeit einer Klage ist, wie das Reichsgericht in ständiger Rechtsprechung anerkennt, der Klaganspruch so, wie er erhoben ist, ausschlaggebend, nicht aber die erst für die Entscheidung über die Begründetheit der Klage wesentliche Frage, ob die Klagebehauptungen als richtig anzunehmen sind. Aus diesem Grunde ist es für die zur Zeit allein zur Entscheidung stehende Frage der Zulässigkeit des Rechtswegs auch belanglos, wenn das Berufungsgericht den streitigen Vertrag dahin auslegen zu müssen glaubt, daß die Beklagte die Verpflichtung zur Errichtung bestimmter Bauwerke nur einmal, als öffentlich-rechtliche Verpflichtung, nicht auch ein zweites Mal privatrechtlich übernommen habe. Die Klägerin behauptet, daß die Verpflichtung ihr gegenüber als privatrechtliche Verpflichtung übernommen worden sei. Diese Behauptung, die nach den vorstehenden grundsätzlichen Darlegungen richtig sein kann, kennzeichnet mit dem daraus hergeleiteten Antrag auf Verurteilung den Anspruch als einen privatrechtlichen und zur Geltendmachung vor den ordentlichen Gerichten geeigneten, gleichviel ob außerdem auch eine öffentlich-rechtliche Pflicht der Eisenbahnverwaltung zu entsprechender Ausführung der Anlage bestand. Ob der Vertrag nach Fassung und Inhalt die Klagebehauptung bestätigt und den Klaganspruch sachlich rechtfertigt, ob er insbesondere eine unbedingte, von Änderungen der Verhältnisse unabhängige Verpflichtung zur Ausführung des Projekts begründet oder etwa nur eine Verpflichtung, im Falle der Ausführung des Projekts diese nach Maßgabe des Vertrags zu bewirken, wird erst den Gegenstand der künftigen Entscheidung in der Sache selbst zu bilden haben.

Auch die Auffassung des Berufungsrichters, daß der Vertrag auf beiderseitiger Unterwerfung der Parteien unter die gemeinschaftliche Obergewalt des Staates beruhe, ist unrichtig, wenn man, wie nach dem Vorstehenden geboten, von dem von der Klägerin behaupteten Vertragsinhalt ausgeht. Es ist nicht abzusehen, inwiefern sich die Klägerin der Obergewalt der schon kraft Gesetzes zur Entscheidung über die Feststellung des Planes berufenen Staatsregierung damit rechtsgeschäftlich unterworfen haben sollte, daß sie die Eisenbahnverwaltung zu bestimmten Änderungen der geplanten Anlage verpflichtete und ihr dagegen einen Zuschuß zu den Kosten versprach. Unrichtig ist es auch, wenn die so übernommene Zuschußpflicht als eine ihrem Wesen nach öffentlichrechtliche Verpflichtung bezeichnet wird, obgleich sie nicht auf irgendeiner öffentlich-rechtlichen Vorschrift beruht, sondern lediglich die rein freiwillige Gegenleistung für die den Interessen der Klägerin entsprechende Änderung des Bauplans darstellt. Jedenfalls konnte nach der für die Handhabung des § 13 GVG. maßgebenden Rechtsanschauung und Rechtsübung zur Zeit der Entstehung der Reichsjustizgesetze an der privatrechtlichen Natur solcher Geldverpflichtungen kein Zweifel sein. Aber auch die nach dem Vortrag der Klägerin von der Beklagten übernommenen Bauverpflichtungen stellen sich nicht als öffentlich-rechtliche Verpflichtungen dar. Sie lassen sich nicht aus gesetzlichen Vorschriften herleiten, sondern sind von der Beklagten freiwillig gegen die Zusage der Zuschußleistung übernommen worden, nachdem der Gang der landespolizeilichen Prüfungsverhandlungen ergeben hatte, daß ein staatlicher Zwang zur Vornahme dieser Planänderungen nicht ausgeübt werden würde. Gerade wenn die Interessen der Beteiligten auf dem Boden des öffentlichen Rechts nicht in Übereinstimmung gebracht werden können, wird häufig zu dem Aushilfsmittel eines privatrechtlichen Vertrags gegriffen. Auch beim Abschluß des jetzt streitigen Vertrags standen die Parteien einander als gleichberechtigte Vertragsgegner gegenüber und handelten beiderseits freiwillig und ohne Unterwerfung unter einen staatlichen Zwang. Auch dieser Vertrag ist somit auf Grund des Klagevortrags als privatrechtlich anzusehen.

...

Hiernach ist im Sinne des § 13 GVG. der bürgerlichrechtliche Charakter des Rechtsstreits und die Zulässigkeit des Rechtswegs zu bejahen. ...

Das den Rechtsweg zulassende landgerichtliche Urteil ist hiernach wiederherzustellen.

RGZ. 102, 1

Widerruf von Verwaltungsakten. Keine Bindung der Behörde an amtlich noch nicht in der vorgeschriebenen Weise kundgegebene Verwaltungsakte. Zustellungsmangel; Fehlen der vorgeschriebenen Rechtsmittelbelehrung. Auslegung verwaltungsbehördlicher Erklärungen.

Alter Leitsatz:

Wie lange sind die Parteien an eine Vereinbarung, die nach der Bundesratsverordnung über den Verkehr mit landwirtschaftlichen Grundstücken vom 15. März 1918 (RGBl. S. 123) der Genehmigung bedarf, gebunden?

Wie ist in Preußen die Entscheidung der zur Erteilung der Genehmigung zuständigen Behörde den Beteiligten bekanntzumachen? Kann diese Behörde die Genehmigung noch erteilen, nachdem sie sie versagt hatte?

V. Zivilsenat. Urt. v. 16. Februar 1921 i. S. F. (Bekl.) w. D. (Kl.).
V 392/20.

I. Landgericht Hagen. — II. Oberlandesgericht Hamm.

Durch die notariellen Verträge vom 31. Dezember 1918 und 17. Januar 1919 verkaufte der Beklagte an den Kläger die darin bezeichneten Parzellen. Am 18. Januar 1919 suchte der Kläger die

Genehmigung zur Auflassung bei dem Landratsamte nach. Der Landrat erwiderte ihm jedoch am 4. März 1919, er beabsichtige, ihm die Erlaubnis nicht zu erteilen, da der Kläger die Landwirtschaft bisher im Hauptberufe nicht ausgeübt habe; bevor er ihm jedoch einen ablehnenden Bescheid erteile, stelle er ihm nochmalige Äußerung bis zum 20. März anheim. Nachdem der Kläger am 21. März persönlich mit dem Landrate verhandelt hatte, erließ dieser an demselben Tag einen schriftlichen Bescheid an ihn, daß er nach wie vor davon absehen müsse, ihm die Genehmigung zur Auflassung zu erteilen. Auf erneuten Antrag des Klägers vom 23. April 1919 wurde diesem alsdann aber am 10. Mai 1919 vom Landrate die Genehmigung zur Auflassung erteilt. Der Beklagte hält die nachträgliche Genehmigung für unzulässig, da die Verträge bereits durch die vorher stattgefundene Ablehnung der Genehmigung hinfällig geworden seien. Der Kläger erachtet dagegen den Beklagten an die Verträge noch für gebunden und hat deshalb Klage auf Feststellung des Bestehens der notariellen Verträge erhoben und die Verurteilung des Beklagten zur Auflassung und Übergabe der verkauften Grundstücke sowie zur Grenzvermessung verlangt. Das Landgericht hat die Klage abgewiesen, das Oberlandesgericht ihr dagegen entsprochen.

Die Revision des Beklagten ist zurückgewiesen worden aus folgenden

Gründen:

Der Berufungsrichter hält die nach der Bekanntmachung des Reichskanzlers über den Verkehr mit landwirtschaftlichen Grundstücken vom 15. März 1918 erforderliche Genehmigung zu den Kaufverträgen und zur Auflassung durch die Verfügung des Landrats vom 10. Mai 1919 für erbracht. Die Auffassung des Beklagten, daß der Landrat zur nachträglichen Erteilung der Genehmigung überhaupt nicht mehr befugt gewesen sei, weil er die Genehmigung bereits am 21. März 1919 versagt habe, dieser Bescheid rechtskräftig geworden und damit der Vertrag hinfällig geworden sei, erachtet der Berufungsrichter nicht für zutreffend. Denn der Bescheid vom 21. März 1919 sei nur ein Zwischenbescheid gewesen; der Landrat setze darin den Kläger davon in Kenntnis, daß er auch nach den vom Kläger auf das Schreiben vom 4. März 1919 abgegebenen Erklärungen nach wie vor davon absehen müsse, ihm die Genehmigung zur Auflassung zu erteilen. Eine förmliche Zustellung dieses Bescheides sei auch nicht erfolgt, so daß die Beschwerdefrist des § 5 nicht in Lauf gesetzt sei. Solange aber keine endgültige Versagung der Genehmigung erfolgt war, habe der Kläger die gegen deren Erteilung vorliegenden Bedenken beseitigen und die Genehmigung noch beschaffen können.

Die Revision rügt Verletzung des materiellen Rechtes, insbesondere der §§ 133, 157 BGB., und Verletzung der Rechtsgrundsätze über die

Auslegung und Zustellung von Verwaltungsentscheidungen. Die Auslegung des Berufungsgerichts, wonach der Landrat das Gesuch um Genehmigung gewissermaßen zur Zeit oder angebrachtermaßen abgewiesen habe, sei unrichtig. Der Landrat habe keinen Zwischenbescheid gegeben, sondern die nachgesuchte Genehmigung verweigert. Hiervon hätte er nicht wieder abgehen können. Ein solcher Vertrag, welcher der Genehmigung bedürfe, könne nicht auf lange Zeit in der Schwebe gehalten werden. Eine Zustellung des Beschlusses sei in der Verordnung vom 15. März 1918 überhaupt nicht vorgeschrieben; jedenfalls genüge die Zustellung an den Käufer. Der Beklagte habe durch die Erkundigung bei dem Amtmanne Kenntnis von dem Bescheide des Landrats erhalten; er habe hierauf dem Gegner sofort erklärt, daß er sich an den Verkauf nicht gebunden erachte.

Die Angriffe der Revision konnten nicht für durchgreifend erachtet werden. Allerdings tritt durch das in der Verordnung vom 15. März 1918 aufgestellte Erfordernis der behördlichen Genehmigung der Veräußerungsgeschäfte und der Auflassung bei Grundstücken über 5 ha zunächst ein Schwebezustand ein; erst mit der Erteilung der Genehmigung oder mit ihrer Versagung wird über die Wirksamkeit des Geschäfts entschieden. Da gegen die Versagung jedem Teile binnen zwei Wochen nach der Bekanntmachung die Beschwerde zusteht, so wird die Frage der Wirksamkeit des Geschäfts im Falle der Versagung der Genehmigung erst mit dem Ablaufe der Beschwerdefrist oder mit dem Erlaß der endgültigen Entscheidung in der Beschwerdeinstanz gelöst. Bis dahin sind aber die Vertragsparteien an das Geschäft gebunden; erst mit der endgültigen Versagung der Genehmigung werden die Vertragsteile von ihren Verpflichtungen frei. . . . Nach den Feststellungen des angefochtenen Urteils war nun die erste Verfügung des Landrats vom 4. März 1919 noch keine Versagung der Genehmigung, da die Erteilung des ablehnenden Bescheides auf den Antrag des Klägers vom 18. Januar 1919 betreffend die Genehmigung zur Auflassung darin noch ausdrücklich vorbehalten und dem Kläger zunächst Gelegenheit gegeben wurde, sich inzwischen zu äußern. Aber auch die Verfügung des Landrats vom 21. März 1919 hat das Berufungsgericht lediglich als einen Zwischenbescheid angesehen. Es entnimmt dies zunächst aus dem Inhalte der Verfügung, in welcher der Landrat auf die inzwischen erfolgte Gegenäußerung des Klägers Bezug nimmt und erklärt, daß er „nach wie vor davon absehen muß", ihm die Genehmigung zur Auflassung zu erteilen. Nach der Auffassung des Berufungsgerichts hat der Landrat die Verhandlungen über die Genehmigung hiermit noch nicht als abgeschlossen betrachtet und noch keinen endgültigen Bescheid erteilen wollen. Auch daraus, daß der Landrat den Bescheid vom 21. März 1919 dem Beklagten überhaupt nicht, dem Kläger nicht förmlich habe zustellen lassen, folgert der Berufungsrichter, daß der Landrat damals noch nicht endgültig über die Genehmigung entschieden, sondern wiederum nur einen Zwischenbescheid erlassen habe.

Der Revision ist zuzugeben, daß gegen diese letztere Auffassung gewichtige Bedenken sprechen. Zunächst ist der Revision darin beizutreten, daß, da es sich hier um die Feststellung der Bedeutung und der Tragweite der Entscheidung einer Verwaltungsbehörde handelt, dem Revisionsgericht eine freie Nachprüfung der Auslegung des Berufungsrichters zusteht. Diese Prüfung muß zu einem abweichenden Ergebnis führen. In dem Schreiben vom 4. März 1919 spricht der Landrat allerdings nur von seiner Absicht, die Genehmigung nicht zu erteilen, und gibt dem Kläger Gelegenheit zur Äußerung, bevor der ablehnende Bescheid erginge. Nachdem diese Äußerung aber erfolgt war und das Bedenken, daß der Kläger nicht von Beruf Landwirt sei, nicht beseitigt war, stand der Erteilung des ablehnenden Bescheides nichts mehr im Wege. Der Inhalt des Schreibens vom 21. März 1919, in welchem der Landrat erklärt, nach wie vor davon absehen zu müssen, dem Kläger die Genehmigung zur Auflassung zu erteilen, läßt auch nicht erkennen, daß die Sache damit nicht endgültig erledigt sein sollte. Insbesondere spricht aber auch die Erteilung einer Abschrift des Bescheides an den Amtmann in M. dafür, daß es sich um einen endgültigen Bescheid handelte. Hierauf deutet auch die Schlußverfügung vom 21. März 1919 unter Nr. 4 in den Landratsakten hin, welche „Z. d. A." (zu den Akten) lautet, also die Angelegenheit abschließt, während in der Verfügung vom 4. März 1919 eine Wiedervorlegung der Akten zum 20. März 1919 angeordnet war. Endlich ist auch zu beachten, daß die Erteilung der Genehmigung am 10. Mai 1919 nicht auf den ursprünglichen Antrag vom 18. Januar 1919 ergangen, sondern ausdrücklich auf das neue Gesuch vom 23. April 1919 erfolgt ist.

Indes auch wenn mit der Revision anzunehmen ist, daß der Landrat durch die Verfügung vom 21. März 1919 die Genehmigung zur Auflassung endgültig versagen wollte, kann dies der Revision nicht zum Erfolge verhelfen. Denn keinesfalls ist eine Bekanntmachung dieser Entscheidung an den Beklagten erfolgt. Ihm gegenüber ist also die Beschwerdefrist des § 5 der BRVO. v. 15. März 1918 noch nicht in Lauf gesetzt. Aber auch dem Kläger gegenüber ist dies nicht der Fall. Ihm ist zwar die Verfügung des Landrats vom 21. März 1919 mitgeteilt, sie ist ihm aber nicht förmlich zugestellt worden. Über die Art der Bekanntmachung der Entscheidung ist in § 5 keine Bestimmung getroffen. Die Verordnung verweist jedoch in § 8 auf die von den Landeszentralbehörden zu erlassenden Ausführungsbestimmungen. In den für die Ausführung der Verordnung vom Staatskommissar für Volksernährung und den zuständigen Ministern am 27. März 1918 (MBl. der landw. Verwaltung S. 109; Schlegelberger, Kriegsbuch Bd. 8 S. 131) aufgestellten Grundsätzen ist zu § 5 der BRVO. bestimmt, daß, wenn die Genehmigung versagt wird, der Antragsteller und sein Vertragsgegner hiervon unter Angabe der Gründe schriftlich zu benachrichtigen und über ihr Beschwerderecht zu belehren sind. Diese Benachrichtigungen sind ihnen zuzustellen. Wenn diese Zustellungsvorschrift sich auch nicht in den auf Grund des § 8 der BRVO. erlassenen Ausführungsbestimmungen vom 16. März 1918 (JMBl. S. 69), sondern in den von den zuständigen Ministerien aufgestellten Grundsätzen für die Ausführung der Verordnung findet, so kann dies doch keinen Unterschied begründen. Nähere Bestimmungen über die Art der Zustellung sind allerdings in jenen Grundsätzen nicht enthalten. Wenn die Zustellungen in Verwaltungsangelegenheiten, soweit nicht besondere Vorschriften ergangen sind, im allgemeinen auch formlos ausgeführt werden mögen (v. Brauchitsch, Ges. über die allg. Landesverwaltung, 21. Auflage, § 51 Anm. 86), so wird jedenfalls bei Zustellungen, mit denen der Lauf einer Beschwerdefrist beginnt, der Zeitpunkt der Mitteilung oder Aushändigung der Verfügung urkundlich festzustellen sein. Es kommt aber hierauf nicht an; denn da in den Ausführungsgrundsätzen auch eine Belehrung über das Beschwerderecht bei der Bekanntmachung der Versagung der Genehmigung angeordnet ist, so hätte hier auch noch diese Belehrung erfolgen müssen. Die Zustellung eines Bescheides ohne richtige Rechtsbelehrung eröffnet aber die Frist überhaupt nicht und läßt den Bescheid nicht in Rechtskraft übergehen (vgl. Friedrichs, Landesverwaltungsgesetz § 64 S. 139, Entsch. OVG. Bd. 50 S. 292). Hiernach ist also der hilfsweise angestellten Erwägung des Berufungsrichters beizutreten, daß eine ordnungsmäßige Bekanntmachung des Bescheides nicht erfolgt und deswegen die Beschwerdefrist noch nicht in Lauf gesetzt war. Eine Verletzung der Grundsätze über die Zustellung von Verwaltungsentscheidungen, welche die Revision rügt, kann hierin um so weniger gefunden werden, als schon in § 52 LandesverwaltungsG. vom 30. Juli 1883 bestimmt wird, daß die Fristen für die Anbringung der Beschwerde, sofern die Gesetze nichts anderes vorschreiben, mit der Zustellung beginnen. Solange aber die Entscheidung des Landrats, durch welche die Genehmigung zur Auflassung versagt wurde, nicht rechtskräftig geworden war, blieben die Parteien an den Vertrag gebunden. Der Beklagte war daher nicht berechtigt, sich von dem Vertrage loszusagen, weil durch die Verfügung des Landrats vom 21. März 1919 die Genehmigung versagt worden war.

Diese Rechtslage würde nun allerdings noch nicht das auf Erfüllung des Kaufvertrags und auf Feststellung seines Bestehens gerichtete Klagebegehren rechtfertigen; hierzu bedürfte es vielmehr noch der Erteilung der Genehmigung. Es entsteht daher die weitere

Frage, ob der Landrat trotz des ablehnenden Bescheides vom 21. März 1919 die Genehmigung nachträglich noch erteilen durfte. Ob der Landrat, wenn er einen ablehnenden Bescheid erlassen und ordnungsmäßig bekanntgemacht hat, so daß die Beschwerdefrist des § 5 BRVO. in Lauf gesetzt ist, seine Entscheidung noch abändern und auf einen neuen Antrag die Genehmigung erteilen kann, bedarf hier nicht der Entscheidung. Jedenfalls erscheint aber der Landrat hierzu berechtigt, solange er, wie hier, seinen ablehnenden Bescheid den Beteiligten überhaupt noch nicht oder nicht im Wege der förmlichen Zustellung bekanntgemacht hat. Denn bis dahin ist der Bescheid nach außen noch nicht mit amtlicher Wirksamkeit kundgegeben. Den Beteiligten sind aus der ihnen amtlich noch nicht in der vorgeschriebenen Weise eröffneten Entscheidung noch keinerlei Rechte erwachsen. Die Verwaltungsbehörde muß deshalb für berechtigt erachtet werden, ihre nach außen noch nicht amtlich in die Erscheinung getretene Verfügung zurückzunehmen oder abzuändern und den Beteiligten eine neue Verfügung zugehen zu lassen. Der Landrat war bei der gegebenen Sachlage daher noch befugt, auf den erneuten Antrag des Klägers die Genehmigung schlechthin oder unter Auflagen zu erteilen. Da eine solche Genehmigung nach dem festgestellten und in dieser Richtung unangefochten gebliebenen Sachverhalt am 10. Mai 1919 endgültig erteilt ist, so sind die Klaganträge ohne Rechtsirrtum für gerechtfertigt erachtet worden.

RGZ. 103, 104

Widerruf von Verwaltungsakten durch die Verfügungsbehörde trotz gesetzlicher Eröffnung eines geregelten Instanzenzuges?

Alter Leitsatz:

Ist in Preußen der Landrat, nachdem er die nachgesuchte Genehmigung zum Verkauf eines landwirtschaftlichen Grundstücks verweigert und diese Entscheidung den Beteiligten bekannt gemacht hat, berechtigt, auf Beschwerde oder von Amts wegen die Entscheidung wieder aufzuheben und die Genehmigung nachträglich zu erteilen?

V. Zivilsenat. Urt. v. 29. Oktober 1921 i. S. O. F. (Kl.) w. Th. Eheleute (Bekl.). V 227/21.

I. Landgericht Insterburg. — II. Oberlandesgericht Königsberg.

Durch notariellen Vertrag vom 14. Oktober 1919 verkauften die Beklagten ihr Grundstück an den Kläger. Durch Verfügung des Landrats in P. vom 5. Januar 1920 wurde die Genehmigung des Verkaufs versagt. Der Kläger legte am 17. Januar 1920 gegen diese Entscheidung Beschwerde ein. Am 12. März 1920 genehmigte der Landrat nach Anstellung neuer Ermittelungen den Verkauf, erklärte dies aber am

11. Juni 1920 wieder für ungültig, da er die Genehmigung einmal versagt habe und deshalb auf die Beschwerde nur der Regierungspräsident über die Genehmigung zu befinden hätte. Am 15. Juli 1920 genehmigte der Regierungspräsident das Veräußerungsgeschäft. In dem zur Auflassung anberaumten Termin vom 21. April 1920 erschienen die Beklagten nicht. Der Kläger erhob deshalb Anfang Mai 1920 Klage auf Erteilung der Auflassung. Die Beklagten, die anfänglich Abweisung der Klage beantragt hatten, erkannten nach Erteilung der Genehmigung zu dem Verkauf seitens des Regierungspräsidenten den Klaganspruch in der Hauptsache sofort an, beantragten jedoch, die Kosten des Rechtsstreits dem Kläger aufzuerlegen. Das Landgericht verurteilte die Beklagten ihrem Anerkenntnis gemäß, legte ihnen aber auch die Kosten des Rechtsstreits auf. Die Beklagten griffen die Kostenentscheidung mit der Berufung an. Das Oberlandesgericht änderte die Kostenentscheidung dahin ab, daß der Kläger die Kosten des Rechtsstreits zu tragen habe. Die Revision hatte keinen Erfolg.

Aus den Gründen:

Das Berufungsgericht führt aus, daß nach der Versagung der Genehmigung seitens des Landrats im Januar 1920 infolge der Beschwerde des Klägers das Recht der Genehmigung auf den Regierungspräsidenten übergegangen sei. Die nachträglich am 12. März 1920 vom Landrat erteilte Genehmigung sei daher rechtsunwirksam gewesen. Der Kläger sei nicht berechtigt gewesen, auf Grund dieser Genehmigung die Auflassung zu verlangen. Die Klage sei daher im Mai 1920 zu Unrecht erhoben. Nach der Genehmigung des Kaufvertrags durch den Regierungspräsidenten hätten die Beklagten den Klaganspruch auf Auflassung sofort anerkannt. Gemäß § 93 ZPO. müsse der Kläger die Kosten des gegenwärtigen Prozesses tragen.

Die Revision macht geltend, dem Landrat müsse die Nachprüfung seiner die Genehmigung versagenden Entscheidung auf rechtzeitig eingelegte Beschwerde gestattet sein. Rechtsirrtümlich sei es, wenn das Berufungsgericht diese Frage nach preußischen Landesverwaltungsgesetzen entscheide, während das Beschwerderecht doch reichsrechtlich durch die BRVO. vom 15. März 1918 über den Verkehr mit landwirtschaftlichen Grundstücken geordnet sei und nicht in den einzelnen Ländern verschiedene Grundsätze gelten könnten. Grundsätzlich müsse mangels einer ausdrücklichen gegenteiligen Bestimmung im Verwaltungsverfahren die Behörde, deren versagende Entscheidung mit der Beschwerde angefochten werde, für berechtigt erachtet werden, von sich aus Abhilfe zu schaffen. Zum mindesten habe der Berufungsrichter prüfen müssen, ob nicht, wenn der Landrat — selbst unter Überschreitung seiner Befugnisse — die ursprüngliche Versagung zuücknahm und die Genehmigung erteilte, dies für die Parteien maßgebend war und damit das Recht der Beklagten, die Auflassung zu verweigern, entfiel. Die Beklagten hätten daher im ersten Termin, am 4. Juni 1920, den Klaganspruch anerkennen müssen und könnten sich nicht darauf berufen, daß der Landrat nach diesem Termin die Genehmigung wieder zurückgenommen habe.

Der Revision war der Erfolg zu versagen. Die Entscheidung hängt davon ab, ob der Landrat befugt war, seine am 5. Januar getroffene, den Parteien bekanntgegebene Verfügung, durch welche er die Genehmigung des Verkaufs verweigert hatte, auf die Beschwerde des Klägers zu ändern und die Genehmigung nachträglich zu erteilen.

Diese Frage ist im Gegensatz zu der von der Revision vertretenen Auffassung zu verneinen.

Es ist zunächst nicht zutreffend, wenn die Revision ausführt, daß diese Frage lediglich nach Reichsrecht zu entscheiden sei. Die BRVO. vom 15. März 1918 hat in § 8 die Ausführungsbestimmungen den Landeszentralbehörden überlassen; insbesondere haben die letzteren zu bestimmen, welche Behörde für die Genehmigung zuständig ist. Es ist also auch Sache der Landesverwaltungen, die für die Entscheidung über die Beschwerde zuständige Behörde zu bestimmen und den Instanzenzug zu regeln. Nach den am 27. März 1918 aufgestellten Grundsätzen der preußischen Landeszentralbehörde für die Ausführung der Bekanntmachung vom 15. März 1918 zu § 5 (Schlegelberger Kriegsbuch Bd. 8 S. 134) steht gegen die Versagung der Genehmigung oder gegen die Genehmigung unter Auflagen die befristete Beschwerde an den Regierungspräsidenten offen. Es kann hier dahingestellt bleiben, inwieweit in Preußen die Verwaltungsbehörden im allgemeinen zur selbständigen Abänderung der von ihnen erlassenen Verfügungen befugt sind und in welchem Umfange ihnen diese Befugnis durch Einführung besonderer Rechtsbehelfe und des Verwaltungsstreitverfahrens entzogen ist. Im Gebiete der BRVO. vom 15. März 1918 handelt es sich um schuldrechtliche Verpflichtungen und dingliche Einigungen, deren Wirksamkeit von der Genehmigung der zuständigen Verwaltungsbehörde abhängt. Durch die Eingehung der Verpflichtung zur Übereignung eines Grundstücks wird, sofern das Rechtsgeschäft nach der BRVO. vom 15. März 1918 überhaupt der Genehmigung unterliegt, ein Schwebezustand geschaffen; die Vertragsteile sind einstweilen, bis die Entscheidung der Verwaltungsbehörden über die Genehmigung des Geschäfts ergeht, an den Vertrag gebunden und können sich bis dahin nicht einseitig davon frei machen. Die endgültige Bindung der Beteiligten und die Wirksamkeit ihrer Rechtsgeschäfte hängt von der Entschließung der Verwaltungsbehörde darüber ab, ob sie die Vereinbarungen gutheißen will oder nicht. Schon daraus ergibt sich, daß die Erteilung und die Versagung der Genehmigung durch die zuständige Verwaltungsbehörde rechtsbegründende oder rechtsvernichtende Wirkungen hat und deshalb nicht willkürlich von derselben Behörde abgeändert werden kann, da sonst der Zustand der schwebenden Ungewißheit, dem gerade durch die Entscheidung der Verwaltungsbehörde ein Ende gemacht werden soll, auch nach dieser noch weiter bestehen würde. Erteilt daher der Landrat die Genehmigung zu einem Kaufvertrag über ein Grundstück, so wird der Vertrag mit dieser Genehmigung nach § 1 der BRVO. wirksam, und zwar endgültig, da eine Beschwerde gegen die Genehmigung, wenn sie nicht mit Auflagen verbunden ist, nicht gegeben ist (§ 5 der BRVO.). Da den Beteiligten mit der Bekanntmachung der Genehmigung endgültig Rechte und Pflichten aus dem Vertrage erwachsen sind, so erscheint es ausgeschlossen, daß der Landrat nachträglich in diese Rechte wieder eingreifen könnte, indem er infolge einer Sinnesänderung seine Verfügung wieder zurücknimmt und die Genehmigung nunmehr versagt. Es würde sonst eine unerträgliche Rechtsunsicherheit Platz greifen. Diese Auffassung liegt auch den Grundsätzen der preußischen Landeszentralbehörde für die Ausführung der BRVO. zugrunde, da in diesen zu § 8 bestimmt ist, daß die einmal erteilte Genehmigung rechtsgültig sei, auch wenn sie von einem Landrat (Bürgermeister) ausgehe, in dessen Kreis nur der kleinere Teil des Grundstücks liege. Aber auch im Falle der Versagung der Genehmigung ist die Rechtslage nicht anders zu beurteilen. Hier wird der Verpflichtete von seinen Verbindlichkeiten befreit, sofern die Entscheidung der Verwaltungsbehörde, welche mit der Beschwerde anfechtbar ist, in Rechtskraft übergeht. Ob die Beteiligten von dem Recht der Beschwerde Gebrauch machen wollen, hängt von ihrem Belieben ab. Aus dieser Rechtsstellung können die Beteiligten nicht durch einen willkürlichen Akt derselben Verwaltungsbehörde wieder verdrängt werden; der Landrat ist nicht berechtigt, von Amts wegen die Versagung der Genehmigung zurückzunehmen und die Genehmigung nachträglich zu erteilen. Aber auch auf Beschwerde eines der Beteiligten ist er hierzu nicht befugt; nur im geordneten Instanzenzuge kann die Entscheidung der Verwaltungsbehörde geändert werden. Die in § 5 der BRVO. zugelassene Beschwerde geht nach den preußischen Ausführungsbestimmungen an den Regierungspräsidenten. Dieser allein ist für befugt zu erachten, über die Beschwerde zu entscheiden, da der unteren Verwaltungsbehörde, deren Entscheidung angefochten wird, ein Recht, der Beschwerde abzuhelfen, nirgends beigelegt ist. Auch im preußischen Gesetz über die allgemeine Landesverwaltung vom 30. Juli 1883 ist das Verfahren so geregelt, daß die Beschwerde im Beschlußverfahren (§ 122 Abs. 4) und die Beschwerde gegen polizeiliche Verfügungen (§ 129 Abs. 2) an diejenige Behörde abzugeben sind, welche darüber zu beschließen oder zu entscheiden hat. Der Landrat war daher nicht berechtigt, am 12. März 1920 die Genehmigung zu dem Kaufvertrage, die er am 5. Januar bereits versagt hatte, nachträglich zu erteilen, wie er dies später auch selbst in seiner Verfügung vom 11. Juni 1920 anerkannt hat.

Hiernach lag weder im Auflassungstermin vom 21. April 1920 noch bei der Klagerhebung eine wirksame Genehmigung des Kaufvertrags vor. Der Berufungsrichter hatte auch keine Veranlassung, der Frage näherzutreten, ob die Genehmigung des Landrats trotz etwaiger Überschreitung seiner Befugnisse wenigstens für die Parteien bindend war, da die Genehmigung, die von einer unzuständigen Behörde erteilt war, selbstverständich der Wirksamkeit entbehrte. Hiernach war die Klage zu Unrecht erhoben. Der Kläger hatte Anfang Mai 1920 mangels der Genehmigung des Kaufvertrags noch keinen Anspruch auf Auflassung. Die Beklagten hatten ihm daher keine Veranlassung zur Klage gegeben. Da die Beklagten nach Erteilung der Genehmigung durch den Regierungspräsidenten den Anspruch des Klägers auf Auflassung in der nächsten mündlichen Verhandlung sofort anerkannt haben, hat das Berufungsgericht die Voraussetzungen des § 93 ZPO. mit Recht für gegeben erachtet. . . .

RGZ. 106, 142

Widerruf von Verwaltungsakten (behördlichen Ergänzungserklärungen zu privaten Rechtsgeschäften).

Alter Leitsatz:

Kann die vom Landrat erteilte Genehmigung einer Auflassung, solange diese noch nicht vorgenommen ist, widerrufen werden, auch wenn der Kaufvertrag über das Grundstück bereits in gehöriger Form geschlossen und genehmigt war?

V. Zivilsenat. Urt. v. 3. Januar 1923 i. S. E. (Kl.) w. K. u. Gen. (Bekl.). V 390/22.

I. Landgericht Rudolstadt. — II. Oberlandesgericht Jena.

Durch notariellen Vertrag vom 2. Januar 1919 verkauften die beklagten Geschwister J. ihre Grundstücke an den Kläger. Im Gebiet Meiningen war s. Z. die Genehmigung des Landrats zur Veräußerung von Grundstücken jeder Größe einzuholen. Der Landrat in S. verfügte am 21. Februar 1920, daß die Genehmigung der Auflassung zu erteilen sei, ersuchte aber noch an demselben Tage das Amtsgericht, vor dem damals ein Auflassungstermin in dieser Sache abgehalten wurde, die Auflassung „vorläufig nicht zu bestätigen", da inzwischen die Gemeindebehörde nachträglich Bedenken gegen die Genehmigung geltend gemacht hätte. Nach Anstellung weiterer Ermittlungen verfügte der Landrat am 20. April 1920, die Auflassungsgenehmigung vom 21. Februar 1920 solle dem Amtsgericht mit dem Bemerken übersandt werden, daß dem Kläger die Auflassungsgenehmigung nachträglich erteilt werde. Da die Auflassung aber gleichwohl in dem darauf vom Amtsgericht anberaumten Termin vom 28. April 1920 von den Beklagten nicht erteilt wurde, klagte der Kläger im Mai 1920 auf Erteilung der Auflassung. Während der Rechtsstreit in erster Instanz schwebte, erließ der Landrat am 18. August 1920 einen Beschluß, durch welchen dem Kläger die Genehmigung zur Auflassung auf Grund des § 3 der Bek. über den Verkehr mit landwirtschaftlichen Grundstücken vom 15. März 1918 versagt wurde, weil der Kläger die Landwirtschaft im Hauptberuf weder ausübe noch ausgeübt habe und wenige Wochen nach Empfang der Grundstücke die Weiterveräußerung derselben betrieben habe. Der Beschluß wurde beiden Teilen förmlich zugestellt und dabei das Beschwerderecht bekanntgegeben. Die vom Kläger rechtzeitig erhobene Beschwerde wurde indes von der Gebietsregierung in Meiningen zurückgewiesen. Die weitere Beschwerde des Klägers wurde von der Gesamtregierung als unzulässig verworfen. Der Kläger ist in beiden Vorinstanzen abgewiesen. Seine Revision blieb erfolglos.

Aus den Gründen:

. . .

Nach § 1 der Bek. vom 15. März 1918 (BRVO.) bedarf sowohl die Auflassung als auch jede Vereinbarurng, welche die Verpflichtung zur Übereignung eines Grundstücks zum Gegenstand hat, zu ihrer Wirksamkeit der Genehmigung der zuständigen Behörde. Nach § 5 steht, wenn das Rechtsgeschäft nicht oder nur unter Auflagen genehmigt wird, jedem Teil binnen 2 Wochen seit der Bekanntmachung der Entscheidung an ihn die Beschwerde zu; die Entscheidung über die Beschwerde ist endgültig. Für den Fall der uneingeschränkten Genehmigung des Rechtsgeschäfts ist dagegen keine Anfechtbarkeit der Entscheidung der Verwaltungsbehörde vorgesehen, offenbar aus dem Grunde, daß alsdann kein Bedürfnis hierzu vorlag, da den Anträgen der Beteiligten entsprochen war. Nicht besonders geregelt ist in der BRVO. ferner die Frage, ob die zuständige Verwaltungsbehörde, wenn sie eine endgültige oder überhaupt nicht anfechtbare Genehmigung oder Versagung der Genehmigung zu dem Rechtsgeschäft ausgesprochen hat, ihrerseits noch befugt ist, von Amts wegen oder auf Antrag eines Beteiligten ihre Erklärung zu widerrufen und in anderem Sinne zu entscheiden. Die Frage wird daher nach allgemeinen rechtlichen Gesichtspunkten zu beantworten sein. Die Revision glaubt, sich zur Vertretung ihres Standpunkts, daß die Verwaltungsbehörde ihre Entscheidung nicht mehr abändern könne, auf §§ 183, 184 BGB. berufen zu dürfen; denn danach sei die vorherige Zustimmung (Einwilligung) nur bis zur Vornahme des Rechtsgeschäfts widerruflich, die nachträgliche Zustimmung (Genehmigung) aber unwiderruflich.

Hierbei übersieht die Revision aber, daß die Anwendung dieser Bestimmungen nur die Unwiderruflichkeit der Genehmigung des Kaufvertrags vom 2. Januar 1919 zu begründen vermöchte, nicht aber auch den Widerruf der Genehmigung der Auflassung ausschließen könnte, da diese noch nicht vollzogen ist. Die Anwendung des § 183 BGB. würde daher dazu führen müssen, den Widerruf der Genehmigung der Auflassung zuzulassen. Aber die §§ 183, 184 BGB. sind hier überhaupt nicht anwendbar, weil es sich nicht um die privatrechtliche Genehmigung eines Dritten, sondern um Genehmigung seitens des Staates, also um einen Staatshoheitsakt handelt. Höchstens könnte also eine entsprechende Anwendung dieser Bestimmungen in Frage kommen (Predari, Bemerkungen zu der BRVO. vom 15. März 1918 in Gruchot Bd. 62 S. 441, 448). Richtiger wird aber von allgemeinen Verwaltungsgrundsätzen auszugehen sein. Die Verwaltungsbehörden sind grundsätzlich an ihre Anordnungen nicht gebunden, sondern berechtigt, ihre Verfügungen zurückzunehmen (Otto Mayer Deutsches Verwaltungsrecht 2. Aufl. Bd. 1 § 22 S. 263, Fleiner Institutionen des deutschen Verwaltungsrechts 3. Aufl. § 12 S. 186). Dieser Grundsatz unterliegt aber vielen Einschränkungen. Die Befugnis zur selbständigen Abänderung der Verfügungen ist z. B. ausgeschlossen, wenn die Anfechtung derselben durch besondere Rechtsbehelfe geregelt ist oder die Gründe für die Zurücknahme durch Gesetz besonders bestimmt sind. Ebenso wird die Verfügung nicht mehr zurückgenommen werden dürfen, wenn das genehmigte Unternehmen tatsächlich ins Werk gesetzt oder in Ausführung begriffen ist oder wenn dadurch in wohlerworbene Rechte Dritter eingegriffen würde. Der Revision kann aber nicht zugegeben werden, daß hier ein solcher unzulässiger Eingriff vorlag. Allerdings hatte der Kaufvertrag vom 2. Januar 1919 durch die Genehmigung des Landrats Wirksamkeit erlangt. Bis zu dieser Genehmigung hatte ein Schwebezustand bestanden, da es von der Entschließung der Verwaltungsbehörde abhing, ob der Vertrag Wirksamkeit erlangen würde. Dieser Schwebezustand war nunmehr beseitigt. Die Vertragsparteien waren jetzt endgültig gebunden und hatten schuldrechtliche Ansprüche auf Vertragserfüllung gegeneinander erworben. Gleichwohl folgte aus der bloßen Genehmigung des Vertrages noch kein unbedingtes Recht auf Auflassung; denn die Auflassung stand ebenfalls wieder unter dem Erfordernis der landrätlichen Genehmigung. Diese mußte erteilt und im Zeitpunkt der Auflassung noch vorhanden sein. Erteilt war diese Genehmigung am 21. Februar oder spätestens am 20. April 1920 auch hier. Diese Genehmigung betraf aber im Gegensatz zur Genehmigung des geschlossenen Vertrages ein noch ausstehendes Rechtsgeschäft. Hier blieb also vorläufig in der Schwebe, ob das Rechtsgeschäft, die Auflassung, von den Parteien vorgenommen werden würde. Die zu diesem Rechtsgeschäft im voraus erteilte Genehmigung konnte nach verwaltungsrechtlichen Grundsätzen immer noch, solange die Auflassung von den Parteien nicht vorgenommen war, zurückgezogen werden; damit wurde dann die Erfüllung des an sich verbindlichen Kaufvertrages unmöglich.... Hier muß die Widerruflichkeit der Genehmigung bis zur Vollziehung der Auflassung in Übereinstimung mit dem Berufungsgericht bejaht werden. Daß hiermit eine gewisse Rechtsunsicherheit für den Verkehr verbunden ist, hat auch das Berufungsgericht nicht verkannt. Demgegenüber fällt aber entscheidend ins Gewicht, daß Ziel und Zweck der Verordnung vollständig nur erreicht werden kann, wenn der Verwaltungsbehörde die Möglichkeit gegeben wird, ihre Entscheidung bis zur Vornahme der Auflassung abzuändern. Die Verordnung sollte dem Rückgang der landwirtschaftlichen Erzeugung entgegentreten, der aus dem Übergang landwirtschaftlicher Grundstücke in die Hände von Nichtlandwirten oder aus unwirtschaftlicher Zerschlagung landwirtschaftlicher Grundstücke drohte. Die Erfahrung lehrt, daß es leicht vorkommt, daß die Genehmigung auf Grund unzureichender oder unrichtiger Informationen erteilt wird. Es liegt deshalb im öffentlichen Interesse, daß die Verwaltungsbehörde in der Lage ist, die im voraus erteilte Genehmigung noch nicht vorgenommener Rechtsgeschäfte zu widerrufen, solange die Vornahme nicht erfolgt ist, und auf diese Weise durch Abänderung nicht zweckentsprechender Verfügungen die Erreichung der von der BRVO. verfolgten Ziele im gegebenen Falle sicherzustellen.

RGZ. 112, 233

Widerruf von Verwaltungsakten (prozessual und materiell rechtsgestaltenden behördlichen Erklärungen).

Alter Leitsatz:

Kann der Reichsminister der Finanzen die Erklärung, daß der Klaganspruch nach § 1 Abs. 1 AbgErwVO. abzugelten sei, auch dann noch rechtswirksam abgeben, wenn er in einem früheren Abschnitt desselben Rechtsstreits das Gegenteil erklärt hatte?

Verordnung über die Erweiterung des Abgeltungsverfahrens für Ansprüche gegen das Reich vom 24. Oktober 1923 (RGBl. I S. 1010) § 1 Abs. 1, § 2.

III. Zivilsenat. Urt. v. 18. Dezember 1925 i. S. Deutsches Reich (Bekl.) w. Th. (Kl.). III 159/25.

I. Landgericht I Berlin. — II. Kammergericht daselbst.

Aus den Gründen:

In dem früheren Revisionsrechtszug hatte der Reichsminister der Finanzen entschieden, daß der Klaganspruch nicht unter die AbgErw-

VO. falle. Sein Bescheid vom 24. Oktober 1924 lautet entgegengesetzt. Der Berufungsrichter hat diese veränderte Stellungnahme des Ministers für unwirksam erachtet und, unter Ablehnung des Aussetzungsantrages, sachlich entschieden. Dieser Rechtsauffassung des Berufungsrichters ist beizupflichten.

Wie der Berufungsrichter nicht verkennt, sind freilich in der Regel die Verwaltungsbehörden befugt, ihre Entscheidungen nachträglich wieder zu ändern. Dies ist in der Rechtsprechung selbst für solche Fälle anerkannt worden, in denen die Verwaltungsbehörde mit ihrer Entscheidung in die Rechtslage des einzelnen Bürgers eingegriffen hat. Aber jene Regel gilt nicht unbedingt und allgemein, läßt vielmehr Ausnahmen zu. Für den vorliegenden Fall hat der Berufungsrichter ohne rechtlichen Verstoß eine Ausnahme als gegeben angenommen. § 2 AbgErwVO. bezeichnet die Entscheidung des Reichsfinanzministers darüber, ob der Anspruch abzugelten ist, ausdrücklich als endgültig. Dies steht im Einklang mit dem inneren Wesen der Sache. Wie in dem Beschluß der Vereinigten Zivilsenate vom 22. Februar 1924 RGZ. Bd. 107 S. 320 ff.*) dargelegt, bedeutet die „Abgeltung" eines Anspruchs der Sache nach so viel, daß der Anspruch seiner Natur als Rechtsanspruch entkleidet wird, daß er in seiner bisherigen Gestalt erlischt und daß an seine Stelle ein unklagbarer Anspruch auf eine Entschädigung nach billigem Ermessen tritt. Die Abgeltung hat demgemäß rechtsumgestaltende Wirkung. Bejaht der Reichsfinanzminister, daß der Anspruch abzugelten ist, so liegt hierin die rechtsumgestaltende Erklärung, vermöge deren der Anspruch seine rechtliche Natur in der bezeichneten Weise verändert. Die positive, im Sinn der Abgeltung getroffene Entscheidung des Ministers kann, nachdem sie rechtsumgestaltend gewirkt hat, nicht mehr rückgängig gemacht werden. Schon aus diesem ihrem Wesen folgt, daß sie endgültig ist. Die Entscheidung des Ministers, daß der Anspruch nicht abzugelten sei, hat freilich nicht die nämliche rechtsumgestaltende Wirkung, sondern besagt im Gegenteil, daß der Anspruch in seiner bisherigen Gestalt als klagbares, vor dem ordentlichen Richter verfolgbares Forderungsrecht bestehen bleibe. Begrifflich ausgeschlossen ist es mithin nicht, daß der Minister den Anspruch erst sozusagen freigibt, hinterher aber doch noch der Abgeltung unterstellt. Aber dieses Verfahren kann, wenn auch nicht denkfolgerichtig ausgeschlossen, doch nicht als im Sinn des Gesetzes richtig angenommen werden. Ist die Entscheidung, falls in dem einen Sinne getroffen, endgültig sowohl nach der Vorschrift des Gesetzes wie nach ihrem Wesen, so muß sie folgerichtigerweise auch nach der anderen Richtung endgültig sein. Die gegenteilige Meinung würde für Fälle der hier vorliegenden Art eine befremdliche und insbesondere auch durch

*) In diesem Band S. 61 ff.

den Zweck des Abgeltungsverfahrens keineswegs gerechtfertigte Rechtsungleichheit zwischen dem Reich und dem ihm als Anspruchsberechtigten gegenüberstehenden Bürger mit sich bringen. Sie würde weiter für den letzteren eine erhebliche Rechtsunsicherheit in sich schließen. Wird die Vorfrage der Abgeltung von dem Reichsminister verneint, so kann der Anspruchsberechtigte das gerichtliche Verfahren wieder aufnehmen (§ 2 Abs. 1 Schlußsatz der AbgErwVO.), so kann er das gerichtliche Verfahren fortsetzen und dort vielleicht bereits gewisse Erfolge erzielt und eine prozeßrechtlich gesicherte Rechtsstellung erlangt haben, wie dies hier infolge des früheren Revisionsurteils der Fall war; es wäre auch hier befremdlich, wenn der Sinn des Gesetzes dahin gehen sollte, daß bei einer derartigen Sach- und Rechtslage der Minister, in Abweichung von seiner eigenen früheren Erklärung, den Anspruch unmittelbar vor der letzten gerichtlichen Entscheidung sollte zur Abgeltung bringen und damit dem Anspruchsberechtigten dessen prozeßrechtlich erworbene Rechtslage sollte wieder entziehen dürfen. Derartige befremdliche Ergebnisse sind nicht zu vermuten, sondern müßten sich voll überzeugend aus dem Gesetz ableiten lassen, wenn sie hingenommen werden sollten; hier spricht ja aber gerade das im Gesetz gebrauchte Wort „endgültig" für die hier vertretene Auslegung. Wie es zu beurteilen sein möchte, wenn der Minister infolge eines Irrtums oder gar einer Täuschung zu seiner anfänglichen, den Anspruch freigebenden Entscheidung bestimmt worden ist, ist jetzt nicht zu erörtern.

Nach alledem ist der Berufungsrichter ohne Rechtsirrtum davon ausgegangen, daß der maßgebende, für die Gerichte bindende Bescheid des Reichsministers der Finanzen der freigebende Bescheid vom 11. April 1924 ist und daß dem abändernden Bescheid vom 24. Oktober 1924 keine Bedeutung für den Rechtsstreit mehr zukommt. . . . Demzufolge hatte das Revisionsgericht von der vom Beklagten beantragten Aussetzung des Verfahrens Abstand zu nehmen.

. . .

RGZ. 162, 230

Können Verwaltungsakte im Rechtsweg angegriffen werden?

Alter Leitsatz:

Können die Strafverfügung einer Preisüberwachungsstelle und die Beschwerdeentscheidung des Reichskommissars der Preisbildungsstelle im Rechtsweg angegriffen werden? Unter welchen Voraussetzungen kann die gerichtliche Nachprüfung im Weg einer Schadensersatzklage wegen Amtspflichtverletzung herbeigeführt werden? Wird die Schadensersatzklage durch die gesetzliche Bestimmung gehindert, nach der Anordnungen auf Grund des Gesetzes über die

Bestellung eines Reichskommissars für die Preisbildung für die Gerichte bindend sind und wegen eines Schadens, der durch eine Anordnung oder Maßnahme auf Grund dieses Gesetzes entsteht, keine Entschädigung gewährt wird?

Gesetz zur Durchführung des Vierjahresplanes — Bestellung eines Reichskommissars für die Preisbildung — vom 29. Oktober 1936 (RGBl. I S. 927) §§ 4, 6. Erste Anordnung über die Wahrnehmung der Aufgaben und Befugnisse des Reichskommissars für die Preisbildung vom 12. Dezember 1936 (Deutscher Reichsanz. Nr. 291).
BGB. § 839. WeimVerf. Art. 131. GVG. § 13.

III. Zivilsenat. Urt. v. 24. November 1939 i. S. Deutsches Reich (Bekl.) w. K. (Kl.). III 26/39.

I. Landgericht Saarbrücken. — II. Oberlandesgericht Zweibrücken.

Der Kläger, ein Rechtsanwalt, hat nach seiner Darstellung auf dem Wochenmarkt in S. den Erzeuger Adam H., der ihn um seinen Rechtsbeistand gebeten hatte, dahin beraten, er solle dem Verbote des Leiters der örtlichen Sammelstelle für Gartenbauerzeugnisse, Sch., die von ihm auf den Wochenmarkt gebrachten Erdbeeren statt zum Erzeugerpreis zum Kleinhandelspreis an die Verbraucher zu verkaufen, nicht folgen, und hat dem Sch. erklärt, H. werde es auf eine Entscheidung der zuständigen Stellen ankommen lassen. Frau H. hat daraufhin den Verkauf zum Kleinhandelspreise fortgesetzt. Wegen dieses Vorgangs wurde gegen den Kläger durch Strafverfügung der zuständigen Preisüberwachungsstelle eine Ordnungsstrafe von 500 RM. nach § 4 des Gesetzes zur Durchführung des Vierjahresplans — Bestellung eines Reichskommissars für die Preisbildung — vom 29. Oktober 1936 in Verbindung mit der Ersten Anordnung über die Wahrnehmung der Aufgaben und Befugnisse des Reichskommissars für die Preisbildung vom 12. Dezember 1936 festgesetzt, weil er die Erzeuger auf dem Wochenmarkt in S. aufgefordert habe, ihre Erdbeerpreise gegenüber dem festgesetzten Erzeugerpreis ohne Erteilung einer Ausnahmegenehmigung zu erhöhen, und damit der Verordnung über das Verbot von Preiserhöhungen vom 26. November 1936 (RGBl. I S. 955) in Verbindung mit § 48 StGB. zuwidergehandelt habe. Der Einspruch des Klägers wurde durch Bescheid des Reichskommissars, Preisbildungsstelle S., als unbegründet zurückgewiesen, da er sich „schlechthin als Preistreiber" betätigt habe. Der Bescheid wurde als mit der Zustellung rechtskräftig bezeichnet. Der Kläger zahlte die Hälfte der Strafe mit 250 RM. Er verlangt Verurteilung des Beklagten zur Zahlung von 250 RM. als Schadensersatz für die bezahlte Geldstrafe, weil die zuständigen Beamten bei der Entscheidung ihre Amtspflicht vorsätzlich oder fahrlässig verletzt hätten.

Das Landgericht hat die Klage wegen Unzulässigkeit des Rechtswegs abgewiesen. Das Berufungsgericht hat den Beklagten zunächst durch Versäumnisurteil nach dem Klageantrage verurteilt, das Versäumnisurteil aber durch das Urteil vom 22. Dezember 1938 aufgehoben und die Sache zur Verhandlung und Entscheidung an das Landgericht zurückverwiesen. Die Revision des Beklagten führte zur Aufhebung des Berufungsurteils und zur Zurückweisung der Berufung des Klägers.

Gründe:

Verwaltungsakte können in ihrem Rechtsbestande grundsätzlich nicht im Rechtsweg angegriffen werden. Sie können nicht durch die Gerichte *aufgehoben, berichtigt oder geändert werden. Die* Strafverfügung ist ein solcher Verwaltungsakt. Gegen sie ist ein bestimmter Instanzenzug im Verwaltungsverfahren gegeben, aber nicht die Anrufung des ordentlichen Gerichts. Auch die Klage geht von der Rechtswirksamkeit der Ordnungsstrafe aus und verlangt Ersatz des durch diese entstandenen Schadens. Die Schadensersatzklage aus einer bei Erlaß der Strafverfügung begangenen Amtspflichtverletzung wird dadurch nicht gehindert, daß der Rechtsweg für die Nachprüfung der Rechtswirksamkeit des Verwaltungsakts selbst verschlossen ist. . . .

Es ist aber ständige Rechtsprechung, daß der dem Rechtsweg entzogene Verwaltungsakt nicht dadurch vor den ordentlichen Richter gebracht werden kann, daß seine Bemängelung nur äußerlich in das Gewand einer Schadensersatzklage gekleidet wird. Ob es sich um einen solchen Versuch handelt, ist nach der Klagebegründung zu beurteilen, die ein pflichtwidriges Verhalten eines Beamten erkennen lassen muß. Nur das tatsächliche Vorbringen der Klage ist dabei als richtig zu unterstellen; die vom Kläger geäußerte Rechtsansicht ist unmaßgeblich. Der Schaden wird sich hier zunächst mit dem Kostenaufwande decken müssen, der dem Bestraften durch die Strafverfügung entstanden ist. Daraus kann sich kein Bedenken gegen die Zulässigkeit der Schadensersatzklage ergeben. Andererseits ist aber damit allein und damit, daß die Klage nicht Aufhebung der Strafverfügung, sondern Ersatz des durch sie entstandenen Schadens aus dem Rechtsgrunde von Amtspflichtverletzungen bei Erlaß der Strafverfügung verlangt, noch nicht ausgeschlossen, daß die Klage nichts anderes ist als der Versuch, die Unzulässigkeit des Rechtswegs durch die Behauptung eines Schadensersatzanspruchs zu umgehen. Daher ist zu prüfen, ob die vorgetragenen Tatsachen . . . in sich schlüssig ein Handeln oder Unterlassen bestimmter Beamten aufzeigen, das einen vorsätzlichen oder fahrlässigen Amtsmißbrauch darstellte. Das hat das Berufungsgericht verkannt. Es hat die Zulässigkeit des Rechtswegs aus der äußerlichen Gestaltung der Klage als einer Schadensersatzklage allein bejaht und hat die Tatsachen, an denen erst das Wesen der Klage als einer echten Schadensersatzklage zu untersuchen war, nur darauf geprüft, ob sie die Klage sachlich begründen könnten. . . .

Infolge dieses Rechtsirrtums fehlt in dem angefochtenen Urteil grundlegend die Würdigung, inwieweit die Klagebehauptungen, ihre Richtigkeit unterstellt, überhaupt geeignet sind, eine schuldhafte Amtspflichtverletzung aufzuzeigen. . . .

Freilich kann der Strafbescheid nicht als ein Urteil in einer Rechtssache im Sinne des § 839 Abs. 2 BGB. angesehen werden, so daß er dem besonderen Schutze dieser Bestimmung unterstehen würde, also als eine Sachentscheidung, die in der äußeren Form eines Urteils ergangen wäre und in prozeßtechnischem Sinne den Begriff des Urteils erfüllen würde; denn es fehlt an einem den beiden Prozeßordnungen angenäherten, in aller Regel auf mündlicher Verhandlung beruhenden, urteilsmäßig abzuschließenden Verfahren. Aber weder im einzelnen noch in ihrer Gesamtheit reichen die vorgetragenen Behauptungen zum schlüssigen Nachweis einer Amtspflichtverletzung bei der Bestrafung aus, auf die es allein ankommt. Eine etwaige Amtspflichtverletzung des Sch. könnte nur insoweit eine Rolle spielen, als sie derart offen zutage trat, daß auch die Bestrafung wegen Zuwiderhandlung gegen dessen Anordnung wieder nur pflichtwidrig vorgenommen sein könnte.

Wenn es auch im Ermessen der Preisüberwachungsstellen steht, ob sie im einzelnen Falle von ihrer Strafbefugnis Gebrauch machen wollen, so ist doch die Strafverfügung keine Ermessensentscheidung, sondern die normgemäße Anwendung des Gesetzes auf den gegebenen Tatbestand. Im pflichtmäßigen Ermessen der Behörde steht zwar die Tatbestandsermittlung, auf die sich ihre Überzeugung stützt, nicht aber die rechtliche Beurteilung des festgestellten Tatbestandes und die daraus folgende Entschließung, daß und wie er strafbar ist. Eine falsche rechtliche Beurteilung des Tatbestandes ist dann schuldhaft, wenn sie offenbar willkürlich ist, also eine Rechtsbeugung enthält, oder wenn dabei die gebotene Sorgfalt in der Rechtsanwendung außer acht gelassen worden ist.

Für die Tatbestandsermittlung hat der Kläger keine Tatsachen angegeben, die schlüssig ergeben könnten, inwiefern diese Ermittlung und die daraufhin getroffenen Feststellungen unzulänglich gewesen wären. . . . (Wird ausgeführt.)

Ebensowenig sind schlüssige Tatsachen dafür vorgetragen, daß die Bestrafung des Klägers nach dem ermittelten Tatbestand in fahrlässiger Verkennung der gesetzlichen Vorschriften oder gar willkürlich verfügt worden wäre. . . . (Wird ausgeführt.)

Es ist nach alledem nicht so, daß der Kläger bestimmte Tatsachen behauptet, aus denen sich die Pflichtwidrigkeit der Bestrafung ergeben würde, sondern er versucht umgekehrt, aus der Bestrafung wegen der Zuwiderhandlung gegen die seiner Meinung nach unrichtige Anordnung des Sch. pflichtwidrige Amtshandlungen bei dem Erlaß der Anordnung und daraus erst wieder die Pflichtwidrigkeit der Bestrafung abzuleiten, weil er glaubt, die Verwaltungsbehörden hätten die Gesetze unrichtig angewendet. Dafür ist der Rechtsweg grundsätzlich verschlossen. Deshalb kann auch nicht nachgeprüft werden, ob die Verwaltungsbehörden allgemeine Strafrechtsbegriffe, insbesondere den strafrechtlichen Begriff der Anstiftung, auf das Verhalten des Klägers in seiner Eigenschaft als Rechtswahrer rechtsirrig angewendet haben. Ein solches Verfahren wäre, was die Rechtsprechung immer abgelehnt hat, die Eröffnung eines weiteren Instanzenzugs über den der nach dem Gesetz allein berufenen Verwaltungsbehörden und bedeutete nichts anderes als die gerichtliche Nachprüfung der Recht- und Zweckmäßigkeit einer Anordnung der Verwaltungsstelle, die den Verkauf des Erzeugers an den Verbraucher unter gewissen Voraussetzungen verboten hatte.

Die Klage ist demnach sachlich der Versuch, die Beurteilung dieses Verwaltungsaktes durch die ordentlichen Gerichte auf dem Umweg über rückschauend aufgestellte Vermutungen zu erreichen. Das angefochtene Urteil und das Versäumnisurteil des Berufungsgerichts waren deshalb aufzuheben, und die Berufung des Klägers gegen das Urteil des Landgerichts war wegen Unzulässigkeit des Rechtswegs zurückzuweisen.

RGZ. 110, 356

Formerfordernisse der Einlegung einer Verwaltungsbeschwerde. Verwaltungsverordnung und Rechtsverordnung.

Alter Leitsatz:

1. . . .

2. Kann in mündlichen Vorstellungen beim Landratsamt auf Abänderung des erteilten Bescheids, durch welche die nach der Bekanntmachung über den Verkehr mit landwirtschaftlichen Grundstücken vom 15. März 1918 erforderliche Genehmigung versagt wird, eine wirksame Beschwerdeeinlegung gefunden werden, auch wenn die Aufnahme eines Protokolls unterblieben ist?

3. . . .

4. . . .

BGB. §§ 249, 826, 273, 1000.

V. Zivilsenat. Urt. v. 28. März 1925 i. S. Sch. (Kl.) w. R. (Bekl). V 323/24.

I. Landgericht Stolp. — II. Oberlandesgericht Stettin.

Aus den Gründen:

. . .

Das Berufungsgericht hat angenommen, daß der Beklagte innerhalb der Beschwerdefrist gegenüber dem zur Entgegennahme einer Beschwerde zuständigen Kreissekretär seinem Willen, sich mit der ergangenen Entscheidung nicht zufrieden zu geben, klaren Ausdruck verliehen und damit rechtzeitig die Beschwerde erhoben habe. Es könne, so führt das Berufungsgericht aus, dem Beklagten nicht schädlich sein, daß der Kreissekretär es im Widerspruch mit seinen Dienstobliegenheiten unterlassen habe, die erhobene Beschwerde aktenkundig zu machen. Denn eine Form sei für die Beschwerde nicht vorgeschrieben und werde auch durch allgemeine Grundsätze des Verwaltungsrechts nicht gefordert. Die Bestimmung der Preuß. Ausf.-Verf. vom 27. März 1918 zu § 5 Abs. 3 (MBl. d. landw. Verw. S. 109), wonach die Einlegung der Beschwerde schriftlich oder mündlich zu Protokoll erfolgen solle, könne als eine bloße für die nachgeordneten Dienststellen gegebene Verwaltungsanordnung nicht die Wirkung haben, den Inhalt der an die Allgemeinheit gerichteten und objektives Recht schaffenden Vorschriften einschränkend abzuändern.

Diese Ausführungen werden von der Revision mit Recht bekämpft. Allerdings enthält die Verordnung vom 15. März 1918 über den Verkehr mit landw. Grundstücken (RGBl. S. 123) keine Vorschrift über die Form, in der die im § 5 zugelassene Beschwerde einzulegen ist, sie überträgt aber im § 8 den Landeszentralbehörden den Erlaß der Bestimmungen zur Ausführung dieser Verordnung. Den auf Grund dieser Ermächtigung erlassenen Bestimmungen der Landeszentralbehörden muß daher die gleiche rechtliche Wirkung für die Allgemeinheit beigelegt werden, als wenn sie in der Verordnung selbst getroffen wären. Der in der Preußischen Verfügung vom 27. März 1918 zu § 5 Abs. 3 gegebenen Bestimmung, daß die Beschwerde schriftlich oder zu Protokoll sowohl beim Landrat als auch beim Regierungspräsidenten eingelegt werden kann, kommt daher nicht die Natur einer für die nachgeordneten Dienststellen gegebenen Verwaltungsanordnung zu, sondern sie stellt sich als eine für die Allgemeinheit bestimmte und verbindliche Vorschrift dar, was sich übrigens auch aus ihrem Inhalt ohne weiteres ergibt. Daß sich diese Vorschrift nicht in den auf Grund des § 8 der BRVO. erlassenen Ausführungsbestimmungen vom 16. März 1918 (JMBl. S. 69) befindet, sondern in den von den zuständigen Ministern aufgestellten Grundsätzen für die Ausführung der Verordnung, begründet für die Wirksamkeit der Bestimmung keinen Unterschied. In den von dem Beklagten gemachten Anstrengungen, durch mündliche Vorstellungen auf dem Landratsamt eine anderweitige Entscheidung dieser Behörde herbeizuführen, kann hiernach eine den gegebenen Vorschriften genügende Einlegung der Beschwerde nicht gefunden werden, und zwar um so weniger, als darin ein Wille, die Entscheidung des für eine Beschwerde allein zuständigen Regierungspräsidenten anzurufen, nicht zum Ausdruck gelangt ist. Es mag sein, daß der Beklagte, wenn er bei seinem Versuch, das Landratsamt zu einer Änderung seines Bescheids zu veranlassen, auf die Wirkungslosigkeit einer derartigen anderweiten Entscheidung hingewiesen und über die Möglichkeit und die Formerfordernisse einer Beschwerde belehrt worden wäre, diesen Weg beschritten haben würde. Das kann aber nichts daran ändern, daß er tatsächlich eine den bestehenden Vorschriften entsprechende Beschwerde nicht eingelegt hat, die Entscheidung des Landrats mit Ablauf der zweiwöchigen Beschwerdefrist rechtskräftig und damit der zwischen den Parteien geschlossene Kaufvertrag hinfällig geworden ist.

RGZ. 106, 14

In Staatshaftungssachen wird der Staat grundsätzlich durch die Behörde vertreten, in deren Bezirk der schuldige Beamte bei Entstehung des Anspruchs seinen dienstlichen Wohnsitz hat. Bei Einsatz des Beamten außerhalb des eigenen und im Interesse eines fremden Dienstbezirks fällt — zumindest auch — den dortigen zuständigen Behörden die Vertretung des Staates zu.

Alter Leitsatz:

Zur Frage der Vertretung des Staates gegenüber Ansprüchen aus den Staatshaftungsgesetzen.

III. Zivilsenat. Urt. v. 3. November 1922 i. S. S. (Kl.) w. den Preuß. Staat (Bekl.). III 304/22.

I. Landgericht Essen. — II. Oberlandesgericht Hamm.

Der Ehemann und Vater der Kläger wurde im Frühjahr 1920 anläßlich der damaligen Unruhen in Altenessen (Rheinprovinz) von Angehörigen der grünen Sicherheitspolizei verhaftet und während der Fortführung erschossen. Die Kläger behaupten, daß Verhaftung und Erschießung ohne rechtfertigenden Grund geschehen seien, und verlangen nach Art. 131 der Reichsverfassung in Verbindung mit dem preußischen Staatshaftungsgesetze vom 1. August 1909 Schadensersatz. Die gegen den preußischen Staat, vertreten durch den Regierungspräsidenten in Düsseldorf, erhobene Klage wurde abgewiesen, die Berufung der Kläger zurückgewiesen. Auf die Revision der Kläger wurde das Berufungsurteil aufgehoben und die Sache an das Berufungsgericht zurückverwiesen.

Gründe:

Das Landgericht hatte die Klage in erster Linie mangels Sachlegitimation des Beklagten, in zweiter Linie mangels rechtswidrigen

Verhaltens der beteiligten Angehörigen der Sicherheitspolizei abgewiesen. Das Berufungsgericht unterscheidet: Soweit es sich um die Erschießung handelt, sei der Regierungspräsident in Düsseldorf nicht der richtige gesetzliche Vertreter des Beklagten. Die Verhaftung aber sei nach dem Grundsatze des adäquaten Zusammenhanges nicht als Ursache der Tötung anzusehen. Die letztere Annahme entspricht dem in der Rechtsprechung anerkannten Grundsatze, daß rechtlich als Ursache eines Erfolges nicht die Bedingung seines Eintritts, sondern nur ein solches Verhalten zu betrachten ist, das erfahrungsgemäß geeignet ist, einen Erfolg der fraglichen Art herbeizuführen. In diesem Sinne kann man aber eine Verhaftung als Ursache der späteren Erschießung des Verhafteten auch dann nicht bezeichnen, wenn die Verhaftung, wie hier, in unruhiger Zeit und morgens vor 4 Uhr stattgefunden hat. Als ursächlich kann hier nur das Verhalten der Sicherheitspolizeimannschaft bei der Fortführung des Verhafteten in Betracht kommen. Mit Unrecht nimmt aber das Berufungsgericht an, daß, soweit in dieser Beziehung die Haftung des Beklagten in Anspruch genommen werde, der Regierungspräsident in Düsseldorf nicht der richtige Vertreter des Beklagten sei. Das Berufungsgericht entnimmt einer Auskunft des Oberpräsidenten der Provinz Westfalen, daß die fragliche Abteilung der Sicherheitspolizei, die aus Westfalen gekommen war und dort ihren dienstlichen Sitz hatte, dem erwähnten Oberpräsidenten, nicht dem Regierungspräsidenten in Düsseldorf, unterstanden habe, und folgert hieraus weiter, daß letzterer auch nicht zur Vertretung des Beklagten berufen sei, wenn dessen Haftung auf Dienstpflichtverletzungen von Angehörigen dieser auswärtigen Sicherheitspolizeitruppe gestützt werde. Nun ist allerdings bei Haftungsstreitigkeiten der fraglichen Art im allgemeinen davon auszugehen, daß der Staat durch die Behörde vertreten wird, in deren Bezirk der schuldige Beamte bei Entstehung des Anspruchs seinen dienstlichen Wohnsitz hat. Diese Behörde wird meistens auch am besten in der Lage sein, sich über den Sachverhalt zuverlässig zu unterrichten. Dabei wird aber immer der regelmäßige Fall vorausgesetzt, daß ein Beamter, wenn auch vielleicht nicht innerhalb seines Dienstbezirks, so doch im Interesse dieses Dienstbezirks tätig geworden ist. Hier aber liegt die Besonderheit vor, daß Angehörige der der Provinz Westfalen zugeteilten Sicherheitspolizei nicht nur außerhalb dieses Dienstbezirks, sondern auch im Interesse eines fremden Dienstbezirks verwendet wurden. In Fällen dieser Art müssen die Behörden des letzteren Bezirks, soweit eine Angelegenheit überhaupt in ihren Geschäftsbereich fällt, sei es ausschließlich, sei es wenigstens neben den im allgemeinen zuständigen Behörden, als zur Vertretung des Staates berufen angesehen werden. Aus der schon erwähnten Auskunft des Oberpräsidenten der Provinz Westfalen kann entnommen werden, daß die fragliche Sicherheitspolizeiabteilung in Bezug auf ihre Verwendung im Industriegebiet dem Befehlshaber des Wehrkreises VI als dem Inhaber der vollziehenden Gewalt unterstellt war. Ob daraus mit der ersten Instanz gefolgert werden muß, daß für Dienstpflichtverletzungen das Deutsche Reich hafte, ist hier, wo es sich nur um die Frage der gesetzlichen Vertretung handelt, nicht zu untersuchen. Soweit aber eine Haftung des Beklagten überhaupt denkbar ist, wird er durch den Regierungspräsidenten in Düsseldorf als denjenigen, zu dessen Geschäftsbereich die polizeilichen Angelegenheiten seines Dienstbezirks ganz allgemein gehören, richtig vertreten, weil die auswärtige Sicherheitspolizei gerade in diesem Bezirk und im Interesse der Sicherheit dieses Bezirks tätig war, als es zur Erschießung des Ehemannes und Vaters der Kläger kam. Die Vertretungsbefugnis des Regierungspräsidenten in Düsseldorf ist um so weniger zu beanstanden, als die Klage ausdrücklich auch darauf gestützt worden ist, daß die Sicherheitspolizei im vorliegenden Falle auf Anordnung der Altenessener Polizei tätig geworden sei.

RGZ. 113, 107

Namensführung bei früheren Adelsbezeichnungen.

Alter Leitsatz:

Verstößt es gegen das Gesetz, wenn die adeligen Namen bei weiblichen Personen in der weiblichen Form (Gräfin, Freiin, Freifrau usw.) gebraucht und wenn sie bei Männern dekliniert werden?

Reichsverfassung Art. 109 Abs. 3 Satz 2.

IV. Zivilsenat. Beschl. v. 10. März 1926. Standesregistersache des Amtsgerichts Breslau. IV B 7/26.

I. Landgericht Breslau. — II. Kammergericht Berlin.

Die Frage ist verneint worden aus folgenden

Gründen:

Im Sterberegister des Standesamts Breslau IV ist am 2. Juni 1924 eingetragen worden, daß „Thekla Gräfin von Matuschka, Freifrau von Toppolezan und Spaetgen . . . wohnhaft in Breslau, verwitwet von dem Oberst Balthasar Graf von Matuschka, Freiherrn von Toppolezan und Spaetgen zu Breslau . . . am 1. Juni 1924 . . . verstorben ist." Der Regierungspräsident in Breslau hat in seiner Eigenschaft als Aufsichtsbehörde beim Amtsgericht in Breslau den Antrag gestellt, das Sterberegister dahin zu berichtigen, daß es heißen muß „Thekla Graf von Matuschka, Freiherr von Toppolezan und Spaetgen" . . ., ferner „verwitwet von dem Oberst Balthasar Graf von Matuschka, Freiherr von Toppolezan und Spaetgen". Begründet ist der Antrag damit, daß die früheren Adelsbezeichnungen „Graf" und „Freiherr" nach Art. 109 Abs. 3 Satz 2 RV. jetzt lediglich Bestandteile des Familiennamens seien und deshalb bei Frauen nicht in der weiblichen Form gebraucht und bei Männern nicht dekliniert werden dürften.

Das Amtsgericht hat den Antrag abgelehnt. Die Beschwerde ist durch Beschluß des Landgerichts zurückgewiesen worden; gegen diesen Beschluß hat der Regierungspräsident weitere Beschwerde eingelegt. Das Kammergericht erachtet die Beschwerde für begründet, sieht sich aber gehindert, in diesem Sinne zu entscheiden, durch den Beschluß des Bayerischen Obersten Landesgerichts vom 9. Oktober 1925 III 93/25, in dem die gegenteilige Ansicht vertreten ist. Es hat deshalb durch Beschluß vom 15. Januar 1926 die Sache gemäß § 28 RFGG. dem Reichsgerichte zur Entscheidung vorgelegt.

Der Fall des § 28 RFGG. ist gegeben, die Befugnis des Regierungspräsidenten zur Einlegung der Beschwerde unbedenklich. In der Sache selbst muß der Ansicht des Bayerischen Obersten Landesgerichts beigetreten werden.

Nach Art. 109 Abs. 3 Satz 2 Halbsatz 1 RV. gelten Adelsbezeichnungen nur als Teil des Namens. In der Rechtsprechung des Reichsgerichts ist anerkannt, daß diese Vorschrift nicht etwa nur eine Richtschnur für die künftige Gesetzgebung, sondern ein Gesetz ist, das mit sofortiger Wirkung in Kraft getreten ist. Auf diesem Standpunkt stehen sowohl das Kammergericht als das Bayerische Oberste Landesgericht. Wenn also das Kammergericht Recht hätte, dann hätte sich die Verstorbene seit Inkrafttreten der Reichsverfassung „Thekla Graf von Matuschka, Freiherr von Toppolezan und Spaetgen" nennen müssen.

Das Kammergericht begründet seine Ansicht wie folgt: Es geht von dem Satze aus, die Absicht des Reichsgesetzgebers sei es gewesen, bisher adelige Namen den bürgerlichen Namen in jeder Beziehung gleichzustellen, das bisherige Adelszeichen nicht anders als eine Silbe im Namen zu behandeln. Daraus folgert es, daß die allgemeinen Vorschriften des bürgerlichen und öffentlichen Rechts über die Familiennamen auf die Adelsbezeichnungen unbeschränkte Anwendung fänden, daß also die weiblichen Mitglieder der ehemaligen Adelsfamilien seit dem Tage des Inkrafttretens der Reichsverfassung das frühere Adelsprädikat in der Form zu führen hätten, die nach dem Recht des Bürgerlichen Gesetzbuchs für die Führung von Namen durch Frauen gelte, also wenn sie verheiratet oder verwitwet seien, in der Form des bisherigen Adelsprädikats ihres Ehemannes („Fürst", „Graf", „Freiherr", nicht „Fürstin", „Gräfin", „Freifrau"). Denn der Name sei unveränderlich und gleichlautend für Mann und Frau. Eine rechtliche Möglichkeit, die Vorschrift des § 1355

BGB. mit dem Landgericht dahin aufzufassen, daß die Frau entsprechend dem in früher adeligen Kreisen herrschend gewesenen Gebrauche den jetzigen Namensteil „Fürst", „Graf", „Freiherr" in der ihrem Geschlecht entsprechenden weiblichen Form („Fürstin" usw.) zu führen habe oder führen dürfe, sei nicht gegeben. Die Erwägung, daß es dem Sprachgefühl und der grammatikalischen Vernunft widerspreche, eine Frau als „Fürst" usw. zu bezeichnen, gehe fehl, da ein solcher Widerspruch zu dem Sprachgefühle nur bestehe, wenn man in den Worten „Fürst" usw. auch heute noch Standesbezeichnungen sehe, was aber rechtlich nicht mehr möglich sei. Auch von der Fortgeltung eines „Sprachgebrauchs" — worauf das Landgericht wesentliches Gewicht lege — könne gegenüber der positiven gesetzlichen Regelung nicht gesprochen werden. Denn ein für die früheren Standesbezeichnungen in Geltung gewesener Sprachgebrauch habe naturgemäß die Standesbezeichnungen nicht überdauern, und für den Namen hätte sich ein entsprechender Sprachgebrauch überhaupt erst seit dem Inkrafttreten der Reichsverfassung zu entwickeln beginnen können. Von einem jetzt bereits hinsichtlich der Namen bestehenden Sprachgebrauch könne jedenfalls (ganz abgesehen von der Frage, ob er rechtlich beachtlich wäre) keine Rede sein. Die Annahme des Landgerichts endlich, Art. 109 Abs. 3 S. 2 RV. habe dadurch, daß er die früheren Standesbezeichnungen nicht einfach gestrichen habe, sondern sie als Namensteile habe fortbestehen lassen, zu erkennen gegeben, daß er an der sprachlich üblichen und hergebrachten Form habe festhalten wollen, ohne daß dieselben Worte jetzt noch eine besondere Standesangehörigkeit bezeichnen sollten, scheitere daran, daß eine solche Absicht im Gesetze nicht nur nicht zum Ausdruck gekommen sei, sondern ganz offenbar dem Zwecke des Gesetzes, auch den bei Weiterführung der weiblichen Form entstehenden Schein des Fortbestehens eines adeligen Geburtsnamens zu verhindern, gerade zuwiderlaufen würde.

Diese Ausführungen werden der sich aus der Entstehungsgeschichte ergebenden Bedeutung des Art. 109 Abs. 3 Satz 2 RV. nicht gerecht. Über letztere geben insbesondere die Ausführungen des Abgeordneten Dr. Heinze und des Regierungsvertreters, Geheimrats Huber, im Verfassungsausschuß Aufschluß (Bd. 336, S. 496). Der Abgeordnete Dr. Heinze wandte sich gegen die Bestrebungen, die Adelsprädikate überhaupt zu beseitigen. Er sagte: „Wollen Sie, wenn Sie den Adel abschaffen, den Fürsten von Loewenstein oder den Herren von Kleist verbieten, sich so zu nennen, wie sie wirklich heißen? Das hat doch keinen Sinn. Aber ich frage weiter: was schadet es denn, wenn jemand sich von Kleist nennt? Mir ist noch kein durchschlagender Grund vorgelegt worden, warum die Leute ihren Namen ändern sollen. Es wäre doch ein staatlicher Zwang allerschlimmster

Art, wenn man die Leute zwingen würde, ihre Individualrechte abzustreifen und sich anders zu nennen, als sie heißen. Sie werden doch auch nicht die sämtlichen Schulze zwingen, sich künftig Müller zu nennen. Die Gründe, die für die Abschaffung des Adels vorgebracht sind, kann ich absolut nicht verstehen. Man greift damit in wohlerworbene Rechte, in Namensrechte ein, und das kann man unter keinen Umständen gutheißen."

Der genannte Regierungsvertreter billigte diesen Standpunkt und führte aus: „Wenn man sagt: ‚öffentlich-rechtliche Vorrechte (Art. 109 Abs. 3 Satz 1) usw. bestehen nicht', so ist damit eben betont, daß der Adel keine Vorrechte mehr hat, daß nur sein Name noch bleibt. Das Adelsprädikat ist regelmäßig ein Bestandteil des Familiennamens. Wie bereits hervorgehoben worden ist, würde deshalb die Abschaffung des Adels in dem Sinne, daß das Adelsprädikat nicht fortgeführt werden kann, einen Eingriff in ein privates Recht bedeuten, der in keiner Weise gerechtfertigt ist. Ich will noch auf einige Konsequenzen hinweisen, die die Annahme dieses Antrags (auf Abschaffung des Adelsprädikats) herbeiführen würde . . . Das Ergebnis wäre, daß der Bürgerliche das ‚von' weiterführen könnte (nämlich in dem Falle, daß das ‚von' kein Adelsprädikat ist) und damit in den Augen des Volks als Adeliger dastehen würde, während der Adelige bürgerlich würde . . ." (vgl. ferner die Ausführungen desselben Regierungsvertreters S. 372 und des Abgeordneten A b l a ß S. 496). Der vom Verfassungsausschuß vorgeschlagene Entwurf erhielt bei der Abstimmung im Art. 108 eine dem jetzigen Art. 109 Abs. 3 entsprechende Fassung.

In der Nationalversammlung selbst erklärte der Berichterstatter Dr. D ü r i n g e r (S. 1497): „Das Recht der Führung des Familiennamens als ein individuelles, intimes, persönliches Privatrecht sollte nach der Ansicht der Mehrheit des Ausschusses nicht angetastet werden." In gleichem Sinne äußerte sich u. a. der Abgeordnete Dr. G r a f v o n P o s a d o w s k y - W e h n e r (S. 1562).

Der Art. 109 Abs. 3 Satz 2 sollte danach den Sinn haben, daß das Recht des bisherigen Adeligen, seine bisherigen adeligen Namen weiterzuführen, nicht beeinträchtigt werden sollte. Nicht aber war gemeint, daß ein bisher nicht zum Namen gehöriges Adelsprädikat nunmehr Bestandteil des adeligen Namens werden sollte. Nur soweit Adelsprädikate früher schon Teil des adeligen Namens waren, sollten sie weitergeführt werden dürfen.

In diesem Sinne ist Art. 109 Abs. 3 Satz 2 auch im § 22 des Preußischen Gesetzes über die Aufhebung der Standesvorrechte des Adels und die Auflösung der Hausvermögen vom 23. Juni 1920 (GS. S. 367) verstanden worden, dessen Rechtsgültigkeit durch Entscheidung des Staatsgerichtshofs vom 10. Mai 1924 anerkannt ist.

Der § 22 bestimmt: „Als Namen der bisherigen Adelsfamilien und ihrer Angehörigen gilt die Bezeichnung, die sich auch bisher auf die nicht besonders berechtigten Familienmitglieder als eigentliche Familienbezeichnung vererbte. Stand zur Zeit des Inkrafttretens der Reichsverfassung einem Familienangehörigen vor den anderen Familienangehörigen eine besondere Bezeichnung zu, so darf er diese Bezeichnung für seine Person auf die Dauer der bisherigen Berechtigung beibehalten, sofern sie nicht dem Ausdrucke der durch die Ereignisse des November 1918 beseitigten Landeshoheit diente."

In der Begründung des Entwurfs (Drucksache 2247 der verfassunggebenden Preußischen Landesversammlung) ist ausgeführt: „Nach Abs. 3 Satz 2 des Art. 109 RV. haben die bisherigen Adelsbezeichnungen nur als Teil des Namens zu gelten. Sie haben damit die Eigenschaft als Ausdruck der Zugehörigkeit zu einem besonderen Stand — der nicht mehr anerkannt wird — verloren. Dagegen sind sie, soweit sie Namensbezeichnungen waren, durch die Reichsverfassung dem demokratischen Grundsatz der gleichen Behandlung aller entsprechend aufrechterhalten worden, da der Namensschutz gleichmäßig allen Deutschen zusteht. Dies ist der Sinn und Zweck jener Vorschrift der Reichsverfassung, wie ihre Entstehungsgeschichte ergibt". Dann wird ausgeführt, bei der Anwendung dieses Grundsatzes hätten sich Zweifel ergeben. Beim Adel stehe oft einzelnen Familienangehörigen, namentlich dem Familienoberhaupt, das Recht zu, eine ihn vor den übrigen Familienangehörigen auszeichnende Bezeichnung, z. B. als Fürst oder Graf, zu führen. Derartige Bezeichnungen könnten nicht als Teil des Familiennamens gelten, weil der Familienname nach den Regeln des bürgerlichen Rechts, das nunmehr auch für die bisher adeligen Namen zu gelten habe, sich auf alle Abkömmlinge des Namensträgers vererbe. Dieser Sachlage solle § 22 Abs. 1 Satz 2 Rechnung tragen.

Wollte man nach alledem den adeligen Namen in seiner bisherigen Gestalt aufrechterhalten, so besteht kein Grund für die Annahme, daß man die Form, in der er nach dem bisherigen Sprachgebrauch geführt wurde, beseitigen, insbesondere aber verbieten wollte, daß die Frau des Grafen sich nach wie vor Gräfin und die Frau des Freiherrn sich Freifrau nenne. Allerdings mag die Anwendung der weiblichen Form ursprünglich darauf zurückzuführen sein, daß es sich um eine Standesbezeichnung handelte. Aber sie war eben schließlich auch Namensbezeichnung geworden, und die mitgeteilten Äußerungen in den gesetzgebenden Körperschaften ergeben, daß man insoweit an dem bisherigen Zustande nichts ändern wollte.

Es kann sich also nur noch fragen, ob etwa die §§ 1355, 1616 BGB. dem Gebrauch einer weiblichen Namensform entgegenstehen. Die

Frage ist zu verneinen. Das Gesetz bestimmt lediglich, daß die Frau den Familiennamen des Mannes erhält, aber nicht, in welcher Form der Name zu führen ist. Diese Frage ist keine Rechtsfrage, sondern eine Frage des Sprachgebrauchs. Da aber nach dem Gesagten die Bezeichnungen Graf, Freiherr usw. nach Art. 109 Abs. 3 Satz 2 RV. nur dann Bestandteil des Namens geworden sind, wenn sie es früher waren, und da diese Bezeichnungen früher, obwohl sie auch damals schon zum Namen gehörten, in weiblicher Form geführt wurden, so besteht kein Bedenken, diesem Sprachgebrauch gemäß auch jetzt zu verfahren. Denn objektiv kann kein Zweifel darüber bestehen, daß es sich lediglich um eine Namensbezeichnung, nicht um eine Standesbezeichnung handelt. Die letztere kann eben nicht mehr in Frage kommen, weil der Adel abgeschafft ist. Wenn das Kammergericht meint, durch den Gebrauch der weiblichen Form „Gräfin" usw. könne der Schein des Fortbestehens eines adeligen Geburtsnamens hervorgerufen werden, so mag das für Nichtwissende richtig sein. Das würde aber auch durch Gebrauch der vom Kammergericht für richtig gehaltenen Form „Frau Graf" usw. nicht zu vermeiden sein. Die Möglichkeit eines solchen Irrtums ist eben dadurch gegeben, daß der adelige Name aufrechterhalten ist.

Mit Recht beruft sich das Bayerische Oberste Landesgericht zur Unterstützung seiner Ansicht auf die Verhandlungen der Reichstagskommission zur Beratung des Bürgerlichen Gesetzbuches und diejenigen des Reichstags vom 4. Februar 1901, in denen die Frage erörtert wurde, ob der § 1594 des Entwurfs (§ 1616 BGB.) es verhindere, daß die Endsilben der polnischen Namen bei Frauen in der üblichen Weise geändert werden dürften. In der Reichstagskommission wurde die Frage einstimmig verneint, und in der Sitzung des Reichstags vom 4. Februar 1901 hat der Staatssekretär des Reichsjustizamts N i e b e r d i n g den von der preußischen Verwaltung aufgestellten Grundsatz gebilligt, daß in allen denjenigen Fällen, in denen es hergebracht war, in den betreffenden Familien den Namen der Frau auf „ka" endigen zu lassen, der Standesbeamte diese Übung zu respektieren habe (vgl. das Nähere in Johow und Ring, Jahrbuch, Bd. 23 A S. 63).

Wenn dabei, wie das Kammergericht einwendet, auf seiten der Preußischen Verwaltung der Gesichtspunkt eine Rolle gespielt hat, daß man alles vermeiden wollte, was nach einer Germanisierung aussehen könnte, so bleibt doch bestehen, daß die maßgebenden Instanzen der Auffassung gewesen sind, daß das Gesetz den Gebrauch des Namens des Mannes in weiblicher Form durch die Frau nicht verbietet. Hiervon abgesehen, meint das Kammergericht, dürfe nicht außer acht gelassen werden, daß in jenen Fällen von vornherein die sprachgebräuchliche Form des Namens in Frage gekommen sei. Der Fall läge also nur dann — wie das Bayerische Oberste Landesgericht sage — „ganz gleich", wenn auch die Adelsbezeichnungen schon immer lediglich Namensteile gewesen wären. Nun ist es zwar nach dem früher Ausgeführten richtig, daß die jetzt als adelige Namen in Betracht kommenden Adelsbezeichnungen früher nicht nur Namensbezeichnungen, sondern auch Standesbezeichnungen gewesen sind. Das ändert aber an der Tatsache nichts, daß es hergebracht war, auch die bisherigen adeligen Namen bei Frauen in der weiblichen Form zu gebrauchen.

Das Bayerische Oberste Landesgericht macht für seine Auffassung noch geltend, daß, wenn die von ihm bekämpfte Ansicht *richtig* wäre, uneheliche oder angenommene männliche Abkömmlinge einer früheren Adeligen, die ihre Adelsbezeichnung in weiblicher Form in ihrem Namen habe, sich „Freifrau", „Gräfin" usw. nennen müßten. (So schon Opet in der Anmerkung zum Urteil des Reichsgerichts vom 27. November 1924 in JW. 1925 S. 2115 Nr. 7 unter 9.) Diese Beweisführung trifft allerdings, wie das Kammergericht mit Recht ausführt, für den Fall nicht zu, daß die weibliche Adelige zur Zeit des Inkrafttretens der Reichsverfassung noch lebte und nachher ein uneheliches Kind geboren oder ein Kind angenommen hat. Denn wenn die vom Kammergericht vertretene Ansicht richtig wäre, hätte die Kindesmutter selbst zur Zeit der Geburt oder Annahme den Namen „Graf" oder „Freiherr" führen müssen. In denjenigen Fällen aber, in denen die Geburt oder die Annahme eines Kindes vor dem Inkrafttreten der Reichsverfassung erfolgt ist, tritt eine nachträgliche Änderung des Kindesnamens nach Reichsrecht überhaupt nicht ein. . . .

Ist es nach alldem rechtlich nicht zu beanstanden, wenn die weiblichen Angehörigen einer vormals adeligen Familie ihr Geschlecht in der Adelsbezeichnung zum Ausdruck bringen, so kann es aus denselben Gründen auch keinem Bedenken unterliegen, wenn die männlichen Mitglieder die Adelsbezeichnungen Graf, Freiherr usw. wie früher deklinieren. Für den Sprachgebrauch in diesem Punkte ist es bezeichnend, daß in den vom Reiche mit anderen Staaten abgeschlossenen Staatsverträgen aus letzter Zeit die Bevollmächtigten des Reichs, die einen adeligen Namen führen, in der vor dem Inkrafttreten der Reichsverfassung üblichen Form bezeichnet sind. So heißt es in dem deutsch-polnischen Vertrag über den Rechtsverkehr vom 19. März 1925 (RGBl. II S. 139), daß die Deutsche Regierung den Wirklichen Geheimen Legationsrat, Ministerialdirektor im Auswärtigen Amt, Herrn Edlen von Stockhammern zum Bevollmächtigten ernannt habe, in dem Handelsabkommen zwischen dem Deutschen Reich und Guatemala vom 4. Oktober 1924 (RGBl. 1925 II S. 155), daß der Präsident des Deutschen Reichs den Geschäftsträger bei dem Freistaat Guatemala Grafen Franz von Tattenbach beauftragt habe, und in dem Abkommen zwischen dem Deutschen Reich und Italien zur Vermeidung der Doppelbesteuerung vom 31. Oktober 1925 (RGBl. II S. 1146), daß der Deutsche Reichspräsident den Deutschen Botschafter bei Seiner Majestät dem König von Italien Constantin Freiherrn von Neurath zum Bevollmächtigten ernannt habe.

Dabei ist aber zu bemerken, daß die Wortfolge „Grafen Franz von Tattenbach" unrichtig ist. Denn der Vorname ist vor den Familiennamen zu setzen.

RGZ. 2, 182

Rechtsquellenlehre. — Gewohnheitsrecht, Usualinterpretation von Gesetzen.

Alter Leitsatz:

Ist die zur Annahme eines Gewohnheitsrechtes erforderliche Übung einer Rechtsregel vorhanden, wenn die Handelnden einer Gesetzesvorschrift nachzukommen glaubten?

I. Zivilsenat. Urt. v. 6. November 1880 i. S. B. (Kl.) w. Baupolizeibehörde zu H. (Bekl.) Rep. I. 832/80.

I. Landgericht Hamburg. — II. Oberlandesgericht daselbst.

Aus den Gründen:

„Die angefochtene Entscheidung ist . . . nur insoweit in dritter Instanz zu prüfen, als das vom ersten Richter angenommene Gewohnheitsrecht, wonach Vorbauten der hier fraglichen Art, welche in architektonischem Sinne unter den Begriff eines Erkers nicht fallen, in baupolizeilicher Hinsicht den Erkern gleich geachtet werden, von dem Berufungsrichter nicht anerkannt worden ist.

Revisionskläger ficht diese Entscheidung als gegen die gemeinrechtlichen Grundsätze über Gewohnheitsrecht verstoßend an.

. . .

Als begründet aber ist dieser Angriff nicht zu erachten.

Zwar erregt die Begründung des angefochtenen Erkenntnisses Bedenken insofern, als angenommen wird, daß es der von dem Kläger für seine Ansprüche geltend gemachten Übung an der zur Bildung eines Gewohnheitsrechtes erforderlichen rechtlichen Überzeugung fehle. Diese Übung bestand nach der Feststellung der Vorrichter darin, daß in einer größeren Anzahl von Fällen seit dem Erlasse des Baupolizeigesetzes Bauten der fraglichen Art in Ausführung gekommen sind, ohne daß jemals seitens der Baupolizeibehörde auf erhaltene Anzeige von dem beabsichtigten Bau Einsprache erhoben worden wäre. Um hierin die Übung eines Gewohnheitsrechtes zu erblicken, ist zu prüfen, in welcher Meinung einerseits die Bauenden Bauten der fraglichen Art errichtet haben, und andererseits die Baupolizeibehörde solche zu verhindern unterlassen hat. Was die Bauenden betrifft, so ist von dem Berufungsgerichte nichts festgestellt worden, was die Annahme begründen könnte, daß dieselben in anderer Meinung gehandelt hätten, als um eine ihnen vermeintlich nach dem Baupolizeigesetze zustehende Befugnis auszuüben; es ist ohne weiteres anzunehmen, daß durch die Nichthinderung des beabsichtigten und angezeigten Baues seitens der Baupolizeibehörde die Überzeugung von der Gesetzmäßigkeit desselben in ihnen hervorgerufen oder bestärkt wurde. Was dagegen die Baupolizeibehörde betrifft, so muß angenommen werden, daß sie die Bauten nicht hinderte, weil sie der Ansicht war, dieselben nach dem Baupolizeigesetze zulassen zu müssen. . . . Die Unterstellung des Berufungsgerichtes, daß man es wahrscheinlich in einigen Fällen für zulässig gehalten habe, Nachsicht zu üben und nicht streng auf der Vorschrift zu bestehen, ist durch keine tatsächliche Feststellung begründet, und eine solche Vermutung kann um so weniger zur Grundlage des Erkenntnisses dienen, als im Gegenteile für die Gesetzmäßigkeit des Verhaltens öffentlicher Behörden die Rechtsvermutung streitet. Man muß daher sowohl auf seiten der Bauenden die Überzeugung, daß die Polizeibehörde den Bau nicht hindern dürfe, als auf seiten der letzteren die Überzeugung, daß sie den Bau nach Maßgabe des Baupolizeigesetzes zulassen müsse, unterstellen.

Gleichwohl ist der Annahme des Berufungsgerichtes beizutreten, daß diese Überzeugung nicht ausreiche, die Übung eines Gewohnheitsrechtes darzutun. Denn wenn sowohl seitens der Bauenden als seitens der Baupolizeibehörde die Meinung bestand, daß ihr Verfahren dem Baupolizeigesetze entspreche, so ist eben hierdurch die Meinung ausgeschlossen, daß dasselbe infolge einer von dem Baupolizeigesetze abweichenden, neben demselben oder trotz desselben geltenden Rechtsregel sich rechtfertige. Die beiderseitigen Handlungen oder Unterlassungen stellen sich daher lediglich als — wirkliche oder vermeintliche — Anwendung des Gesetzes, nicht als Übung des Gewohnheitsrechtes dar. . . . Die feste Praxis der Baupolizeibehörde erscheint als eine Anwendung des bestehenden Gesetzes, nicht als Ausdruck einer vom geschriebenen Rechte unabhängigen Rechtsüberzeugung. Wenn es auch denkbar ist, daß bezüglich der Anwendung eines Gesetzes ein Gewohnheitsrecht sich bildet, welches den Richter nötigt, das Gesetz in dem durch die Gewohnheit bestimmten Sinne aufzufassen und anzuwenden, sollte er auch für seine Person überzeugt sein, daß das Gesetz diesen Sinn nicht habe, so genügt doch zur Annahme einer solchen sog. Usualinterpretation, bei welcher es sich nicht sowohl um Auslegung als vielmehr um Ausdehnung oder Abänderung des Gesetzes handelt, nicht die Tatsache allein, daß das Gesetz immer in diesem Sinne angewendet worden ist, sondern es müssen, wie das Berufungsgericht mit Recht hervorhebt, Umstände hinzutreten, welche den Schluß auf ein von dem Gesetze unabhängiges Gewohnheitsrecht rechtfertigen. Dergleichen Umstände sind im vorliegenden Falle nicht festgestellt."

RGZ. 11, 212

Rechtsquellenlehre. — Normative Kraft des „Herkommens". Unterschied zwischen „Herkommen" und „Observanz".

Alter Leitsatz:

Bedeutung von „Herkommen".

III. Zivilsenat. Urt. v. 8. April 1884 i. S. S. (Kl., Widerbekl.) w. B. (Bekl., Widerkl.) Rep. III. 363/84.

I. Landgericht Braunschweig. II. Oberlandesgericht daselbst.

Die beiden braunschweigischen Kirchengemeinden B. und S. sind seit Anfang des vorigen Jahrhunderts zu einem Pfarrsprengel vereinigt und haben die Bau- und Reparaturkosten des Pfarrhauses gemeinschaftlich zu tragen. Während sie früher dieselben je zur Hälfte getragen hatten, legte das Konsistorium im Jahre 1837 die Kosten einer stattgefundenen größeren Reparatur der Kirche zu S. zu $^2/_3$ und der Kirche zu B. zu $^1/_3$ auf, anscheinend in Rücksicht darauf, daß die erstere ein bedeutendes Kapitalvermögen besaß, die letztere unbemittelt war. Von dem Jahre 1839 an bis zum Jahre 1880 wurden die häufig wiederkehrenden Reparaturausgaben von dem Konsistorium konstant in derselben Weise verteilt. Nachdem die beiden Gemeinden, welche bis dahin ohne Gemeindevertretung gewesen waren, infolge des Gesetzes vom 10. November 1851 eine Vertretung (Kirchenvorstand) erhalten hatten, remonstrierte der Kirchenvorstand zu S. im Jahre 1853 gegen die entsprechende Verteilung der damaligen Kosten, weil seine Kirche nur zur Tragung der Hälfte derselben verpflichtet sei. Die Remonstration wurde vom Konsistorium verworfen, indem dasselbe aussprach, daß der angewandte Verteilungsfuß durch Observanz begründet sei. Späterhin übernahm in einigen Fällen der Kirchenvorstand zu S. freiwillig die gesamten Kosten, was vom Konsistorium genehmigt wurde, unter dem jedesmaligen Bemerken, daß hierdurch dem herkömmlichen Verteilungsfuße von 1 : 2 nicht präjudiziert werden solle. Als aber im Jahre 1882 die bedeutenden Kosten eines Umbaues wieder nach diesem Fuße verteilt wurden, remonstrierte der Kirchenvorstand zu S. abermals hiergegen; seine Remonstration wurde, unter Hinweis auf das bestehende Herkommem, wieder zurückgewiesen, unter Vorbehalt des Rechtsweges.

Nunmehr stellte der Kirchenvorstand zu S. gegen den Kirchenvorstand zu B. Klage an mit dem Antrage, festzustellen, daß die gemeinschaftlichen Kosten von jeder Kirche zur Hälfte zu tragen seien, und den Beklagten zur Erstattung des Mehrbetrages des dem Kläger auferlegten und von ihm vorläufig bezahlten Kostenanteils zu verurteilen. Der Beklagte bestritt die Klage und beantragte widerklagend, die Rechtsbeständigkeit des angewandten Verteilungsfußes von 1 : 2 festzustellen. Er machte hierfür geltend, daß diese Verteilungsnorm durch Observanz (Herkommen) begründet worden sei. Beide Vorinstanzen waren darüber einverstanden, daß unter Observanz und Herkommen nur ein lokales oder partikulares Gewohnheitsrecht verstanden werden dürfe; sie hielten auch dafür, daß die Norm für die Verteilung derartiger gemeinschaftlicher Kosten zweier Gemeinden im Wege eines Gewohnheitsrechtes begründet und abgeändert werden könne. Die erste Instanz hielt den Beweis der gewohnheitsrechtlichen Abänderung des ursprünglichen Verteilungsfußes für erbracht und erkannte somit, nach Maßgabe des Antrages der Widerklage, auf Abweisung der Klage; die zweite Instanz erachtete diesen Beweis für nicht geführt und erkannte daher nach dem Klagantrage, unter Abweisung der Widerklage. Auf die Revision des Beklagten und Widerklägers wurde das zweitinstanzliche Urteil aufgehoben und die Berufung des Klägers und Widerbeklagten gegen das erstrichterliche Urteil zurückgewiesen aus folgenden

Gründen:

Der Streit der beiden Kirchengemeinden S. und B. dreht sich lediglich um die Frage, ob sie die Baukosten für das gemeinschaftliche Pfarrhaus, wie dies bis zum Jahre 1837 geschehen, je zur Hälfte zu tragen haben, oder ob in Gemäßheit des seit dem Jahre 1839 zur Anwendung gebrachten Verteilungsmaßstabes von 1 : 2 die klagende Kirchengemeinde S. $^2/_3$, die beklagte Kirchengemeinde B. $^1/_3$ zu diesen Baukosten beizutragen hat.

Mit Unrecht hat die Vorinstanz die Entscheidung dieses Streites davon abhängig gemacht, ob für das Herkommen, auf welches sich die beklagte Gemeinde für die Beschränkung ihrer Beitragspflicht auf $^1/_3$ beruft, alle zur Bildung eines lokalen Gewohnheitsrechtes erforderlichen Voraussetzungen vorliegen. Denn es handelt sich hier nicht um eine auf lokales Gewohnheitsrecht zurückzuführende Rechtsregel, welche der Entscheidung zugrunde gelegt werden könnte, sondern um ein Herkommen, durch welches nur ein konkretes Rechtsverhältnis zweier Gemeinden eine Umgestaltung erfahren haben soll. Für die Frage, welche Bedeutung man einem solchen Herkommen beilegen darf, kommt ein wesentlich anderer rechtlicher Gesichtspunkt in Betracht, als der ist, von dem man auszugeben hat, wenn ein objektiver Rechtssatz in Frage steht, welcher im lokalen Gewohnheitsrechte seine Quelle haben soll.

Wo die Regelung eines Verhältnisses, wie das hier in Frage stehende, lediglich der Privatautonomie der Kirchengemeinden überlassen war, letztere also dasselbe durch Vertrag ordnen konnten, ohne dafür an die Genehmigung einer kirchlichen Behörde gebunden zu sein, da kann es kein Bedenken haben, in dem Herkommen, welches in die äußere Erscheinung getreten ist durch die in einer längeren Zeitperiode befolgte Norm, eine die vertragsmäßige Abmachung ersetzende gegenseitige Anerkennung dieser Norm als einer bindenden zu erblicken.

Nun sind zwar die jetzt streitenden Kirchengemeinden, welche einer weitgreifenden Aufsichtsführung des Konsistoriums unterworfen, namentlich auch für die Feststellung und Verteilung der gemeinschaftlichen Ausgaben auf die Einholung der Genehmigung des Konsistoriums angewiesen waren und in dieser abhängigen Stellung auch verblieben, nachdem ihnen im Jahre 1851 eine Vertretung durch Kirchenvorstände gegeben worden, zweifellos auch für eine vertragsmäßige Ordnung ihres Verhältnisses an die Genehmigung des Konsistoriums gebunden gewesen. Aber die Umgestaltung der Norm für die Beitragspflicht zu den Baukosten ist von dem Konsistorium ausgegangen. Aus welchen Gründen diese Behörde ursprünglich die bisherige Verteilungsnorm verlassen und statt dessen der Kirche zu S. zwei Drittel, derjenigen zu B. ein Drittel der gemeinschaftlichen Reparaturkosten auferlegt hat, sowie ob sie sich dabei in den Grenzen ihrer Zuständigkeit gehalten, kann jetzt nicht mehr in Betracht kommen. Seit dem Jahre 1839 bis zum Jahre 1880 ist der Verteilungsmaßstab von 1 : 2 in allen Fällen zur Anwendung gebracht, in welcher die Kirchengemeinde S. nicht mit Genehmigung des Konsistoriums die Deckung des ganzen Kostenbetrages übernommen hat. Inzwischen ist zwar im Jahre 1853 von dem Kirchenvorstande für S. Widerspruch erhoben worden gegen die ihr auferlegte Verpflichtung, zwei Drittel der gemeinschaftlichen Baukosten zu tragen; seine Remonstration ist aber vom Konsistorium unter Hinweis auf die Herkömmlichkeit des angeordneten Verteilungsfußes zurückgewiesen worden, und bei dieser Entscheidung hat sich die Kirchengemeinde beruhigt. Seitdem ist die Verteilungsnorm von 1 : 2 in zwölf Fällen, ohne Widerspruch zu erfahren, in Anwendung gebracht worden, und in neun anderen Fällen, für welche die Gemeinde S. die alleinige Tragung der Kosten freiwillig übernommen gehabt, ist von dem Konsistorium bei Erteilung seiner Genehmigung darauf hingewiesen worden, daß damit jene herkömmliche Norm keine Änderung erleiden solle.

Unter diesen Umständen wird man kein Bedenken tragen dürfen, auch in diesem Falle dem Herkommen eine normgebende Bedeutung beizulegen. Denn waren auch die Gemeinden nicht berechtigt, ohne Genehmigung des Konsistoriums einen bindenden Vertrag einzugehen, so waren sie doch in der Lage, durch Unterwerfung unter die Anordnung des Konsistoriums und fortgesetzte Anerkennung derselben dieser dieselbe Rechtswirksamkeit zu geben wie einer von dem Konsistorium *genehmigten vertragsmäßigen* Abmachung.

RGZ. 12, 292

Rechtsquellenlehre. — Begriff und Entstehungserfordernisse der „Observanz".

Alter Leitsatz:

Der Irrtum in seinem Einflusse auf die Bildung einer Observanz.

VI. Zivilsenat. Urt. v. 8. Dezember 1884 i. S. der Kirchengemeinde St. V.-A. zu M. (Kl.) w. Königl. preuß. Fiskus (Bekl.). Rep. VI. 227/84.

I. Landgericht Halle. — II. Oberlandesgericht Naumburg a. d. S.

Die evangelische Kirchengemeinde von St. V.-A. zu M. (Provinz Sachsen) verlangt von dem Beklagten, als dem Patrone der Kirche, einen Beitrag zu den auf Bau und Reparatur der Kirche verwendeten Kosten. Der Bekagte hatte sich auf Befreiung durch Observanz berufen, der Berufungsrichter aber die Möglichkeit der Bildung einer Observanz verneint, weil die behauptete Übung in Befolgung eines vermeintlich bestehenden Gesetzes erfolgt war.

Die von dem verurteilten Beklagten eingelegte Revision wurde zurückgewiesen, und zwar aus folgenden

Gründen:

Der Berufungsrichter geht davon aus, daß — nach Einführung des Allgemeinen Landrechtes in den ehemals sächsischen Landesteilen — allgemein die Ansicht bestanden hat, daß das sächsische Provinzialrecht eine Patronatsbaupflicht nicht anerkenne, und daß diese provinzialrechtliche Befreiung des Patrones von der Kirchenbaulast auch nach Einführung des Allgemeinen Landrechtes fortdauere, sowie daß diese Ansicht erst in den fünfziger Jahren aufgegeben ist und der Rechtsauffassung Platz gemacht hat, daß das sächsische Provinzialrecht die Befreiung des Patrones von der Kirchenbaulast nicht sanktioniere, und daß daher für die Patronatspflicht auch in dieser Beziehung das Allgemeine Landrecht maßgebend sei. Das alles sind Erwägungen, welche der Revision sich entziehen aber auch — an sich — richtig sind.

Der beklagte Fiskus, als Patron der klagenden Kirche, behauptet nun eine Befreiung von der — landrechtlich — ihm obliegenden Baupflicht durch Observanz. Daß eine solche überhaupt und insbesondere auch zwischen der Kirchengemeinde und dem Patrone — als in der korporativen Gemeinschaft stehend — sich bilden kann, das ist nicht zu bezweifeln. Allein der Berufungsrichter erachtet die Möglichkeit der Bildung einer Observanz — prinzipiell — für ausgeschlossen, weil — wie er feststellt — der Handlungsweise, durch welche die Observanz sich gebildet haben soll, die Meinung der Übenden zum Grunde gelegen hat, daß die Patronatspflicht des Beklagten nach dem die Befreiung des Patrones von der Kirchenbaulast sanktionierenden sächsischen Provinzialrechte zu bestimmen sei — eine Ansicht, die sich später als irrtümlich herausgestellt habe — und weil daher die „beiderseitigen Handlungen und Unterlassungen sich lediglich als — wirkliche oder vermeintliche — Anwendung des Gesetzes, nicht als Übung eines Gewohnheitsrechtes darstellten." Soweit diese Auffassung eine Folgerung aus Tatsachen ist, entzieht sie sich der revisionsrichterlichen Kritik, soweit sie aber rechtlicher Natur ist, erscheint sie begründet.

Die Observanz, als lokales und korporatives Gewohnheitsrecht und als Quelle des objektiven Rechtes, verlangt — wenn sonst die tatsächlichen Voraussetzungen vorliegen — zu ihrer Bildung die fortdauernde und geichmäßige Übung einer bestimmten Rechtsnorm innerhalb einer korporativen Gemeinschaft. Wie das objektive geschriebene Recht auf den urkundlichen Willen des Gesetzgebers zurückgeführt wird, so ist der innere Grund für die Entstehung des Gewohnheitsrechtes die Überzeugung der Übenden, daß das, was sie üben und gleichmäßig befolgen, für das gegebene Verhältnis das aus den zwingenden Umständen geschöpfte — notwendige — Recht ist. Die gleichmäßige Übung, consuetudo, usus, stellt sich daher nur als die Tätigkeit dar, durch welche jene innere Überzeugung in die äußere Erscheinung tritt, der Satz, als Rechtssatz, erkennbar gemacht und verkörpert wird. Fehlt jene Überzeugung, so können die äußerlich vorgenommenen Handlungen für sich allein nicht zu einem Gewohnheitsrechte führen, und das muß auch der Fall sein, wenn die Übenden bei der Übung von einer unrichtigen, auf Irrtum beruhenden tatsächlichen Voraussetzung ausgegangen sind, die Meinung, daß das Geübte eine zwingende Folge gegebener Verhältnisse und daher Recht sei, auf einem faktischen Irrtume beruht, so daß die Annahme berechtigt ist, daß wenn die Übenden ihren Irrtum erkannt, sie die

Übung des vermeintlichen Rechtes nicht so — wie sie getan — vorgenommen hätten. Es findet auf diesen Fall recht eigentlich die Rechtsregel der l. 39 Dig. de legibus 1, 3[1]) Anwendung. Jener, bei allen beteiligten und interessierten Personen über die provinzialrechtliche Befreiung des Patrones von der Kirchenbaupflicht und über die Fortdauer dieser Befreiung nach Einführung des Allgemeinen Landrechtes obwaltende Irrtum ist daher — vorliegend — die alleinige Veranlassung und der einzige Beweggrund für die bis zum Jahre 1856 erfolgte Übung gewesen, so daß sich die letztere — wie der Berufungsrichter zutreffend annimmt — nicht als die Übung eines Gewohnheitsrechtes, sondern als die Befolgung eines irrtümlich als bestehend angenommenen Gesetzes darstellt. Es kann möglich sein, und es ist nicht ausgeschlossen, daß ein, beim Beginne der Übung bestehender faktischer Irrtum in seiner Wirkung abgeschwächt und selbst beseitigt werden kann durch eine langjährige, Generationen umfassende Übung; allein zu einer solchen Annahme ist der vorliegende Fall ganz ungeeignet, da sich die Übungsfälle auf wenige Bauten und auf wenige Jahre beschränken. Ein Rechtsirrtum kann daher dem Berufungsrichter nicht vorgeworfen werden.

RGZ. 102, 9

Rechtsquellenlehre. — Observanz. Herkommen. Unvordenkliche Verjährung.

Alter Leitsatz:

1. Steht dem Patron oder der politischen Gemeinde, die, ohne kirchenbaulastpflichtig zu sein, unter Vorbehalt Aufwendungen zu notwendigen baulichen Erneuerungen des Kirchengebäudes gemacht haben, ein Erstattungsanspruch aus Geschäftsführung ohne Auftrag oder ungerechtfertigter Bereicherung zu?

2. Zur Kirchenbaulast des Patrons nach gemeinem evangelischen Kirchenrecht.

3. Kann eine Kirchenbaulastverpflichtung der politischen Gemeinde meinde durch Observanz, Herkommen oder unvordenkliche Verjährung entstehen, solange der politischen Gemeinde eine selbständige Kirchengemeinde als besonderes Rechtssubjekt nicht gegenüberstand, politische und Kirchengemeinde vermögensrechtlich vielmehr als zusammenfallend angesehen wurden?

---

[1]) Die Gesetzesstelle lautet: „Quod non ratione introductum, sed errore primum, deinde consuetudine obtentum est, in aliis similibus non obtinet." Vgl. über die streitige Frage: v. Savigny, System Bd. 1 S. 178; Puchta, Gewohnheitsrecht S. 99. 100; Windscheid, Lehrb. der Pandekten Bd. §. 16; Zitelmann, Gewohnheitsrecht und Irrtum, im Archiv f. zivil. Praxis Bd. 66 S. 323 und die dort eingehend mitgeteilte Literatur; Entsch. des Obertrib. Bd. 35 S. 143; Entsch des RG.'s in Zivils. Bd. 3 S. 212. D. E.

VI. Zivilsenat. Urt. v. 14. März 1921 i. S. der evangel.-luth. Kirchengemeinde Bonames (Bekl.) w. Stadtgemeinde Frankfurt a. M. (Kl.). VI 484/20.

I. Landgericht Frankfurt a. M. II. Oberlandesgericht daselbst

Die Klägerin verlangt von der Beklagten die Erstattung von Aufwendungen, die sie im Betrage von 4100 M. für Herstellungsarbeiten an der evangelischen Kirche in Bonames gemacht habe, mit der Begründung, daß die beklagte Kirchengemeinde, nicht die klagende politische Gemeinde Frankfurt a. M., die infolge Eingemeindung von Bonames in das Stadtgebiet Frankfurt a. M. an die Stelle der politischen Gemeinde Bonames getreten ist, die Kirchenbaulast treffe. Sie stützt ihren Anspruch auf auftraglose Geschäftsführung und Bereicherung.

Die Beklagte wurde in beiden Vorinstanzen nach dem Klagantrage verurteilt; ihre Revision blieb erfolglos.

Gründe:

Die Klage geht auf Erstattung eines Geldbetrages von 4100 M, den die Klägerin für bauliche Ausbesserungen des Kirchengebäudes der evangelisch-lutherischen Kirchengemeinde in Bonames unter Vorbehalt der Rückforderung aufgewendet hat; sie stützt sich auf Geschäftsführung ohne Auftrag (§§ 677 ff.) und Bereicherung (§§ 812 ff. BGB.). Die Klägerin ist Patron der genannten Kirche; sie ist ferner Rechtsnachfolgerin der früher zum Landkreise Frankfurt a. M. gehörigen Landgemeinde Bonames, die durch Gesetz vom 21. März 1910 mit Wirkung vom 1. April 1910 . . . mit der Stadtgemeinde Frankfurt a. M. vereinigt wurde. Die Beklagte behauptet, daß die Klägerin für ihre Person — als Patron — oder als Rechtsnachfolgerin der Landgemeinde Bonames selbst die Kirchenbaulast zu tragen habe. Für die rechtliche Beurteilung der Frage, wem die Kirchenbaulast obliege, ist auch nach dem Inkrafttreten des Bürgerlichen Gesetzbuchs gemäß Art. 132 EG. z. BGB. das bisherige Recht der Landesgesetze in Geltung geblieben.

Die Gerichte beider Vorinstanzen haben ... dem Klageantrage stattgegeben. Der dagegen von der Beklagten eingelegten Revision war der Erfolg zu versagen.

Den Vorinstanzen ist darin beizutreten, daß der Klaganspruch, wenn nicht aus irgendeinem Rechtsgrunde die Klägerin die Baulast für die evangelisch-lutherische Kirche zu Bonames zu tragen hat, aus §§ 677, 679, 683 wie aus § 812 BGB. zu Recht besteht. Die Klägerin hat, indem sie die baulichen Erneuerungen, die notwendig waren, vornahm und deren Kosten bestritt, ein Geschäft der Beklagten führen wollen und geführt, zu dem sie keinen Auftrag hatte, dessen

Erfüllung aber im öffentlichen Interesse lag; die Beklagte ist ferner, wenn sie die Kirchenbaulast trifft, durch die Aufwendungen der Klägerin ohne rechtlichen Grund bereichert. Die kirchliche Baulast trifft aber nach gemeinem Kirchenrecht die evangelisch-lutherische Kirchengemeinde, wenn nicht das eigentliche Kirchenvermögen (die fabrica ecclesiae) zureicht und nicht andere Verpflichtete vor der Kirchengemeinde sich einschieben. Ersteres ist unstreitig nicht der Fall; als anderer Verpflichteter aber kommt nach dem Sachvortrage der Beklagten nur die Klägerin selbst in Frage.

Die Baulast der Klägerin wird von der Beklagten zunächst aus dem Patronatstitel hergeleitet. Daß das Patronatsrecht der Klägerin mit Einkünften aus dem Kirchenvermögen verbunden sei, ist nicht behauptet und kommt nicht in Frage. Dem Patron, dem keine Einkünfte aus dem Kirchenvermögen zustehen, liegt aber nach der herrschenden Lehre des gemeinen katholischen wie evangelischen Kirchenrechts, der auch das Reichsgericht in wiederholten Entscheidungen sich angeschlossen hat, eine Kirchenbaulast nicht ob (Gruchot Bd. 51 S. 1131, JW. 1885 S. 130 Nr. 29; Urteil vom 1. Mai 1916 IV 389/15). Die gemeinrechtliche Streitfrage, ob der Patron als solcher oder nur der Einkünfte aus dem Kirchenvermögen beziehende Patron (der patronus fructuarius) die Kirchenbaulast zu tragen habe, ist durch eine Bestimmung des Tridentinischen Konzils (Sess. XXI cap. 7) hervorgerufen worden, worin es heißt, daß die Kirchenbaulast treffe omnes patronos et alios, qui fructus aliquos ex ecclesiis provenientes percipiunt. Sie läßt die Frage offen, ob nur die alii oder auch die patroni Einkünfte aus der Kirche beziehen müssen, um baupflichtig zu sein. Die Bestimmungen des Tridentinischen Konzils haben für die evangelisch-lutherische Kirche an sich keine Gültigkeit; aber ein besonderes gemeines Recht hat sich für letztere in dieser Frage nicht entwickelt. Es gilt hier das bisherige, bis zur Reformation in Geltung gewesene Kirchenrecht; die Bestimmungen des Tridentinischen Konzils kommen nur insofern in Betracht, als sie lediglich das früher geltende Recht bestätigen (vgl. S a r w e y , Kirchengemeinde und kirchliche Baulast in Württemberg im Archiv für Recht und Rechtsverwaltung in Württemberg Bd. 7 S. 284). Da das frühere Recht aber eine Bauast der Patrone als solcher überhaupt nicht kannte, sondern nur eine solche der fructuarii, der Nutznießer des Kirchenvermögens (vgl. das letztangeführte Urteil des Reichsgerichts), kann für das Kirchenrecht der evangelisch-lutherischen Kirche, von partikulären und örtlichen Rechtsentwicklungen abgesehen, nur eine Kirchenbaulast des Patrons, der Einkünfte aus dem Kirchenvermögen bezieht, in Frage kommen.

Das Berufungsgericht hat die gemeinrechtliche Streitfrage unentschieden gelassen. Es stellt tatsächlich fest, daß im Laufe langer Jahrhunderte, von 1517 bis zur Eingemeindung im Jahre 1910, die Gemeinde Bonames — ob Zivil- oder Kirchengemeinde — die Kirchenreparaturen vorgenommen und somit die Baulast getragen habe, und daß sie die Stadt Frankfurt a. M. in vielen Fällen (so in den Jahren 1558, 1642, 1651, 1660, 1766—69, 1851) um Darlehen und Beihilfen zum Kirchenbau angegangen habe, und es hat daraus den Schluß auf Bildung eines negativen Gewohnheitsrechts oder Herkommens dahin gezogen, daß die Stadt Frankfurt nach der Rechtsüberzeugung aller Beteiligten für befreit von der Baulast gehalten wurde. Die Schlußfolgerung ist rechtlich nicht zu beanstanden; nach dem vorher Ausgeführten bedarf es ihrer jedoch nicht, um eine Baulastverpflichtung der Klägerin aus dem rechtlichen Gesichtspunkte des Patronats hinfällig erscheinen zu lassen.

Hauptsächlich leitet die Beklagte indessen die von ihr behauptete Kirchenbaulast der Klägerin nicht aus ihrem Patronat, sondern aus der Rechtsnachfolge nach der politischen Gemeinde Bonames durch die Eingemeindung der bisher selbständigen Gemeinde her mit der Begründung, daß die Landgemeinde Bonames durch die Jahrhunderte stets die Baukosten bei baulichen Erneuerungen für die Kirche getragen und daß sich durch Observanz oder Herkommen oder unvordenkliche Verjährung die rechtliche Verpflichtung hierzu ausgebildet habe. Unter Observanz wird hier das örtlich begrenzte Gewohnheitsrecht im Sinne einer objektiven Rechtsnorm, hervorgegangen aus einer auf Grund innerer Überzeugung gepflogenen fortdauernden und gleichmäßigen Übung, verstanden (RGZ. Bd. 2 S. 185[1]), Bd. 12 S. 293[2]). Herkommen ist im Gegensatz hierzu eine Übung, die nur ein besonderes dauerndes Rechtsverhältnis zwischen zwei Beteiligten, hier der politischen und der Kirchengemeinde, regelt und in dieser beständigen Übung durch gegenseitige Anerkennung eine vertragsmäßige Abmachung ersetzt (RGZ. Bd. 11 S. 213)[3]). Unvordenkliche Verjährung bildet den Erwerbsgrund für subjektive Rechte durch Zeitablauf über Menschengedenken hinaus; auch hier müssen die Ausübungshandlungen an sich geeignet sein, eine Rechtsausübung darzustellen, also auf der Absicht beruhen, ein Recht auszuüben.

Das Berufungsgericht stellt nun mit dem Landgericht in Würdigung der geschichtlichen Entwicklung der politischen und der Kirchengemeinde in Bonames tatsächlich fest, daß in Nachwirkung des Satzes „cujus regio, illius et religio" die Sonderung der kirchlichen von der

1) In diesem Band S. 298
2) In diesem Band S. 303
3) In diesem Band S. 300/301

politischen Gemeinde in Bonames sich erst seit dem Beginn oder im Laufe des 19. Jahrhunderts vollzogen habe, so daß alle Einwohner, auch wenn sie nicht dem evangelisch-lutherischen Bekenntnis angehörten, als dem Pfarrzwange des letzteren unterworfen galten, daß die Kirchengemeinde Bonames und die politische Gemeinde genau in denselben örtlichen Grenzen lagen, daß durch die Jahrhunderte in der kleinen Landgemeinde Bonames das Vorhandensein von Nichtlutheranern zu den größten Seltenheiten gehörte, und daß alle diese Umstände die Behandlung der politischen und der Kirchengemeinde als rechtlich gleich und zusammenfallend hervorbrachten. Zwar habe es eine Kirchenkasse und auch besondere Amtspersonen für die Verwaltung des Kirchenvermögens gegeben; doch seien diese nicht als Organe einer besonderen Kirchengemeinde angesehen worden und anzusehen, sondern als solche der politischen Gemeinde mit besonderen auf die Verwaltung des Kirchenvermögens sich beziehenden Amtsobliegenheiten. Während das Landgericht eine zeitliche Begrenzung dieses Rechtszustandes mit dem Beginne des 19. Jahrhunderts annimmt, erachtet das Berufungsgericht seine Fortdauer auch in das 19. Jahrhundert hinein für dargetan; er habe noch im Jahre 1824, zur Zeit des Inkrafttretens der Frankfurter Landgemeinde-Ordnung vom 12. August 1824, fortbestanden. Beide Vordergerichte nehmen nun rechtlich an, daß, solange die Loslösung einer Kirchengemeinde in Bonames von der politischen Gemeinde nicht eingetreten sei, die Möglichkeit der Bildung einer Observanz oder eines Herkommens zugunsten der Kirchengemeinde und zu Lasten der politischen Gemeinde entfalle, weil es an den gesonderten Rechtssubjekten des Berechtigten und des Verpflichteten fehle.

In diesen Erwägungen ist ein Rechtsirrtum nicht zu erkennen. Daß an sich eine Observanzbildung möglich ist, durch welche die kirchliche Baulast, die an sich der Kirchengemeinde obliegen würde, der politischen Gemeinde auferlegt und diese zu Leistungen für die Unterhaltung der Kirchengebäude zugunsten der Kirchengemeinde verpflichtet wird, ist vom Reichsgericht wiederholt anerkannt worden (JW. 1886 S. 361 Nr. 50; Urt. v. 5. Juli 1917 IV 82/17; Leipz. Zeitschr. 1921 Sp. 23 Nr. 10). Diese Rechtsbildung setzt indessen voraus, daß politische Gemeinde und Kirchengemeinde als getrennte Rechtspersönlichkeiten sich gegenüberstehen und sich einander berechtigen und verpflichten können. Fallen sie in eine und dieselbe Rechtspersönlichkeit zusammen, so kann nicht die eine gegen die andere Rechte erwerben (vgl. das angezogene Urteil des RG. Leipz. Zeitschr. 1921 Sp. 23 Nr. 10, sowie S a r w e y a. a. O. S. 287 ff.). Das gilt zunächst jedenfalls von der Rechtsbildung durch Herkommen und durch unvordenkliche Verjährung, wie sie vorstehend rechtlich dargestellt wurde. Denn da es sich hier um die Schaffung eines subjektiven Rechts, um Rechtsverhältnisse zwischen zwei Beteiligten handelt, die durch gegenseitige Anerkennung in beständiger Rechtsausübung sich ausbilden, müssen notwendig die beiden Beteiligten gesondert sich gegenüberstehen. Etwas anders verhält es sich mit der Bildung einer Observanz i. S. eines Rechtssatzes, eines objektiven Gewohnheitsrechts. Soll ein solches im Gegensatz zum Herkommen als Regelung eines einzelnen Rechtsverhältnisses zwischen zwei Beteiligten und als Titel subjektiver Rechte, als eine die Rechtsverhältnisse beherrschende Norm erkennbar sein, so muß jedenfalls hier die Übung sich über den engen Kreis eines Rechtsverhältnisses und zweier Beteiligten hinaus erstrecken, der Rechtssatz aus rechtserheblichen Vorgängen außerhalb dieses Kreises gewonnen werden. So nimmt Sarwey (a. a. O. S. 351 ff.) an, daß die Bildung eines Gewohnheitsrechts angenommen werden könne, wenn aus einer Reihe von Vorgängen in einer Anzahl politischer Gemeinden innerhalb eines größeren politischen Bezirks oder eines größeren kirchlichen Sprengels eine einheitliche Übung und einheitliche Rechtsüberzeugung als normbildend erkennbar hervorträte. Eine solche Rechtsbildung, wie sie z. B. für das katholisch-kirchenrechtliche Gebiet des ehemaligen Fürstbistums Paderborn, begünstigt durch das einheitliche Kirchen- und Staatsregiment der geistlichen Herrscher, sich gestaltet haben mag (vgl. Linneborn, Die kirchliche Baulast im ehemaligen Fürstbistum Paderborn; insbes. S. 75 ff., 84 ff.), kommt im gegebenen Falle nicht in Frage.

Für den Rechtszustand hinsichtlich der Kirchenbaulast in Bonames seit dem Inkrafttreten der Frankfurter Landgemeinde-Ordnung von 1824 ist zunächst dieses Gesetz maßgebend, dessen Auslegung durch das Berufungsgericht nach § 549 ZPO. der Revision nicht zugänglich ist. Nach der Auffassung des Berufungsgerichts hat die bezeichnete Landgemeinde-Ordnung nicht nur die Art der Aufbringung der Gelder für die Kirchenbauten innerhalb der politischen Gemeinden geordnet, sondern auch materielles Neurecht geschaffen, indem sie zwar die Kosten für die Erhaltung und Verbesserung der Kirchengebäude zu den Gemeindeausgaben rechnet, aber diese nur auf die Kirchspielgenossen, also im Gegensatze zu allen in der Gemeinde wohnenden Personen der Zivilgemeinde auf die Mitglieder der Kirchengemeinde verteilt, so daß die politische Gemeinde nur als zuständig für die Verwaltung und Erhebung der Gelder erscheine, die Baulast selber aber die Kirchengemeinde treffe. Nun habe zwar, erwägt das Berufungsgericht, auch in der Folgezeit, in den Jahren 1833, 1835, 1837 und dann wieder 1862, 1863, 1865 die Landgemeinde Bonames die Kosten für Kirchenreparaturen bezahlt. Die Bildung eines Gewohnheitsrechts sei aber durch die gesetzliche Regelung in der Landgemeinde-Ordnung ausgeschlossen. Für eine Gewohnheitsrechts- oder Herkommensbildung wie für die an sich mögliche unvordenkliche Verjährung fehle es aber vor allem an der notwendigen Rechtsüberzeugung der Beteiligten, da in den Jahren 1824 bis 1827, alsbald nach dem Erlaß der Landgemeinde-Ordnung, zwischen dem Landamt und dem kirchlichen Konsistorium Verhandlungen über die Kirchenbaulast gepflogen worden seien, wobei die einander gegenüberstehenden Parteien einen einander gegensätzlichen Standpunkt vertraten, und die, da eine Einigung nicht erzielt wurde, damit endigten, daß die Entscheidung über die materiell-rechtliche Frage der Kirchenbaulast der höheren Behörde anheimgegeben und bis zu dieser Entscheidung, die niemals erfolgt ist, es „bei der seitherigen Übung und Besitzstand" belassen wurde. Eine gemeinsame Rechtsüberzeugung habe hiernach nicht bestanden; sie habe sich wegen dieses ausdrücklichen Vorbehalts der Entscheidung einer höheren Behörde auch in der Folgezeit nicht gebildet, wie denn auch die Umlagen auf die Kirchspielgenossen noch jahrzehntelang fortgeführt worden seien. Die politische Gemeinde Bonames habe vielmehr die Baulast nur gemäß der vorläufigen Vereinbarung vom 19. November 1827, also immer unter dem Vorbehalt einer endgültigen Entscheidung der Rechtsfrage, auf sich genommen. Das Berufungsgericht führt weitere Belege aus den Jahren 1852 und 1874 dafür an, daß die politische Gemeinde keineswegs als solche die Kirchenbaulast zu tragen sich rechtlich für verpflichtet erachtet habe. Möge auch, als 1862 die Notwendigkeit einer Kirchenreparatur auftauchte, die Streitfrage und die vorläufige Einigung von 1827 in Vergessenheit geraten sein und die Landgemeinde jetzt in irriger Auslegung der Landgemeinde-Ordnung die Baukosten bezahlt haben, so habe doch dieser Rechtsirrtum an sich ein Recht nicht begründen können; zudem fehle es auch an einer ständigen Übung, da nach den vereinzelten Vorgängen der Jahre 1862, 1863, 1865 die politische Gemeinde Bonames Kirchenreparaturen nicht mehr vorgenommen habe und die erstmalig 1911 von der Klägerin als Rechtsnachfolgerin der politischen Gemeinde Bonames unternommene Reparatur einen Beweis ständiger Übung nicht erbringen könne. Bei allen diesen Ausführungen des Berufungsgerichts handelt es sich um tatsächliche Würdigung geschichtlicher Vorgänge und um die Feststellung und Auslegung der Revision nicht zugänglichen örtlichen Rechtes. Daß das Berufungsgericht hierbei die allgemeinen Rechtsregeln über Rechtsbildung verkannt habe, ist nirgends ersichtlich.

Sachregister

(Die Ziffern bedeuten die Seitenzahlen dieses Bandes)